모바일 쇼핑몰부터 정부 창업 지원까지

# 쇼핑몰 창업노트

Start Up Business

BM (주)도서출판 성안당

Foreign Copyright:
Joonwon Lee    Mobile: 82-10-4624-6629
Address: 3F, 127, Yanghwa-ro, Mapo-gu, Seoul, Republic of Korea
           3rd Floor
Telephone: 82-2-3142-4151
E-mail: jwlee@cyber.co.kr

---

모바일 쇼핑몰부터 정부 창업지원까지

# 쇼핑몰 창업노트

2018. 4. 3. 초 판 1쇄 발행
2019. 2. 15. 초 판 2쇄 발행
2021. 3. 29. 초 판 3쇄 발행
**2024. 9. 11. 초 판 4쇄 발행**

저자와의
협의하에
검인생략

지은이 | 황윤정
펴낸이 | 이종춘
펴낸곳 | BM ㈜도서출판 성안당

주소 | 04032 서울시 마포구 양화로 127 첨단빌딩 5층(출판기획 R&D 센터)
     | 10881 경기도 파주시 문발로 112 파주 출판 문화도시(제작 및 물류)
전화 | 02) 3142-0036
     | 031) 950-6300
팩스 | 031) 955-0510
등록 | 1973. 2. 1. 제406-2005-000046호
출판사 홈페이지 | www.cyber.co.kr
ISBN | 978-89-315-8233-8 (13320)
정가 | 28,000원

### 이 책을 만든 사람들
책임 | 최옥현
진행 | 조혜란
기획·진행 | 앤미디어
본문·표지 디자인 | 앤미디어
홍보 | 김계향, 임진성, 김주승, 최정민
국제부 | 이선민, 조혜란
마케팅 | 구본철, 차정욱, 오영일, 나진호, 강호묵
마케팅 지원 | 장상범
제작 | 김유석

이 책의 어느 부분도 저작권자나 BM ㈜도서출판 성안당 발행인의 승인 문서 없이 일부 또는 전부를 사진 복사나 디스크 복사 및 기타 정보 재생 시스템을 비롯하여 현재 알려지거나 향후 발명될 어떤 전기적, 기계적 또는 다른 수단을 통해 복사하거나 재생하거나 이용할 수 없음.

■ 도서 A/S 안내

성안당에서 발행하는 모든 도서는 저자와 출판사, 그리고 독자가 함께 만들어 나갑니다.
좋은 책을 펴내기 위해 많은 노력을 기울이고 있습니다. 혹시라도 내용상의 오류나 오탈자 등이 발견되면 **"좋은 책은 나라의 보배"**로서 우리 모두가 함께 만들어 간다는 마음으로 연락주시기 바랍니다. 수정 보완하여 더 나은 책이 되도록 최선을 다하겠습니다.
성안당은 늘 독자 여러분들의 소중한 의견을 기다리고 있습니다. 좋은 의견을 보내주시는 분께는 성안당 쇼핑몰의 포인트(3,000포인트)를 적립해 드립니다.
잘못 만들어진 책이나 부록 등이 파손된 경우에는 교환해 드립니다.

**머리말**

# 창업(創業)이라는 이름으로
# 평생 직업의 초석을 만들어라

많은 사람들은 인간 수명이 120세로 늘어날 것이라는 이야기에 노후를 걱정합니다. 안정적인 직장에 다닌다 해도 최고 65세면 정년퇴직을 맞이하니 인생의 반밖에 살지 않은 시기에 뭔가 새로운 도전을 해야 하는 현실이 낯설게 느껴지는 것입니다.

워라밸(Work and Life Balance: 일과 삶의 균형)을 추구하는 젊은 세대는 많은 보수로 직장에 매이는 것보다 보수는 적어도 개인의 삶을 누릴 수 있는 시간이 보장되는 직장을 선호하는 분위기입니다. 점차 조직의 수직적 사고와 보수적인 문화에 적응하기를 포기하고 평생 즐기며 일할 수 있는 창업에 도전하는 사람들이 늘어나고 있습니다.

지금 우리는 4차 산업혁명이라는 큰 변화 앞에서 개인이 가져야 할 평생 직업을 고민하며 궁극에는 스스로 비즈니스해야 하는 세상을 살아가고 있습니다.

최근 시선을 끄는 두 가지 기사를 보았습니다. 하나는 Z세대에게 마이크로 창업이 붐이라는 기사로, 그야말로 초소형 창업을 이르는 말로 소위 스마트폰 하나만 있어도 창업할 수 있는 세대를 조명한 것입니다. 모르는 것이 있으면 바로 검색하는 Z세대는 창업이란 거창한 게 아니라 스마트폰에서 유튜브 채널을 여는 것이기 때문에 창업이 가진 전통적인 무게감도 가벼워질 전망입니다. 또 다른 기사는 미국의 유명 장난감회사인 토이저러스(Toys R Us)가 미국 내 오프라인 매장을 모두 철수한다는 기사였습니다. 오프라인 매장의 존폐와 기존 유통의 변화가 감지되는 정보입니다.

이 책은 무점포 가상 상점 창업이면서 다양한 SNS 채널을 활용하여 초소형 창업이 가능한 밑그림을 설명합니다. 시작은 작지만 노력과 능력 여하에 따라 큰 쇼핑몰로 성장할 수 있습니다. 책에서 다루는 쇼핑몰 창업의 절차와 방법, 그리고 전략들은 인터넷 쇼핑몰 창업에 관심을 두는 예비 창업자분들에게 친절한 가이드가 될 것입니다.

실제로 창업 현장에서 오랫동안 많은 분들과 만나다 보니 인터넷 쇼핑몰 창업의 성공은 기본적인 경영 원칙을 충실히 만들어나가는 데에 있었습니다. 그러므로 특별한 비법보다는 시장 변화에 따른 발 빠른 상품 위탁, 고객 중심의 경영과 같은 기본을 지켜나가는 것이 중요합니다. 쇼핑몰 창업이 가진 특수성과 구축 등에 관한 정보를 충실히 담으려 노력했으므로 희망을 주는 정보이기를 바랍니다.

여러분이 원하는 평생 직업을 '창업'이라는 이름으로 도전하기 바랍니다.

황윤정

## 차례

## Part 1. 인터넷 쇼핑몰 창업 도전 가이드

- 머리말 · 4
- 차례 · 8

### 1-1 창업을 위한 자세와 준비 · 20
- 즐거운 일에 도전하라 · 20
- 판매보다 좋은 상품을 나누는 마음이 먼저다 · 22
- 퍼스널 브랜드(I=Brand)를 구축하라 · 23

### 1-2 인터넷 쇼핑몰 창업의 기초 · 25
- 나에게 딱 맞는 창업 초기 비용을 계획하라 · 25
- 스마트한 쇼핑몰 운영자가 되는 길 · 27
- 아이템에 따른 재고 부담을 최소화하라 · 29
- 고객 정보 빅데이터를 과학적으로 분석하라 · 30

### 1-3 인터넷 쇼핑몰 창업 시 점검 요소 · 32
- 사업 방향은 확장성을 염두에 둔다 · 32
- 부지런하지 않으면 실패한다 · 33
- 인터넷 홍보의 강자가 되어라 · 35
- 보이지 않는 고객과의 기 싸움에서 승리하라 · 38
- 주문 이후 찾아오는 어려운 상황 처리 · 39
- 체계적인 경비 지출 정리 · 41

## Part 2. 사업성을 분석하라

### 2-1 비즈니스 모델의 검증, 사업성 분석 · 46
- 사업성 분석의 세 가지 – 시장성, 기술성, 수익성 · 46
  - 시장성 분석 = 매출 정도의 이해 | 기술성 분석 = 원가의 이해
  - 수익성 분석 = 경제성의 이해
- 유망 아이템? 창업자에게 적합한 아이템! · 53
- 경쟁 쇼핑몰 벤치마킹의 장점을 살려라 · 56
  - 벤치마킹의 장점
- **[창업 컨설팅 노트] 시장 파악을 위한 참고 사이트** · 58
  - 1. 정보 통신 분야 · 58
  - 2. 경제, 사회 분야 · 60

　　　　3. 통계, 소비자 조사 분야　　　　　　　　　　　　　　　　　　61
　　　　4. 광고, 마케팅 분야　　　　　　　　　　　　　　　　　　　　63

● **2-2 모바일 쇼핑 시대, 모바일 시장을 선점하라**　　　　　　　　65
　　모바일 쇼핑, 모바일족의 시대　　　　　　　　　　　　　　　　65
　　모바일 쇼핑 패턴　　　　　　　　　　　　　　　　　　　　　　68
　　모바일 쇼핑과 인터넷 쇼핑의 차이점　　　　　　　　　　　　　69

● **2-3 비즈니스 모델의 검증, 아이템 선택**　　　　　　　　　　　71
　　진짜 아이디어는 자신에게서 나온다　　　　　　　　　　　　　72
　　트렌드를 읽어라　　　　　　　　　　　　　　　　　　　　　　73
　　틈새시장과 세분된 고객을 잡아라　　　　　　　　　　　　　　76
　　창업 아이템 선택 시 고려 사항　　　　　　　　　　　　　　　77
　　　　자신의 경험이나 장점을 활용할 수 있는가 | 성장 가능성이 있는가 | 시장 수요
　　　　는 충분한가 | 대기업 참여가 어려운 분야인가 | 자기 자본 규모에 적합한 아이템인가
　　　　투자비용에 대한 수익성은 충분한가 | 일시적인 트렌드에 해당하는 분야는 아닌가
　　　　실패 위험성은 낮은가

● **2-4 좋은 인터넷 쇼핑몰 사업 모델의 조건**　　　　　　　　　83
　　오프라인 상품과 차별화하라　　　　　　　　　　　　　　　　83
　　부가가치를 창출하라　　　　　　　　　　　　　　　　　　　　86
　　공급업체가 가깝다면 금상첨화　　　　　　　　　　　　　　　89
　　마진율도 높고, 재구매율도 높고　　　　　　　　　　　　　　90
　　배송 및 보관의 용이　　　　　　　　　　　　　　　　　　　　91

## Part 3.
**쇼핑몰 상권 분석부터
사업계획서까지,
전략을 구상하라**

● **3-1 전쟁에서 승리하는 사업 전략 구상의 세 가지 방법**　　　94
　　자신의 강점과 약점, 그리고 환경 분석 SWOT　　　　　　　　94
　　고객 세분화-타깃-포지셔닝의 3박자 STP　　　　　　　　　97
　　제품-가격-유통-홍보의 혼합 전략 4P　　　　　　　　　　　99
　　오프라인 4P 시대가 가고, 인터넷 5C 시대로　　　　　　　102
　　　　콜라보레이션 | 컨텐츠웨어 | 커미트먼트 | 커뮤니케이션 | 채널
　　**[창업 컨설팅 노트] 이렇게 하면 성공한다 vs 실패한다**　　110
　　　　1. 이렇게 하면 성공한다!　　　　　　　　　　　　　　　110
　　　　2. 이렇게 하면 실패한다!　　　　　　　　　　　　　　　111

차례

- **3-2 온라인 상권 분석 도전 1** … 112
  - 다양한 키워드 속 소비자 니즈를 읽어라 … 112
    - 키워드 분류 기준 1 – 제품의 범주 | 키워드 분류 기준 2 – 테마별 분류
    - 키워드 분류 기준 3 – 사용자 의도
  - 키워드 추출 프로세스 … 118
    - 1단계 – 기본 검색을 통한 키워드 풀(Pool) 구성 | 2단계 – 확장 검색을 통한 키워드 풀(Pool) 구성 | 3단계 – 최종 마케팅 대상 키워드 선택
  - 가치 있는 키워드를 선별하라 … 126
  - [창업 컨설팅 노트] 소비자마다 정보에 접근하는 방식이 다르다 … 129

- **3-3 온라인 상권 분석 도전 2** … 130
  - 온라인 상권 분석의 6단계 프로세스 … 130
  - 온라인 상권의 결과 분석과 적용 … 133
    - 실제 아이템의 상권을 분석하기 위해서는 많은 키워드가 필요하다
    - 수익성 있는 상권을 찾기 위해 노력해야 한다
  - [창업 컨설팅 노트] 키워드 운영 실패 후기 _ 정확한 타깃과 명확한 니즈를 파악하라 … 135

- **3-4 사업의 나침판, 사업계획서 작성** … 137
  - 쇼핑몰 창업 자금의 설계, 예산 책정 … 137
    - 예산 책정 리스트를 만들자
  - 쇼핑몰 운영 자금 계획 … 139
  - [창업 컨설팅 노트] 효과적인 자금 운용 방법 … 140
    - 1. 매일 매출과 매입을 확인한다 … 140
    - 2. 용도별 통장을 만든다 … 140
    - 3. 세금계산서와 영수증 등 필요한 서류는 별도로 챙겨둔다 … 140
    - 4. 광고비가 지나치게 나가지 않도록 관리한다 … 140
    - 5. 세무사와 친해두자 … 140
  - 구체적인 사업계획서 항목 … 141
    - 사업 개요 | 상품화 계획 | 재무 계획 | 시장 환경 분석 | 경쟁력 분석
    - 쇼핑몰 목표 설정 | 쇼핑몰 구축비용 | 쇼핑몰 구축 전략 | 마케팅(프로모션) 전략
    - 사업 추진 계획
  - 사업계획서가 갖추어야 할 세 가지 … 145
  - [창업 컨설팅 노트] 유니크한 스타일 의류 쇼핑몰 마케팅 계획 … 147

## Part 4. 쇼핑몰 시장의 새로운 비즈니스 트렌드를 이해하라

### 4-1 쇼핑몰 시장의 메가트렌드 — 150

**O2O 비즈니스로 여는 신 유통** — 150
- O2O 비즈니스로 오프라인 매장도 달라져야 한다
- 쇼루밍과 역쇼루밍족의 등장, O2O 비즈니스의 출현 배경

**상생 채널에서 옴니 채널로의 변화** — 156

**큐레이션 커머스의 시대** — 159

**서브스크립션 커머스의 시대** — 162

### 4-2 쇼핑몰의 성공을 위한 조건 — 166

**일관성 있는 컨셉, 집중화 전략** — 166

**제품, 가격, 컨텐츠의 차별화 전략** — 168

**감성 마케팅으로 소비자의 믿음을 얻는 신뢰도 전략** — 172

**조직화된 경영 시스템으로 성장 발판 마련, 시스템화 전략** — 174

## Part 5. 인터넷 쇼핑몰 구축하기

### 5-1 브랜드 창업의 설계, 상호와 도메인 결정 — 178

**도메인의 의미와 체계** — 178

**'좋은 브랜드=좋은 도메인'의 일관성 법칙** — 182
- 브랜드에 핵심 키워드를 대입한다 | 쇼핑몰 컨셉을 브랜드화한다
- 한글과 영문을 같게 만든다

**도메인 등록 방법과 주의사항** — 185

**도메인은 상표권 등록으로 보호한다** — 191

**[창업 컨설팅 노트] 도메인은 일반 명사를 피하고 상표로 지키자** — 195

### 5-2 쇼핑몰 판매 채널의 아웃라인 설계 — 196

**쇼핑몰 구축을 위한 세 가지 방법** — 196
- 개인몰 창업은 임대형 호스팅 창업이 일반적이다
- 입점 창업에서는 네이버 스마트스토어 창업이 인기다
- SNS 커뮤니티(카카오스토리, 밴드, 인스타그램 등)와 연계한 쇼핑몰도 인기다

**오픈마켓 창업의 허와 실** — 208
- 오픈마켓에 파워 딜러로 입성하는 세 가지 방법

**브랜드 창업은 역시 개인몰 구축이다** — 216
- 쇼핑몰 솔루션 선택은 확장성과 지원 서비스로 판단한다

**모바일과 연계된 커뮤니티 쇼핑몰이 대세** — 221

차례

네이버 오픈마켓 쇼핑 입점이 대세 … 223
　스마트스토어를 통해 네이버 쇼핑에 입점하는 방법
　스마트스토어로 성공하기 위한 전략과 팁
**[창업 컨설팅 노트] 네이버 창업 성장 프로그램** … **241**

● **5-3 사업자 신고를 위한 가이드** … 242
　세무서를 통한 사업자등록 신고와 체크리스트 … 242
　통신판매업 신고 방법 … 247
　부가가치세와 소득세 신고 … 249

● **5-4 터전 구축 마무리 작업 – 카드 결제 세팅, 포장, 택배 결정** … 252
　신용카드 결제 세팅과 소비자 구매 보호 제도 … 252
　제품 포장의 차별화 포인트 … 256
　안전한 택배사 선정 … 258
**[창업 컨설팅 노트] 택배사의 택배 상품 종류** … **261**

## Part 6. 상품화 컨셉이 경쟁력이다

● **6-1 고객 맞춤형 디자인 컨셉** … 264
　잘 나가는 경쟁 쇼핑몰을 벤치마킹하라 … 264
　　벤치마킹할 사이트 선택 | 벤치마킹할 사이트의 레이아웃 구조 분석
　　화면 상세 설계서 제작(밑그림) | 디자인 제작사 선택
　디자인 제작 서비스를 활용하라 … 267
　　쇼핑몰 디자인 스킨, 서비스 활용이 대세 | 쇼핑몰 스킨 제작 과정
　고객 편의를 담아 페이지 구조를 설계하라 … 273
　　쇼핑몰 전체 분위기가 결정되는 메인 중앙 프레임 | 쇼핑몰의 상징, 브랜드 로고
　　메인 카테고리 구성은 간결하면서도 구별되도록 | 주력 상품의 배치, 상품 중앙 진열
　　쇼핑몰의 기본 정보 표시, 카피라이트
　지갑을 여는 상품 페이지 전략을 세워라 … 278
　　상품명에 유입 키워드를 넣어라 | 하나의 상품 페이지에 추가로 관련 상품을
　　노출하라 | 구매 후기를 적극적으로 활용하라 | 상품의 진열 방식을 최적화하라
**[창업 컨설팅 노트] 쇼핑몰 디자인은 화려해야 한다?** … **284**
**[창업 컨설팅 노트] 웹 카피 전략을 세워라** … **284**
　1. 카피는 짧게, 자극적으로 표현하라 … 284
　2. 글을 넣을 때는 여백을 적용하라 … 285
　3. 카피를 잘 쓰기 위해서는 역시 벤치마킹이 중요하다 … 285

● **6-2 발 빠른 상품 위탁은 쇼핑몰의 경쟁력이다** … 286

초기에는 도매, 중기에는 제조에 도전하라 286
　　제조업체 외 거래 시 장단점 | 도매업체와의 거래시 장단점
상품 위탁처와의 돈독한 관계를 구축하라 290
상품 관리 3요소 구매-재고-배송 291
　　상품 관리는 곧 구매 관리 | 쇼핑몰 재고 관리 | 배송 관리
재고 관리는 사입 시기와 양 조절로 승부하라 294
[창업 컨설팅 노트] 재고 관리 기법 – ROP(Reorder Point) 시스템 295
경쟁적 원가 우위의 위탁 능력 295
[창업 컨설팅 노트] 도매업체와 성공적으로 거래를 트는 방법 297
　　1. 도매업체와 거래를 트는 방법 297
　　2. 도매업체와의 거래 시 질문 리스트 297

● 6-3 차별화된 상품 기획 능력을 갖춰라 298
쇼핑몰 MD는 멀티 플레이어다 298
고객 분석을 통한 판매 상품을 기획하라 300
가격 민감도를 낮추는 상품 기획 전략을 세워라 302

## Part 7.
## SNS부터 유튜브 동영상까지, 마케팅을 확장하라

● 7-1 지속 가능한 홍보로 방문자 수를 증가시킨다 306
고객 맞춤화된 SNS 채널 선택 가이드 – 블로그/페이스북/인스타그램 306
　　필수 홍보 채널 – 네이버 블로그 | 인맥을 통한 소통 – 페이스북
　　트렌디한 미디어 채널 – 인스타그램
[창업 컨설팅 노트] 태그 검색 무료 사이트 '업스타태그(upstatag.com)' 325
성공한 쇼핑몰의 홍보 전략을 벤치마킹하라 325
[창업 컨설팅 노트] 소셜 미디어 이용 행태 328
쇼핑 블로그의 성공 포인트 330
　　쇼핑 블로그답게 디자인을 바꿔라 | 카테고리를 다양하게 설정하라
　　유익한 정보를 가공하라
최적의 회원 관리, 카페 마케팅 333

● 7-2 빠르게 고객을 불러 모으는 방법, 포털사이트 검색엔진 광고 336
최적화된 가치 키워드의 광고 전략 336
키워드 광고 시스템 구조 340
　　키워드 광고는 CPC, 클릭 당 광고비 | 네이버 키워드 광고 상품 5가지
[창업 컨설팅 노트] 광고주를 위한 네이버의 무료 강의 349

네이버의 다양한 채널과 접근 350

네이버페이 | 네이버 스마트플레이스 | 네이버 모두(modoo)

● **7-3 동영상 마케팅에 집중하라** 355

유튜브를 이용한 동영상 홍보 355

유튜브 채널 개설하기 | 영상 제작 프로그램 살펴보기

성공하는 동영상 홍보 마케팅의 핵심 360

킬러 동영상의 제작 기법 | 동영상 노출의 핵심 전략 | 기발한 아이디어와
감동, 독특한 영상 | 유튜브 광고의 기본적인 흐름

● **7-4 이벤트 전략으로 마케팅 효과를 높인다** 365

쇼핑몰 이벤트의 7가지 유형 365

신상품 출시 이벤트 | 본 상품보다 더 시선이 가는 사은품 이벤트
가장 효과 빠른 대박 할인 이벤트 | 열린 정기 이벤트 | 고객과의 공감대를
형성하는 생생한 체험 이벤트 | 알뜰 고객에게 매우 유용한 쿠폰 이벤트
어려운 사람들을 돕는 기부 이벤트

이벤트 기획–진행–분석의 3단계 373

1단계 – 시장 분석 및 기획 | 2단계 – 기획안 작성
3단계 – 이벤트 페이지 제작, 상품 매입, 발송 그리고 분석

판매를 촉진하는 개성 있는 이벤트 전략 375

**[창업 컨설팅 노트] 쇼핑몰 이색 이벤트** 376
1. 현금으로 페이백 해주는 이벤트 376
2. 007 작전 같은 비밀 이벤트 377

## Part 8.
## 재구매를 부르는
## 고객 관리 노하우

● **8-1 고객의 마음을 사로잡는 방법** 380

운영자의 인간미를 느끼게 하라 380

입소문 내는 전략을 세워라 382

지속해서 고객과 커뮤니케이션하라 386

● **8-2 고객을 위한 회원 관리 비법** 388

우량 고객을 선별하라 388

고객 평가 관점 | 고객 평가 방향 | 고객 평가 시점

**[창업 컨설팅 노트] 고객 패턴을 확인하는 로그 분석** 394

**[창업 컨설팅 노트] 마케팅 믹스, 인적 특성, 사용 행태, 구매 행태로 고객 세분하기** 397

VIP를 위한 파격 서비스를 제공하라 398

차별화된 마일리지 제도를 구축하라 … 400

● **8-3 신뢰도 있는 고객센터를 구축하라** … 401
고객 만족의 척도는 고객센터에 있다 … 401
클레임이 발생할 수 있는 네 가지 유형 … 401
회원 가입 및 탈퇴 | 상품 구매 | 주문 및 결제 | 배송
고객 응대는 친절하고 상냥하게 … 407
채팅 로봇의 등장 … 407

## Part 9. 정부의 창업 지원 제도 활용

● **9-1 필수로 알아두어야 할 정부 지원 사업 사이트** … 412
K-스타트업 … 413
기업마당 … 414

● **9-2 정부 및 지자체 창업 지원 기관** … 415
중소벤처기업부 산하 창업 지원 총괄(전국) … 415
소상공인시장진흥공단 | 창업진흥원
서울시 … 418
서울경제진흥원 | 서울신용보증재단, 서울특별시 자영업지원센터
경기도 … 420
경기도 경제과학진흥원 | 경기도 내 중소기업지원정보 포털사이트

● **9-3 쇼핑몰 창업자를 위한 정부 지원 프로그램(보육센터)** … 421
공통 … 422
전국 대학 창업보육센터 | 창업선도대학 내 창업보육센터 | 청년창업사관학교
1인 창조기업비즈니스센터 | 중장년기술창업센터 | 장애인 기업종합지원센터
여성 … 429
서울시 여성능력개발원 | (재)여성기업종합지원센터 | 경기도여성능력개발본부 꿈수레

## 인터뷰

● [웹사이트 채널]  차별화된 제품으로 고객을 만족시키고 즐겁게 일하라 … 436
● [카카오스토리 채널]  진실과 성의를 다해서 거짓 없이 대하라 … 440
● [스마트스토어 채널]  진짜 아이디어는 내 안에서 비롯된다 … 443

● Index … 446

# 스마트한 쇼핑몰 창업 노하우

| 인터넷 쇼핑몰 창업 도전 가이드 | → 창업자의 퍼스널 브랜드 수립 | → 자신에게 맞는 창업 계획 | → 체계적인 자금 계획 및 재고를 줄이는 상품 위탁 전략 |

| 사업성 분석 | → 벤치마킹을 통한 차별화 전략 도출 | → 자신의 경험과 장점을 살린 아이템 선택 | → 모바일 시대, 모바일 쇼핑 채널의 최적화 |

| 쇼핑몰 상권 분석부터 사업계획서 전략 구상 | → 사업 전략의 기초 SWOT 수립 | → 키워드 속 소비자 니즈 파악 | → 구체적인 액션 플래닝이 담긴 사업계획서 작성 |

| 쇼핑몰 시장의 새로운 비즈니스 트렌드 | → O2O 비즈니스로 오프라인과의 연계 강화 | → 큐레이션, 서브스크립션 커머스 트렌드 이해 | → 세분된 고객층 타깃, 그리고 집중화 |

| 인터넷 쇼핑몰 구축 | → 상호-도메인이 일치하는 브랜드 | → 네이버 쇼핑 입점 창업이 대세 | → 모바일과 연계된 커뮤니티 창업도 인기 |

| 경쟁력 있는 상품화 컨셉 | → 고객 중심의 상품 진열 및 구매 후기 활용 | → 발 빠른 상품 위탁과 재고 관리 | → 가격 민감도를 낮추는 상품 기획 |
|---|---|---|---|
| SNS부터 유튜브 동영상까지, 마케팅 확장 | → 쇼핑몰 컨셉에 맞춘 SNS 채널 확보 | → 네이버의 무료 지원 서비스 완벽 활용 – 모두/톡톡/ 네이버페이/ 스마트스토어 | → 다양한 이벤트로 쇼핑몰 활성화 |
| 재구매를 부르는 고객 관리 노하우 | → 인간미로 입소문 장악 | → 우량 고객 선별 대우 | → 신뢰도 있는 고객센터 구축 |
| 정부의 창업 지원 제도 활용 | → 창업 지원 포털사이트 K-스타트업 | → 전국 및 지자체 창업 기관 파악 | → 창업보육센터 입주: 시설-교육-컨설팅- 자금까지 원스톱 창업 지원 |

# 나는 쇼핑몰 창업이 적성에 맞을까?

　　인터넷 쇼핑몰 창업에 관해 본격적으로 살펴보기 전, 스스로 창업자에 관한 자질을 갖추고 있는지 평가하는 시간을 가집니다. 객관적인 항목별 평가를 통해 자신에게 부족한 부분이 무엇인지 알고 이를 바탕으로 책을 읽는다면 더욱 유용할 것입니다. 창업자로서 준비되어 있는지 파악하기 위하여 사업 추진 의지 및 기업가 정신과 창업 관련 경험, 역량 및 사업화를 위한 네트워크 보유 현황 등을 점검해봅니다. 이 책을 통해 사업 역량과 창업 아이템의 부족한 점을 보완할 수 있는 기회를 제공합니다.

### 자, 그럼 시작해 볼까요?

## 말해줘! Yes or No

- 나의 생활방식을 다른 사람에게 구체적으로 설명할 수 있다.   ☐ Yes / ☐ No

- 일을 계획적으로 하는 편이다.   ☐ Yes / ☐ No

- 일을 맡으면 적극적으로 하고 싶은 생각이 든다.   ☐ Yes / ☐ No

- 실패해도 실망하지 않는 편이다.   ☐ Yes / ☐ No

- 약속을 지키는 편이다.   ☐ Yes / ☐ No

- 창업을 위해 정보를 수집하고 있다.   ☐ Yes / ☐ No

- 친구가 많다.   ☐ Yes / ☐ No

- 다른 사람이 나와 다른 의견을 내도 귀를 기울이는 편이다.   ☐ Yes / ☐ No

- 어려울 때 함께 고민해줄 친지가 세 명 이상 된다.   ☐ Yes / ☐ No

- 도전 정신이 왕성한 편이다.   ☐ Yes / ☐ No

- 자신의 의사가 확고한 편이다(또는 그 의사를 타인에게 전달할 수 있다).   ☐ Yes / ☐ No

- 건강에 자신이 있다.   ☐ Yes / ☐ No

- 기초적인 재무지식이 있어 재무제표 정도는 이해할 수 있다.   ☐ Yes / ☐ No

- 좋아하는 일이라면 먹고 자는 일도 잊어버린다.   ☐ Yes / ☐ No

- 창업을 하는데 있어 가족들을 설득할 자신이 있다.   ☐ Yes / ☐ No

- 잘 될 줄 알았던 일이 생각처럼 안 되어도 곧 잊어버릴 수 있다.   ☐ Yes / ☐ No

- 즐겁지 않은 모임에 가서도 참고 즐길 수 있다.   ☐ Yes / ☐ No

- 누군가에게 맞으면 반드시 반격을 한다.   ☐ Yes / ☐ No

- 외부 사람이 말을 걸어오면 일단은 들어준다.   ☐ Yes / ☐ No

- 친한 친구의 출세가 마음에 걸린다.   ☐ Yes / ☐ No

# 테스트 결과

1~15번째 질문은 독립과 관련하여 자기 주변의 성숙도를 체크하는 항목이고, 16~20번째 질문은 창업자로서의 자질, 즉 창업과 관련된 집착도를 체크하는 항목입니다. Yes는 5점, No는 0점으로 계산해 총점을 계산하고 다음의 결과를 확인해 보세요.

## 총점 60점 이상(A급)

창업할 수 있는 환경이 성숙되어 있고 창업자로서의 자질도 충분하다. 자신이 추구할 업종을 검토하고 그 업종과 관련된 전문 정보를 수집했다면 언제든지 창업을 시작해도 좋다.

## 총점 35~55점(B급)

그럭저럭 창업할 만한 환경이 성숙되어 있으므로 자신이 운영할 업종을 눈여겨보고 폭넓게 정보 등을 수집한다.

## 총점 30점 이하(C급)

창업해야 할 동기가 명확하지 않으므로 다시 한 번 자신에게 맞는 업종이 무엇인지를 진지하게 생각해야 한다. 또한 창업 관련 세미나에도 참가하고, 정보를 수집하는 일도 게을리 해서는 안 된다.

# 인터넷 쇼핑몰 창업 도전 가이드

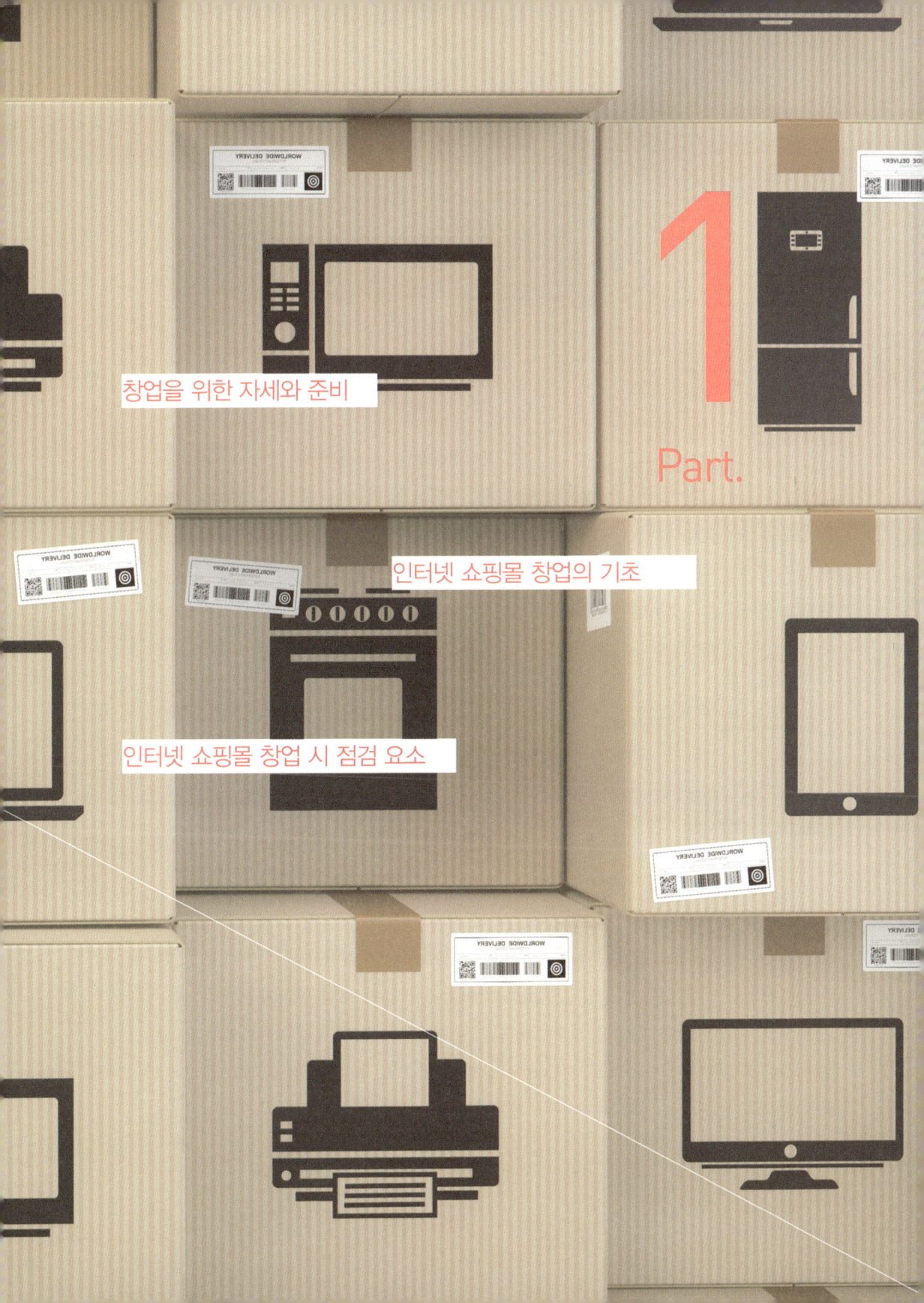

# Part 1

## 창업을 위한 자세와 준비

## 인터넷 쇼핑몰 창업의 기초

## 인터넷 쇼핑몰 창업 시 점검 요소

# 창업을 위한 자세와 준비 ❶❶

## 즐거운 일에 도전하라

'창업'이라는 것은 무엇일까요? 국어사전에서는 창업의 정의를 '기업을 세우는 일'이라고 합니다. 그렇다면 창업에 관심 있는 사람들이 스스로 기업을 세우는 일에 도전할 때 가장 먼저 무엇을 생각해야 할까요? 단연코 자신의 열정을 불태울 수 있는 일을 찾는 것부터 시작해야 합니다. 결국, 창업자의 열정이 비즈니스를 시작하고 지속하기 때문입니다.

> **창업의 정의**
>
> 설정된 기업의 목적을 달성하기 위해 인적, 물적 자원을 적절히 결합하여 상품이나 서비스를 조달, 생산, 판매하거나 이에 수반되는 활동을 수행하는 것을 말한다.

창업을 위해 특정 상품이나 아이템부터 논하기 전에 가슴에 손을 얹고 '왜 창업을 하려고 하는가?'에 관해 스스로 질문하기 바랍니다. 어떤 사람은 취업이 너무 어려워 그 대안으로 창업을 선택하지만, 창업한 선배들의 이야기를 들어 보면 창업이 얼마나 힘든 일인지 알 수 있습니다. 창업을 시작하게 되면 초기에는 시스템이 갖추어지지 않은 상태이므로 조직의 규칙을 스스로 만들고 지켜가야 합니다. 또한, 직접 고객을 찾고 알맞은 상품을 찾은 다음 상품화하여 홍보해야 합니다. 보통 취업을 하면 자신이 맡은 파트의 일을 하지만, 창업을 하면 모든 파트의 일을 해야 하므로 창업한 선배들은 취업이 안 된다는 이유로 창업하는 것에 절대적으로 반대합니다.

흔히 '영혼이 없는 창업은 반드시 망한다'라고 하는데요. 창업에 대한 준비와 계획이 다소 부족하더라도 창업해야 할 이유가 분명하고, 창업자의 깊이 있는 영혼이 있다면 성공할 수 있습니다.

직접 컨설팅했던 어느 창업가는 '천연방향제'를 아이템으로 창업을 꿈꿨지만, 처음 사업에 뛰어들어 어떤 것을 어떻게 준비해야 하는지 모르는 백지 상태였습니다. 그저 좋아하는 아이템이 있었지요. 직접 만나 보니 열심히 하고자 하는 열정이 느껴졌습니다. 창업가의 멘토$^{Mentor}$로서 사업계획서 작성을 도우며 그가 머릿속에 떠올렸던 사업화 계획을 밑그림으로 구체화하자 곧 자신의 열정을 바탕으로 사업을 시작하게 되었습니다. 그는 1년 만에 중소기업청 청년창업사관학교에 선발되어 아이디어 상품을 제품화하는 데 열정을 불태우고 있습니다. 이처럼 창업가는 자신의 열정에 불을 지필 수 있는 일에 관해 진지하게 고민해야 합니다. 이후 창업 절차에 대한 학습, 사업화 계획 등의 작업을 이어간다면 준비성 있게 창업을 시작할 수 있습니다.

### 창업자의 정의

불확실한 상황에서 기꺼이 위험을 감수하며 자신의 아이디어를 실현하려고 하는 사람을 말한다.

창업자는 불확실한 상황에서도 위험을 무릅쓰며 자신의 아이디어를 실현하기 위해 도전하는 사람입니다. 창업과 동시에 상황은 언제나 불확실해집니다. 머릿속에 그린 그림이 그대로 실현될지 어느 누구도 보장할 수 없지요. 그럼에도 불구하고 즐겁거나 도전하고 싶은 꿈이 있을 때 창업이 시작되는 것입니다.

지금, 창업을 꿈꾸고 있다면 먼저 왜 창업하려고 하는지에 관한 답을 스스로 찾아보세요.

## 판매보다 좋은 상품을 나누는 마음이 먼저다

상거래 유통시장은 수많은 상품으로 넘쳐납니다. 산업혁명 시절에는 수요보다 공급이 적어서 만들기만 하면 판매되었지만, 현대에는 어떤$^{What}$ 상품을 사느냐보다 어디서$^{Where}$ 사느냐를 고민하게 되었습니다. 우리는 공기청정기를 구매하기 위해 백화점에서 사야 할지, 전자제품 전문점에서 사야 할지, 홈쇼핑에서 사야 할지, 인터넷 쇼핑몰에서 사야 할지 등 어디서 구매하는지에 대해 깊이 고민하게 된 것입니다.

이제 오프라인 또는 온라인 유통시장에서 단독으로 판매할 수 있는 상품은 거의 없습니다. 특허권을 갖고 있는 직접 만든 제품이라 하더라도 제품을 유통하기 위해서는 여러 대리점을 통해 판매하는 과정이 필요하고, 유사한 경쟁 제품이 속속 출시되기 때문에 독식할 수 있는 시장이 사라졌습니다.

그렇다면 언제, 어디서, 누구나 판매할 수 있게 된 시장에서 소비자들은 어디서 구매할까요? 아마도 소비자와 좋은 상품을 나눈다는 생각으로 판매하는 곳에서 구매할 것입니다.

새로운 유통 트렌드인 '큐레이션 커머스$^{Curation\ Commerce}$'는 큐레이터처럼 분야별 전문가가 상품을 직접 선별하여 판매하는 방식의 상거래를 말합니다. 수많은 상품 중에서 나에게 딱 맞는 상품이 무엇인지 결정하지 못하는 소비자들에게 전문가가 "이런 상품을 사세요!"라고 친절하게 설명하는 것입니다.

### 큐레이션 커머스의 정의

큐레이터가 작품 등을 수집, 전시, 기획하듯이 특정 분야 전문가 등이 직접 제품을 골라 할인된 가격에 파는 전자상거래이다. 믿을 만한 전문가가 엄선한 양질의 독창적이고 뛰어난 제품을 판매하는 전자상거래 형태로 정보 과잉, 상품이 너무나 많은 현대사회에서 전문가가 추천한 독창적이거나 품질이 좋거나 뛰어난 제품을 판매하는 데 초점을 두고 있다.

출처: 네이버 지식백과 IT용어사전, 한국정보통신기술협회

만약 과일을 판매하는 쇼핑몰이라면 단순히 과일을 판다는 생각을 가지고 쇼핑몰을 운영하는 것이 아니라 과일 전문가인 창업자가 좋은 과일을 선별하여 소비자에게 추천하는 방식으로 운영하는 것이 바로 큐레이션 커머스입니다.

이처럼 큐레이션 커머스는 수많은 상품 중에서 소위 결정 장애가 생긴 소비자들에게 믿음을 주고 나누는 거래 방식으로 쇼핑몰에서도 가장 중요한 운영 형태로 떠오르고 있습니다. 그러므로 소비자를 대신해 더 열심히 준비하고 더 좋은 상품을 나누겠다는 마음가짐으로 창업에 도전하기 바랍니다.

# 퍼스널 브랜드(I=Brand)를 구축하라

때때로 쇼핑몰 예비 창업자들에게 질문합니다. "인터넷 쇼핑은 주로 어디서 하나요?" "자주 찾는 개인 쇼핑몰이 있나요?" 소비자들이 주로 구매하는 쇼핑몰은 과연 어디일까요? 쇼핑몰을 창업하려고 하는 예비 창업자조차도 주로 대형 쇼핑몰을 이용한다고 합니다. 아무래도 대형 쇼핑몰은 모든 카테고리에서 많은 상품을 판매하며, 구매력이 좋아서 질 좋은 브랜드 상품도 최저가에 구매할 기회가 주어집니다. 고객 서비스에도 심혈을 기울여 적립금도 많고 각종 이벤트 할인 쿠폰을 많이 주기도 하지요. 그러면 대형 쇼핑몰의 장점만을 살펴봤을 때 쇼핑몰 예비 창업자들은 과연 성공할 수 있을까요?

여기서 우리는 성공한 소호 쇼핑몰들의 전략을 유심히 들여다볼 필요가 있습니다. 직접 발로 뛰며 15년 넘게 쇼핑몰 창업자들을 만나는 동안 기억에 남는 성공한 쇼핑몰들의 공통점은 바로 '퍼스널 브랜드$^{I=Brand}$' 의식을 가진 것이었습니다.

브랜드는 경쟁 제품과의 식별을 위한 고유성을 갖는 것입니다. 브랜드가 있는 제품과 없는 제품이 소비자에게 주는 가치는 다릅니다. 소호 쇼핑몰이라도 창업자가 쇼핑몰을 브랜드로 인식한 채 운영하느냐와 아니냐는 쇼핑몰의 성공에 많은 영향을 줍니다.

> **브랜드의 정의**
>
> 브랜드는 제품의 생산자 혹은 판매자가 제품이나 서비스를 경쟁자들의 것과 차별화하기 위해 사용하는 독특한 이름이나 상징물의 결합체이다. 현대에 들어 브랜드는 단지 다른 제품과 구별할 뿐만 아니라 제품의 성격과 특징을 쉽게 전달하고 품질에 대한 신뢰를 끌어올려 판매에 영향을 끼치는 사회, 문화적 중요성을 가지는 상징체계가 되었다.
>
> 출처: 네이버 지식백과

같은 상품을 파는 쇼핑몰 중에서도 창업자가 자신의 이름을 걸고 직접 상품을 보여주면서 신뢰를 어필한다면 소비자는 해당 쇼핑몰을 물건만 판매하는 쇼핑몰과 다르게 인식합니다. 소호 쇼핑몰은 규모나 조직 면에서 대형 쇼핑몰보다 부족한 점이 많으므로 창업자 스스로 차별화를 나타내고 신뢰를 보이지 않으면 소비자의 마음을 열기 어렵습니다.

스스로 '나는 전문가다!' '나는 곧 브랜드다!'라는 의식을 가지고 시작하기 바랍니다.

# 인터넷 쇼핑몰 창업의 기초 ❶❷

## 나에게 딱 맞는 창업 초기 비용을 계획하라

인터넷 쇼핑몰 창업을 준비할 때 막상 무엇부터 시작해야 할지 고민됩니다. 어떤 상품을 판매해야 할지, 소비자에게 어떻게 홍보해야 할지 등 많은 생각이 들지만 창업 아이템을 논하기 전에 인터넷 쇼핑몰 창업 자체에 대한 설계를 고민할 필요가 있습니다.

쉽게 말해 자신에게 맞는 쇼핑몰 창업 규모는 어느 정도인가부터 설계하기 시작해서 창업 후 성공에 대한 기대감을 조절하는 작업입니다.

인터넷 쇼핑몰의 가장 큰 장점으로 초기 창업비용이 적은 편이라는 점을 꼽습니다. 과거 인터넷 쇼핑몰 창업 초기에는 백만 원이 안 되는 비용으로도 얼마든지 성공사례들이 나타났지요. 하지만 최근에는 쇼핑몰 창업 초기 비용이 적다는 것에 동의하지 않는 사람들도 많습니다. 사업 자본금이나 준비 상황에는 여러 가지 변수가 있지만 이제 쇼핑몰 창업도 준비자금이 매우 많이 든다는 것입니다.

지금까지 만나본 창업자들의 사례를 종합하면 처음에는 적은 자본금으로 시작하는 경우가 많습니다. 그러나 사업 확장을 기획하고 키우다 보면 상품 수가 늘어나고 더 좋은 컨텐츠를 개발해야 하기 때문에 자금이 더 필요해지며, 경쟁업체들과의 전쟁 속에서 마케팅하다 보니 소위 자금이 계속 필요해집니다. 소자본으로 성공할 수 없다는 자조적인 말도 나오지만, 적은 비용으로 쇼핑몰을 오픈하고 나서 빠르게 사업을 확장하기 보다는 천천히 규모를 늘리며 어느 정도 수익을 만들어내는 경우도 많습니다. 앞서 설명한 창업자와는 기대 수익에서 차이가 나겠지만 스스로 속도를 조절하는 경우입니다.

사업의 성장은 어떤 시장을 선택하느냐에 따라 차이가 큽니다. 시장에 투입되는 비용에도 차이가 발생하지요. 보통 소자본으로 쇼핑몰을 창업하고자 할 때는 적은 비용으로 창업하기 때문에 창업 후 성공에 대한 기대감에도 설계가 필요합니다. 어떤 창업자는 백만 원이 안 되는 비용으로 창업하고 이제 막 오픈한 상태인데 3개월이 지나도 수익이 없다며 고민하다가 6개월을 채 버티지 못하고 문을 닫기도 합니다. 사업 실패를 돈만으로 환산할 수는 없지만 적어도 이 정도 투입했으니 단기간에 큰 수익을 기대하지 않으면 실망감도 줄어들고 처음에 창업하게 된 계기, 이유 등을 떠올리면서 사업을 유지할 수 있습니다.

투여되는 자본이 적으면 창업 후 한 달 만에 몇백만 원의 수익을 올리는 일은 쉽지 않습니다. 시의에 맞는 상품을 선정했거나 가격이 매우 저렴하거나 굉장한 입소문 마케팅을 진행하지 않는 이상 말입니다. 아마 이것은 투여되는 자본이 많더라도 쉽지 않을 수 있습니다. 소비자들은 창업한 쇼핑몰이 있는지도 잘 모르기 때문에 광고 등에 노출된 경우에만 겨우 쇼핑몰에 방문해서 상품을 구매하는 셈이기 때문입니다.

창업 후 3개월간의 기대 수익을 계획한다면 거꾸로 해당 수익을 발생하기 위해 상품을 어느 정도 팔아야 할지, 몇 명의 고객에게 쇼핑몰을 홍보하고 신규 회원을 만들어야 할지 등을 계산해야 합니다. 그리고 창업 후 기대감을 계획에 따라 적절하게 조절하기 바랍니다.

## 스마트한 쇼핑몰 운영자가 되는 길

인터넷 세상은 24시간, 연중무휴로 돌아가고 세계인을 대상으로 운영됩니다. 여기서는 오프라인 매장 창업과 확연하게 다른, 인터넷 쇼핑몰 창업에 대해 간단하게 짚어보고자 합니다. 왜 인터넷 쇼핑몰 창업이 필요하고 필연적인 것인가에 관한 해답이 될 테니까요. 이 차이를 이해하면 더욱 스마트하게 쇼핑몰을 운영할 수 있습니다.

인터넷 쇼핑몰 창업 후 직접 경험하게 되는 인터넷의 장점은 상상 그 이상입니다. 저는 지난 2002년에 주얼리 쇼핑몰을 창업하여 10년간 운영했고, 2007년에 과일 쇼핑몰을 창업하여 운영하면서 인터넷 쇼핑몰의 장점을 몸소 체험하였습니다.

인터넷 쇼핑몰에는 1만 개 이상의 상품도 무제한으로 등록해서 무료로 운영할 수 있습니다. 오프라인 매장에서는 엄두도 못 낼 일이지만, 컴퓨터 하드웨어 용량이 무한대로 제공되는 추세라서 창업자들은 인터넷 쇼핑몰에서는 마음껏 상품을 데이터베이스[DB]화하여 운영할 수 있습니다. 오프라인 매장처럼 공간에 제약을 받지 않아 비싼 상권의 임대료나 점포 관리비도 필요 없습니다. 또한, 24시간 불이 꺼지지 않는 상점이다 보니 쇼핑몰에서는 창업자가 잠든 새벽녘에도 구매가 일어납니다. 오프라인 매장을 24시간 운영하려면 인건비, 임대료, 기타 수수료 등 큰 비용이 들지만 인터넷 쇼핑몰은 전혀 고민할 필요가 없습니다. 소비자들은 원하는 시간에 얼마든지 쇼핑을 즐길 수 있어 만족도도 높습니다.

최근 스마트폰을 이용한 모바일 상거래 시장이 확대되면서 모바일 쇼핑이 대세입니다. 인터넷 쇼핑몰은 시간이나 공간의 제약을 없애 더욱 환영받았습니다. 이제 인터넷에 연결된 컴퓨터 없이도 침대에 누워 간편하게 쇼핑할 수 있는 시대입니다. 스마트폰으로 촉발된 모바일 쇼핑 시장으로 인해 오프라인 유통시장의 타격은 이미 시작되었습니다.

인터넷 쇼핑몰을 운영하다 보면 생각지도 못한 나라에서 구매가 이루어지는 것을 보고 놀라게 됩니다. 제주도에서 주문이 들어와도 놀라운데 미국, 영국, 호주 등 세계 여러 나라에서 주문이 들어오면 대체 이 고객들은 어떻게 알고 찾아왔을까 하는 생각이 절로 듭니다. 유명 쇼핑몰들은 쇼핑몰 오픈 자체만으로도 전 세계에 상품을 판매할 수 있는 적극적인 유통망을 얻는 경우가 많습니다. 소위 내수가 침체되어도 해외 주문 폭주로 공장이 풀가동되는 쇼핑몰들도 많습니다.

인터넷 쇼핑몰의 편리한 관리 시스템도 큰 장점입니다. 상품 등록부터 주문 관리, 회원 관리, 이벤트 관리에 이르기까지 복잡한 운영 시스템을 그야말로 솔루션 하나로 스마트하게 해결할 수 있습니다. 어떤 사람은 솔루션이 복잡하기 때문에 쇼핑몰을 창업할 엄두가 나지 않는다고도 합니다. 하지만 솔루션 기능이 복잡할수록 운영하면서 많은 도움을 받을 수 있습니다.

소매 유통시장에서 소비자들이 가장 선호하는 채널은 인터넷 쇼핑몰입니다. 인터넷 쇼핑은 무엇보다 편하고 쉬우며 비교해서 쇼핑할 수 있기 때문이지요. 소비자들이 인터넷 쇼핑몰을 선호하는 이유와 더불어 앞서 소개한 태생적인 장점들을 잘 활용하면 유통시장에서 스마트한 창업자가 될 수 있습니다.

1-01
쇼핑몰 솔루션의 기능 – 메이크샵

## 아이템에 따른 재고 부담을 최소화하라

아이템마다 약간씩 차이가 있지만 인터넷 쇼핑몰의 가장 큰 장점 중 하나는 재고에 대한 부담을 덜 수 있다는 것입니다. 직접 주얼리 쇼핑몰을 오픈하면서 60여 개의 상품을 준비했었는데요, 워낙 작은 크기의 펜던트를 판매하여 당시에는 초기 구매비용이 300만 원도 채 들지 않았습니다. 이후 쇼핑몰을 운영하면서 신상품 사진을 촬영하기 위해 제품을 하나씩 구매하여 촬영하고 주문이 들어오면 도매업체에서 다시 구매해 보내는 방식으로 운영했습니다. 2년 정도 지나고 나서는 재고가 거의 없더군요. 구매가 늘어날수록 어느 정도 재고를 준비하지만 바로 판매할 정도의 양이라 많지 않았습니다. 도매업체와 친해지면서 신상품을 등록할 때 제품을 아예 구매하지 않고 대여하기도 해 재고에 관한 부담을 최소화한 상태에서 운영할 수 있었습니다. 또 과일 쇼핑몰을 창업할 때는 과일 도매업체들과 함께 준비해서 쇼핑몰 자체의 재고 부담은 전혀 없는 상태였습니다.

실제 사례로 쇼핑몰 창업 시 재고 부담에 관해 설명했지만 다른 많은 온라인 쇼핑몰에서도 재고 부담은 오프라인 매장과 큰 차이를 보입니다. 오프라인 매장을 창업한다면 미리 판매할 상품을 전시해야 하므로 기본적인 상품 구매비용이 상당히 많이 듭니다. 주얼리 매장의 경우 아무리 작아도 1억 원이 들어간다는 이야기를 듣기도 했습니다. 온라인 쇼핑몰의 경우 상품 이미지만 마련되면 바로 판매가 시작되고 실제 제품의 재고가 없어도 운영할 수 있다는 점이 강점입니다. 주문이 들어온 후 바로 상품을 매입, 배송하는 '선 주문 후 배송' 시스템이기 때문에 재고 부담이 상대적으로 적은 편입니다.

인터넷 쇼핑몰 창업자는 초창기에 재고 부담 최소화에 관한 창업 전략을 세우는 것이 좋습니다. 이를테면, 휴대폰 또는 카트리지와 같은 전자기기나 컴퓨터 관련 기기를 취급하는 쇼핑몰에서도 사입하기보다는 대리점이나 총판과의 협업을 통해 인터넷 주문만 별도로 받아 주문내역을 넘기면 오프라인 매장에서 바로 배송하는 과정을 거치는 것입니다. 오프라인 매장에서도 온라인 판매의 중요성을 알기 때문에 협업할 사업체를 찾기도 하므로 인연이 닿으면 좋은 파트너가 될 수 있습니다.

의류 쇼핑몰도 도매업체나 제조업체와 연결되면 편리하지만, 만약 그렇지 않더라도 도매업체에서 사이즈별로 소량의 의류만 구매해서 시작할 수 있어 좋은 거래업체를 찾는 데 주력해야 합니다. 물론 소량을 구매하는 경우 납품단가가 높을 수 있습니다.

상품 공급업체를 찾을 때 수급 안정성이나 규모도 중요한 판단 기준이며, 이때 가장 중요한 거래 조건은 '가격'입니다. 가격은 인터넷 쇼핑몰에서 가장 중요한 경쟁 요소이기 때문에 가장 효율적인 유통 형태를 찾아야 합니다. 도매업체보다는 제조업체를 접촉하는 것이 가격 면에서는 경쟁의 우위를 점하지만, 제조업체의 경우 다양한 상품이 없거나 독점이라는 조건에 걸려 쇼핑몰 운영 초기에 어려움이 발생하기도 합니다. 그래서 창업 초기에는 여러 유통 경로의 업체들을 찾아가는 열정이 필요하고 창업 계획과 잘 맞는 업체를 찾도록 노력해야 합니다.

## 고객 정보 빅데이터를 과학적으로 분석하라

인터넷 쇼핑몰의 가장 큰 장점 중 하나는 고객 정보를 자동으로 수집할 수 있다는 점입니다. 그야말로 고객에 대한 빅데이터가 생기는 것이지요. 아무리 빅데이터의 시대라고 해도 사실 작은 가게에서의 빅데이터 활용은 먼 이야기일 수 있습니다. 그러나 경쟁업체들이 많을수록 자신의 매장을 찾는 고객들을 파악하고 이들을 위한 맞춤형 서비스를 제공해야 비로소 단골 고객이 늘어납니다.

인터넷 쇼핑몰은 고객 정보를 수집하고 분석할 수 있도록 많은 도움을 줍니다. 인터넷 쇼핑몰을 운영하기 위한 모든 솔루션에는 기본적으로 통계 기능이 있습니다. 이 기능은 로그 파일을 통해 이루어지며, 이 파일은 서버에 남겨지는 것으로 쇼핑몰에 방문한 소비자가 언제, 어디에서 접속했고 어떤 상품과 페이지들을 클릭했는지 등을 기록으로 상세히 남깁니다. 이처럼 고객의 패턴을 알려주는 로그 파일은 인터넷 쇼핑몰의 특별한 마케팅 자료입니다.

중요한 것은 이렇게 쌓인 고객 정보를 실전 마케팅에 얼마나 활용하느냐 입니다. 이를 위해서는 고객 정보를 해석할 수 있어야 하고 인사이트를 찾아 실제 쇼핑몰 운영에 반영해야 합니다.

주얼리 쇼핑몰 창업 당시 여성을 대상으로 한 목걸이 쇼핑몰을 오픈했습니다. 2년간 운영하다 보니 매출이 정체되는 시기가 생겨 매출을 늘리기 위해 무엇을 어떻게 해야 하는지 고민했습니다. 이때 통계 분석 자료를 살펴보면서 흥미로운 사실을 발견했어요. 여성 주얼리 쇼핑몰인데 남성 고객 비율이 70%나 차지한다는 사실이었습니다. 이때 남성이 여성에게 선물할 주얼리를 사기 위해 쇼핑몰을 찾는 경우가 많다는 것을 확인하고 바로 남성 주얼리 카테고리를 만들어 전면에 내세웠습니다. 남성들도 자신에 대한 투자로 목걸이를 구매하는 분위기와 더불어 포털사이트 검색에서도 남성 목걸이에 대한 조회 수가 꾸준한 것이 제품을 판매하는 바탕이 되었습니다. 결국, 예상이 적중해서 남성 목걸이 전문 쇼핑몰로 전환했고 매출 신장에 많은 도움을 얻었습니다.

이처럼 인터넷 쇼핑몰에서는 고객 데이터를 바탕으로 정확한 수요 예측이 가능합니다. 한 달에 한 번 혹은 일주일에 한 번 정도 주기적으로 쇼핑몰 방문객들의 정보를 찾아보고 쇼핑몰 운영에서 놓치고 있는 전략 포인트는 없는지 점검하는 것은 매우 중요합니다. 결국 쇼핑몰에 관한 적극적인 분석과 빠른 실행에서 성공과 실패의 차이가 발생합니다.

1-02
쇼핑몰 접속 통계 – 메이크샵

1-03
쇼핑몰 접속 통계의 주요 기능 일부 – 메이크샵

# 인터넷 쇼핑몰 창업 시 점검 요소 ❶❸

## 사업 방향은 확장성을 염두에 둔다

대부분 인터넷 쇼핑몰을 창업할 때 장밋빛 미래를 꿈꿉니다. 매우 당연한 일이지요. 잘 될 거라는 자신감 없이 어떻게 창업할까요? 하지만 실제로 창업을 하고 나면 당황스러운 경우가 많은데요, 이를 대비하기 위해 점검해야 할 부분을 살펴보겠습니다.

인터넷 쇼핑몰 창업 후 가장 당혹스러웠던 일은 내 상권이 없어진다는 것이었습니다. 앞서 주얼리 쇼핑몰을 운영하며 여성 타깃에서 남성 타깃으로 변경하게 된 배경을 설명했는데요, 사실 당시에는 이렇다 할 남성 주얼리 쇼핑몰이 별로 없었고 네이버에서 '남자 목걸이'라는 키워드를 검색하면 제 쇼핑몰이 가장 먼저, 유일하게 노출되어 장사가 잘 되었던 것 같습니다. 그런데 이 기쁨도 잠시, 약 한 달 뒤부터는 포털사이트에 경쟁 쇼핑몰들이 함께 노출되기 시작했지요. 인터넷은 워낙 벤치마킹이 쉬워서 경쟁 쇼핑몰이 어떤 이벤트를 진행하는지, 어떤 상품을 판매하는지, 어떤 매체에 광고하는지를 쉽게 알 수 있습니다. 결국, 최초로 발견한 시장이라도 금세 경쟁업체가 생겨서 치열하게 싸운다는 것을 알게 되었습니다.

지금 이 순간에도 창업 시장은 급변하므로 계속 변화를 주시하고 생존 전략을 세워야 합니다.

한 쇼핑몰 대표는 지금까지 본 적 없는, 직접 기획한 한글 티셔츠를 판매하겠다는 꿈을 갖고 쇼핑몰을 창업했습니다. 그런데 티셔츠 디자인을 올리는 대로 경쟁업체에서 비슷한 디자인으로 더 저렴한 가격에 판매하곤 했답니다. 그는 당시 쇼핑몰 운영을 포기하고 싶은 마음마저 들었다고 해요. 다행히 전략을 바꾸어 직접 제작한 기발한 아이디어 소품 쇼핑몰로 변신했지만 자신의 아이디어가 제대로 보상받지 못한다는 현실에 망연자실했다고 합니다.

여러분이 생각한 독창적인 비즈니스 아이디어와 비슷한 쇼핑몰들이 생겨서 경쟁하는 일은 비일비재할 수 있습니다. 이와 관련된 특허, 디자인 실용신안, 저작권 등 많은 보호 법률이 있지만 법의 보호 아래에서 사업하는 것은 생각보다 쉽지 않습니다. 법적 소송을 진행 중인 쇼핑몰도 많이 봐왔는데 사실 어려움이 많습니다.

자신만이 판매할 수 있는 아이템이라는 것은 사실 어렵고, 누구나 경쟁에서 벗어날 수 없으므로 창업하면서 하나의 아이템이나 시장만을 바라보지 말고 확장성을 염두에 둔 전략을 세우는 것이 중요합니다. 그러므로 창업 초기와 2~3년 후 사업 방향을 어떻게 전개할 것인지에 대한 전략을 고민하기 바랍니다.

## 부지런하지 않으면 실패한다

창업 후 갑자기 혼자 처리해야 할 일들이 매우 많아져서 당황스러울 수 있습니다. 장사가 시작되면 하루하루가 매우 바빠지지요. 한 쇼핑몰 운영자의 일과를 간단히 정리하면 다음과 같습니다.

오전 9시: 고객의 상품 문의 전화로 일과 시작. 밤새 등록된 고객 문의 게시판 답글 정리
오전 11시: 어제 신상품으로 사입한 상품들 정리 및 사진 촬영 시작
오전 12시: 점심
오후 1시: 상품 상세 설명 페이지 작업, 진행

오후 3시: 주문 목록 확인 및 반품, 교환 등 고객 문의에 대한 추가 정리
오후 4시: 발송할 상품 포장 및 택배 물량 점검
오후 5시: 택배 발송
오후 6시: 광고 집행 사항 점검, 매출 자료에 대한 자금 정리 등 기타 운영
오후 8시: 저녁 식사
오후 9시: 주문에 맞춰 새로 사입해야 할 제품 정리, 시장 방문
오후 11시: 귀가 후 내일 정리할 일들 점검
오후 12시: 취침

정확하지 않지만 바쁘게 돌아가는 쇼핑몰 운영자의 일과를 시간대별로 정리했습니다. 실제로는 찾아오는 고객 응대, 개인 업무 발생 등 여러 가지 변수로 인해 더욱 바쁜 일상이 전개됩니다. 저도 창업 이후 저녁 시간을 개인적으로 활용하는 경우는 매우 적었습니다.

물론 위의 경우는 하나의 사례입니다. 제품 사입과 물류 조건이 다르면 다른 일과가 펼쳐집니다. 하지만 기본적으로 쇼핑몰을 운영하는 데 필요한 일들을 진행하는 것인데도 아침부터 저녁까지 정신없이 돌아갑니다. 24시간 운영되어 밤새 고객 문의가 쌓일 수 있다는 점, 재고 부담을 줄일수록 매일 제품을 사입해야 한다는 점 등도 부담스러워집니다. 그러므로 재고 관리는 적정 재고를 고려하여 상품마다 사입 시기를 조율하는 게 중요한 전략입니다.

쇼핑몰 창업자는 효율적으로 시간을 관리해서 모든 업무가 원활히 돌아가도록 일정을 계획해야 합니다. 제품의 사입과 상품화 계획, 제품 사진 촬영과 상품 페이지 디자인, 이벤트 계획, 광고 및 홍보 작업, 고객 상담, 제품 포장, 택배 발송, 매출 관리, 자금 관리 등 해야 할 일이 매우 많기 때문에 부지런하지 않으면 성공할 수 없다는 것을 각오해야 합니다.

## 인터넷 홍보의 강자가 되어라

쇼핑몰을 오픈하고 나서 가장 난감할 때는 하루 매출이 없을 때입니다. 아무도 구매하지 않는 쇼핑몰 관리자 페이지를 보는 것만큼 괴로운 일도 없지요.

어떤 창업자는 인터넷 쇼핑몰은 시장이 어렵고 경쟁이 치열해서 실패의 위험이 너무 크다고 합니다. 물론 맞는 이야기입니다. 어느덧 쇼핑몰 시장도 20년이 넘으면서 유명해진 쇼핑몰이 많고 그중에서도 소위 자리를 잡아 회원 수가 10만 명이 넘는 쇼핑몰도 심심치 않게 볼 수 있습니다. 뒤늦게 후발주자로 시작해서 성공 가능성이 있느냐를 묻는다면 힘들 수도 있습니다. 하지만 시장은 항상 변화하며 유동적이기 때문에 새로운 비즈니스 아이디어의 쇼핑몰을 오픈하거나 잘 되던 쇼핑몰이 없어진 자리에 새로운 쇼핑몰이 자리 잡기도 합니다. 그러므로 트렌드를 잘 따라잡고 고객 중심의 쇼핑몰을 운영해나가면 얼마든지 성공할 수 있습니다.

창업자가 쇼핑몰 창업의 성공을 위해서 가장 많이 신경 써야 하는 부분은 인터넷 홍보, 마케팅입니다. 쇼핑몰 오픈 이후 고객이 적어 매출이 발생하지 않는 것은 지극히 당연한 일이기 때문에 스스로 얼마나 홍보하고 있느냐를 점검해야 합니다.

많은 창업자는 창업 전에 미리 사업계획서를 작성합니다. 사업계획서는 사업 방향과 계획을 자세히 적은 문서로 홍보, 마케팅 계획을 세밀하게 작성할 필요가 있습니다. 보통 잘 짜인 쇼핑몰 사업계획서에는 하루 유입률 목표와 한 달, 일 년 고객 모집 목표와 같은 구체적인 지표도 설정되어 있고 이에 도달하기 위해 어떤 액션 플래닝(계획)이 필요한지에 대한 세밀한 행동 지침이 있습니다. 예를 들어, 창업 6개월 전부터 미리 카페나 블로그 홍보를 시작하고 목표량을 정해 마케팅을 진행하거나, 협업할 수 있는 거래처 또는 홍보 채널을 확보하거나, 언론 홍보를 어떤 방향으로 진행할 예정이라거나, 오픈 이벤트 계획 등 쇼핑몰을 알리기 위한 여러 가지 방법을 시도합니다.

여기서 광고가 아닌 홍보의 중요성을 설명하는 이유는 광고에는 비용 부담이 크기 때문입니다. 물론 소액으로 대상에 따라 광고를 진행할 수도 있으므로 무조건 광고를 멀리하는 것은 바람직하지 않습니다.

과일 쇼핑몰을 창업하면서 세분된 키워드만 공략하여 한 달에 5만 원이라는 매우 적은 광고비를 책정하고 노출을 시도했었습니다. 조회 수가 적은 키워드들이었으므로 방문자 수가 크게 오르진 않았지만 쇼핑몰의 차별화된 가격 조건과 신뢰가 조금씩 매출을 상승시켰습니다. 광고는 투자에 따라 노출이 정해져 있고 투자 여력에 변수가 있기 때문에 창업자가 상황에 따라 얼마든지 조율할 수 있는 영역입니다. 실제로 해를 더할수록 점점 광고에 대한 투자 가치가 낮아지고 있어 투자를 많이 한다고 해서 그만큼 매출이 크게 늘지는 않습니다. 광고비가 비싸질수록 쇼핑몰 운영자금에도 부담이 되기 때문에 계산된 전략이 필요해 보입니다. 그래서 광고보다 홍보에 비중을 두고 그 중요성을 강조하고자 합니다.

최근에는 홍보 채널이 매우 다양해져서 가장 일반적인 네이버 포털사이트에 노출되는 블로그, 카페, 동영상, 지식인, 포스트 외에도 페이스북, 인스타그램, 유튜브 등 여러 매체가 활용됩니다. 나아가 다양한 광고를 이용해 노출할 수 있고 카카오스토리, 네이버 밴드와 같은 모바일 앱을 통한 마케팅도 가능합니다.

쇼핑몰들은 주로 입점을 통한 브랜드 홍보도 계획합니다. 이를테면, 자체 쇼핑몰을 오픈하면서 네이버 쇼핑에 추가로 입점하거나 오픈마켓 또는 소셜커머스에서도 판매하는 방식으로 시장을 확대해나가는 것입니다.

인터넷 홍보를 위해서는 배워야 할 것이 많으므로 전략을 세우는 일에도 매우 신중하게 접근해야 합니다. 쇼핑몰의 존재를 알리지 않으면 아무도 모릅니다. 중요한 것은 생각만 하는 것이 아니라 계획을 실천해야 한다는 것이에요. 단지 글을 한 번 올린다고 해서 입소문이 나지 않으니까요. 창업하기 전 인터넷 홍보 전략에 대해 완벽하게 학습하기를 권합니다.

1-04
쇼핑몰 홍보 채널 – 스타일난다

1-05
블로그와 네이버 쇼핑 입점 홍보
– 프레시멘토

1-06
네이버 쇼핑 입점몰 – 프레시멘토

## 보이지 않는 고객과의 기 싸움에서 승리하라

인터넷 쇼핑몰에서 중요한 것 중 하나는 '고객 관리'입니다. 직접 쇼핑몰을 운영하면서 고객 응대가 생각보다 어렵다는 것을 많이 느꼈습니다.

인터넷 쇼핑몰은 가상 상점입니다. 같은 상품을 보여주고 선택하는 상황이라서 고객 응대가 더 쉬울 것 같지만, 사실 고객에게 상품을 보여주기 위해 노력해야 하는 일부터 많이 힘듭니다. 쇼핑몰에서는 사진을 얼마나 잘 찍느냐에 따라 상품이 다르게 전달되고 상품 하나하나 정성을 들여 상품 상세 설명 페이지를 디자인해야 하므로 어떨 때는 페이지 하나를 만드는 데 온종일이 걸리기도 합니다. 이것은 포토샵과 같은 그래픽 프로그램을 제대로 활용할 수 있을 때 해당하는 이야기입니다.

또한, 상품의 속성에 따라 겪는 어려움이 달라집니다. 특히 맛을 가진 상품도 전달이 어렵지요. 과일 쇼핑몰에서는 과일을 설명할 때 같은 과일이라 해도 시기마다, 산지마다 맛에 차이가 있어서 이를 전달하는 것이 매우 어려웠습니다. 반찬 쇼핑몰은 맛있는 반찬이라는 이미지를 전달하는 게 어렵겠지요.

이미지를 보고 기대한 고객의 입맛과 실제 상품의 맛이 다르다며 교환 및 반품이 이루어질 때는 매우 난감하기만 합니다. 이처럼 보이지 않는 고객과의 기 싸움도 빈번하게 발생합니다. 고객마다 원하는 것이 달라서 이를 모두 맞추는 일은 생각보다 어렵습니다. 고객 상담 방식에서는 전화보다 게시판의 글이 더욱 편리한데요. 답변 하나도 매우 신경 써서 작성해야 합니다. 같은 말도 여러 번 고쳐가며 조심스럽게 댓글을 등록하는 일이 많지요. 실제로 겪었던 고객 상담 중에는 한 달 전에 구매한 목걸이를 다짜고짜 교환해달라고 하거나, 방울토마토 1kg 중에서 5개 정도가 터졌다며 이를 보상해주기 원하는 사람들까지 한 명씩 민원을 처리하다 보면 고객 만족이란 게 어렵다는 것을 저절로 깨닫게 됩니다.

인터넷 쇼핑몰을 창업할 때 장밋빛 미래만 설계하기보다는 현실적으로 닥칠 수 있는 문제 상황을 찾아 대비하는 것도 필요합니다. 고객 클레임[이의제기]에는 어떤 종류가 있고, 클레임에 어떻게 대응할 것인지에 관한 시나리오를 미리 만드세요. 상품 교환이나 환불 등의 문제는 어떻게 처리할 것인지에 대해서도 운영 정책을 만들어 고객에게 미리 알려야 합니다.

**1-07**
쇼핑몰 고객센터 – 조아맘(www.joamom.co.kr)

## 주문 이후 찾아오는 어려운 상황 처리

직접 인터넷 쇼핑몰을 운영하면서 깨달은 점은 '주문이 끝은 아니다'라는 것입니다. 처음에는 주문만 들어오면 마냥 기분 좋고 그것이 전부인 줄 알았는데 배송하고 난 후 제품을 받은 고객에게 교환이나 환불 연락을 받을 때는 사실 기분이 그리 좋지 않았습니다.

주얼리의 경우 대부분 주문 후 맞춤 제작으로 이루어지기 때문에 고객이 구매 후 단순 변심으로 인해 환불을 요구하면 난처해집니다. 주얼리 쇼핑몰 창업 당시 아이템을 선정하는 단계에서 처음부터 반지는 취급하지 않았는데, 그 이유도 반품이 생기면 손가락 사이즈가 달라 재고 문제가 발생할 것으로 생각했기 때문입니다. 주얼리의 경우 줄이 끊어지거나 큐빅이 빠지는 등의 문제로 주문 후 수리를 요구하는 경우도 많아 무상으로 수리해도 왕복 배송비 부가 등은 늘 골치가 아팠습니다.

과일의 경우 보통 도매업체에서는 신선도를 유지하기 위해 냉장창고에서 보관하는데요, 교환이나 환불이 발생하면 생물이라서 실온에 하루만 두어도 변질된다고 보기 때문에 웬만한 경우가 아니면 교환 시 해당 상품을 제값에 받지 못하고 처리합니다. 의류도 여러 변수로 인해 구매 이후 문제가 발생합니다. 흰옷인데 착용 흔적이 있음에도 무조건 환불을 요구하거나 신발에도 착화 흔적이 있는데 환불을 요구하는 일이 생깁니다.

흔치 않지만 고객 불만이 생겨 게시판이 도배되거나 고객과 싸우는 일 등 쇼핑몰을 운영하다 보면 여러 가지 힘든 일이 생깁니다.

그리고 배송 사고도 생깁니다. 판매자에게는 택배 사고가 발생해서 주문한 주소가 아닌 다른 지역으로 배송되거나, 배송 완료라고 하는데 고객은 받은 적이 없다고 하는 등 희한한 상황이 발생합니다. 특히 선물이라서 기념일을 지켜야 하는데 제작하는 공장에서도 날짜를 어기고 심지어 배송이 늦어지면 여간 당황스러운 일이 아닙니다. 이외에도 도자기나 그릇을 잘 포장해서 보냈는데 배송 중 파손되는 경우도 있습니다. 이처럼 주문 이후 발생할 수 있는 다양한 상황에 대해 쇼핑몰은 무엇보다 고객 신뢰를 우선으로 해야 하므로 미리 사고에 대처하는 운영 정책과 노하우가 필요합니다.

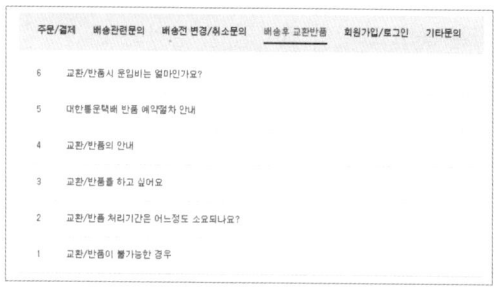

**1-08**
쇼핑몰 교환, 반품 정책 – 조아맘

**1-09**
쇼핑몰 배송 정책 – 조아맘

## 체계적인 경비 지출 정리

쇼핑몰을 운영하는 창업자들에게 종종 듣는 질문이 하나 있습니다. 돈을 벌기는 버는 것 같은데 어떻게 관리해야 할지 모르겠다는 것입니다. 쇼핑몰 창업자 중에는 다양한 경력을 소유한 사람들이 많습니다. 웹디자이너 또는 프로그래머였던 사람들도 있고 일반 직장인이었다가 창업에 도전하는 사람들도 있습니다. 직접 만나본 창업자들은 아이러니하게도 대부분 세금 관리 등 경리부서에 관한 일은 잘 모르고 있었습니다.

창업 초기에는 경리 담당자를 두기 힘들기 때문에 우선 창업자 스스로 비용의 흐름을 정리할 줄 알아야 합니다. 최근에는 온라인에서 쉽게 기장 업무를 처리할 수 있는 사이트가 생겨 혼자서도 세금 신고까지 비교적 어렵지 않게 진행할 수 있습니다. 하지만 정리 자체에 매일 시간을 내야 하므로 어렵지만 가계부 적듯이 하루하루 정산해두지 않으면 수익과 지출 관리가 틀어집니다.

체계적인 경비 정리를 위해 먼저 거래처에서 구매한 물품의 영수증을 정리해야 합니다. 여러 공급처와 거래하므로 공급처마다 물품을 어느 정도 구매하는지에 대한 계산이 필요합니다. 이것은 부가세 증빙에 필요한 세금계산서 증빙과도 연결됩니다.

 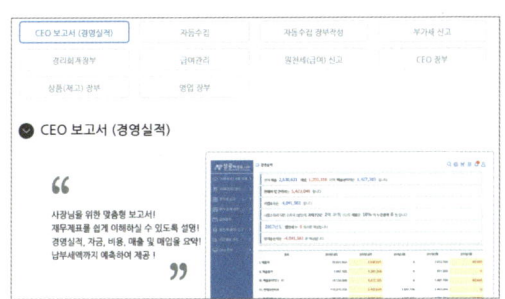

**1-10, 11**
성공하세요.com
자동화된 수집 프로그램을 이용하여 가계부를 쓰듯이 온라인으로 장부를 관리하는 서비스입니다.

또한, 수입을 관리할 수 있도록 통장을 나누는 것이 좋습니다. 부가가치세 통장, 일반 관리비 통장, 예비비 통장 등으로 말이지요. 무조건 매출의 10%는 부가세라 생각하고 떼어두어서 세금에 대비하는 습관이 필요하며, 수입의 일부는 관리비 명목으로 자유롭게 쓸 수 있는 별도의 통장을 만드는 것이 좋습니다. 해당 통장과 카드를 연계해서 나중에 직원이 카드를 이용할 때에도 어느 항목에서 결제가 얼마나 이루어졌는지 한눈에 파악하는 것이 중요합니다. 그리고 신상품이 출시되었을 때 상품을 구매하는 비용이나 신규 제작에 필요한 투자비용 등을 회사 수익에서 제대로 고려해야 합니다. 특히 사업이 잘될 경우 직원을 고용하거나 사무실을 넓히는 등의 큰 비용이 들어갈 때 미리 여유 운영자금을 고려해서 비축해두지 않으면 매우 힘듭니다. 이처럼 쇼핑몰 자금 흐름을 정리해두지 않으면 자칫 회사 자금과 개인 생활비가 구분되지 않아 소위 관리가 안 되는 상황이 발생합니다.

인터넷 쇼핑몰에는 카드를 이용한 결제가 매일 이루어지지만 정산 주기에 따라서 어느 정도의 매출이 결제되는지 한눈에 들어오지 않습니다. 게다가 오픈마켓, 소셜커머스와 같은 대형 쇼핑몰에 입점하는 경우 고객의 구매 확정이 이루어져야 입금되거나 자체적인 정산 주기가 다르므로 매출 흐름을 잘 파악해야 합니다. 매출에서 원가나 제반비용을 빼고 수익이 어느 정도 이루어지는지에 대한 파악도 매우 중요합니다.

일반적으로 쇼핑몰 초보 창업자들은 제품 가격을 산정하는 일부터 얼마의 수익이 되는지 파악하는 일을 매우 어려워하며 손을 놓기도 하는데요, 창업 초기 컨설팅을 통해서라도 체계를 갖추는 것이 중요합니다.

## 03 영세납세자 지원단 설치·운영

NATIONAL TAX SERVICE

세무대리인을 선임할 수 없는 개인 영세납세자 및 영세법인, 장애인사업장·사회적 경제기업에게 무료 세무자문 서비스를 제공하기 위하여 전국 모든 세무서에 영세납세자지원단을 설치하여 운영하고 있습니다.

### ㉮ 영세납세자지원단

- 지원 대상은 세무대리인이 선임되어 있지 않은 개인 영세납세자 및 영세법인, 장애인사업장·사회적 경제기업 입니다.
- 세무도우미는 영세납세자 권익보호에 헌신적으로 봉사할 세무사, 공인회계사 및 국세공무원으로 구성되어 있습니다.
  ▶▶ 도움요청 : 각 세무서 납세자보호담당관(문의는 국번없이 📞 ❶❷❻ ▶ 3번으로)
  ▶▶ 인터넷신청 [ 홈택스(www.hometax.go.kr) ▶ 신청/제출 ▶ 납세자보호민원 ▶ 영세납세자도움방 ▶ 참조 ]

### ㉮ 제공되는 서비스

 **무료 세무자문 서비스 제공**
업종과 고지세액의 크기에 관계없이 세무대리인이 선임되어 있지 않은 모든 개인영세사업자 및 영세법인, 사회적 경제기업의 과세자료 처리, 고충민원에 이르기까지 모든 세금문제 해결을 지원하고 있습니다.

 **창업자 멘토링 서비스 제공**
창업을 하는 신규사업자들이 세금업무에 대한 부담없이 생업에 전념할 수 있도록 세금업무 전반에 대한 맞춤형 무료 세무서비스를 제공하는 창업자 멘토링 서비스 제도를 운영하고 있습니다.

 **전통시장 「찾아가는 서비스」 제공**
바쁜 생업활동으로 세무서 방문이 어려운 전통시장 상인을 위해 영세납세자지원단(전담직원 지정)이 현지에 출장하여 세무업무 전반에 대하여 무료 세무자문 서비스를 제공하고 있습니다.

 **폐업자 멘토링 서비스 제공**
경기불황 등으로 폐업하는 영세 자영업자의 세금문제에 대한 신속한 세정지원을 위해 폐업한 개인사업자가 멘토링 서비스를 신청하는 경우 무료로 맞춤형 세무 서비스를 제공받을 수 있습니다.
  ▶▶ 소상공인시장진흥공단 홈페이지(hope.sbiz.or.kr)에서 희망리턴패키지나 폐업자멘토링을 통합하여 신청할 수 있습니다. (문의전화 1588-5302)

 **외국인 다문화센터 「찾아가는 서비스」 제공**
지역이동 제한 등 국내생활 정착에 어려움이 많은 외국인을 위해 외국인 종합지원시설인 「다문화센터」를 중심으로 신고지원 및 무료 세무자문서비스를 제공합니다.

 **현장상담실 「찾아가는 서비스」 제공**
세무서 방문이 어려운 납세자의 세금고충·불편사항을 현장에서 신속하게 처리하고자 현장 중심의 신고지원 및 무료 세무자문서비스를 제공합니다.

**1-12**
영세납세자 지원단 안내
세무 신고와 관련하여 국세청 사이트에서 안내하는 자료 중 영세납세자 지원단을 운영한다는 정보로, 다음의 내용을 살펴보고 도움이 필요한 경우 안내 받을 수 있습니다.

# 사업성을 분석하라

모바일 쇼핑 시대, 모바일 시장을 선점하라

좋은 인터넷 쇼핑몰 사업 모델의 조건

Part. 2

비즈니스 모델의 검증, 사업성 분석

비즈니스 모델의 검증, 아이템 선택

# 비즈니스 모델의 검증, 사업성 분석 ❷❶

## 사업성 분석의 세 가지 – 시장성, 기술성, 수익성

최근 소상공인 자영업 시장의 통계청 자료들을 살펴보면 평균적으로 한 해 약 100만 명이 창업하고 약 80만 명이 폐업한다고 합니다. 그만큼 창업하는 사람도, 폐업하는 사람도 많다는 이야기지요. 국내 자영업자 수는 OECD 국가의 평균보다 약 2배가량 높아 적어도 50% 이상의 자영업자는 망할 수밖에 없다는 것입니다.

국내 창업 시장에 대한 구체적인 자료를 살펴보면, 현재 자영업자 창업 및 폐업 현황을 확인할 수 있습니다. 국세청에서 발간한 '2020 국세통계연보'에 따르면 '19년 말 가동 사업자는 총 8,046천 명[개]으로 10년 전인 '09년 5,420천 명[개] 대비 48.5% 증가하였고, 신규창업자는 26.1% 증가하여 131만 6천 명[개]이고 폐업자도 9.6% 증가하여 92만 2천 명[개]으로 나옵니다. 전체 사업자 중에서 신규 창업자 수 추이와 폐업자 추이를 그림으로 확인해볼 수 있습니다.

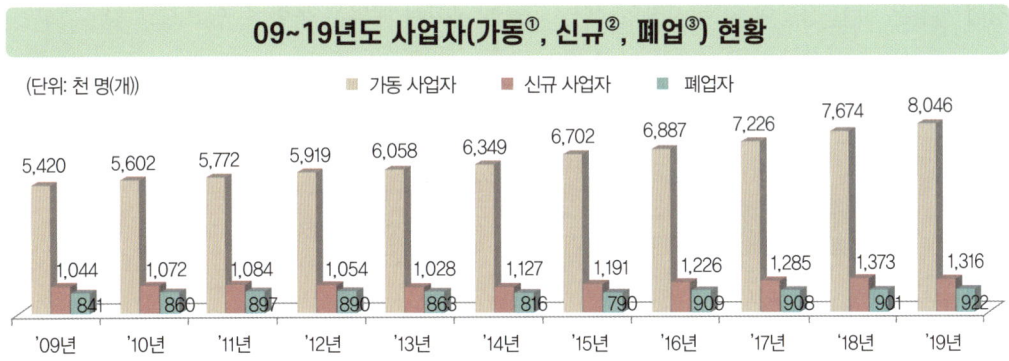

① 해당 연도 12.31. 현재 가동사업자 수
② 해당 연도 중 신규 등록한 사업자 수 및 실제 폐업한 사업자 수

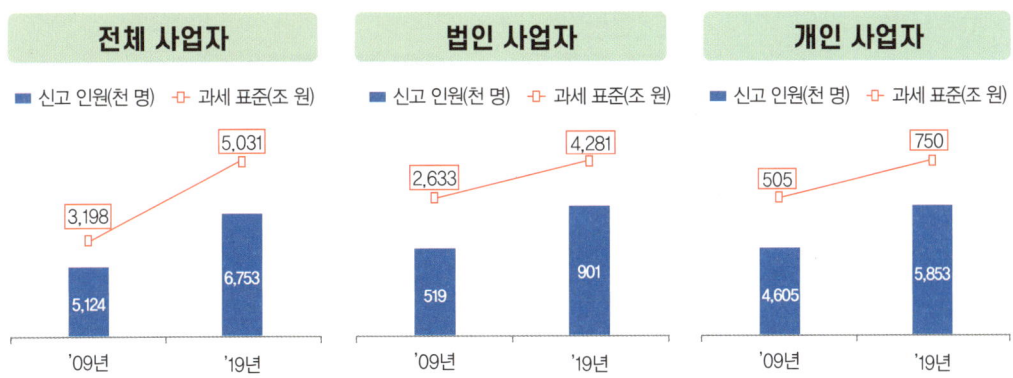

**그림 2-01** 전체 사업자 중 신규 창업주 수 추이와 폐업자 추이(자료: 2020 국세통계연보)

보통 국내 소상공인(통상 5인 미만의 사업장)은 500만에서 600만 사이를 꾸준히 유지하고 있는 가운데 한해 평균적으로 100만 이상이 신규로 창업을 하고 80만에서 90만 정도의 폐업자가 꾸준히 존재하는 상황입니다. 점점 창업자도 늘고 폐업자도 늘고 있는 상황인 셈입니다.

국내·외 경제 상황을 고려하고 조기 퇴직이 일상화되면 창업 시장은 더욱 치열해질 것입니다. 이렇게 치열한 창업 시장에서 살아남기 위해 예비 창업자가 반드시 고민해야 할 부분은 무엇일까요? 바로 철저한 사업 준비뿐입니다.

창업 시장은 사실 정답이 없는 시장입니다. 오늘의 계획이 내일은 틀릴 수 있으므로 창업 전 꼼꼼하게 사업성을 분석해야 합니다.

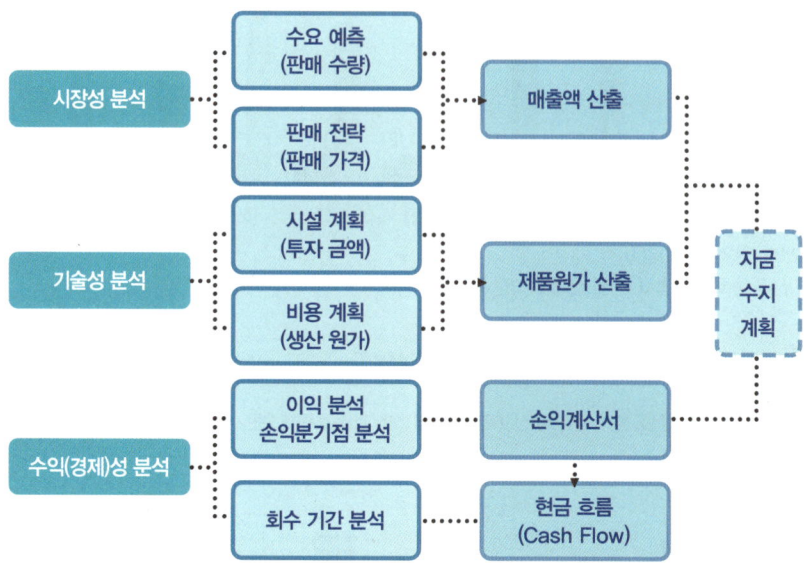

**그림 2-02** 사업 타당성 분석도

사업성은 크게 시장성 분석, 기술성 분석, 수익성 분석의 세 가지로 나눕니다. 어떤 창업 아이템을 선택하든지 사업 타당성을 분석하는 과정을 거쳐 사업화에 대해 진지하게 고민해야 합니다. 사업 타당성 분석 과정에 대해 좀 더 자세하게 설명하겠습니다.

## 시장성 분석 = 매출 정도의 이해

시장성 분석은 시장에서 아이템을 얼마나 팔 수 있는지에 관해 매출 정도를 파악하는 것이 최종 목표입니다. 사업은 수익 창출이 기본이기 때문에 시장성 분석은 가장 기본적인 분석 과정이라 볼 수 있습니다. 즉, 매출 가능성 크기에 따라 시장성이 있다, 없다를 판별하고 그에 따라 계획하는 아이템의 사업 수행 여부를 결정하는 과정으로 이해하면 됩니다.

| 시장 환경 | • 시장 외부 환경 분석을 통한 시장의 매력도 검토<br>• 시장 내부 환경 분석을 통한 아이템의 경쟁력 검토 |
|---|---|
| 예상 매출액 산출 | • 시장 규모와 점유율을 통해 고객 수요 예측<br>• 판매 전략 수립을 통해 판매 가격 산정<br>• 고객 수요와 판매 가격을 통해 예상 매출액 산출 |
| 시장성 평가 | • 시장의 매력도와 아이템의 경쟁력을 통해 시장성 1차 평가<br>• 매출액 규모의 수준으로 시장성 유무를 최종 평가 |

표 2-03 시장성 분석 요소

시장성은 크게 시장 환경 분석, 예상 매출액 산출에 따른 시장성을 평가함으로써 추정할 수 있습니다. 시장 환경 분석은 고객층의 연령, 직업, 인구 밀도 등의 수요를 기반으로 규모를 예측하는 과정입니다. 물론 경쟁 시장의 환경이나 법적, 환경적, 문화적 거시환경에 따른 위험성이 없는지도 자세히 조사해야 합니다.

창업 아이템을 건강식품으로 정했다면 대상 연령층이 10대 청소년인지, 40대 중년 여성인지, 60대 노인층인지에 따라 접근하는 시장이 달라질 수 있습니다. 또한 건강식품을 제조하는 신고 절차와 창업 시 주의할 점에 대해서도 사전 조사가 이루어져야 하며, 건강식품을 수입하는 경우 유통 상에 문제는 없는지 등도 자세히 조사해야 합니다. 경쟁할 수 있는 건강식품에는 어떤 종류가 있고, 어떤 판매 전략을 세워야 유리할지에 대해서도 고민을 거듭해야 합니다. 직접 판매나 대리점을 통한 판매 방식이 있고, 온라인 쇼핑몰 구축도 하나의 방법이 됩니다. 또한 경쟁 제품의 판매 가격 추이를 조사하여 아이템의 가격대를 결정해야 하는데요, 이러한 과정을 거치면서 자연스럽게 예상 매출액을 산정하고, 전체적인 요소별 고민과 분석을 통해 최종적으로 시장성을 평가합니다.

| 과제 | 항목 | 검토 내용 | 평가 내용 |
|---|---|---|---|
| 시장 외부 환경 분석 | 인구 통계 환경 분석 | 인구 통계 변화의 유리한 정도 | |
| | 거시 환경 분석 | 거시 환경 변화의 유리한 정도 | |
| | 시장 환경 분석 | 시장 환경 변화의 유리한 정도 | |
| 시장 내부 환경 분석 | 산업 환경 분석 | 산업 구조의 영향 수준 | |
| | 경쟁 환경 분석 | 경쟁업체의 경쟁 수준 | |
| | 고객 환경 분석 | 대상 고객의 차별화 수준 | |
| 고객 수요 예측 | 시장 규모 분석 | 예상 시장 규모 검토 | |
| | 시장 점유율 추정 | 예상 시장 점유율 검토 | |
| | 고객 수요 예측 | 고객 수요의 규모 검토 | |
| 판매 전략 수립 | 제품 전략 수립 | 제품 종류 및 구성 검토 | |
| | 유통 전략 수립 | 유통 경로 또는 판매 유형 검토 | |
| | 가격 전략 수립 | 제품별 판매 가격의 경쟁력 | |
| 매출액 산출 | 매출액 산출 | 예상 매출액 규모 | |
| 합계 | | | |

표 2-04 시장성 분석 맵

## 기술성 분석 = 원가의 이해

기술성 분석은 아이템을 생산하고 판매하는데 소요되는 원가를 파악하는 것이 중요한 과정입니다. 특히 원가를 계산하는 데 있어서 보유 기술이나 제조 과정에서의 고민을 다루며 주요 내용은 다음과 같습니다.

| 보유 기술 분석 | • 아이템 특성과 소요 기술의 관계 분석<br>• 보유 기술의 적합성과 타당성 검토 |
|---|---|
| 투자 금액/원가 산출 | • 사업장 및 시설 계획을 통해 소요되는 투자 금액 산출<br>• 목표 생산량과 비용 계획을 통해 제품별 단위 원가 산출 |
| 기술성 평가 | • 보유 기술의 타당성과 투자 금액의 적정성으로 기술성 1차 평가<br>• 제품별 원가 비율 수준으로 기술성 유무를 최종 평가 |

표 2-05 기술성 분석 요소

국내 창업 시장에서는 정부의 창업 지원 프로그램으로 초기 아이템 자본을 마련하는 사람들이 늘고 있습니다. 정부의 창업 지원 프로그램에서 유통 아이템은 원칙적으로 배제되는데요, 창업자의 고유한 아이디어와 기술화가 담보된 상품을 사업 아이템으로 선택하는 것이 중요한 선정 기준이기 때문입니다. 자신의 아이디어를 제품화하고 이 기술을 특허권으로 보장받으면 생산비용과 생산량을 계산하여 제품 원가를 산출하고 궁극적으로는 가격을 산출해야 합니다. 원가 비율이 낮으면서 부가가치가 큰 상품이라면 매우 긍정적입니다.

대체로 제조 및 생산보다 유통에 초점을 두고 쇼핑몰을 창업하고자 하는 사람들이 많은데요, 도매상으로부터 물건을 구매할 때 원가가 정해져 있고 경쟁업체와 비교하여 적절한 판매 가격을 결정하는 과정이 일반적입니다. 아무래도 생산과 맞물리면 투자비용이 많이 들고 초기 생산량 자체가 많아져 재고를 많이 가질 수 있는 단점이 있습니다. 그러므로 창업 초기에는 제조보다 유통에 초점을 두는 것이 바람직합니다.

전통적인 기술성 평가 항목들을 살펴보고 제품 생산 분야에 관해 고민 중이라면 다음의 표를 참고하도록 합니다.

| 과제 | 항목 | 검토 내용 | 평가 내용 |
| --- | --- | --- | --- |
| 보유 기술 분석 | 아이템 특성 분석 | 제품 생산에 필요한 기술 검토 | |
| | 보유 기술 분석 | 보유 기술 수준 및 활용 등 적합성 검토 | |
| | 기술 타당성 분석 | 보유 기술의 유용성/경쟁성 평가 | |
| 투자 금액 산출 | 입지 계획 수립 | 입지 적합성 및 사업장(점포) 금액 수준 | |
| | 시설 계획 수립 | 시설 공사비 및 비품 등 구매 금액 수준 | |
| | 투자 금액 산출 | 투자 금액의 적정성 검토 | |
| 제품 원가 산출 | 목표 판매량 추정 | 제품별 목표 판매량 수준 | |
| | 재료 계획 수립 | 제품별 단위당 원부재료비 수준 | |
| | 간접비 계획 수립 | 제품별 단위당 간접비 수준 | |
| | 제품 원가 산출 | 제품별 단위당 원가 비율 적정성 검토 | |
| 합계 | | | |

표 2-06 기술성 분석 맵

## 수익성 분석 = 경제성의 이해

수익성 분석은 아이템의 이익 수준을 검토하고 현금 흐름의 경제성을 분석하는 것이 최종 목표입니다. 이익률 크기에 따라 수익성이 있다, 없다를 판별하고 그에 따라 사업 수행 여부를 결정합니다. 수익성 분석에서 고민해야 할 요소들은 다음과 같습니다.

| | |
|---|---|
| 영업 이익 분석 | • 아이템 특성에 맞는 매출액 산출과 적정성 검토<br>• 재료비, 인건비, 지급 임차료 등의 비용 산출과 비율 검토<br>• 영업 이익 산출과 매출액 및 투자액 대비 이익률의 적정성 검토 |
| 경제성 분석 | • 손익분기점 분석을 통해 목표 매출액 분석<br>• 현금 흐름 분석을 통해 회수 기간, 현금 흐름의 가치 및 할인율 분석 |
| 수익성 평가 | • 총자산 회전율과 매출액 영업 이익률의 적정성으로 수익성 1차 평가<br>• 현금 흐름 분석 값의 수준으로 경제성 유무를 최종 평가 |

**표 2-07** 수익성 분석 요소

실제 수익률을 계산하는 시기로, 매출 대비 지출 항목을 꼼꼼하게 따져서 하나의 상품을 판매할 때 실제 남는 돈은 얼마 정도인지 확인합니다. 이때 재료비, 인건비, 세금, 광고비 등 쇼핑몰을 운영하면서 들어가는 여러 가지 지출 항목들을 생각합니다. 아이템을 정할 때 원가가 낮고 이윤이 높은 상품이 좋은 것처럼 수익을 높이는 전략도 세워야 합니다. 투자비용이 손익분기를 넘는 시점은 언제일지, 목표 판매량을 세워 꼼꼼하게 수익성을 계산합니다.

수익성 평가 항목들을 좀 더 자세하게 살펴보면서 매출 계획에 따른 비용을 산출하고 필요한 자금이 있다면 얼마나, 언제 상환할 수 있을지, 이자비용은 얼마나 되는지 등 수치를 뒷받침하는 구체적인 자료를 구성합니다. 손익분기 계산이나 현금 흐름 분석 등도 대략 추정하는 정도로 생각하고 진행해야 합니다.

앞서 제시한 세 가지 사업성 분석 항목들을 모두 생각해보기 어렵다면 약소화해서라도 나름대로의 사전 분석과 준비가 필요합니다.

| 구분 | 검토 항목 | 검토 내용 | 평가 내용 |
|---|---|---|---|
| 매출 계획 수립 | 매출액 추정 | 매출액 수준 | |
| | 매출 계획 수립 | 매출 계획의 아이템 특성 반영 여부 | |
| | 매출액 수준 검토 | 총자산 회전율 검토 | |
| 비용 산출 | 재료비 산출 | 매출액 대비 재료비 비율 | |
| | 인건비 산출 | 매출액 대비 인건비 비율 | |
| | 지급 임차료 산출 | 매출액 대비 지급 임차료 비율 | |
| | 기타 비용 산출 | 매출액 대비 기타 비용 비율 | |
| 자금 수지 계획 수립 | 자금 수지 계획 | 총 필요 자금 중 자기 자금 비율 | |
| | 상환 계획 | | |
| | 이자비용 계획 | 이자비용 수준 | |
| 이익 추정 | 손익계산서 작성 | | |
| | 영업 이익 분석 | 매출액 영업 이익률과 총자산 수익률 검토 | |
| 손익분기점 분석 | 손익분기점 산출 | 손익분기점 도달 개월 수 검토 | |
| | 목표 매출액 산출 | 목표 매출액 산출 | |
| 현금 흐름 분석 | 현금 흐름 | 현금 흐름의 마이너스 개월 수 | |
| | 회수 기간 분석 | 투자 금액의 회수 기간 검토 | |
| 합계 | | | |

표 2-08 수익성 분석 맵

# 유망 아이템? 창업자에게 적합한 아이템!

예비 창업자가 창업 아이템의 시장성을 판단하는 것은 매우 어려운 일입니다. 시장성이 있다고 판단되는 최신 아이템도 주기에 따라 1년이 채 안 되어 시장에서 환영받지 못하는 사례를 흔히 볼 수 있기 때문입니다. 날개 없는 선풍기로 선풍기의 새 바람을 일으켰던 제품도 2~3년이 지난 지금에는 항공 모터 엔진을 이용해 공기를 순환하는 에어 서큘레이터라는 제품으로 소비자의 선호 방향이 바뀌었습니다.

한창 저렴한 생과일주스 전문점이 생기기 시작할 무렵, 트렌드에 따라 해당 주스 전문점을 창업했던 지인이 있었습니다. 그러나 1년도 채 안 되어 우후죽순으로 주스 전문점이 생기고, 설상가상으로 저렴한 주스에 대한 소비자 불신도 더해져 수익이 첫해만큼 유지되지 못하고 있습니다. 특히 저렴한 가격이라 박리다매로 많이 팔아도 몸은 힘들고 생각만큼 수익이 나오지 않아서 가게를 처분하려는 형편입니다.

창업 아이템의 유망한 정도를 따질 때 '유망 아이템은 없다'라는 말이 자주 회자됩니다. 잘 되는 아이템일수록 경쟁이 너무 치열해서 오히려 수익이 적다든지, 트렌드가 빨리 식어 버린다든지 하는 문제가 있기 때문이지요. 반대로 시대를 앞선 제품의 경우 소비자가 인식하지 못해 사장되는 일도 많습니다. 전문가들은 '실패율이 낮은 아이템이 곧 유망 아이템이다'라고 합니다. 실패율이 낮은 아이템은 어느 정도 수익이 보장되는 아이템, 검증된 기본 시장이 있어 수요 시장을 파악할 수 있는 아이템, 고객의 잠재적 소비 니즈를 채울 수 있는 아이템, 반복 구매가 일어나는 아이템, 경기 민감도가 작아 3년 이상 운영해도 무리가 없는 아이템, 끝으로 대기업의 참여가 쉽지 않은 아이템 등의 조건을 충족합니다.

또한, 창업 아이템의 시장성을 판단할 때 중요한 기준은 창업자와의 적합성입니다. 제품의 시장성이 높다, 낮다를 논하기 전에 제품의 시장성을 높이는 것은 창업자의 능력이기도 하므로 창업 아이템을 선정할 때 자신이 좋아하는, 좋아할 수 있는 아이템을 찾아야 합니다. 실제로 창업 아이템은 우연한 상황에서 갑자기 생길 수 있고, 계획적인 분석과 준비를 통해 만들어질 수도 있습니다. 어떤 상황이든지 해당 아이템을 오래도록 사업으로 끌고 갈 수 있는 것은 바로 창업자와의 적합성입니다.

최근 네이버 스마트스토어 솔루션으로 쇼핑몰을 창업한 창업자의 이야기를 접했습니다. 앙금 꽃 떡 케이크라는 이색 아이템으로 창업한 '라르고팩토리'의 김아름 대표는 네이버에서 주최한 이커머스드림 프로젝트에서 O2O상을 수상했습니다. 원래 경단녀(경력 단절 여성) 첼리스트였던 그는 우연히 TV 프로그램을 통해 알게 된 앙금 꽃 떡 케이크에 호감이 생겼다고 해요. 차별화된 앙금 꽃 모양을 만들기 위해 부단히 노력하여 오프라인 공방을 열고 자신만의 브랜드숍을 가지게 되었다고 합니다. 이 사연처럼 자신이 좋아할 수 있는 일에 열정을 쏟아부어서 시장을 만들어가는 사례가 많습니다.

다른 사람들이 말하는 시장성이 높다는 지표보다 자신이 좋아하는, 자신에게 적합한 아이템이야말로 시장성이 높은 아이템일 수 있습니다.

2-01
라르고팩토리(storefarm.naver.com/largofactory)

## 경쟁 쇼핑몰 벤치마킹의 장점을 살려라

인터넷이라는 시장이 비즈니스를 시작하려는 예비 창업자들에게 매력적인 이유는 무엇일까요? 여러 가지 이유가 있겠지만 경쟁업체를 쉽게 벤치마킹할 수 있다는 점도 그중 하나입니다. 처음 사업을 시작하는 창업자 입장에서 소비자를 만나는 시장은 그야말로 두려움 그 자체입니다. 자신이 생각한 아이템을 소비자들이 좋아해 줄지 막연하기 때문입니다. 하지만 자신의 아이템과 유사한 상품을 가지고 먼저 사업에 뛰어든 업체를 찾으면 어느 정도 시장성을 파악할 수 있습니다. 바로 벤치마킹의 이점을 제대로 살리는 것입니다. '모방은 창조의 어머니이다'라는 말처럼 새로운 비즈니스를 시작하기 전에는 미리 다른 업체들을 살펴보는 것이 중요합니다.

일전에 성공한 쇼핑몰 사업자를 만난 적이 있었는데요, 사업 성공의 계기를 물었을 때 그는 '경쟁몰 분석 다이어리' 덕분이라고 했습니다. 한 권의 다이어리에 수많은 사이트를 돌아다니며 컨텐츠, 커뮤니티, 커머스 영역의 모든 부분을 하나하나 분석하여 아이디어를 모았다고 해요. 그 결과물들을 사이트에 녹여 창업했기 때문에 성공할 수 있었다고 합니다.

**인터넷 벤치마킹의 장점**

- 풍부한 아이디어와 교훈을 제공한다.
- 고객을 더 잘 이해하는 기회가 된다.
- 비즈니스 트렌드를 찾을 수 있다.
- 제작 과정을 촉진시킨다.

## 벤치마킹의 장점

벤치마킹은 경쟁업체의 동향을 파악할 수 있어 풍부한 아이디어와 교훈을 얻을 수 있습니다. 쉽게 말해 경쟁몰을 보면 자신의 쇼핑몰에서 어떤 상품을, 어떻게 판매해야 할지에 관한 새로운 아이디어가 생긴다는 것이지요. 그리고 부족한 부분이 보이면 자신의 쇼핑몰에서는 '이렇게 하면 안 되겠구나' 하는 교훈도 얻게 됩니다.

또 경쟁몰을 벤치마킹하면 해당 쇼핑몰에서 고객 반응을 미리 테스트할 수 있고 고객들이 무엇을 원하는지 더 쉽게 간파할 수 있습니다. 판매가 좋은 상품들을 보면 트렌드를 알 수도 있고요. 여러 쇼핑몰을 지속해서 관찰하고 구성 요소들을 벤치마킹하면 쇼핑몰 디자인과 세부 구성 요소들을 좀 더 쉽고 구체적으로 그릴 수 있습니다.

세부적으로는 다음과 같이 서비스 기획의 네 가지 영역[4C: Commerce, Contents, Community, Communication]에 대해 점검하는 것이 중요합니다. 벤치마킹의 장점을 십분 활용하여 창업 모델을 기획하기 바랍니다.

| 구분 | 서비스 기획 대상 |
| --- | --- |
| Commerce | • 상품 카테고리 분류<br>• 상품 진열 방식, 상품 정보 제공 방식<br>• 주문 프로세스, 검색 프로세스 |
| Contents | • 상품 상세 페이지(사용법, 주의사항 등)<br>• 코너별 상품 분류(베스트셀러, 신상품, 히트상품)<br>• 상품 사용 후기 제공(게시판, 채팅 이용)<br>• 상품 상담, 전문가 상담<br>• 마니아 추천 코너<br>  (풍부한 정보를 가지고 있는 마니아들과의 교류) |
| Community | • 자유 게시판<br>• 브랜드 마니아의 공간<br>• 동호회 관련 메뉴 |
| Communication | • 고객 상담 메일, 주문 과정 메일<br>• 뉴스레터 발송 |

표 2-09 벤치마킹 수집 자료와 아이디어 회의를 통한 4C 구상

## 창업 컨설팅 노트 | 시장 파악을 위한 참고 사이트

창업하고자 하는 아이템 시장에 관한 정보를 수집할 때 시장 조사에 도움이 될 만한 자료 조사 사이트를 소개한다.

### 1. 정보 통신 분야

#### ① IT 지식포털 ITFIND(www.itfind.or.kr)
정보통신산업진흥원(NIPA)이 운영하는 IT 지식포털 서비스로 ICT 시장 동향이나 IT 뉴스, 시장 통계, 분석 보고서, 연구 보고서까지 다양하게 볼 수 있어 유용하다.

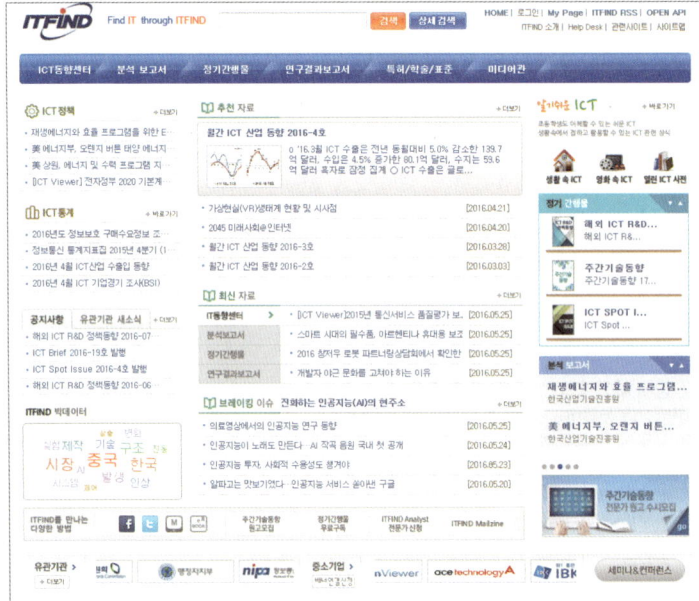

2-02
ITFIND

② 랭키닷컴(www.rankey.com)

인터넷 웹사이트 분석 평가 서비스를 제공하는 사이트로 트래픽 분석, 사이트 순위 및 자료를 제공한다. 여러 분야의 대표 사이트 동향을 파악할 수 있으며 전자 상거래, SNS 시장과 같은 특정 분야에 대해서도 심도 있는 데이터를 제공한다.

2-03
랭키닷컴

③ 정보통신산업진흥원(www.nipa.kr)

정보통신 기술에 대한 전반적인 동향, 정책 및 통계 자료, 법령 및 규정 서식 자료를 제공한다. 특히 '지식마당'에는 기관에서 발행하는 전문 간행물을 볼 수 있어 전문 데이터를 활용할 때 도움을 준다.

2-04
nipa

## 2. 경제, 사회 분야

### ① 삼성경제연구소 SERI(www.seri.org)

삼성경제연구소가 최신 지식과 정보를 공유하기 위해 만든 사이버 커뮤니티이다. SERI 보고서를 비롯해 국내외 주요 경제 지표 및 연구 자료, 경기 관련 지표 및 산업 동향, 주요 외국 경기 및 산업 생산 지표를 제공한다. 전문가들의 각종 자료를 쉽게 볼 수 있어 추천한다.

2-05
SERI

### ② LG경제연구원(www.lgeri.com)

LG경제연구원은 LG그룹이 기업의 성장과 경제 발전에 도움을 주기 위해 설립한 곳으로 경제 전반에 대한 포괄적인 전망 자료들을 다양하게 살펴볼 수 있다. 세계 경제 흐름부터 최신 스마트 팩토리, 인공 지능 산업에 이르기까지 전문자료들을 만날 수 있다.

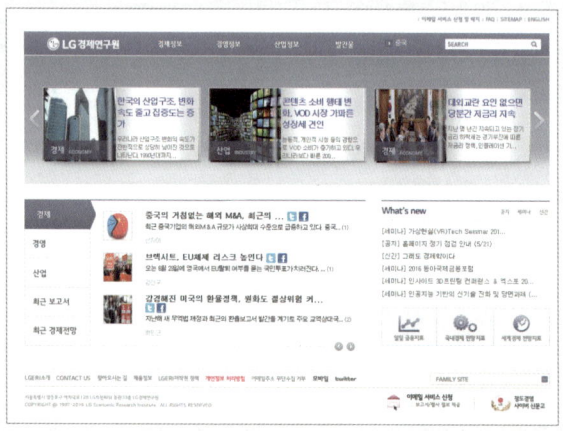

2-06
LG경제연구원

Shoppingmall Founded for Note

③ 한국개발연구원(www.kdi.re.kr)

국내외 경제 사회 전반에 걸친 거시적인 시각으로 각종 현안을 분석하고 연구하는 기관이다. 경제 사회 발간물과 세미나 및 경제 정보들을 살펴볼 수 있다.

2-07
KDI

## 3. 통계, 소비자 조사 분야

① 통계청 국가통계포털(www.kosis.kr)

국내 대표 통계 사이트로 국내, 국제, 북한의 주요 통계를 한곳에 모아 수많은 분야, 대상별 조사 분석 자료를 제공한다. 경제, 사회, 환경에 관한 750여 종의 국가 승인 통계를 수록하며 IMF, OECD 등과 같은 국제기구의 최신 통계도 제공한다.

2-08
통계청

② 포레스터(www.forrester.com)

세계적인 시장 조사 기관인 포레스터(Forrester)에서는 마케팅 및 전략, 기술 산업, 비즈니스 데이터와 같은 전문 자료를 받을 수 있다.

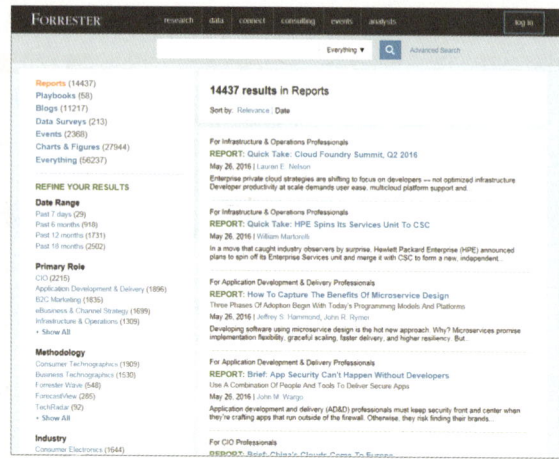

2-09
포레스터

③ 닐슨코리아(www.nielsen.com/kr)

세계적인 정보 분석 기업 닐슨의 한국 지사로 국내외 소비자의 소비 행태와 미디어 이용 행태, 산업 시장 동향과 트렌드에 관한 통합적인 인사이트를 제공한다. 단 무료로 볼 수 있는 리포트보다 유료 보고서를 구매해야 하는 경우가 많다.

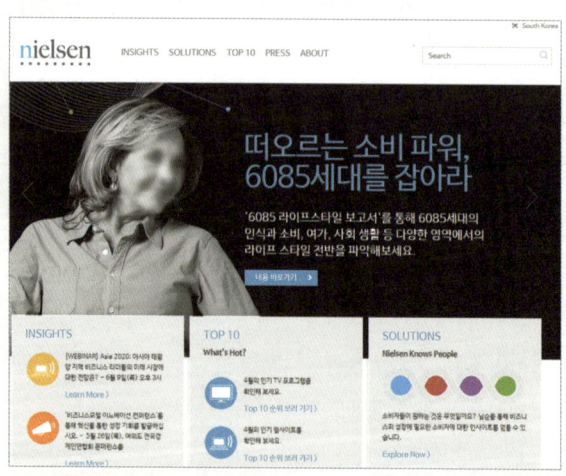

2-10
닐슨코리아

## 4. 광고, 마케팅 분야

### ① DMC 리포트(www.dmcreport.co.kr)

국내외 디지털 미디어, 광고, 마케팅 분야의 전문 자료를 제공한다. 연구 보고서, 동향, 통계 자료, 인포그래픽을 볼 수 있는데 소비자 분석 보고서들이 좋은 자료로서 쓰임새가 많다. 모바일 시장에 대한 자료도 많이 찾아볼 수 있다.

2-11
DMC 리포트

### ② 트렌드와칭닷컴(trendwatching.com)

세계 최대 트렌드 파악, 분석 업체인 트렌드와칭닷컴의 자료는 국내에서도 여러 세미나나 강연에서 많이 인용되고 있다. 마케팅 및 세일즈 전략을 수립하는 데 유용하다.

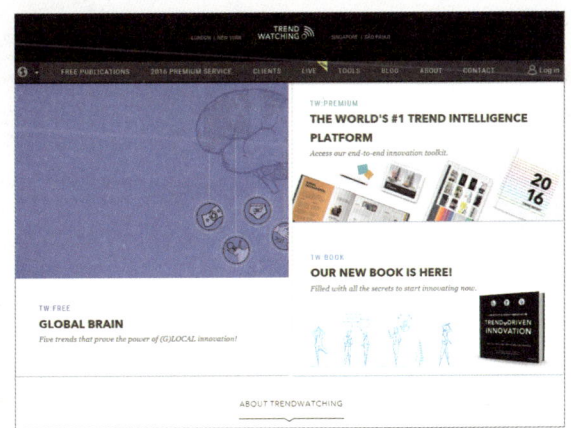

2-12
트렌드와칭닷컴

③ Click Z(www.clickz.com/category/media/mobile)

마케팅 전 영역에 걸쳐 전문가 보고서 및 칼럼들을 볼 수 있는 사이트이다. 특히 모바일 마케팅에 관한 최신 트렌드와 관련된 정보들이 잘 정리되어 있다.

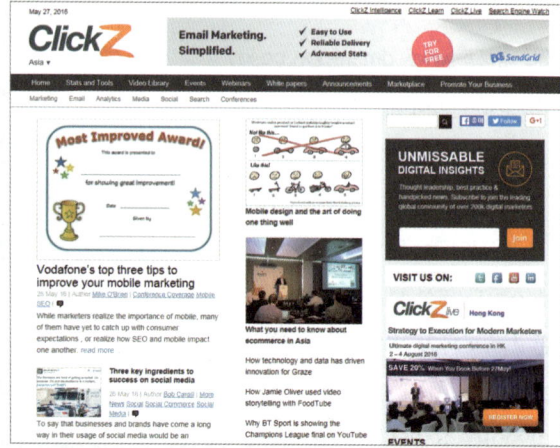

2-13
Click Z

④ 아이 보스(www.i-boss.co.kr)

인터넷 및 모바일 마케팅 대행사 웹사이트로 자유롭게 인터넷 및 모바일 마케팅과 관련해 질문할 수 있고 관계자들의 답변도 공유할 수 있다. 아이 보스가 직접 전하는 마케팅 뉴스도 시장을 이해하는 데 도움을 준다.

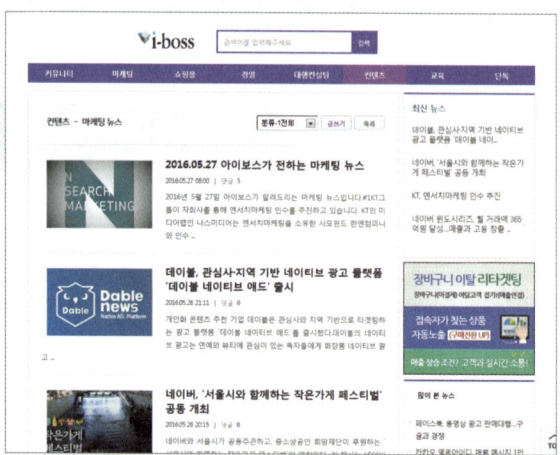

2-14
아이 보스

# 모바일 쇼핑 시대,
# 모바일 시장을 선점하라 ❷❷

## 모바일 쇼핑, 모바일족의 시대

여러분은 인터넷 또는 모바일에서 일주일에 몇 번 정도 상품을 구매하나요? 저는 PC를 통한 인터넷 구매보다 스마트폰을 통한 모바일 구매를 더 선호합니다. 이처럼 모바일 이용도가 높은 사람들을 일컬어 '모바일족=엄지족'이라고 합니다.

소비자 관점에서는 PC를 통한 인터넷 구매보다 모바일로 구매하는 것이 훨씬 편리합니다. 대중교통을 이용해 이동하면서 심지어 화장실에서도 쇼핑할 수 있고, 간편 결제를 통해 결제 과정도 훨씬 간단하며 번거로운 로그인 과정이 많이 생략되어 언제 어디서나 간편하게 쇼핑할 수 있습니다. 게다가 모바일로 결제했을 때 할인 혜택이 더 많아 비용을 더 줄이는 효과가 있지요. 그래서인지 모바일로 결제하는 모바일족들이 무섭게 성장하고 있습니다. 이러한 흐름에 관한 이해와 더불어 쇼핑몰 창업에서도 동시에 모바일 채널을 준비하는 것이 바람직합니다.

한국인터넷진흥원에서 만 3세 이상 인구 중 모바일 인터넷 이용자 - 최근 1개월 내 일반 이동전화, 스마트폰, 스마트패드, 웨어러블기기 등을 통해 무선 인터넷을 이용한 사람 - 비율은 88.5%로, 남자(90.8%)가 여자(86.1%) 대비 4.7% 높고, 20대(99.8%), 30대(99.8%), 40대(99.4%)가 3~9세(67%), 70세 이상(31.2%) 대비 높았습니다.

통계청 자료를 살펴보면 이미 온라인 쇼핑 거래액은 2015년 53조 8,883억 원에서 2016년 64조 9,134억으로 20.5% 증가했고, 온라인 쇼핑 거래액 중 모바일 쇼핑 거래액은 34조 7,031억 원으로 무려 41.9% 증가하여 이미 절반 이상인 53.5%를 차지하고 있습니다.

모바일 쇼핑 거래액을 추정하기 시작한 것은 2012년부터인데요. PC를 통한 인터넷 거래액은 20년 넘게 쌓였으며 매년 두 자릿수 성장을 지속하며 쌓은 거래 규모인데, 모바일 거래는 5년이 안 되는 단시간에 인터넷 거래액의 절반을 차지하는 상황으로 1~2년 후에는 증가세가 더욱 두드러질 전망입니다. 이미 온라인 쇼핑은 소매 업태 중에서 거래 규모가 가장 큰 채널입니다. 현재 소매 업태 2위인 대형마트 전체 매출액인 48조 6,350억 원을 훌쩍 뛰어넘었습니다.

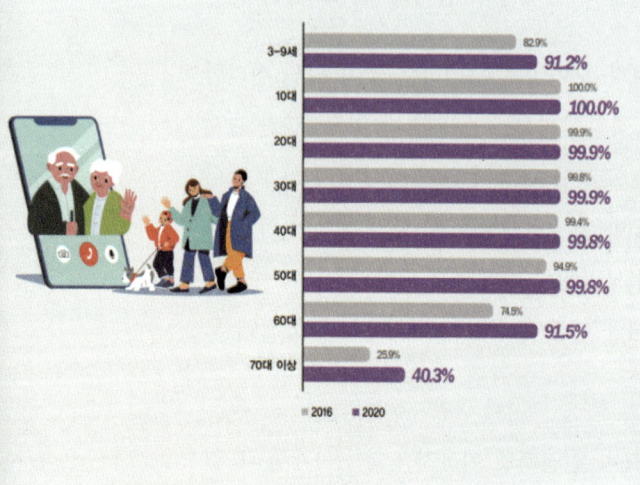
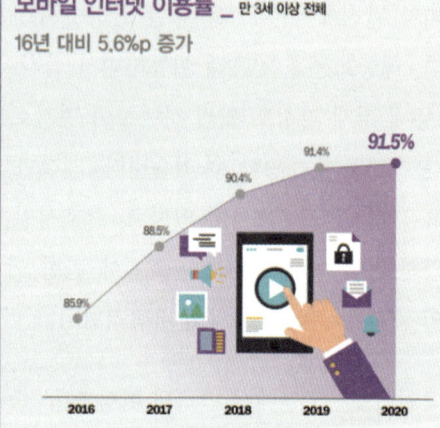

**그림 2-10** 모바일 인터넷 이용률 – 한국인터넷진흥원

모바일의 강점은 '이동성'과 '즉시성'입니다. 대중교통을 이용하면서도 즉시 원하는 상품의 정보를 확인하고 쇼핑할 수 있습니다. 모바일 쇼핑이 초기에는 인터넷 쇼핑을 보완하는 수준에 머물렀다면 현재는 인터넷 쇼핑을 대체하는 수단이 되어가고 있습니다.

서울시가 2016년 시민 4천 명을 대상으로 조사한 자료를 살펴보면 모바일 쇼핑 이유로는 언제 어디서든 상품 정보 확인 및 구매 가능(33.6%), 모바일 구매 시 추가 혜택 제공(22.4%), 간편한 상품 결제 과정(13.0%) 순으로 나타났습니다.

또 다른 자료로는 모바일 소비자의 이용 패턴<sup>출처: DMC 미디어</sup>을 바탕으로 모바일 쇼핑 장소를 살펴보면 잠자기 전(42%), 대중교통(24%), 학교 및 직장 내 쉬는 시간(16.9%) 순으로 조사되었습니다. 자료를 통해 잠자리에 들기 전 허전한 마음에 스마트폰으로 뉴스 기사를 보거나 쇼핑을 하는 사람들이 많다는 것을 알 수 있습니다.

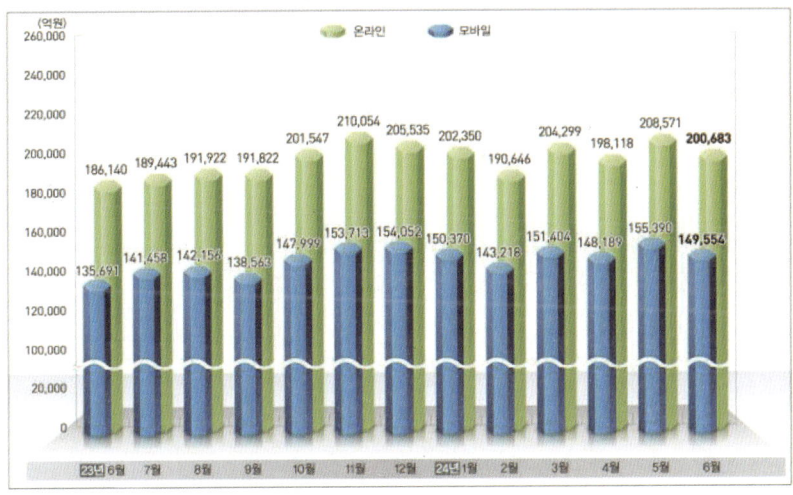

**그림 2-11** 온라인 쇼핑 거래액 동향(자료: 통계청, 연합뉴스)

모바일 쇼핑 시대는 개인의 일상에서 시간 및 장소에 구애받지 않고, 그야말로 언제 어디서나 손끝 하나로 쇼핑하는 시대를 열었습니다.

모바일 쇼핑 소비자 1:1 맞춤 서비스 강화

모바일 쇼핑은 '앱애플리케이션'이라는 모바일 환경에 최적화된 소프트웨어를 통해 소비자와 긴밀한 관계를 맺을 수 있다는 점이 기존 인터넷 쇼핑과 대비되는 주요한 특징입니다. 이른바 쇼핑 앱을 통해서 쇼핑몰은 소비자에게 진정으로 개인화된 맞춤 서비스를 제공할 수 있습니다. 앱을 이용하면 소비자는 로그인 정보를 기록하기 때문에 별도로 로그인하지 않고 곧바로 앱에 접속할 수 있으며 자주 본 상품이나 구매한 상품 데이터베이스$^{DB}$를 바탕으로 맞춤형 상품을 추천하는 서비스가 늘어났습니다. 상품을 구매하기 위해 검색하지 않고 쇼핑몰에서 보낸 상품 알림 메시지만 보고도 쉽게 주문하기도 합니다. 이처럼 모바일 쇼핑 시대를 맞이하여 쇼핑몰 창업을 고민하는 예비 창업자들은 앱을 통한 비즈니스 확장도 고민해야 할 것입니다.

## 모바일 쇼핑 패턴

소비자들은 모바일에서 어떠한 쇼핑 패턴을 보일까요? '출장족' 혹은 '퇴장족'이라는 단어를 들어본 적 있나요? 이는 모바일 신조어로 '출근하면서 장 보는 사람' '퇴근하면서 장 보는 사람'을 일컫습니다.

여러 매체의 조사 결과를 종합하면 모바일 쇼핑의 핵심 고객은 20대부터 40대까지의 여성이라고 볼 수 있습니다. 최근 통계청의 온라인 쇼핑 동향 조사에서 모바일 쇼핑 비중이 높은 아이템은 아동·유아용품, 신발, 의류, 화장품 등으로 꼽히는 것도 이를 반증합니다. 일반적으로 인터넷 쇼핑은 출퇴근 시간대의 매출이 저조하고, 오전 10시~12시와 오후 2시~4시의 매출이 높은 편인데요, 반대로 모바일 쇼핑은 시간대별로 크게 영향을 받지 않고 꾸준히 거래가 일어납니다. 오히려 모바일 쇼핑 주문이 가장 몰리는 시간대는 출퇴근 시간인 오전 6~9시, 오후 6~10시라는 조사 발표도 있습니다.

주말이나 휴가철, 명절 시즌이 되면 PC를 통한 인터넷 주문 건은 줄어들기 마련인데 모바일 쇼핑은 주말에 더 인기이며, 휴가철과 명절 시즌에도 모바일 쇼핑 비율은 전혀 차이를 보이지 않은 것으로 조사되었습니다.

모바일은 이동 중에도 상품을 즉시 구매할 수 있는 환경을 제공하기 때문에 스마트폰만 볼 수 있다면 쇼핑에 제한이 없습니다. 이 같은 모바일 쇼핑의 장점은 모바일 쇼핑몰 구축을 제대로 해야 한다는 당위적 배경을 갖습니다.

## 모바일 쇼핑과 인터넷 쇼핑의 차이점

인터넷 쇼핑 플랫폼과 모바일 쇼핑 플랫폼은 본질에서 다릅니다. 먼저 구매 단계를 살펴봤을 때 인터넷 쇼핑이 판매자 중심의 정보 제공 형태라면 모바일 쇼핑은 더욱 개인화된 맞춤 정보를 제안하는 형태라고 할 수 있습니다. 구매 계획을 자동화한다는 표현도 해당합니다.

구매 방식에서도 차이가 납니다. 인터넷 쇼핑은 소비자가 먼저 찾아가고 알아내야 하는 수고를 요구하는 반면에 모바일 쇼핑은 자동화된 쇼핑 알람 메시지를 통해 더욱 적극적으로 소비를 끌어냅니다. 모바일에서는 SNS와 연결해 지인들의 추천이나 비교를 통해서 별도의 검색 없이도 주문할 수 있는 패턴을 보입니다. 실제로 카카오스토리나 네이버 밴드를 통해 쇼핑몰 운영 사례를 보면 SNS와 직접 연결되어 추천을 바탕으로 한 상품 구매를 유도하는 형태입니다.

| 구매 행동 단계 | PC 기반 인터넷 쇼핑 구매 행동 | 모바일 쇼핑 구매 행동 |
| --- | --- | --- |
| 구매 단계 | 카테고리나 이벤트에 따른 판매자 중심의 정보 제공 | SNS를 이용한 신뢰 기반의 정보로 구매 계획 자동화 |
| 대안 비교 | 고객 스스로 비교/타 쇼핑몰 검색 | 전문가, 지인을 통한 비교 |
| 구매 | 쇼핑몰에서 해당 상품 클릭 구매 | 타인과의 구매 유도 (그룹 구매, 소셜 지인 공동 구매) |
| 배송 | 쇼핑몰 접속 상품 위치 파악 /문자 메시지 가능 | 배송 과정에 대한 개인화 SNS |
| 이용 후기 및 피드백 | 후기를 올리면 쇼핑몰 상품권 제공 | 구매자 공개로 상호 질의 가능, 충성 고객에 대한 보상 |

표 2-12 PC 기반 인터넷 쇼핑 vs 모바일 쇼핑 구매 행동 비교

출처: 스마트 모바일 환경에서 모바일 쇼핑에 대한 소비자의 인식 – 정보통신연구원(2013)

주문 후 배송 과정에서도 두 개의 플랫폼은 다소 차이를 보이는데요. 모바일은 문자 또는 카카오톡 메시지와 같은 형태로 신속하게 개인화된 방식으로 전달되어 편리합니다. 많은 인터넷 쇼핑몰이 모바일 쇼핑몰 최적화에 나서면서 이제는 배송 알림을 카카오톡으로 보내는 서비스가 일반화되어 소비자 입장에서는 매우 편리합니다.

쇼핑 플랫폼의 차이로 인해 모바일 쇼핑은 그 어떤 유통채널보다 개인화된 서비스로 소비자의 품에 한층 더 파고들고 있습니다. 모바일 쇼핑 시대를 선점하기 위해 대형 쇼핑몰들은 발 빠르게 움직이고 있으므로 개인 소호몰도 모바일 쇼핑몰 시대를 이끌기 위한 여러 가지 구축 방안 및 마케팅 전략의 중요성을 인지해야 합니다.

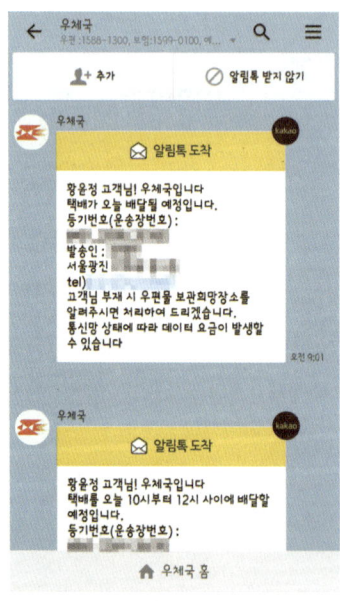

2-15
모바일 알림톡 화면 – 우체국 배송

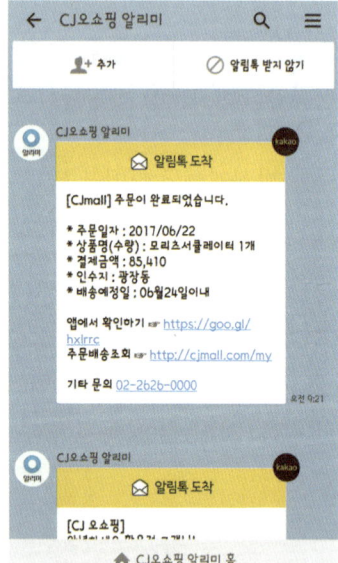

2-16
모바일 알림톡 화면 – CJ오쇼핑

# 비즈니스 모델의 검증, 아이템 선택 ❷❸

창업 아이템이 사업의 성패를 가름하는 중대한 요소라는 것을 모르는 창업자는 아마 없을 겁니다. 앞서 창업 아이템을 선택할 때는 사업성을 분석해서 최종 결정해야 한다고 설명했지만, 막상 창업 아이템을 어떻게 찾아야 할지 막연하므로 무엇부터 시작해야 할지에 관한 고민의 해결 방법을 소개합니다.

창업자 누구나 진지하게 창업 아이템을 고민하지만 솔직히 어느 누구에게도 창업 아이템에 관한 명쾌한 답을 얻기는 힘듭니다. 창업 강의를 들어봐도 딱히 이렇다 할 창업 아이템을 찍어주는 일은 없습니다. 만약 특정 창업 아이템이 좋다고 추천하는 강사가 있다면 오히려 그 아이템을 의심해보라고 조언하고 싶습니다. 이렇듯 창업 아이템은 쉽게 결정되는 것이 아니지만, 중요한 것은 창업자 스스로 경쟁력 있는 아이템의 아이디어를 찾아야 한다는 것입니다. 남들이 좋다고 추천하는 아이템은 당장 성공을 거둘 수 있을지 몰라도 장기적으로는 사업화를 이끌어 가는데 많은 난관에 부딪히고 맙니다. 여기서는 창업 아이템을 선택하기 위한 몇 가지 방법을 설명하고자 합니다.

## 진짜 아이디어는 자신에게서 나온다

누군가로부터 "가장 좋아하는 일은 무엇인가요?"라는 질문을 받는다면 무엇이라고 답하겠습니까? 앞서 창업자에게 가장 적합한 아이템은 시장성이 높은 아이템이라고 설명했듯이 가장 경쟁력 있는 창업 아이템은 자신의 열정을 불태울 수 있는 아이템이라고 할 수 있습니다. 즉, 스스로 몰두할 수 있는 아이템이어야 한다는 것이지요. 종종 동대문 새벽시장에서 옷 가게 창업을 꿈꾸는 젊은 상인들을 만납니다. 모두가 잠든 새벽녘에 커다란 옷 가방을 메고 여러 건물과 옷 가게들을 쉴 새 없이 돌아다니며 옷을 구매하고 주문하고 챙기는 모습을 보면서 '정말 열정이 없다면 저렇게 매일 일할 수 있을까?' 하고 생각합니다.

종종 성공한 기업인을 다루는 TV 프로그램도 시청하는데요, 성공한 창업자에게는 공통점이 있습니다. 그것은 바로 창업자 스스로 사업 아이디어를 찾아내고 열정적으로 매달렸다는 사실입니다.

인형 만들기를 좋아한 두 여성<sup>신유림, 정유진</sup> 대표가 자신의 취미를 살려 창업한 '꼬매기닷컴'과 도장 파는 일이 너무 재미있고 즐거워 도장이라는 아이템으로 창업한 '친절한 선영군의 스탬프쿡'도 스스로 좋아할 수 있는 일을 찾은 것입니다. 직접 만난 많은 창업자 중에는 이처럼 자신이 좋아하는 아이템을 찾아 자신만의 열정으로 창업한 사례의 비중이 높았습니다.

2-17
꼬매기닷컴(www.kkomegii.com)

2-18
스탬프쿡(www.stampcook.com)

한편 전 직장에서의 경험을 기반으로 전문성 있게 창업을 시도한 사례도 많습니다. 과일 유통 경험을 살려 과일 쇼핑몰을 창업하는가 하면 엄마의 육아 경험을 살려 이유식 판매에 도전하는 창업자도 있지요. 이처럼 자신이 가장 잘할 수 있는 일을 찾는 것도 창업 아이템을 선택하는 데 매우 중요한 기준이 됩니다. 창업자가 잘 알고 좋아하는 상품이라면 괜찮은 제품의 구매처를 찾는 일이나 같은 니즈를 가진 소비자들의 눈높이를 맞추는 일과 같은 핵심적인 사업 운영을 모두 잘 해낼 수 있습니다. 창업 아이템을 찾기 위한 자기 관찰 항목을 함께 살펴봅시다.

01 하루 중 어떤 일을 가장 많이 하고, 어떤 제품에 호기심을 갖는지 등 자신의 생활을 자세히 관찰하자.
02 평소 잘 구매하고 모으는 취미가 있는 물건은 무엇인지, 다른 사람들이 감각 있다고 좋아하는 아이템이 있는지 찾자.
03 경력을 살릴 수 있는 일이나 특정 기술을 가진 분야가 있다면 이를 바탕으로 한 창업 아이템을 고민하자.
04 지인 중 상품의 위탁(소싱)과 관련해 일하는 사람이나 도움을 줄 수 있는 사람들을 나열해서 사전 미팅과 함께 업계 이야기를 듣자.

## 트렌드를 읽어라

사업을 성공으로 이끌기 위해서는 다음과 같은 세 가지 요소를 충족해야 합니다. 첫째는 고객을 아는 것, 둘째는 경쟁업체를 아는 것, 셋째는 바로 '트렌드'를 아는 것입니다. 사실 이 세 가지는 유기적으로 연결되어 있다고 볼 수 있습니다. 고객은 누구보다 트렌드를 따라 빠르게 움직이고 있으니까요. 사업하면서 고객이 원하는 상품과 서비스를 찾아내고 이를 실천하는 일은 매우 어렵지만, 실현하면 성공이 뒤따릅니다. 최근에 발견한 신생 쇼핑몰들은 소비자 맞춤형 제품 생산과 서비스를 제공한다는 공통점이 있었습니다. 이것이 바로 트렌드입니다.

**2-19**
O2O 맞춤 셔츠 제작 - 스트라입스(stripes.co.kr)

소비자가 모바일이나 PC에서 원하는 시간과 장소를 입력하면 스타일리스트가 찾아가 고객의 신체 치수를 재서 저장하고 원하는 옷감을 선택하여 맞춤형 셔츠를 제작하는 '스트라입스'라는 쇼핑몰이 있습니다. 이곳은 신체 치수를 등록한 고객만 6만 명이 넘고 스타일리스트를 비롯한 직원 수도 백 명이 넘는다고 합니다. 대형 투자자로부터 많은 투자를 받은 이 회사는 크게 성장하는 중입니다. 쇼핑몰을 불편해 하는 남성들을 찾아가 원하는 장소에서 치수를 재고 자신에게 딱 맞는 셔츠를 만들어 보내준다고 하니 인기가 높아졌습니다.

또 다른 흥미로운 사이트를 소개합니다. '하비박스'는 일상에 지친 현대인에게 제대로 된 취미를 찾아주는 것이 목적이며, 취향 분석을 통해 고객이 좋아할 만한 취미가 무엇인지 찾고 괜찮은 하비 큐레이터를 연결합니다. 고객이 선택한 하비 큐레이터는 해당 분야의 괜찮은 상품들을 선택하여 매월 취미 박스를 정기배송하는 서비스입니다. 큐레이션 커머스와 서브스크립션 커머스라는 두 개의 트렌드 테마를 연결했습니다.

**2-20**
취미배송_101box

### 서브스크립션 커머스의 정의

정기구독을 뜻하는 서브스크립션(Subscription)과 상업을 뜻하는 커머스(Commerce)의 합성어로, 구매자가 정기 구독료나 가입비를 서비스업체에 지급하면 해당 업체가 상품을 알아서 선정해 정기적으로 배달해주는 상거래를 말한다.

출처: 네이버 지식백과 트렌드 지식사전

창업의 성공이 고객에게 달려 있다면 고객이 원하는 니즈를 찾아가거나 고객이 쉽게 이용할 수 있도록 서비스를 구현하는 것은 매우 중요합니다. 앞서 이야기한 두 가지 쇼핑몰 사례는 고객의 불편을 해소하고, 고객이 찾고 있었던 니즈를 연결하는 서비스라고 볼 수 있습니다.

최근 들어 빅데이터를 활용한 각종 첨단 서비스나 스마트폰과 같은 모바일 기기로 인해 소비자의 일상은 매우 빠르게 변화하고 있습니다. 최신 트렌드를 놓치지 않고 따라가기 위해서는 IT 분야의 새로운 소식들을 자주 접해야 합니다. 시장 조사를 위한 사이트들도 자주 확인하고 스타트업 회사의 신규 런칭 서비스들을 찾아 벤치마킹하는 연구를 지속하기 바랍니다.

## 틈새시장과 세분된 고객을 잡아라

아이템을 구상하는 단계에서 창업자는 먼저 사업 아이템 시장의 세분화에 관한 고민을 해야 합니다.

경영에서 오래된 전략 중에 'STP' 기법이 있습니다. STP$^{Segmentation-Targeting-Positioning}$ 기법은 시장에 침투하는 전략적 사고방식인데요. 먼저 사업 아이템을 바라보기 위한 시장을 구체적으로 나눕니다. 여러 변수를 대입해서 시장을 쪼개는 것으로 나이 및 소득과 같은 인구 통계적 변수에서부터 브랜드 유무, 가격 민감도, 구매 성향에 이르기까지 상황적 변수들을 대입하여 시장을 나눕니다. 액세서리 하나라도 10대 여성들이 좋아할 만한 액세서리, 30대 직장인 남성들이 좋아할 만한 액세서리, 50대 강남 사모님들이 좋아할 만한 액세서리는 크게 다르지요. STP 기법은 시장에서 누구를 위한 상품을 판매할 것인지에 관한 적합성을 찾아가는 과정입니다. 이렇게 시장을 세분하다 보면 자연스럽게 고객을 정의할 수 있습니다.

창업에서 자신의 아이템을 구매하는 고객이 누구인지 정확히 그려놓고 시작하는 것과 두루뭉술하게 20대 여성들을 위한 쇼핑몰처럼 모호한 대상을 고객으로 삼는 것은 전혀 다른 결과를 가져옵니다. 고객층이 모호하게 설정되면 상품 위탁부터 가격, 유통채널 선택, 서비스에 이르기까지 명확한 전략을 세울 수 없습니다. 이처럼 고객을 정확히 타깃팅$^{Targeting}$한 후 판매 과정마다 전략을 세우면 자연스럽게 포지셔닝됩니다. 여기서 포지셔닝$^{Positioning}$은 소비자 머릿속에 특정 이미지로 자리 잡는 것입니다.

대체로 창업자는 창업 아이디어를 도출하는 단계에서 판매 상품의 큰 카테고리만을 생각하기 쉽습니다. 창업 관련 상담을 하다 보면 "화장품 쇼핑몰을 하고 싶은데요" "의류 쇼핑몰을 생각 중입니다" "수입을 해보려고요" 등 막연하게 아이템을 설명하는 경우가 많습니다. 또는 1인 가구가 증가하고 있어서 1인 가구를 타깃으로 하겠다거나 고령화 사회에 발맞춰 실버산업이 유망하니 실버산업에 뛰어들겠다는 등 사업 추진의 배경은 이해가 가지만 무엇을, 어떻게 판매할 것인지에 관한 구체적인 전략이 보이지 않는 경우가 상당히 많습니다. 이러한 상태는 창업 아이템을 선정했다고 보기 어려워요. 아무리 뛰어난 컨설틴트라도 답변을 줄 수 없을 겁니다.

결론적으로 아이템을 선택할 때는 고객층도 함께 결정한다고 생각해야 합니다. 여기서 반드시 '세분화'라는 단어를 기억하기 바랍니다. 화장품 가게를 한다면 모든 브랜드의 화장품을 취급하는 종합몰을 시작할 것인지, 천연 화장품만을 취급할 것인지, 메이크업 제품만 취급할 것인지, 타깃을 나눠 10대 화장품만 전문으로 다룰 것인지, 남성 화장품만 전문으로 판매할 것인지 등 아이템에 따라 다양하게 세분할 수 있습니다. 세분화만 잘해도 쇼핑몰의 컨셉이 결정되고 소비자들은 쇼핑몰의 정체성을 쉽게 인지 가능합니다. 세분화와 함께 '틈새'라는 단어도 고려해야 하는데요, 소호 쇼핑몰 창업에서 틈새란 해당 카테고리 안에서 더욱 전문화되고 세분된 카테고리를 찾는 것임을 명심하기 바랍니다.

## 창업 아이템 선택 시 고려 사항

창업 아이템을 선택할 때 기본적으로 고려해야 할 사항이 있습니다. 쇼핑몰 창업 아이템이라고 해서 예외는 아니므로 하나씩 살펴보겠습니다.

01  자신의 경험이나 장점을 활용할 수 있는가?
02  성장 가능성이 있는가?
03  시장 수요는 충분한가?
04  대기업 참여가 어려운 분야인가?
05  자기 자본 규모에 적합한 아이템인가?
06  투자비용에 대한 수익성은 충분한가?
07  일시적인 트렌드에 해당하는 분야는 아닌가?
08  실패 위험성은 낮은가?

## 자신의 경험이나 장점을 활용할 수 있는가

앞서 창업 아이템을 선정할 때 자신이 좋아하는 일을 찾아야 성공 가능성이 높다고 설명했습니다. 이처럼 자신의 경험이나 장점을 활용하는 것은 중요한 선정 요건입니다.

## 성장 가능성이 있는가

창업 아이템에도 주기$^{Life\ Cycle}$가 있어 도입기-성장기-성숙기-쇠퇴기를 겪는다고 보면 생각하는 아이템이 어느 위치에 있느냐는 중요한 판단 기준이 됩니다. 전문가들은 초보 창업자에게 가장 적당한 위치는 도입기를 지나 성장기 초입 정도라고 이야기합니다. 도입기 시장을 가장 성장 가능성이 높은 시장이라고 생각할 수 있지만 시장에 따라 상대적으로 위험성이 높아져 자칫 실패의 위험이 따를 수 있습니다. 이를테면, 3D 프린터를 활용해 만든 제품 판매 쇼핑몰의 경우 처음 도입되었을 당시부터 많은 소비자의 관심을 받았지만, 기술을 전수하는 교육 시장이나 시제품을 제작해야 하는 브랜드

| 구분 | 도입기 | 성장기 | 성숙기 | 쇠퇴기 |
|---|---|---|---|---|
| 소비자 | 소비 준비 | 소비 시작 | 소비 절정 | 소비 위축 |
| 경쟁업체 | 미약 | 증대 | 극대 | 감소 |
| 창업 시기 | 창업 준비 | 창업 시작 | 차별화 | 업종 변경 |
| 매출 | 조금씩 증가 | 최고 | 평행선 | 하락 |
| 진행 기간 | 1년 차 | 2년 차 | 3년 차 | 4년 차 |
| 장점 | 시장 선점 기능 | 수익성 및 성장성 증대 | 안정성 높음 | |
| 단점 | 모험성 강함 | 과잉 경쟁 우려 | 수익성 저하 생존 경쟁 극심 | 급격한 수익 저하 |
| 사업 예시 | | | | |

초보 창업자에게 가장 적합

표 **2-13** 아이템 주기

시장에서 어느 정도 자리를 잡은 정도일뿐 아직은 3D 프린터로 제작된 제품이 대중에게 인기 있는 상황은 아닙니다. 이러한 도입기 시장에서 초보 창업자가 섣불리 시작하면 대중화되기까지 경영상 어려움을 겪을 수 있기 때문에 주의를 요구합니다. 그러므로 직접 선정한 창업 아이템 시장이 아이템 주기 상 어느 위치에 자리 잡고 있으며, 이 시장이 지속할 수 있는 성장 가능성을 가지고 있느냐를 판단하기 바랍니다.

## 시장 수요는 충분한가

창업 아이템을 선택할 때 세분된 시장을 찾아야 한다고 설명했는데요. 이때 조건이 있습니다. 바로 세분된 시장이 사업을 유지할 만한 수요를 측정할 수 있는 시장인가를 점검해야 합니다. 매우 적은 특정 소수만을 위한 시장이라면 사업을 지속하기가 매우 어렵기 때문이지요. 매출액 추정과 더불어 수익성이 얼마나 될지 분석할 때 시장 수요는 중요한 기준입니다. 물론 측정된 시장 수요가 계속 성장할 수 있어야 매력적인 아이템이라고 볼 수 있습니다.

## 대기업 참여가 어려운 분야인가

소호형 창업은 아이디어를 위주로 자본이 부족한 상태에서 시작하는 게 일반적입니다. 잘 성장하다가 대기업이라는 거대 자본력 앞에 사업 시장의 수도권을 빼앗기는 경우가 많습니다. 대기업이 골목 상권을 침해하면 안 된다는 사회적 이슈가 생긴 것은 이를 반증하는 증거입니다.

한편으로는 대기업과 경쟁하는 구도가 아니라 협업하는 형태의 전략을 세우는 것이 바람직합니다. 긍정적으로 생각하면 회사를 잘 키워 대기업에 인수·합병[M&A]을 시도하는 것은 또 다른 사업 목표가 될 수 있습니다. 소호형 쇼핑몰에서 더 큰 성장을 시도할 수 있으니까요. 최근에는 벤처[엔젤] 투자자들이 늘어나 좋은 기획의 스타트업에 아낌없이 투자하는 방향으로 창업 시장이 바뀌어 가고 있으므로 투자를 받는 것에 용기를 가져도 좋습니다.

2017년 6월, 국내 최대 창업보육센터인 서울 창업 허브가 오픈했고, 이어 7월에는 경기도에 스타트업캠퍼스, OZ 인큐베이션<sup>창업 보육</sup> 센터가 오픈했습니다. 단순히 제품 판매를 위한 쇼핑몰이라기보다 여러 채널이 함께 공유하는 쇼핑 플랫폼 개발 사업이나 차별화된 기술력이 있는 아이디어 제조 상품으로 쇼핑몰을 창업하는 경우라면 스타트업 투자에 도전할 수 있습니다.

맞춤형 남성 셔츠를 제작하는 '스트라입스'는 스톤브릿지 캐피탈, LG생활건강 등의 벤처 투자사와 대기업의 투자를 받은 사례로 유명합니다. 2013년 4월 오픈 이후 고객에게 찾아가는 방문 상담 서비스를 통해 차별화된 서비스를 제공했습니다. 직접 셔츠를 제작하려는 고객을 만나 치수를 재고 소재 및 디자인 등 원하는 셔츠를 만들어주는 맞춤형 의류 추천 서비스로 매년 200~300%씩 성장해왔습니다. 최근에는 6만여 명의 치수 빅데이터를 분석해 맞춤형 의류 제작에 활용할 수 있는 플랫폼을 개발해서 정장 분야로 진출한다고 발표했습니다. 이 기업의 성장을 돕기 위해 대기업까지 투자한 상태이니 서로 도움이 될 수 있는 제휴라면 좋은 사례라고 할 수 있습니다.

2-21, 22
스트라입스

Shoppingmall Founded for Note

## 자기 자본 규모에 적합한 아이템인가

창업을 고민할 때 자금에 대한 준비와 해결책은 매우 중요한 요소입니다. 아이디어도 중요하지만 아이디어를 실현하는 데 필요한 자본이 더 중요한 것이지요. 사업을 시작할 때 조달할 수 있는 자금은 어느 정도인지, 손익분기점까지 필요한 자금은 어느 정도인지 등 구체적인 준비를 해야 하는데요. 전망과 비전이 있다 해도 이를 실현할 수 있는 자금이 맞지 않으면 선택을 재고할 필요가 있습니다. 무리한 투자와 시작은 잘못하면 큰 위험이 되기 때문입니다. 그러므로 자기 자본 규모에 적합한 창업 아이템인지 고려하기 바랍니다.

## 투자비용에 대한 수익성은 충분한가

사업성 분석에서 수익성 분석이 필요하듯이 반드시 철저한 항목과 투자비용을 고려하고 수익성을 따져본 후 선택해야 합니다. 창업 전에 꼼꼼하게 준비해도 실제 창업 이후의 상황은 얼마든지 달라질 수 있기 때문에 많은 고민이 필요합니다.

## 일시적인 트렌드에 해당하는 분야는 아닌가

트렌드만을 쫓아서 창업하면 매우 빠른 시간 내에 해당 아이템 시장이 사라질 수 있습니다. 한창 찜닭 브랜드가 유행했을 때 상권마다 찜닭 매장이 생겨서 놀랐었지요. 그런데 개업한 지 1년도 채 안 되어 사라져버리는 것을 보고 정말 일시적인 유행에 따른 창업은 매우 위험하다고 생각했습니다. 과거 소셜커머스 시장이 생겨날 때 너무 많은 소셜커머스 사이트가 생기면서 치열하게 경쟁하다가 현재는 세 개의 기업만이 시장을 끌어가고 있습니다. 이처럼 하나의 창업 모델이 성공하면 유사한 비즈니스 업체들이 준비 없이 우후죽순으로 생겨나는 문제점이 보이곤 하는데요. 자신만의 열정을 기반으로 차별화된 컨셉을 완성해나가는 것이 바람직합니다.

## 실패 위험성은 낮은가

'성공할 가능성이 높은가?'라고 질문할 수 있지만 성공 가능성보다 '실패 위험성이 낮은가?'가 창업 아이템 선택의 중요한 기준이 됩니다. 즉, 위험성이 높은 창업보다 안전한 준비와 창업을 생각하면 좋습니다.

지금까지 창업 아이템을 선택할 때 고려해야 하는 여덟 가지 조건에 관해 간략하게 살펴봤습니다. 결국 아이템은 자신에게서 나오는 것이고, 시장 상황과 트렌드를 바탕으로 기획해야 하는 것은 당연한 대전제 요건입니다. 나아가 위의 조건을 다시 한 번 되짚으면서 구상하면 성공을 위한 창업 아이템이 될 것입니다.

# 좋은 인터넷 쇼핑몰 사업 모델의 조건 ❷❹

## 오프라인 상품과 차별화하라

인터넷 쇼핑몰이 갖춰야 하는 아이템과 비즈니스 모델의 조건을 생각해봅시다.

가장 중요한 사항 중 하나는 바로 오프라인 상품과 차별화해야 한다는 것입니다. 실제로 인터넷 창업은 진입 장벽이 낮아 누구나 쉽게 쇼핑몰을 구축하고 뛰어들 수 있는 시장이지요. 게다가 인터넷 소비자는 가격 비교 사이트를 통해 같은 상품의 판매가도 경쟁몰을 비교하며 구매할 수 있어 차별화를 가지지 않으면 대형 업체(벤더)나 딜러들을 이길 수 없습니다.

일반 소비 제품을 검색해보면 여러 사이트에서 같은 제품을 다른 가격에 판매하고 있다는 것을 쉽게 확인할 수 있습니다. 소비자 입장에서는 최저가에 판매하는 사이트에서 구매할 수밖에 없는 상황이기 때문에 일반 제품의 가격만으로 비즈니스를 시작하는 것은 차별화되었다고 보기 어렵습니다.

2-23
네이버 모바일 쇼핑몰 가격 비교

'된장골'이라는 된장 전문 쇼핑몰은 전국 각지에서 재래식으로 만드는 된장들을 직접 취재하고 제휴를 맺어 제품을 판매하는 곳입니다. 일반적으로 마트에서 파는 된장을 구매할 수 있지만, 어머니가 손수 담가 주신 재래식 된장을 선호하는 사람들도 많습니다. 이러한 소비자들을 위해 전국의 된장을 만드는 장인들을 찾아가 계약을 맺고 된장을 판매하는 쇼핑몰을 만들었습니다. 일반 오프라인 매장에서는 찾아보기 힘든 제품을 판매하기 때문에 차별화된 제품으로 꾸준히 사랑받고 있습니다.

'미새하우스'는 사은품이나 선물 등 기타 여러 상황에서 생긴 미 개봉된 새 상품을 판매하려는 소비자들을 위한 쇼핑몰입니다. 정상적인 유통 과정상의 인터넷 최저가보다 훨씬 저렴하게 판매할 수 있는 모델로 구축되었습니다. 오프라인과 확실하게 차별되는 서비스 모델을 만들어 낸 것입니다. 2016년 말에 창업하여 2017년 상반기 매출만 6억 원을 기록했다고 합니다.

2-24
된장골(dyenjanggol.com)

Shoppingmall Founded for Note

**2-25**
미새하우스(misaehouse.com)

소비자들은 오프라인 매장에서 쉽게 구매할 수 있고 다른 상품과 큰 차이가 없다면 직접 배송하거나 적립금, 추가 할인 혜택이 주어지는 대형몰에서 구매할 겁니다. 그만큼 일반 소호몰에서 상품을 구매할 소비자는 적을 수밖에 없으므로 반드시 상품 및 서비스의 차별화를 고민해야 합니다.

인터넷은 다른 쇼핑몰 운영 전략도 쉽게 벤치마킹되는 환경이므로 차별화에 대한 전략을 더욱 고민하고 이에 대한 해결 방안이 고안될 때 쇼핑몰 창업 아이템 선택과 창업 준비가 되었다고 볼 수 있습니다.

2-26, 27
네이버 모바일 쇼핑의 비슷한 스타일 추천 서비스

## 부가가치를 창출하라

인터넷에는 다양한 아이템의 많은 쇼핑몰이 경쟁하고 있어 웬만한 상품과 서비스로는 소비자에게 선택받기 어렵습니다. 쇼핑에 관한 인공지능 서비스가 속속 개발되어 사진만으로도 비슷한 상품을 찾아 보여주는 단계가 실현되고 있지요. 비교 검색이 쉽지 않았던 상품들도 쉽게 찾아 비교할 수 있도록 진화해가고 있습니다.

이 같은 상황에서 지나친 가격 경쟁은 피해야 할 전략입니다. 본질에서 가격 경쟁을 피하기 위한 조건으로 부가가치 창출이 가능한 아이템이어야 한다는 조건을 충족시켜야 합니다.

'플라이북'은 책을 추천해주는 쇼핑몰입니다. 개인의 상황이나 기분에 따라 책을 추천하고 매월 30일마다 정기적으로 배송해주는 서비스입니다. 독서를 좋아하거나 시작하려는 사람들에게 일반적인 베스트셀러라는 틀 안에 가두지 않고 북 컨시어지라는 전문가가 개인에게 맞추어 책을 골라서 추천 글, 작은 선물과 함께 보내줍니다. 신간, 구간 서적이라는 개념도 없어 단순히 책 가격만을 가지고 비즈니스를 이용하는 개념이 아니기 때문에 얼마든지 부가가치가 창출됩니다. 이러한 서비스라면 소비자 관점에서 쉽게 비교할 수 있는 경쟁업체도 찾기 어려울 것입니다.

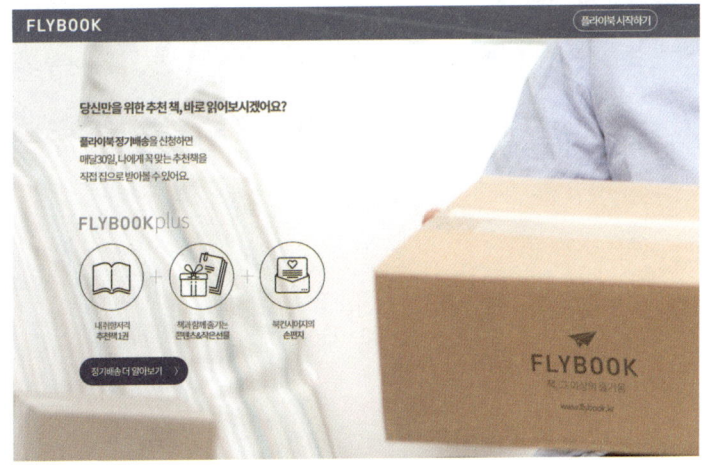

2-28, 29
플라이북(www.flybook.kr)

수제 인형을 판매하는 '꼬매기닷컴'도 부가가치를 만들어가는 대표적인 사례로 볼 수 있습니다. 인형을 디자인하는 것도 자신만의 기획물로써 이 세상에 하나뿐인 나만의 인형이라는 컨셉을 가지며, 소비자들에게 실제로 판매하는 인형 만들기 DIY 패키지도 부가가치형 상품이 됩니다.

DIY 패키지에는 인형 만들기에 필요한 약간의 원단, 실, 단추와 같은 재료들이 포함되는데요, 원가로 치면 적은 액수에 해당할 것으로 짐작되지만 인형이라는 컨셉 때문에 부가가치가 창출된 가격으로 제품을 판매할 수 있고 이 가격의 적절성이 쉽게 다른 사이트와 비교되지 않는 형태를 띱니다. 같은 디자인의 인형이라면 쉽게 가격을 비교할 수 있지만 이 사이트만의 기획된 인형이라면 비교 대상이 없으므로 경쟁력을 갖출 수 있습니다.

2-30, 31
꼬매기닷컴

## 공급업체가 가깝다면 금상첨화

공급업체가 가까운 곳에 있으면 성공 확률이 높습니다. 직접 운영하던 소호 쇼핑몰의 경우 자본금이 적어 재고를 많이 두고 사업하는 것은 위험성이 있다고 판단했어요. 최소한의 재고로 효율성을 높이다 보니 거래처가 멀면 제품을 자주 구매해서 배송하는 일이 매우 힘들었습니다. 모든 아이템에 적용되지 않는 조건이지만, 공급업체와의 거리는 분명 쇼핑몰 창업 아이템의 중요한 요건입니다. 이것은 곧 '공급이 쉬운 아이템이어야 한다'는 의미와 같습니다.

창업 아이템을 선정할 때는 당연히 제품 수급이 안정적인 거래처를 확보하는 것이 매우 중요합니다. 다만 인터넷 쇼핑몰의 경우 제품 수급의 안정성을 고려할 때 공급처와의 거리가 가깝다면 금상첨화입니다.

물건을 공급하는 거래처가 매우 멀리 있다면 수시로 발생하는 소비자 문의나 상담을 원활하게 처리하기가 쉽지 않습니다. 배송 사고가 발생할 수 있고, 급한 주문 건을 처리해야 할 때도 있기 때문입니다. 쇼핑몰에 따라 주문은 쇼핑몰에서 받지만 제품 배송은 제조업체나 산지에서 직접 보내는 방식으로 이루어진다면 이 경우에는 해당하지 않을 수 있습니다. 하지만 이것도 비교적 가까운 곳이라면 아무래도 제품 상태 점검이나 배송 상황 체크, 제품의 안정적인 수급을 파악할 때 편리합니다.

성공한 쇼핑몰의 경우 고객 만족도가 높은데요, 제품의 수급이나 관리를 잘하기 때문입니다. 만약 제품을 구매하기 위해 2시간 이상이 소요되는 거래처를 자주 방문해야 한다면 운영자 입장에서는 많은 시간을 소비하고 체력적인 한계에도 부딪혀 사업을 지속하기 힘들어질 수 있습니다.

## 마진율도 높고, 재구매율도 높고

쇼핑몰 창업 아이템을 선택할 때 상품의 '마진(이윤)'과 '재구매율'이라는 두 가지 지표를 고려해야 합니다.

먼저 쇼핑몰의 수익성을 담보하기 위해서는 제품의 마진이 높아야 합니다. 대부분의 유통 제품이 평균 30% 정도의 마진을 가진다고 하는데, 이 경우 실제 수익은 더 줄어들어 소호 쇼핑몰을 원활하게 운영하기 어렵습니다. 일단 박리다매로 많이 파는 방식도 소호몰에서는 어려운 일입니다. 적은 자본으로 천천히 성장하는 모델이 일반적인 운영 방식이기 때문에 적게 팔아도 일정 수익이 날 수 있도록 단가가 높고 마진도 높은 제품이어야 성공률이 높습니다.

경험에 따르면 쇼핑몰 창업에는 마케팅 비용이 많이 들고, 실제로 방문한 고객이 구매로 이어지는 비율도 낮기 때문에 제품의 마진은 적어도 50% 정도는 되어야 한다고 봅니다.

많은 쇼핑몰은 유통 단계를 줄여서 마진을 확보하는 전략을 사용합니다. 도매시장보다 제조공장과의 거래를 통해 마진을 높이거나 산지와의 계약을 통해 단가를 낮추기도 하지요. 이처럼 지속해서 제품 원가를 낮추기 위한 노력은 계속되어야 합니다.

또한, 쇼핑몰에는 재구매율이 높은 아이템이 매우 중요합니다. 사실상 인터넷 쇼핑몰의 최대 난점은 자신의 쇼핑몰을 소비자에게 알리기가 매우 어렵다는 점입니다. 정작 힘들게 큰 비용을 들여 홍보하더라도 정작 쇼핑몰에 방문한 고객이 제품을 구매하는 비율은 운영자의 기대보다 매우 낮은 것이 사실입니다. 그렇기 때문에 한 명의 고객이 한 번의 구매에 그치게 하는 것이 아니라 최대한 재구매를 끌어내고 단골이 되도록 많은 노력을 기울여야 합니다.

아이템 자체를 빈번하게 구매하기 힘들다면 아무래도 지속해서 신규 고객을 유치해야 하므로 마케팅 비용이 부담되기도 합니다. 예를 들어, 결혼 예단 제품의 경우 일회성 구매로 끝날 확률이 높다고 볼 수 있습니다. 물론 지인들에게 추천하는 서비스로 이어질 수 있지만 고객 만족을 위해 더 큰 노력이 요구될 것입니다. 최근 한복 시장에서 한복 판매보다 오히려 대여 시장이 발달하는 것은 재구매율 전략상으로도 타당한 수요 창출입니다.

주얼리 쇼핑몰을 운영했을 때 목걸이라는 제품도 한 명의 고객으로부터 재구매가 활발하게 이루어지기까지에는 한계가 있었습니다. 과일 쇼핑몰을 운영했을 때 과일은 주얼리보다 재구매가 활발한 아이템이어서 단골을 확보하면 어느 정도 매출이 유지되는 특징을 보였지요. 이를테면 식품류처럼 지속해서 재구매하는, 재구매 주기가 짧은 아이템이 소호 아이템으로 적합하다고 볼 수 있습니다.

## 배송 및 보관의 용이

인터넷 쇼핑몰의 경우 아이템은 되도록 배송이나 보관이 쉬워야 합니다. 택배 시스템이 선진화되고 사고의 위험성이 줄어든다고는 하지만 여전히 배송 사고는 곧잘 일어납니다. 선물용으로 구매하는 고객이 많은 경우 배송 사고가 나면 굉장히 난감한 경우가 발생합니다. 배송 일정이 틀어지거나 잘못 배송되는 경우는 그나마 운영자로서 책임 소재가 적은 부분입니다.

과일의 경우 배송 중에 상품이 터지거나 쪼개지는 경우가 있고, 택배박스가 심하게 구겨지는 경우도 있었습니다. 생물을 취급하는 경우 본의 아니게 배송 중 상하거나 유실되는 문제도 생길 수 있습니다. 아무래도 케이크, 빵, 꽃, 유리, 도자기 등 배송이 어려운 제품보다 취급이 쉬운 제품이 편리합니다.

상품의 크기 문제도 고려해야 할 요소입니다. 자전거, 가구와 같이 부피가 큰 제품은 공장처럼 보관 장소가 커야 하고 관리에도 신경을 많이 써야 하므로 되도록 크기가 작고 파손의 위험도 없는 제품이 쇼핑몰 아이템으로 적절합니다.

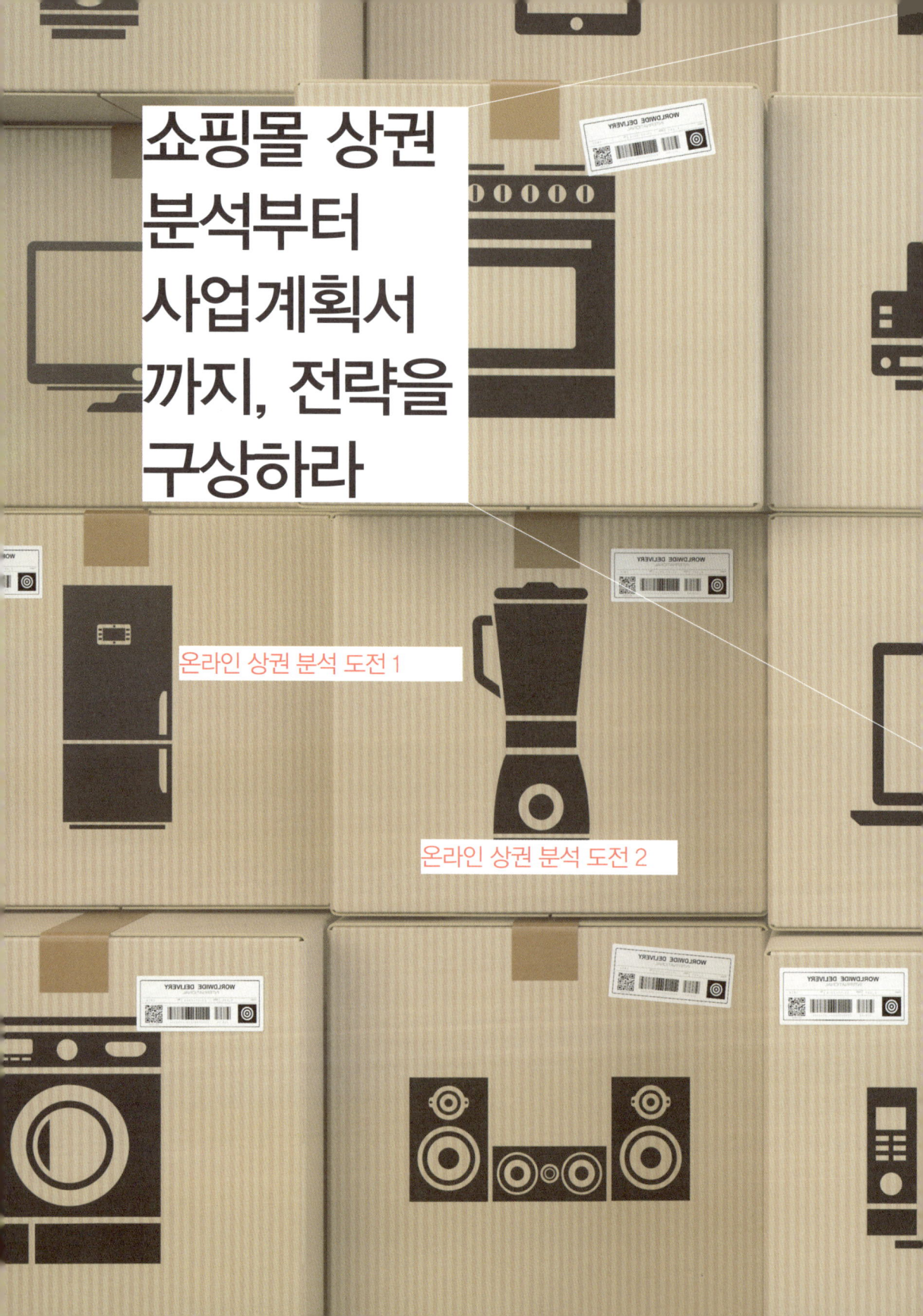

쇼핑몰 상권 분석부터 사업계획서까지, 전략을 구상하라

온라인 상권 분석 도전 1

온라인 상권 분석 도전 2

Part. 3

전쟁에서 승리하는 사업 전략 구상의 세 가지 방법

사업의 나침판, 사업계획서 작성

# 전쟁에서 승리하는
# 사업 전략 구상의 세 가지 방법 ③①

## 자신의 강점과 약점, 그리고 환경 분석 SWOT

창업을 시작하는 것은 전쟁터에 나가는 것과 유사합니다. 수많은 다른 창업 기업들과 경쟁해야 하니까요. 전쟁에서 승리하는 방법을 계획하는 것이 바로 전략입니다. 지피지기 백전백승<sup>知彼知己 百戰百勝</sup>이라는 유명한 한자성어처럼 전쟁에서 이기려면 경쟁업체도 알고 자신도 알아야 합니다.

아이디어를 바탕으로 단순히 창업 아이템을 결정하는 것만으로 사업 구상이 끝난 것은 아닙니다. 아이템을 어디서, 어떻게, 어떤 방법으로 사용할지에 관한 구체적인 실전 계획을 세워야 하므로 사업 전략의 기초 개념을 알고 준비합니다.

쇼핑몰 창업을 계획할 때에도 진출하고자 하는 시장에서 아이템이 가지는 매력도와 이를 바탕으로 한 수익성, 그리고 타사보다 경쟁적 우위를 가지기 위해 어떤 노력을 해야 할 것인지를 사전에 고민해야 합니다. 예를 들어, 패션 아이템에서 발 빠르게 트렌드에 맞춘 신상품 기획으로 성공이 좌우된다면 창업자는 어떤 생산 설비를 가동할 것인지에 관한 전략을 세워야 합니다. 가전제품처럼 가격 경쟁력이 우선시 되는 아이템 시장이라면 가격 경쟁력에 관한 전략을 더욱 고민해야 합니다.

이처럼 기업이 고민해야 하는 상황적인 문제에 대해 기본적으로 세울 수 있는 전략 중

하나는 바로 SWOT 분석입니다. 기업의 목표를 세우고 이루기 위해 기업 환경 즉, 외부 환경과 내부 자원을 분석합니다. 내부 자원 분석은 기업의 강점$^S$과 약점$^W$을 분석하고, 외부 환경 분석은 기업의 기회$^O$와 위협$^T$ 요인을 분석하는 것입니다.

01 **SO 전략(강점-기회 전략)**: 시장의 기회를 활용하기 위해 강점을 적극적으로 활용하는 전략
02 **ST 전략(강점-위협 전략)**: 시장의 위협을 회피하기 위해 강점을 이용하는 전략
03 **WO 전략(약점-기회 전략)**: 전복하거나 제거함으로써 시장의 기회를 활용하는 전략
04 **WT 전략(약점-위협 전략)**: 시장의 위협을 회피하고 약점을 최소화하거나 없애는 전략

창업을 고민한다면 SWOT 분석에 대해서는 어느 정도 이해하고 있을 것입니다. SWOT 분석에 따라 최종적으로 위협 요인의 발생 가능성을 줄여 파급 효과를 최소화하고, 기회 요인이 제공하는 효과를 최대한 활용하여 사업의 강점을 살립니다.

네 가지 독립 파트, 강점, 약점, 기회, 위협 매트릭스에서 각 영역의 내용을 채우고 복합적으로 강점이면서 기회가 되는 요인, 강점이면서 위협이 되는 요인, 서로 교차되는 영역에 관해 깊이 고민합니다.

| 내적 요소<br>외적 요소 | 강점(S) | 약점(W) |
|---|---|---|
| 기회(O) | SO 전략 | WO 전략 |
| 위협(T) | ST 전략 | WT 전략 |

**표 3-01** SWOT 매트릭스

한 여성 의류 쇼핑몰은 단순히 여성 의류를 판매하는 것이 아니라 상품 설명을 영화 속 주인공처럼 아름답게 연출하는 컨셉의 영상으로 만들었습니다. 영상으로 연출된 상품 설명은 감성적인 분위기를 물씬 느끼게 하여 '나도 그 옷을 입고 영상 속 주인공이 되고 싶다'는 생각을 갖게 합니다. 그런데 이 쇼핑몰의 실제 운영자는 남성이었습니다.

언뜻 남성이 여성 의류를 판매한다는 것에 대해 어색하게 느낄 수 있지만, 이 쇼핑몰을 예로 들어 SWOT 분석을 해보겠습니다.

1차로 다음과 같이 강점, 약점, 기회, 위협 요인을 정리합니다.

- **강점** – 동영상 촬영에 자신 있다. 웹 프로그래머 경력으로 웹 기술에 능숙하다.
- **약점** – 남성이라서 여성 의류 위탁(소싱)에 한계가 있다. 스타일 연출(코디) 능력이 부족하다.
- **기회** – 여성 의류는 소호몰에 기회가 많으며, 새로운 트렌드가 성공할 수 있는 시장이다. 영화 속 주인공처럼 보이도록 영상으로 차별화를 꾀할 수 있다.
- **위협** – 이미 포화 상태라고 생각될 정도로 경쟁력 있는 여성 의류 쇼핑몰이 너무 많다.

2차로 강점이면서 기회가 되는 요인, 강점이면서 위협이 되는 요인, 서로 교차되는 요인을 깊이 고민하며 전략을 산출합니다.

- **SO 전략** – 상품 이미지를 최대한 멋진 영상으로 제공한다.
- **ST 전략** – 영상 제공뿐만 아니라 웹 기술도 연출하고, 인터랙티브한 컨텐츠를 제공한다.
- **WO 전략** – 계약직으로 스타일리스트를 고용한다. 여성 의류 사입(구매 대행)도 함께 한다.
- **WT 전략** – 전문 영역은 전문가에게 맡겨 최대한 운영의 효율성을 키운다.

어렵게 여기지 말고 여러분의 창업 아이템과 시장 상황에 관한 경쟁력을 갖추기 위해서는 어떤 방법이 도출되어야 할지 고민해봅니다.

# 고객 세분화 – 타깃 – 포지셔닝의 3박자 STP

이번에는 유명한 STP 전략 기법에 관해 살펴봅니다. STP 전략은 일반적으로 기업이 시장 침투를 계획할 때 가장 많이 쓰는 전략 기법으로, 고객에 대한 시장 세분화$^S$, 목표 고객 설정$^T$, 시장을 공략할 제품$^{서비스}$을 통해 목표 시장에서 효율적으로 점유하려는 위치$^P$를 찾는 것을 의미합니다. SWOT 분석 이후 구체적으로 STP 분석을 진행해야 합니다.

### 01  Segmentation – 시장 세분화

같은 상품이라도 소비자 니즈는 다양하다. 이중 유사한 니즈를 가진 소비자층을 세분하는 것이 시장을 더욱 명확하게 하는 첫 번째 작업이다. 바로 소비자 니즈와 트렌드를 고려하여 고객을 그룹화하는 작업이라고 할 수 있다. 세분화의 변수로는 나이, 성별, 소득, 직업, 세대 등 인구 통계적 변수, 개성, 충성도 수준, 제품에 대한 태도, 혜택의 민감성 등과 같은 행동적 변수 등이 해당한다.

### 02  Targeting – 표적 시장 설정

세분된 시장으로 나눠진 부분에서 규모, 성장성, 수익성, 경쟁 상황 등을 고려해 하나의 표적 시장을 설정하는 단계이다. 최종 소비자층을 결정하는 과정으로 반드시 선행되어야 하는 작업이다.

### 03  Positioning – 포지셔닝

시장에서 결정된 소비자를 대상으로 한 시장의 경쟁은 언제나 치열하다. 그리하여 경쟁 시장에서 상대적으로 우위를 확보하는 방법을 고민하고 소비자에게 자사 브랜드나 제품이 강력하게 각인되도록 전략을 세우는 것이 마무리 단계이다. 차별화 즉, 경쟁자로부터 분리할 수 있는 포인트를 찾는 것이다.

시장 세분화–타깃팅–포지셔닝$^{STP}$ 성공 사례로 정관장 브랜드 '화애락 진'이라는 제품을 들 수 있습니다. 화애락 진은 갱년기 중년 여성을 타깃을 한 홍삼 제품입니다. 광고에서는 갱년기 여성 친구 세 명이 함께 여행을 떠나면서 건강도 챙기는 컨셉이었는데요, 이 제품은 어머니 선물로써 성공적으로 판매되는 제품입니다. 흔히 홍삼하면 40~50대 남성 전용으로 생각되었는데 그 틀을 깬 제품으로 화두가 되었고 매출도 1년 만에 180% 이상 올랐다고 합니다. 정확하게 갱년기 여성을 타깃으로 시장을 세분했고 적절한 마케팅을 시행하여 어머니 선물 상품으로써 성공적으로 포지셔닝했습니다.

**3-01**
화애락 진 관련 블로그 포스트

기존에 알던 제품도 다른 세분된 시장으로 타깃을 정하고 전략적으로 마케팅하면 소비자들은 분명 새로운 제품으로 인식합니다.

성공한 쇼핑몰 중에 '키 작은 남자'라는 쇼핑몰이 있습니다. 브랜드에서부터 타깃이 명확한 이 쇼핑몰은 160cm부터 175cm 키의 남성들을 위한 의류몰로, 패션 디자인과 센스 있는 코디로 키를 5cm 이상 커 보이게 하는 정보를 제공하고 맞춤 의류를 생산하고 있습니다. 2006년에 창업해서 남성 의류 쇼핑몰 1위를 달성하기도 하고, 각종 방송에서 성공 사례로 소개되기도 하였지요. 이처럼 레드오션인 남성 의류 시장에서 키 작은 남자를 타깃팅하고 꾸준히 마케팅한 결과 성공적인 포지셔닝 사례로 손꼽힙니다.

3-02
키 작은 남자(www.smallman.co.kr)

## 제품-가격-유통-홍보의 혼합 전략 4P

이른바 마케팅 혼합 전략이라고 불리는 4P 전략을 소개합니다. SWOT 환경 분석, STP 전략 등을 토대로 유기적인 시너지를 내는 제품의 구체적인 방법론을 세우는 전략으로 목표 시장에서 강력한 포지션을 구축하는 데 활용하는 전술적 도구라고 생각할 수 있습니다. 여기서 4P란 제품$^{Product}$, 가격$^{Price}$, 유통$^{Place}$, 프로모션$^{Promotion}$을 의미합니다.

01 **Product=제품(서비스)**: 품목의 다양성, 품질, 디자인, 브랜드명, 패키지 디자인 등 결정
02 **Price=가격**: 최초 판매 가격, 가격 할인 정책 등 결정
03 **Place=유통(채널)**: 판매 경로 결정, 제품 구색, 재고 관리, 배송 수단의 결정
04 **Promotion=프로모션**: 광고, 인적 판매, 판촉 수단의 결정

이러한 4P 전략은 기업의 입장에서 소비자에게 어떤 제품을, 어떤 가격으로, 어떤 유통 경로로, 어떤 프로모션을 통해 전달할 것인가를 계획하는 과정입니다. 이 과정을 통해 사업 프로세스가 더욱 구체화되고 경쟁력을 만들어 갑니다. 물론 그 중심에는 소비자 니즈를 읽고 반영하는 자세가 매우 중요합니다.

먼저 제품 및 서비스에서는 소비자에게 어필할 수 있는 제품을 기획하는 것부터 시작합니다. 소비자에게 판매하기 위해 제품의 라인업은 어떻게 해야 할지, 품목을 얼마나 다양하게 할 것인지, 제품 이름은 무엇으로 할 것인지, 포장은 어떻게 차별화할 것인지 등을 전략적으로 결정하는 것입니다.

또한 인터넷에서는 가격 우위가 매우 중요하므로 가격에 어떤 전략을 가져갈 것인지 고민해야 합니다. 경쟁업체와 비교를 통해서 소비자의 심리적 가격을 고려하여 가격 정책을 세워야 하고 소비자의 가격 민감도를 낮출 수 있는 추가 전략도 고려해야 합니다. 예를 들어, 제품 패키지를 더욱 다양화하여 가격 비교가 쉽지 않게 한다든지, 사은품을 통해 단일 제품 가격을 약화한다든지 하는 전략도 생각할 수 있습니다. 물론 원가를 낮추기 위한 노력이 필요합니다.

유통에서는 어떤 채널로 제품 판매를 시작할 것인지에 관한 전략이 필요합니다. 인터넷에서는 개인몰과 오픈마켓 입점 등의 방식이 동시에 이루어집니다. 사실 입점도 종합몰, 전문몰, 오픈마켓, 소셜커머스 입점으로 세분되고 각각의 고객층이 달라 채널별로 입점 상품과 가격대를 조정할 필요가 있습니다.

프로모션에서도 오프라인과 온라인 홍보를 병행하는 것은 물론 온라인 홍보는 블로그, 카페, 인스타그램, 페이스북 등 채널에 따라 다른 컨텐츠 전략을 세워야 합니다. 다양한 이벤트, 캠페인을 통해 고객에게 지속해서 쇼핑몰과 브랜드, 제품 이미지를 알려야 합니다. 4P 영역에서 실행 전략 수립은 전술적인 도구로 의미가 큽니다.

**3-03**
종합 쇼핑몰 – 롯데닷컴

**3-04**
전문 쇼핑몰 – 텐바이텐

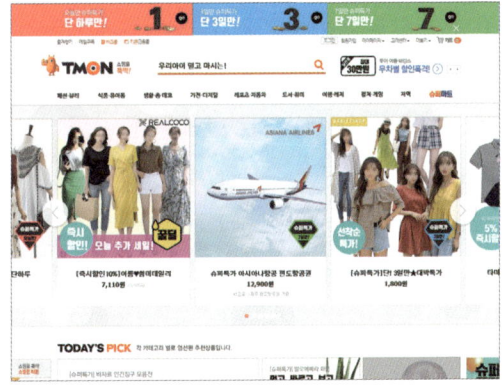

**3-05**
오픈마켓 – 11번가

**3-06**
소셜커머스 – 티몬

4P 분석에 관해 간단하게 과일 쇼핑몰의 사례를 살펴봅니다.

> **01  Product＝제품**
> 
> 국산 과일은 유명 산지와의 공급 계약으로 수급의 안정성과 전문성을 확보한다. 맛, 당도가 높은 유명 농장주 계약을 통해 공급한다. 매일 도매시장에 새로 입고되는 신선한 과일을 바로 배송한다. 수입 과일은 대형 수입업체와의 거래로 제품의 퀄리티와 수량을 확보한다. 기타 소량 판매 과일은 청과 도매시장 내 상인들과 협력한다. 제철 과일 위주로 상품을 구성하며 차별화를 위해 오프라인에서 쉽게, 싸게 먹기 힘든 과일을 집중적으로 마케팅한다.

02 **Price = 가격**
매일 과일 도매 시세를 반영하고 소매가를 최대한 낮춰 시장 진입 시 가격 경쟁력을 확보한다. 실시간 고객 응대를 통해 과일 가격의 합리성을 어필한다. 직접 과일 도매시장에서 관리한다는 이미지로 마트보다 저렴한 가격으로 경쟁력을 제시한다.

03 **Place = 유통**
개인 과일몰로 오픈한다. 차후 오픈마켓 입점과 대형 쇼핑몰 입점을 고려한다.

04 **Promotion = 프로모션**
주요 포털사이트를 통한 온라인 키워드 광고를 본격적으로 진행하며 블로그로 브랜드 홍보를 강화한다. 오프라인으로는 생과일 주스 전문점이나 커피 전문점과 같은 작은 매장을 영업하여 주기적인 판매처를 늘려나간다.

간략하게 소개한 사례이지만 영역별로 더욱 구체적인 아이디어를 더할 수 있도록 고민하는 것이 바람직합니다. 여기서는 물리적으로 배송 가능한 쇼핑몰 창업 아이템을 대상으로 설명하지만, 영문 번역 대행 서비스 쿠폰이나 기타 상담과 같은 영역에서의 판매도 분명 쇼핑몰로 구분할 수 있습니다. 무형의 제품도 이와 같은 전략을 통해 명확하게 사업을 구성하는 과정이 필요합니다.

## 오프라인 4P 시대가 가고, 인터넷 5C 시대로

마케팅 종합 전략인 4P는 경영학에서 매우 오래된 기초 전략입니다. 즉, 오프라인 기업 경영 방식의 혼합 전략이라고 볼 수 있지요. 물론 4P와 같은 분석이 인터넷 비즈니스라고 해서 달라지지 않지만, 인터넷 비즈니스 시대를 맞이하여 마케팅 학자들은 오프라인 4P를 넘어 인터넷 5C의 시대가 진행되고 있다고 합니다. 간단하게 5C란 무엇인지 살펴보겠습니다.

인터넷이 없던 시절 오프라인 시장에서 소비자는 제품을 소비하는 주체이자 구매하는 사람으로서의 역할을 담당했습니다. 인터넷 시대로 넘어온 현대의 소비자는 능동적으로 제품 생산이나 개발에 참여하며 기업과 파트너 관계로 성장했습니다. 개인 블로거의 등장으로 많은 기업이 소비자인 블로거들과 파트너십을 가지려고 노력하는 것도 하나의 예입니다. 새로운 채널에서 새로운 비즈니스의 출현으로 소비자가 변하다 보니 마케팅 전략도 새로운 시대의 흐름에 맞춰 기존 4P가 5C로 확장 및 변화된 것입니다. 구체적인 내용은 다음과 같습니다.

| 4P 마케팅 믹스 | 5C 마케팅 믹스 |
|---|---|
| Product, Price, Place, Promotion | Collaboration(신규), Contentware, Commitment, Channel, Communication |
| • 기업과 고객 간 단기적 거래에 초점<br>• 기업의 일방적 관점<br>• 고객은 통제 불가능한 판매 대상<br>• 대중이나 표적 시장 그룹에 접근하는 방법<br>• 인터넷상의 변화된 마케팅 환경을 충분히 반영하지 못함 | • 기업과 고객의 장기적 관계 유지에 초점<br>• 기업과 고객의 양자가 고려된 관계 중심적 관점<br>• 고객은 통제 가능한 관리 대상<br>• 개인 단위로 세분된 시장을 구성하는 고객과 상호작용을 필요로 하는 방법<br>• 인터넷상 변화된 마케팅 환경 반영 |

**그림 3-02** 5C의 개념

## 콜라보레이션

콜라보레이션Collaboration은 네트워크를 구성하는 주체 간에 공동 운명체적 관계가 형성되어야 한다는 것으로, 상호 이익을 위하여 협업해야 한다는 의미입니다. 기업 간 경쟁보다는 서로의 이익을 위해 공동의 힘을 부가하는 형태로 발전해야 한다는 것이지요. 쇼핑몰도 혼자 운영한다는 생각에서 벗어나 의류 쇼핑몰과 주얼리 쇼핑몰이 협업하고 공동의 SNS 채널을 관리하며 고객 대응을 한다든지, 편집숍과 같은 전문 사이트에 입점하여 브랜드 가치Value를 높이는 방안 등 얼마든지 여러 가지 형태로 협업할 수 있습니다. 이제는 협업이 대세입니다. 반드시 기업 대 기업, 기업 대 고객, 고객 대 고객처럼 서로 협력할 수 있는 모델을 고민하기 바랍니다.

## 컨텐츠웨어

컨텐츠웨어$^{Contentsware}$는 상품$^{Product}$이 확장된 개념입니다. 오프라인 시장에서 제품은 물리적 제품에 한정되었지만, 인터넷 비즈니스에서는 무형 제품도 많아져 개념을 확장한 것입니다. 물리적, 서비스 및 디지털적인 것을 포함하는 모든 가치를 제품이라고 볼 수 있습니다. 고객이 사이트에 머물러 제공하는 정보나 시간, 자발적 커뮤니티 활동 등이 모두 체험적인 제품이 될 수 있다는 것도 달라진 부분입니다. 인터넷 쇼핑몰에서도 단지 제품만을 판매하고 소비자와 거래한다는 생각에서 벗어나 쇼핑몰에 다양한 체험 코너를 만들고 직접 소통하며 나눌 수 있는 제품을 만드는 것이 중요합니다.

## 커미트먼트

커미트먼트$^{Commitment}$는 가격$^{Price}$이 확장된 개념입니다. 제품을 사고팔면서 주고받는 가치는 곧, 돈이라고 볼 수 있는데요, 인터넷 비즈니스에서 제품이 무형의 제품으로 확장되었기 때문에 받는 수입도 돈이 아니라 고객의 동의하에 얻는 정보가 될 수 있습니다. 그러므로 고객에게 어떤 서비스를 제공하고, 어떤 대가를 어떤 형태로 받을 것인지에 대한 고민이 필요합니다.

네이버의 해피빈 서비스를 살펴보면 네이버에서 열심히 활동하면 해피콩이라는 일종의 사이버머니가 생기고 이를 모아 필요한 곳에 나눔 기부를 실천할 수 있습니다. 그저 블로그에 글을 올리는 등의 활동을 했을 뿐인데 이 같은 활동이 금전으로 바뀌어 기부도 할 수 있지요. 기업은 사회 공헌 활동을 할 수 있어 좋고 소비자는 사이트에서의 활동을 인정받게 되며, 이는 곧 사회에 기여할 기회로 연결되어 서로에게 좋은 비즈니스가 만들어지는 셈입니다.

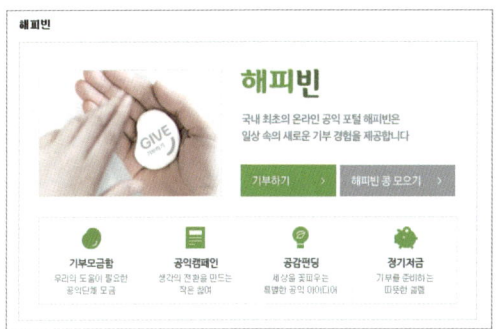

**3-07, 08**
해피빈 서비스

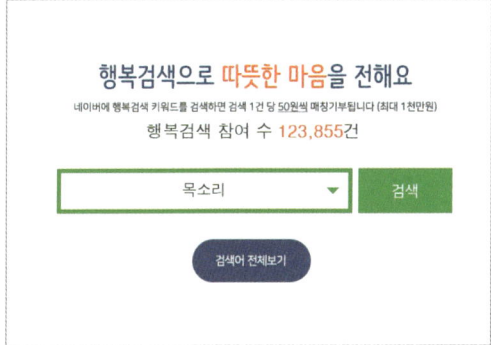

**3-09, 10**
다양한 커미트먼트 활동

## 커뮤니케이션

커뮤니케이션$^{Communication}$은 프로모션$^{Promotion}$이 확장된 개념입니다. 오프라인에서는 마케팅 메시지를 전달하는 방식이 일방적이며, 기업이 제품에 대한 메시지를 만들고 고객에게 푸시하는 형태로 대화가 이루어졌습니다. 반면 인터넷 비즈니스에서는 그야말로 양방향 $^{인터랙티브}$ 대화 방식이 그대로 커뮤니케이션으로 구현되고 있습니다. 기업들은 메시지를 전달할 고객을 고를 수 있고 그들에게 '좋아요' 등의 프로모션 반응을 얻을 수 있지요. 좋은 메시지는 빠른 시간에 널리 홍보되는 일도 매우 많아졌습니다. 일방적인 기업 간 소비자의 대화는 이제 오래된 과거의 방식이 되어 버렸습니다. 최근 기업들은 인터넷 비즈니스에서 고객과 SNS로 소통하기 위해 다양한 컨텐츠 개발에 투자하고, 고객들과 함께할 수 있는 참여형 프로모션을 많이 기획합니다.

'얼리어답터'는 독립적인 쇼핑몰을 가지고 있지만 더 많은 고객에게 다가서기 위해 페이스북 페이지샵 기능을 통해 홍보하고 있습니다. 페이스북이라는 SNS 공간에서 신제품 정보를 동영상과 리뷰 형식으로 올리고 참여를 통해 상품 구매로까지 연결하는 커뮤니케이션 방식을 채택한 것입니다.

## 채널

채널$^{Channel}$은 장소$^{Place}$가 확장된 개념입니다. 과거 오프라인에서 유통할 수 있는 채널이 백화점, 할인마트, TV홈쇼핑, 편의점으로 나뉜다면 인터넷 비즈니스가 등장하면서 오픈마켓, 소셜커머스와 같은 유통채널이 추가되었습니다. 인터넷에 수많은 전문몰이 생기면서 고객을 만나고 판매할 수 있는 채널의 폭이 무한대로 넓어졌습니다. 특히 모바일 상거래 시장이 확대되면서 모바일 앱이라는 신종 채널을 통해 카카오톡이나 밴드와 같은 모바일 서비스에도 쇼핑몰이 운영되고 있습니다. 그야말로 채널의 춘추전국시대라고 볼 수 있지요. 그러므로 인터넷 쇼핑몰 창업자들은 수많은 채널 중에서 자신에게 가장 적합하고 대상 고객에게 상품 설명을 전달할 수 있는 효과적인 유통 경로를 찾아야 합니다.

3-11
얼리어답터 쇼핑몰(www.earlyadopter.co.kr)

3-12, 13
얼리어답터 페이스북(www.facebook.com/earlyadopterpage)

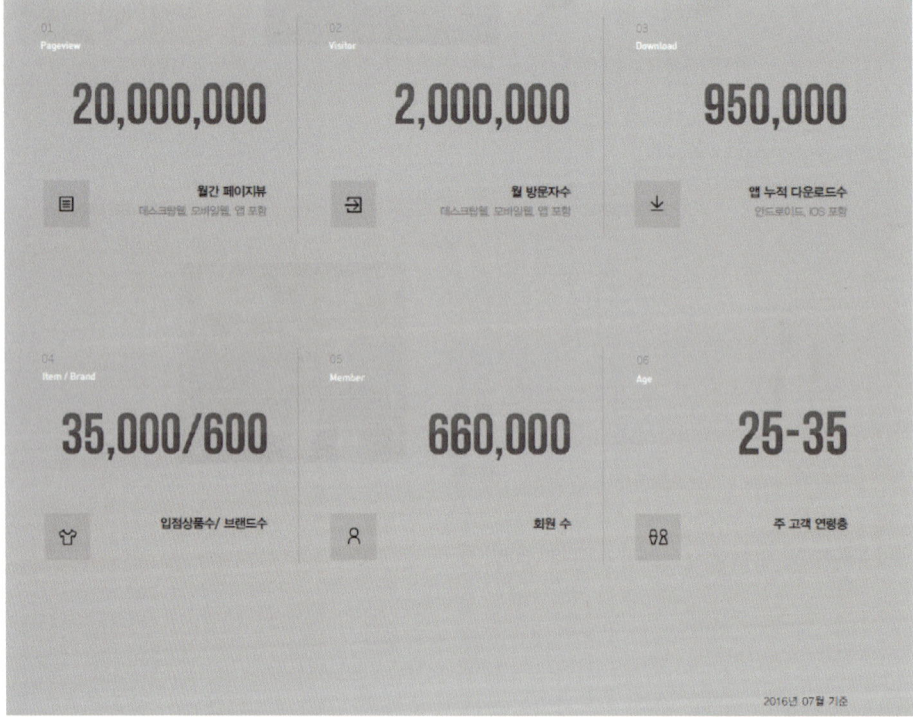

**3-14**
신규 브랜드 홍보 – 29CM 편집숍(www.29cm.co.kr)

**3-15**
29CM 편집숍의 성과 수치(2016. 7월 기준 회원 수 66만 명)

Shoppingmall Founded for Note

3-16
네이버 쇼핑 밴드 – 동대문 왕도매

3-17
네이버 쇼핑 밴드 – 비밀쇼핑

3-18
카카오스토리 – 키즈토마토

3-19
카카오스토리 – 강원산삼초

## 창업 컨설팅 노트 | 이렇게 하면 성공한다 vs 실패한다

### 1. 이렇게 하면 성공한다!

**① 정확한 목표 고객에 집중한다**

성공한 쇼핑몰들의 공통점은 모두 고객에게 제시하는 컨셉에 통일성이 있다는 것이다. 이것은 곧 대상(타깃)을 정확히 하고 있다는 뜻이다. 상품을 구매할 고객이 누구인지 그 대상의 나이, 학력, 소득 수준과 같은 인구 통계학적 변수부터 라이프 스타일, 구매 행태와 같은 구매 결정 요소에 관한 고객을 정확하게 정의한다. 그러므로 창업 아이템은 종합몰처럼 접근하기보다 세분화하고 전문화해야 한다.

**② 차별화된 요소가 있다**

차별화는 크게 상품 차별화, 가격 차별화, 컨텐츠 차별화, 서비스 차별화로 생각할 수 있다. 성공한 의류몰들이 자체 제작을 시도하는 일, 원가를 줄이기 위해 원산지를 찾아가는 일, 모델과 촬영 장소에 신경 쓰는 일, VIP 고객을 위한 특별 서비스를 만드는 일 등이 속한다. 결국 다른 쇼핑몰과 다른 '무언가'를 만들지 않으면 고객은 쇼핑몰을 기억하지 못한다.

**③ 디지털이지만 사람 냄새나는 신뢰를 보여준다**

인터넷 쇼핑몰이라고 해서 제품만 잘 보여주고 자동으로 결제되는 시스템만 잘 만들면 끝이라고 생각해서는 안 된다. 무엇보다 고객과의 관계를 어떻게 생각하고 만들어 가느냐가 가장 중요하다. 고객에게 신뢰를 얻기 위해서는 정직한 상품을 정직하게 제공해야 하는 것은 물론이고, 친절한 서비스와 감성적인 전략으로 고객과 친구가 되어야 한다. 자필 편지를 동봉하거나 체험 이벤트를 열거나 블로그에 일상을 기록하는 등의 전략도 고객의 마음을 여는 방법이다.

**④ 시스템을 만들어 나가려는 사업가 마인드가 있다**

부업으로 머무느냐, 사업이 되느냐는 시스템 구축에 달려있다. 작은 소호몰로 시작하더라도 기업형으로 운영하기 위해서는 조직을 구축해야 하며, 온라인 솔루션 시스템이 더욱 체계적으로 돌아가도록 자동화된 시스템 구축이 되어야 한다. 이를 위해서는 과감한 투자와 열정이 필수이다.

## 2. 이렇게 하면 실패한다!

### ① 쇼핑몰의 컨셉이 모호하다

쇼핑몰이 실패하는 사례 중 하나는 운영자가 자신의 안목에만 치중해 다양한 구색의 상품을 정리되지 않은 상태로 사이트에 올려놓는 것이다. 상품의 위탁(소싱)과 기획은 철저하게 고객의 눈높이에 맞춰져야 한다. 모든 고객을 만족하게 할 수는 없으므로 항상 '한 놈만 패라'라는 말을 기억하라.

### ② 눈에 띄는 4P 요소가 하나도 안 보이고 지독히 평범하다

인터넷은 한 번의 클릭만으로 다른 쇼핑몰에 접속할 수 있는 세상이라서 3초 안에 고객에게 전달되는 매력이 없다면 결코 성공할 수 없다. 상품이 되었건, 컨텐츠가 되었건, 커뮤니티적 요소가 되었건 적어도 하나라도 특별해야 한다는 것을 기억하자. 수많은 쇼핑몰 중 성공하는 쇼핑몰은 10%도 안 된다.

### ③ 매일 쇼핑몰에 변화가 없다

쇼핑몰을 처음 오픈할 때 잘 세팅된 상태로 출발하더라도 생각만큼 고객에게 반응이 나오지 않으면 그때부터 무엇을 어떻게 해야 할지 고민에 빠진다. 지속해서 시간을 투자하여 쇼핑몰이 늘 움직이며, 새로운 트렌드를 만들어 간다는 느낌을 주어야 성공한다. 몇 달이 지나도 이벤트나 디자인 변화, 신상품 배열 등 달라지는 점이 없는 쇼핑몰은 실패한다.

### ④ 투자를 꺼려 쇼핑몰 제작부터 운영까지 모두 혼자 한다

인터넷 쇼핑몰은 소자본으로 창업할 수 있지만 경쟁이 치열하기 때문에 쉽게 벤치마킹되고 비교된다. 그래서 빠른 변화를 기하고 멋지게 운영해야 성공하는데, 모든 경영을 혼자 해결하기에는 한계가 있기 마련이다. 돈을 아끼려고 디자인부터 상품 기획, 마케팅, 영업, 재무, 고객 상담, 포장 배송 등을 혼자 해결하려고 하지 말자. 뭐 하나 제대로 되지 않고 전문성도 없어 보이는 평범한 쇼핑몰로 전락할 수 있다.

# 온라인 상권 분석 도전 1 ❸❷

## 다양한 키워드 속 소비자 니즈를 읽어라

하루가 다르게 새로운 정보가 쏟아지는 세상에서 IT 분야의 새로운 뉴스를 읽다 보면 정말이지 세상은 잠시도 쉴 틈 없이 돌아가는 듯합니다. 특히 4차 산업혁명이라는 크나큰 변화 속에서 인터넷 비즈니스는 더 큰 도약을 준비하고 있습니다. 이러한 상황에서 새로운 기술과 서비스를 이용하는 소비자들은 어떤 니즈를 갖고 있을까요? 여러분이 창업해서 만나야 하는 소비자의 특징, 성향, 소비 패턴 등은 어떻게 찾을 수 있을까요?

인터넷 비즈니스에서는 다행히도 소위 빅데이터를 이용해 대략적인 소비자 니즈와 이동 패턴 등을 검색하여 참고할 수 있습니다. 고객들이 원하는 상품을 검색하기 위해 자신의 니즈를 담은 단어, 즉 키워드를 입력하기 때문에 1차적으로 검색 키워드를 중심으로 한 고객 분석이 가능합니다. 그러므로 쇼핑몰 창업에서는 반드시 목표로 하는 소비자들이 찾는 키워드를 알아내고 이를 분석하는 과정이 필요합니다.

**키워드(Keyword)** = 소중한 마케팅 데이터

사업의 성공을 위해서는 '첫째도 고객, 둘째도 고객, 셋째도 고객을 알아야 한다'는 말이 있습니다. 그만큼 고객을 바로 아는 회사만이 사회 변화와 경쟁에서 살아남을 수 있기 때문입니다.

실제로 수많은 쇼핑몰 운영자가 고객의 키워드에 울고 웃는 상황입니다. 제대로 된 키워드 마케팅을 통해 대박을 내는 운영자가 있는가 하면 키워드 분석을 소홀히 하여 손해를 보는 운영자도 많습니다.

2017년 6월 한국경제신문 기사에서는 네이버의 경우, 매일 4천만 명의 사용자가 3억 3천만 건을 검색한다고 합니다. 그만큼 인터넷을 통해 세상의 모든 지식이 유통된다고 볼 수 있지요. 한 쇼핑몰 대표는 자신의 쇼핑몰 상품과 연계된 키워드를 무려 5만 개 넘게 마케팅하기도 할 만큼 키워드의 세계는 다양하고 깊으며 시장 변화가 빠르면 빠를수록 계속 성장할 수밖에 없습니다. 그리하여 인터넷에서 키워드 마케팅은 계속될 것입니다.

소비자가 검색창에 입력하는 키워드는 니즈$^{Needs:\ 1차적\ 니즈}$와 원츠$^{Wants:\ 2차적\ 니즈}$가 담긴 소중한 마케팅 데이터입니다. 소비자의 마음을 담기 때문에 쇼핑몰 창업자는 키워드 속성을 제대로 파악할 줄 알아야 합니다. 검색한 키워드가 무엇을 찾고자 하는 것인지 그 속에 숨은 니즈를 자세히 파악해야 하고 사업에 필요한 가치 있는 키워드를 찾아야 합니다. 가치 있는 키워드란 곧 매출을 올리는 키워드를 의미합니다. 키워드를 분류하는 기준은 인터넷 초창기부터 여러 기준이 있으며 대표적인 분류 기준들을 간단히 살펴봅니다.

## 키워드 분류 기준 1 – 제품의 범주

키워드 분류 기준의 첫째는 제품의 범주에 따라 'Header-General-Brand-Specific'으로 구분합니다. 어떤 창업 아이템이라도 제품이 속하는 큰 범주와 더 작게 세분된 범주로 위계를 나눌 수 있으며, 대략의 순서를 표로 살펴보면 다음과 같습니다.

| 범주 | Header | General | Brand | Specific |
|---|---|---|---|---|
| 의미 | 제품의 큰 범주 제품 전체를 다룸 | 제품의 작은 범주 제품 일부를 다룸 | 제품 중 브랜드 여부로 범주를 나눔 | 개별 제품의 유형을 다룸 |
| 예시 | 핸드폰, 휴대폰, 스마트폰 | 효도폰, 키즈폰 | 갤럭시 S, 아이폰 | 아이폰 X, 갤럭시 LTE |

표 3-03 키워드 분류 ① 제품의 범주

대표적으로 휴대폰 키워드를 중심으로 소비자가 검색하는 키워드를 분류하면 제품을 다루는 가장 포괄적인 범주인 'Header'는 휴대폰이나 핸드폰, 스마트폰과 같은 대표성 키워드로 대비됩니다. 가장 많은 소비자가 1차적으로 검색하는 키워드이므로 조회 수가 가장 높은 키워드들이 이 범주에 속합니다. 다음으로 한 단계 더 세분되어 제품의 일부 범주를 지칭하는 'General'은 효도폰 혹은 키즈폰과 같은 키워드를 예로 들 수 있습니다. 이미 휴대폰 시장에서 스마트폰이 70% 이상 점유하고 있어 1차 범주인 'Header'에 포함시켰는데요, 스마트폰을 사용하지 않는 소비자들도 분명 존재합니다. 이 시장에 효도폰과 키즈폰이 존재한다고 보면 이러한 키워드가 이곳에 속한다고 볼 수 있습니다. 또한, 제품은 'Brand' 유무에 따라 시장 범주를 나눌 수 있습니다. 예를 들어, 갤럭시 S 시리즈, 아이폰과 같은 브랜드가 대표적이지요. 최종으로 구체적인 제품 모델명이 속하는 'Specific' 범주로 나눌 수 있습니다. 여기에는 갤럭시 노트, 아이폰 X 등의 키워드가 해당합니다.

인터넷에서 '휴대폰'을 검색할 때 소비자들은 위의 네 가지 범주에 따라 검색합니다. 휴대폰, 스마트폰과 같은 큰 범주로 쇼핑몰을 찾거나 휴대폰 추천 정보를 검색하여 학습하고 부모님께 선물할 휴대폰을 찾기 위해 효도폰을 검색하거나 초등학생처럼 어린 자녀들이 사용할 키즈폰을 검색합니다. 특정 회사의 모델을 찾을 때는 브랜드를 직접 검색해 정보를 찾기도 하지요. 구매하고자 하는 휴대폰 모델이 있을 때는 처음부터 해당 모델을 직접 검색창에 입력해 찾기도 합니다. 여기서는 휴대폰을 예로 들었지만, 쇼핑몰에서 판매하고자 하는 모든 창업 아이템은 이와 같은 범주를 기준으로 더 세분하여 수요 시장을 들여다볼 수 있습니다.

## 키워드 분류 기준 2 – 테마별 분류

키워드 분류 기준의 둘째는 테마별 키워드로 구분하는 개념입니다. 제품 시장을 대변하는 대표 키워드와 세부 키워드, 테마 키워드로 나누어 시장을 구분합니다.

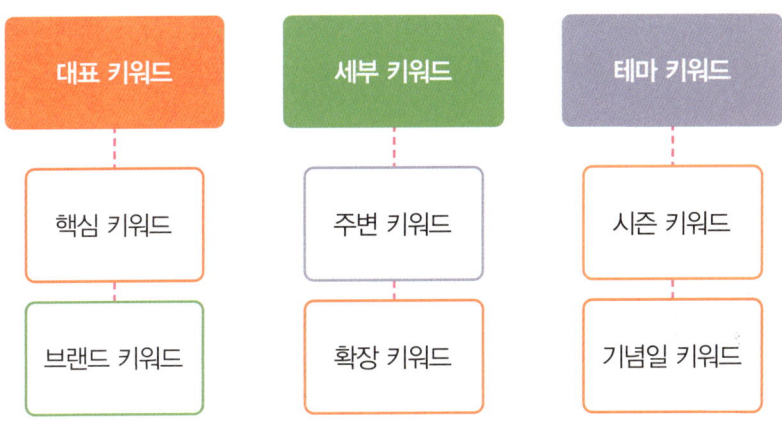

그림 3-04  키워드 분류 ② 테마별 분류

- **대표 키워드**
제품을 구분하는 키워드 중 가장 핵심적이고 비중 있는 키워드가 여기에 속한다. 대표 키워드는 다시 핵심 키워드와 브랜드 키워드로 구분한다. 여성 의류를 대상으로 구분하면 핵심 키워드는 여성 의류, 보세 의류, 수입 의류와 같은 큰 카테고리의 키워드가 해당한다고 볼 수 있다. 브랜드 키워드로는 지고트, 미샤 등 여성 의류를 대표하는 브랜드부터 스타일난다, 나인걸, 조아맘과 같은 쇼핑몰 브랜드도 생각할 수 있다. 사실 여성 의류 시장은 타깃별 또는 스타일별로 핵심과 브랜드 키워드를 무한하게 조사할 수 있는 시장이다.

- **세부 키워드**
대표성을 띤 키워드를 중심으로 다시 세분하여 소비자의 키워드를 확장하는 분류이다. 이를 주변 키워드와 확장 키워드로 나눈다. 이를테면, 여성 의류의 주변 키워드로는 여성 수입 보세 의류, 여성 보세 의류 등과 같이 핵심 키워드를 중심으로 접두어, 접미어들이 붙여지거나 형용사, 부사들이 붙여진 키워드 문구를 생각할 수 있다. 확장 키워드로는 싼 여성 의류 파는 곳, 예쁜 보세 의류 쇼핑몰, 아동 의류 싸게 파는 곳 등 단지 제품만이 아닌 장소나 채널, 소비자 니즈 등이 덧붙여져 검색 시장이 넓어진 키워드를 생각할 수 있다. 이와 같은 파생 키워드에도 수많은 키워드가 생성된다.

- **테마 키워드**

    테마 키워드는 시즌 키워드와 기념일 키워드로 구분한다. 특별한 시즌 또는 기념일에 맞춰 제품을 판매할 수 있는 시장이 형성되기 때문이다. 예를 들어, 시즌 키워드라면 입학 선물, 어버이날 선물, 설빔 등 특정 시기를 겨냥한 매출 확대를 고려할 수 있다. 기념일 키워드는 그야말로 결혼기념일, 프러포즈, 생일 선물 등 개인의 특정 기념일과 연관된 키워드가 해당한다. 여성 의류 쇼핑몰과만 직접 연관되는 것은 아니지만 해당 기념일에 여성 의류가 선물 아이템이 될 수 있기 때문에 매출과 연관되는 키워드를 고려한다.

'대표 키워드-세부 키워드-테마 키워드'를 사례로 정리하면 다음과 같습니다.

| 대표 키워드 | 핵심 키워드 | 여성 의류, 보세 의류, 수입 의류, 청바지, 티셔츠 등 |
|---|---|---|
| | 브랜드 키워드 | 잇미샤, 지고트, 스타일난다, 리틀블랙 등 |
| 세부 키워드 | 주변 키워드 | 여성 수입 보세 의류, 여성 청바지, 리본 블라우스 등 |
| | 확장 키워드 | 싼 여성 의류 파는 곳, 이쁜 보세 의류 쇼핑몰 등 |
| 테마 키워드 | 시즌 키워드 | 입학 선물, 어버이날 선물, 설빔, 크리스마스 선물 등 |
| | 기념일 키워드 | 결혼기념일, 돌잔치, 생일선물, 프러포즈 등 |

**표 3-05** 키워드 테마별 분류 – 여성 의류


## 키워드 분류 기준 3 – 사용자 의도

키워드의 분류 기준 셋째는 사용자 의도에 따른 분류로 살펴볼 수 있습니다. 사용자 의도를 정보 탐색 의도와 구매 의도로 구분해서 쇼핑성 키워드, 다의성 키워드, 정보성 키워드로 구분합니다.

- **쇼핑성 키워드**

    구매 의도가 분명한 성향의 키워드이다. 예를 들어, 구두 쇼핑몰, 꽃 배달 추천, 할인 항공권과 같은 키워드를 생각해보면 이 키워드를 검색하는 사람들은 검색 후 바로 구매할 확률이 높다고 볼 수 있다. 구두 쇼핑몰을 찾는다는 것은 구두를 사고 싶은 니즈가 반영된 것으로 볼 수 있고, 꽃 배달 추천과 같은 키워드도 꽃 배달업체를 곧바로 이용하겠다는 의미이므로 직접적인 구매 연관이 크다고 볼 수 있다. 이렇게 구매 의도가 분명한 키워드를 쇼핑성 키워드라고 한다.

- **다의성 키워드**
  키워드 내 숨은 의도, 구매 의도, 정보 탐색 의도가 함께 녹아 있는 키워드를 말한다. 예를 들어 아토피, 보험, 인테리어 등의 키워드로 볼 수 있다. 아토피를 입력하는 소비자는 아토피에 대한 정보를 찾기 위해서 검색하는 것일 수 있고, 아토피 관련 제품을 판매하는 쇼핑몰을 찾기 위해 검색할 수도 있기 때문에 마케팅할 때 고려해야 한다. 보험의 경우도 바로 보험에 가입하고자 하는 경우와 단지 보험 상품을 비교 검색만 하고자 하는 경우로 나눌 수 있기 때문이다.

- **정보성 키워드**
  정보 탐색 의도가 짙은 성향의 키워드를 말한다. 예를 들면, 가격 비교, 성형 수술 비용, 패션 트렌드와 같은 키워드를 들 수 있는데 구매하고자 하는 의도보다 정보를 찾고자 하는 경우로 해석된다.

쇼핑몰 운영자 입장에서는 정보성 키워드보다 쇼핑성 키워드가 매출에 더 유리합니다. 하지만 쇼핑성 키워드는 조회 수 대비 광고비가 많이 나갈 수 있으므로 적절한 선택이 필요합니다. 마케팅할 키워드들을 고르면 해당 키워드를 통해 광고 전략을 세울 것인지, 네이버 블로그와 같은 SNS 채널과 연결된 홍보 키워드로 공략할 것인지에 관한 계획을 세워야 합니다. 키워드가 가진 구매 의도 속성을 살펴보고 노출 전략과 함께 고민하기 바랍니다.

이처럼 키워드도 다양한 측면에서 세분된 분류가 가능합니다. 인터넷 비즈니스 초창기부터 많은 인터넷 마케팅 전문가들은 키워드 분류와 사업의 적합성, 광고 노출 유무 등 여러 가지 고민을 해오고 있습니다. 키워드 분류는 시간이 지날수록 더 세분되고 또 다른 형태로 만들어질 것입니다. 그러므로 쇼핑몰에 가장 적합한 키워드를 선정하기 위해 전략을 찾아내는 것이 과제입니다.

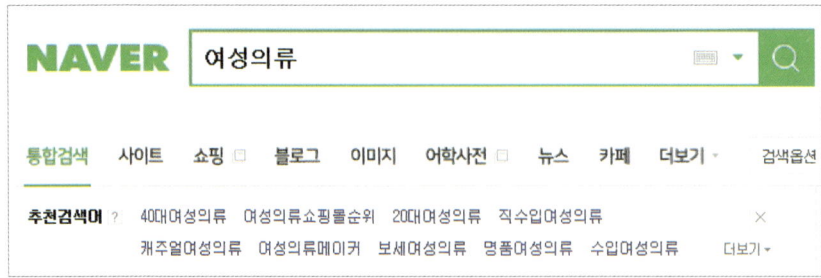

**3-20**
네이버 추천검색어 서비스 – 여성의류 키워드

**3-21**
네이버 쇼핑검색어 서비스 – 여성의류

## 키워드 추출 프로세스

　　　　　　쇼핑몰에 적합한 소비자 키워드를 찾는 방법에 대해 알아보겠습니다. 즉, 팔고자 하는 상품에 관해 구매 가능한 소비자의 검색 키워드를 찾는 것입니다. 키워드를 찾는 과정은 보통 창업 후 인터넷 마케팅 차원에서 조사하는 과정이라고 볼 수 있지만, 창업 전 시장을 분석하는 하나의 방법으로도 사용합니다. 판매하고자 하는 시장에 어느 정도의 수요가 존재하는지, 경쟁몰은 어떠한 위치에 있는지, 초기 프로모션 비용은 얼마나 필요한지 등을 사전에 조사하고 계획할 수 있습니다.

막연히 소비자의 검색 키워드를 생각하면 언뜻 잘 떠오르지 않을 것입니다. 하지만 다양한 키워드 검색 툴들이 제공되므로 염려하지 않아도 됩니다. 대략적으로 키워드를 추출하는 기본적인 단계를 따라가 보겠습니다.

### 1단계 – 기본 검색을 통한 키워드 풀(Pool) 구성

가장 먼저 기본 검색과 확장 검색을 통해 키워드 풀$^{Pool}$을 구성해야 합니다. 기본 검색에서는 쇼핑몰의 카테고리명이나 실제 상품에 쓰인 상품명, 상품 설명 페이지에 적혀 있는 키워드를 대상으로 합니다. 제품과 연결된 트렌드에 관한 기사 속 핵심 키워드나 지식iN 서비스에 노출된 관련 질문, 유사 대상의 카페 글 키워드도 1차 키워드가 될 수 있고, 경쟁 사이트의 카테고리 및 상품명 등의 문구 속 키워드도 대상이 될 수 있습니다. 첫 번째 단계에서 키워드를 추출하기 위해 살펴볼 핵심은 다음과 같습니다.

- 자신의 쇼핑몰에는 어떤 키워드가 있는가?
- 어떤 상품이 인기를 끌고 있는가? (트렌드)
- 경쟁업체는 어떤 키워드로 광고하고 있는가?
- 자신의 상품(서비스)과 관련된 이달의 이슈는 무엇인가?

블라우스를 판매하는 쇼핑몰이라고 했을 때, 블라우스라는 카테고리가 있고 블라우스라는 상품명이 존재합니다. 지식iN 질문 중에는 '여성 블라우스 추천'이라는 글도 있겠지요. 이렇게 기본적으로 대표성을 띠는 1차 키워드를 선별합니다.

## 2단계 – 확장 검색을 통한 키워드 풀(Pool) 구성

1차로 선별된 기본 검색의 대표 키워드를 확장해서 키워드 풀$^{Pool}$을 만들어봅니다. 확장 검색으로 키워드를 더욱 넓힐 때 살펴볼 수 있는 다섯 가지 영역을 설명합니다.

- **연관 검색어** – 소비자가 첫 번째 키워드를 입력한 다음 이어서 입력할 수 있는 키워드들을 의미한다. 대체로 검색엔진에서 연관 키워드 혹은 추천 검색어 등으로 제시하는 검색어이다.
- **시즌 검색어** – 시즌별, 기간별로 달라질 수 있는 부분의 키워드이다. 시즌과 기념일에 해당하는 테마 키워드 영역이 해당한다.
- **지역 검색어** – 특정 지역과 관계된 키워드이다. 이를테면, 꽃 배달 키워드에서 지역적으로 확장하면 인천 꽃 배달, 강남 꽃 배달 같은 키워드가 해당할 수 있다.
- **부가 검색어** – 수식어가 앞뒤로 접두어나 접미어 형태로 붙는 키워드를 말한다. 키워드 분류 중 주변 키워드나 확장 키워드 영역으로 설명할 수 있다. 이를테면 예쁜 가방, 싼 노트북, 여자 목걸이 등과 같은 키워드이다.
- **오타 검색어** – 오타도 키워드로 확장해 살펴본다. 오타는 크게 외래어의 오기, 단순 오기, 한영 오류 등의 파트로 구분할 수 있다.

발 빠른 쇼핑몰은 고객들이 입력할 수 있는 오타 키워드에도 신경 쓰고 있습니다. 검색어 입력창에서 키보드로 키워드를 입력할 때 실수로 틀린 단어를 입력하기도 하지만 본래 단어 표기를 잘못 알고 있는 사람들도 많기 때문입니다.

오타에서는 잘못된 외래어 표기를 중점적으로 살펴보는 게 좋습니다. 외래어를 입력할 때 나올 수 있는 표기의 차이 말이지요. '초콜릿'을 '초컬릿'이나 '초콜렛'으로 입력할 수 있습니다. 사람에 따라서는 '에어컨'도 '에어콘'으로 입력할 수 있지요. 틀린 글자라기보다는 외래어를 읽고 표기하는 데서 나올 수 있는 오류입니다. 자신이 취급하는 아이템 중 외래어로 표기되는 부분이 있다면 소비자마다 다르게 검색할 수 있다는 점을 인지하고 함께 마케팅하는 것이 좋습니다.

주얼리 쇼핑몰 운영 당시 '펜던트'라는 키워드가 외래어라서 소비자들의 표기에 차이가 난다는 것을 알게 되었는데요, 어떤 소비자는 '팬던트'로, 어떤 소비자는 '펜던트'로 검색했습니다. 두 가지 키워드의 수요 규모가 컸기 때문에 모두 마케팅했습니다.

이외에도 단순한 오타는 키보드로 키워드를 입력할 때 실수로 나올 수 있는 부분입니다. 이를테면, '목걸이'를 입력하려고 했는데 '목골이'로 입력하는 상황에 해당하지요. 키워드 조회를 통해 틀린 글자 중에서도 소비자가 자주 틀리는 키워드가 있다면 매우 저렴한 비용으로 광고 효과를 얻을 수 있습니다.

확장 검색에서 키워드를 추출하기 위해 살펴볼 핵심은 다음과 같습니다.

- 자신의 쇼핑몰에 확장된 수식어는 무엇인가?
- 자신의 쇼핑몰 아이템과 연관된 브랜드는 무엇인가?
- 자신의 쇼핑몰 아이템을 종류와 용도별로 확장할 수 있는가?
- 시즌 키워드는 무엇인가?
- 지역과 연결된 키워드는 무엇이 있는가?
- 오타는 무엇이 있는가?

기본 검색에서 1차 키워드 풀$^{Pool}$을 만들고 확장 검색을 통해 2차 키워드 풀을 만들면 마케팅 키워드의 가닥을 어느 정도 잡을 수 있습니다. 하지만 어떤 것이 확장된 검색어인지 생각하려면 머리 아픈 것이 사실입니다. 이때 도움이 되는 툴을 소개합니다.

네이버에서는 키워드 광고주들을 위해 '키워드 도구'라는 툴을 제공합니다. 이 툴을 이용하면 확장된 검색 키워드들을 쉽게 찾을 수 있습니다. 키워드 도구를 이용하기 위해서는 우선 네이버 검색광고 페이지에 접속한 후 광고주로 신규 가입합니다. 가입 절차는 비교적 간단합니다. '약관 동의 → 광고주 유형 선택 → 개인 정보 입력 → 가입 완료' 순입니다.

3-22
네이버 검색광고(searchad.naver.com)

3-23
네이버 신규 광고주 가입

## 회원 유형

사업자 등록을 한 경우 "사업자 광고주"유형을 선택, 사업자 등록을 하지 않은 경우 혹은 권한을 통해 다른 광고 계정을 관리하는 경우에는 "개인 광고주" 유형을 선택하기 바랍니다.
광고 계정은 자신의 사업(사이트, 쇼핑몰, 매장 등)을 광고하기 위해 생성하여야 합니다. 자신의 계정에서 타인의 사업에 대한 광고를 집행할 수 없으며, 타인 사업에 대한 광고 집행 사실이 발견된 경우 네이버 검색광고 서비스의 이용이 제한 되거나 거부될 수 있습니다. 상세내용확인

| 사업자 광고주 | 개인 광고주 |

**사업자 등록번호로 가입을 클릭하여 주십시오.**

- 사업자등록번호   123-12-12345

[사업자번호 가입 가능 확인]

회원가입 또는 광고 게시 이후에 사업자가 "개인광고주" 유형으로 가입한 것이 발견될 경우 사업자로의 회원 유형 변경을 요청받을 수 있습니다.
또한 개인 광고주 유형으로 가입 이후 사업자 등록을 한 경우 사업자로 유형을 변경할 수 있습니다.

**3-24**
회원 유형 선택

광고주 유형 선택에서는 사업자등록번호가 있다면 '사업자 광고주', 아직 사업자 신고를 하지 않은 단계라면 '개인 광고주'를 선택합니다. 개인 정보 확인 후 가입이 완료되며 일반 웹사이트 회원가입과 비슷합니다.

광고주 가입을 마치고 광고 시스템에 로그인한 다음 위쪽의 '도구 → 키워드 도구' 기능을 이용하면 연관 키워드를 쉽게 살펴볼 수 있습니다. '블라우스'와 '아동용품'이라는 키워드를 조회하면 천 개 정도의 키워드를 추천해줍니다. 조회된 키워드 결과를 하나씩 살펴보다 보면 브랜드 키워드, 확장 키워드, 시즌 키워드 등을 발견할 수 있습니다.

## 3단계 – 최종 마케팅 대상 키워드 선택

최종적으로 세 번째 단계에서는 키워드 풀$^{Pool}$ 안에서 키워드별로 조회 수를 찾고 해당 키워드를 홍보용 혹은 광고용으로 어떻게 적절히 활용할 것인지에 대한 전략을 세워야 합니다. 특히 경쟁에 따른 전반적인 키워드 상황을 분석하고, 최종 마케팅 대상 키워드를 결정하는 단계이지요. 앞서 네이버 검색광고의 키워드 도구를 살펴봤는데요, 키워드 도구 화면에서 키워드별로 〈조회하기〉 버튼을 클릭해 나타난 결과 중에서 키워드를 선택한 다음 왼쪽의 〈추가〉 버튼을 클릭하고 〈월간 예상 실적보기〉 버튼을 클릭해 대략의 키워드 광고 상황을 짐작할 수 있습니다.

**3-25**
'블라우스' 키워드 검색 결과

**3-26**
'블라우스' 키워드 선택 후 〈월간 예상 실적보기〉 버튼 클릭

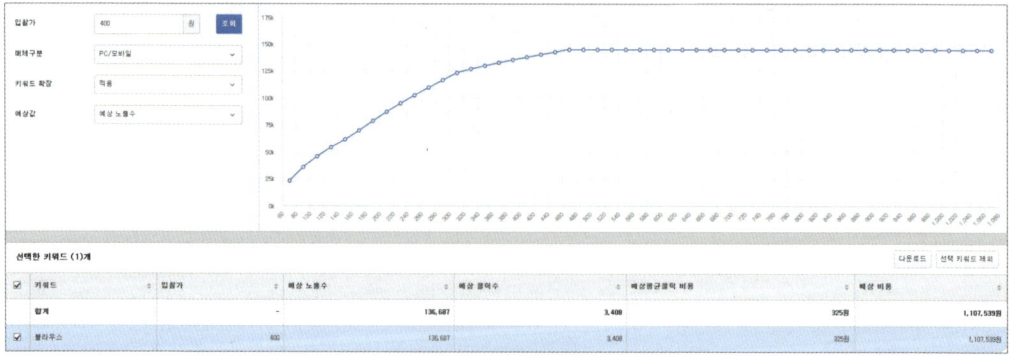

**3-27**
'블라우스' 광고 현황(2017. 7.)

'블라우스' 키워드는 월간 검색 수가 PC에서 2만 6,300회, 모바일에서 12만 3,500회로 조회되었으며, 클릭률은 약 2%로 PC는 506회, 모바일은 3,163회 클릭을 통해 쇼핑몰에 방문이 이루어지고 있었습니다. 월간 예상 실적보기 기능을 통해 블라우스 키워드 광고 현황을 보면 클릭당 160원부터 광고 지면에서의 클릭 수가 나타났고 광고 금액을 올려 클릭당 400원으로 입찰가를 조정하면 한 달에 약 3,408번의 클릭이 발생하며 이에 따른 광고비는 110만 7,539원의 예상치를 보여줍니다. 즉, 100만 원 정도로 블라우스 키워드 지면에 광고하면 한 달에 3천 명 정도가 쇼핑몰에 방문할 수 있다는 의미입니다. 쇼핑몰에서는 방문과 함께 구매가 이루어지고, 한 번 구매한 고객이 다시 주문하는 단골이 될 수 있도록 마케팅 연계 활동을 펼치면서 운영하면 됩니다. 소비자는 여러 쇼핑몰에서 상품을 비교하기 때문에 경쟁몰과의 차별성도 주문을 결정하는 데 많은 영향을 줍니다. 창업자는 이와 같은 운영 전략 스토리를 고민해야 합니다.

키워드마다 상황이 다르기 때문에 반드시 1, 2차 키워드 풀$^{Pool}$을 만들고 3차로 각 키워드를 선별하여 조사합니다. 조회 수가 많은 키워드라도 많은 경쟁자가 광고를 진행하면 입찰로 정해지는 광고비 부담이 만만치 않으므로 클릭률과 예상 구매율을 고려해 광고용 키워드와 홍보용 키워드를 분리합니다.

사실 마케팅 키워드를 결정하는 3단계에서는 조회 수가 많은 대표 키워드보다 조회 수는 적지만 상대적으로 구매율이 높은, 세분된 키워드가 좋습니다. 실제로 과일 쇼핑몰에서 '오렌지' 키워드보다 '퓨어스펙 오렌지' 키워드가 광고비는 적으면서 구매율이 더 높았습니다. 키워드 선택에 대해 좀 더 살펴보겠습니다.

# 가치 있는 키워드를 선별하라

키워드 선정에서 가장 중요한 것은 바로 가치 있는 키워드를 찾는 것으로, 이것은 곧 구매율을 높입니다. 그렇다면 대표 키워드와 세부 키워드 중에서 어떤 키워드가 구매와 직결될까요?

과거 자료이긴 하지만 인터넷 조사기관인 코리안 클릭에서는 모든 상품의 카테고리에서 소비자의 검색 패턴을 조사한 바 있습니다. 소비자들은 상품을 구매할 때 반복적으로 검색한다는 것과 초기 검색에서는 일반 검색어, 즉 대표 키워드로 검색하다가 최종 검색 단계에서는 더 구체적인 검색어 유형인 세부 키워드를 이용하는 경우가 많다는 결과를 발표했습니다. 출처: 코리안 클릭, 2005

다음의 자료는 실제 카테고리별로 조사된 자료로 키워드 분류 기준 중 첫 번째인 제품의 범주를 따릅니다. 조사 결과에 따르면 최종 단계의 검색 키워드는 Specific에 해당하는 경우가 가장 많은 비율을 차지합니다. Specific 키워드는 세분되고 구체적인 키워드로 조회 수는 적지만 상대적으로 구매 연결이 높은 단어일 확률이 높습니다.

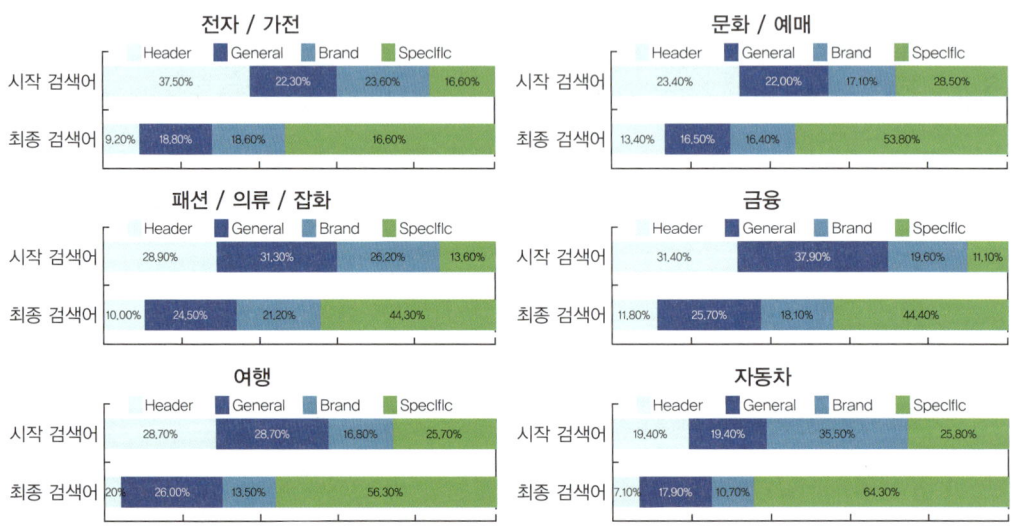

그림 3-06 제품의 범주에 따른 소비자의 검색 패턴

**가치 있는 키워드** = 구체적이고 세분된 키워드

소비자가 제품을 찾아가는 가상의 시뮬레이션을 통해 쇼핑몰 창업자에게 가치 있는 키워드란 어떤 것인지 알아봅니다.

어떤 여성 소비자가 몸에 달라붙는 스키니진을 구매하려 한다고 생각해봅시다. 일반적으로 이 여성은 먼저 검색창에 '청바지'를 입력할 확률이 높습니다. 그 결과 포털사이트 화면에는 청바지를 취급하는 많은 쇼핑몰이 검색됩니다. 청바지라는 키워드는 구체적으로 성별의 구분이 없는 상태이지만 찾고 있는 청바지가 여성 청바지인지, 남성 청바지인지, 리바이스 같은 브랜드 청바지인지, 일반 보세 청바지인지 정확하지 않습니다. 그래서 청바지라고 입력했을 때 표시되는 검색 결과에는 다양한 청바지를 취급하는 쇼핑몰이 함께 노출되기 때문에 이 검색 결과를 보고 여성 소비자는 실망할 수 있습니다. 원하는 제품을 찾기가 어렵기 때문입니다.

그래서 다시 한 번 구체적인 키워드로 재검색하게 됩니다. '여자청바지'처럼 말이지요. 앞서 표시된 결과보다 더 세부적인 여성 전문 청바지 쇼핑몰이나 관련 상품 페이지들이 검색 결과에 나타나 원하는 제품을 찾을 확률이 높아집니다. 이중에서 '스키니진'이라는 청바지를 찾으려면 더 구체적인 단어를 입력할 것이며, 최종적으로 '여자스키니진'이라는 검색어를 다시 입력할 수 있습니다. 이처럼 몇 번의 검색으로 구체적인 키워드를 통해 비로소 원하는 제품을 찾게 될 확률이 높아집니다.

키워드 길이가 좀 더 길어도 상관없습니다. 소비자의 구체적인 니즈를 파악할 수 있는 키워드를 더 많이 찾고 마케팅하는 것이 노출을 만들고 구매로 이어지는 데 중요한 핵심이기 때문입니다.

3-28
'청바지' 키워드 검색 결과

3-29
'여자청바지' 키워드 검색 결과

3-30
'여자스키니진' 키워드 검색 결과

## 창업 컨설팅 노트 : 소비자마다 정보에 접근하는 방식이 다르다

인터넷 쇼핑을 하는 소비자들은 저마다 정보에 접근하는 방식이 다르다. 전통적으로 정보에 접근하는 방식에 따라 소비자를 '서처'와 '서퍼'로 구분한다.

서처(Searcher)는 자신의 목적이 분명해 세심하게 정보를 탐색하는 소비자를 의미하며, 서퍼(Surfer)는 흥미나 즐거움, 여가를 소요하기 위해 단순하게 서핑하는 소비자를 의미한다.

일반적으로 소비자는 평소에는 서퍼로 단순히 여가에 관한 많은 정보를 얻기 위해 여러 사이트를 검색한다. 서핑 중 구체적인 목적이 생길 때 서처로 변신하기도 한다. 구체적인 상품을 찾을 때는 결정을 위한 정보 탐색 활동을 한다. 쇼핑하는 소비자들도 평소에는 여러 쇼핑몰을 재미 삼아 둘러보다가 구매 의사가 생기면 구체적으로 상품과 쇼핑몰을 비교하면서 구매 결정 과정을 거친다. 그러므로 쇼핑몰 운영자들은 단순 서퍼들을 대상으로 홍보용 블로그 유입을 유도하기 위해 전략적인 키워드를 배치하고, 구체적인 구매 목적을 가진 서처를 위해 세분된 키워드 광고로 고객을 만나는 것도 하나의 전략이다.

다시 소비자를 쇼핑 목적의 여부에 따라 '목적형 소비자'와 '비목적형 소비자'로 구분하면 해당 소비자에게 어필할 수 있는 키워드를 다르게 접근할 수 있다. 목적형 소비자가 이를테면, "A 사의 휴대폰을 사야지"처럼 구체적인 의지를 가지면 A사 휴대폰이라는 구체적인 키워드를 선택해 정보를 찾을 것이다. 비목적형 소비자가 단순히 "요즘 잘 나가는 휴대폰은 뭐지?"라며 검색에 접근하면 휴대폰 키워드처럼 더 넓은 범주의 키워드가 해당한다고 볼 수 있다. 그래서 서처 혹은 목적형 소비자를 찾는 것이 더 효과가 높을 것으로 예상할 수 있다.

이처럼 소비자가 정보를 탐색하는 방식은 목적 단계에 따라 다르기 때문에 키워드는 상황에 따라 달라져야 하고, 해당 키워드에 따라 노출 전략도 달라져야 한다.

# 온라인 상권 분석 도전 2

## 온라인 상권 분석의 6단계 프로세스

창업 아이템에 맞는 키워드 풀$^{Pool}$이 정리되면 좀 더 상세하게 키워드를 분석하는 시간을 가져야 합니다.

'목걸이' 쇼핑몰을 기획 중이라고 가정해봅시다. 1차로 검색창에 목걸이라는 키워드를 입력하는 소비자를 선별할 수 있고, 2차로 목걸이 키워드를 확장해 진주목걸이, 금목걸이, 체인 목걸이, 14k 목걸이 등 더욱 구체적으로 찾고자 하는 키워드를 선정할 수 있습니다.

네이버 키워드 도구를 이용해 '목걸이' 키워드를 검색해보면 연관 검색어가 수백 개 이상 나열됩니다. 키워드 검색 결과를 통해 창업자는 '소비자들이 주로 이런 목걸이를 찾고 있구나!'라고 예상할 수 있습니다. 그리고 월간 키워드 조회 수를 통해 조회 수가 높은 키워드를 한눈에 볼 수 있지요. 여기서 조금 더 연관된 키워드들을 확장하여 펜던트, 체인, 14k, 18k, 귀걸이, 액세서리 등 여러 키워드를 중심으로 수요 시장을 검색합니다. 그리고 단순 검색에서 벗어나 더 구체적으로 창업 후 쇼핑몰에 방문하는 가수요 규모를 예상하는 프로세스를 진행하는 것이 중요합니다. 이른바 온라인 상권 분석입니다.

| 전체추가 | 연관키워드 ⑦ | 월간검색수 ⑦ | | 월평균클릭수 ⑦ | | 월평균클릭률 ⑦ | | 경쟁정도 ⑦ |
|---|---|---|---|---|---|---|---|---|
| | | PC | 모바일 | PC | 모바일 | PC | 모바일 | |
| 추가 | 목걸이 | 20,200 | 62,600 | 267.5 | 1,662 | 1.43% | 2.83% | 높음 |
| 추가 | 십자가목걸이 | 2,410 | 11,900 | 45 | 308.7 | 2.04% | 2.73% | 높음 |
| 추가 | 여자금목걸이 | 1,470 | 12,700 | 61.2 | 779 | 4.6% | 6.53% | 높음 |
| 추가 | 남자십자가목걸이 | 540 | 1,700 | 15.3 | 42.8 | 3.07% | 2.62% | 높음 |
| 추가 | 여자친구생일선물 | 7,760 | 39,300 | 64.9 | 70.3 | 0.88% | 0.19% | 높음 |
| 추가 | 남성모자 | 1,030 | 3,010 | 25.7 | 30.3 | 2.62% | 1.09% | 높음 |
| 추가 | 남자패션목걸이 | 360 | 1,200 | 17.7 | 66.8 | 4.92% | 5.55% | 높음 |
| 추가 | 14K반지 | 4,380 | 27,100 | 211.1 | 1,225 | 5.1% | 4.7% | 높음 |
| 추가 | 목걸이쇼핑몰 | 1,000 | 5,090 | 60.8 | 581.6 | 6.79% | 12.77% | 높음 |
| 추가 | 여자18K목걸이 | 540 | 3,290 | 32.1 | 172.4 | 6.49% | 5.55% | 높음 |
| 추가 | 남자선글라스 | 15,300 | 54,800 | 221.9 | 513.9 | 1.61% | 1.05% | 높음 |
| 추가 | 남성목걸이 | 490 | 1,460 | 20.6 | 46 | 4.85% | 3.39% | 높음 |
| 추가 | 남자검지반지 | 180 | 810 | 4.2 | 7.8 | 2.44% | 1.06% | 높음 |
| 추가 | 주얼리쇼핑몰 | 1,310 | 3,460 | 98.5 | 426.2 | 8.43% | 12.8% | 높음 |
| 추가 | 남자모자쇼핑몰 | 240 | 470 | 20.5 | 77 | 9.21% | 18.51% | 높음 |
| 추가 | 미러선글라스 | 9,360 | 29,100 | 58.9 | 308.7 | 0.67% | 1.2% | 높음 |
| 추가 | 히헤츠미 | 30 | 180 | 4.5 | 12.3 | 15.52% | 7.43% | 중간 |
| 추가 | 목걸이할인 | < 10 | 20 | 0.3 | 0.7 | 16.67% | 4.17% | 높음 |
| 추가 | 14K목걸이선물 | 40 | 110 | 0.5 | 4.8 | 1.51% | 4.66% | 높음 |
| 추가 | 아내생일선물 | 1,110 | 2,090 | 3.6 | 3.3 | 0.35% | 0.19% | 높음 |
| 추가 | 입술목걸이 | 10 | 120 | 0.1 | 0.7 | 1.33% | 0.6% | 중간 |
| 추가 | 테니스목걸이 | 100 | 450 | 3.2 | 7.8 | 3.15% | 1.77% | 높음 |
| 추가 | 여자목걸이추천 | 160 | 1,850 | 1.9 | 60.3 | 1.26% | 3.5% | 높음 |
| 추가 | 18K여자금목걸이 | 170 | 1,310 | 8.7 | 110 | 4.83% | 7.96% | 높음 |
| 추가 | 여성14K목걸이가격 | < 10 | < 10 | 0 | 0 | 0% | 0% | 낮음 |

3-31
'목걸이' 키워드 검색(2017. 7.) – 네이버 키워드 도구

| 키워드 | 월간 검색 수 | | 월 평균 클릭 수 | | 월 평균 클릭률 | |
|---|---|---|---|---|---|---|
| | PC | 모바일 | PC | 모바일 | PC | 모바일 |
| 목걸이 | 20,200 | 62,600 | 267.5 | 1,662 | 1.43% | 2.83% |

표 3-07 '목걸이' 키워드 검색(2017. 7.) – 네이버 키워드 도구

온라인 시장의 상권 분석은 다음과 같은 프로세스에 따라 측정합니다.

> **상권 분석 프로세스**
>
> 키워드 월간 조회 수 → 예상 클릭률 → 방문자 수 → 예상 구매율 → 매출액
> - 키워드 월간 조회 수: 키워드 상권의 유동 인구 수
> - 예상 클릭률과 방문자 수: 매장에 들어오는 고객 수
> - 예상 구매율: 100명 방문 시 실제 구매자 수
> - 매출액: 실제 구매자 수×평균 객단가

키워드의 월간 조회 수는 해당 키워드에 관심 있는 일종의 유동 인구 수로 볼 수 있습니다. 오프라인의 경우 매장에 방문한 예상 고객들인 셈이지요. 이 고객들은 모두 직접 매장에 문을 열고 들어와 방문하는 것이 아닙니다. 실제 매장에 방문하는 방문자 수는 클릭률과 연관됩니다. 네이버 키워드 도구에서는 클릭률도 보여주기 때문에 방문자 수를 쉽게 예상할 수 있습니다.

PC와 모바일을 합산하여 평균을 내고 상권 분석 프로세스에 따라 계산한 결과는 다음과 같습니다.

> **'목걸이' 키워드 상권 분석**
>
> 조회 수 82,800회 → 평균 클릭률 2.13% → 방문자 수 1,764명 → 예상 구매율(1%) → 매출액

온라인 상권 분석을 제대로 마치려면 예상 구매율을 알아야 합니다. 쇼핑몰을 오픈하지 않은 상태에서는 구매율을 알 수 없으므로 일반 쇼핑몰의 구매율을 고려해 계산합니다. 아쉽지만 인터넷 쇼핑몰에서는 평균 구매율을 정확히 계산하는 것이 매우 어렵습니다. 단골이 많은, 성공한 쇼핑몰은 당연히 구매율이 높지만 그렇지 않은 평범한 쇼핑몰은 구매율이 매우 저조해서 입니다. 통상적으로 구매율이 1%만 되어도 괜찮은 쇼핑몰이라고 합니다. 즉, 100명이 접속해서 방문하면 그중 1명은 구매하는 경우입니다.

목걸이 쇼핑몰의 구매율을 편의상 1%로 고려하면 965명이 방문하지만, 약 10명 정도가 구매하는 것으로 예상할 수 있습니다. 그리고 목걸이의 평균 판매 단가를 5만 원으로 계산하면 매출액은 10×5만 원이므로 50만 원 정도로 예상 가능합니다. 만약 금목걸이라서 객단가가 20만 원이라면 10명이 구매할 경우, 2백 만 원이라는 매출을 기대할 수 있습니다.

이처럼 온라인 상권에 관한 가상 분석은 많은 고민이 따릅니다. 과연 구매율을 1%로 볼 것인가에 대한 고민이 남지요. 만약 고가 제품이라면 구매율은 더욱 낮아질 것이고, 비교적 구매가 쉬운 저가 제품이라면 구매율이 높아질 것입니다. 이처럼 유동적인 상황은 바로 쇼핑몰 운영자의 전략적인 핵심으로 극복해나가야 할 문제입니다. 게다가 광고를 진행할 것인가, 아닌가에 대한 선택도 운영자의 몫입니다.

## 온라인 상권의 결과 분석과 적용

온라인 상권 분석에서 유념해야 할 두 가지 핵심을 살펴봅니다.

### 실제 아이템의 상권을 분석하기 위해서는 많은 키워드가 필요하다

실제로 쇼핑몰을 오픈하면 과연 하루에 쇼핑몰 방문자가 몇 명이나 될지 혹은 예상 방문자 수가 어느 정도 되어야 손익분기점을 달성할 수 있는지 등에 대한 구체적인 수치화 작업이 필요합니다. 앞서 살펴봤듯이 하나의 키워드만으로는 방문자 수를 충분히 확보했다고 볼 수 없기 때문입니다. 단순 방문자가 아니라 구매자 수를 고려한다면 방문자는 일정 수 이상 되어야 할 것입니다. 그러므로 소비자를 공략할 수 있는 구매력 있는 키워드가 많을수록 시장 규모는 커지고 향후 확장 가능성이 커지는 것이라고 볼 수 있습니다.

수요를 만날 수 있는 길목인 키워드를 한두 개 정도의 작은 규모로 설정하고 마케팅 전략을 세운다면 쇼핑몰에 방문할 수 있는 고객의 수는 극히 줄어듭니다. 쇼핑몰을 창업하면서 이와 같은 키워드 산출과 예상 수요 분석에 관한 프로세스를 한 번도 고민해보지 않는다면 초기에 고전할 확률이 높아집니다.

대부분의 잘 운영되는 쇼핑몰은 마케팅 키워드가 수백 개에 이르고 매출액의 통상 15~20% 정도는 포털사이트 광고비로 지출됩니다. 그러므로 쇼핑몰 창업을 위해서는 주력 키워드를 찾아내고 반드시 '노출-방문-구매'라는 단계별 프로세스를 전략적으로 고민하기 바랍니다.

## 수익성 있는 상권을 찾기 위해 노력해야 한다

단순한 계산이지만 반드시 예상 매출액을 비교하면서 키워드마다 상권의 수익성을 체크해야 합니다. 그리고 키워드의 비용 대비 효과를 분석하면서 우수한 키워드를 선별하는 작업이 필요합니다. 어떤 키워드가 쇼핑성 키워드인지, 실제 광고비용이 적게 들어가면서 클릭률이나 구매율이 높은지를 조사합니다.

수익성을 분석했을 때, 예측 결과가 저조하다고 해서 바로 포기하는 것은 옳지 않습니다. 가상 데이터를 바탕으로 미리 진입할 상권에 대해 1차 분석을 하는 것이기 때문에 좀 더 나은 창업 환경을 만들려면 어떤 전략을 세워야 할지 고민하는 자세가 필요합니다.

추가로 더 많은 키워드를 찾아 분석해보고 클릭률을 높이기 위해 어떤 설명글을 넣어서 소비자에게 클릭을 유도할 것인지 고민하고, 실제로 소비자가 쇼핑몰에 방문했을 때의 예상 구매율을 1%가 아닌 2%로 만들기 위해 상품 구성력이나 가격, 이벤트, 고객 서비스 등 다양한 운영 전략을 세우는 등 철저하게 기획해야 합니다.

적중률을 높이기 위해서라도 더욱 세분된 시장에서 대상 고객을 명확히 해야만 쉽게 인지 전략을 펼 수 있으므로 그들을 위한 차별화된 쇼핑몰 컨셉을 기획할 수 있습니다.

**창업 컨설팅 노트**

# 키워드 운영 실패 후기
## 정확한 타깃과 명확한 니즈를 파악하라

필자의 키워드 운영 후기 실패 사례를 밝힌다. 실패한 키워드는 주얼리 쇼핑몰 운영 당시 실제로 광고를 진행했던 '남자친구 생일선물'이었다. 이 키워드는 조회 수도 적지 않은 괜찮은 키워드였지만 효과가 없었다. 왜 실패했을까?

주얼리 쇼핑몰 운영 시 제품과 직접적인 니즈가 있는 키워드만 골라 마케팅했었다. 14k 목걸이, 남자 목걸이, 여자 목걸이 등 실제로 제품과 관련 있는 키워드를 대상으로 마케팅했었다. 다른 측면에서 수요를 만들어야겠다는 생각에 찾아낸 키워드는 바로 '남자친구 생일선물'이었다. 운영 중이던 주얼리 쇼핑몰에는 남성용 목걸이가 많았고 구매 고객 중에는 남자친구 선물로 목걸이를 구매하는 여성 고객이 많아 효과가 있을 것이라고 믿었다.

키워드 광고 한 달이 지난 후 구매 전환율 데이터를 받아보고 깜짝 놀랐다. 분명 방문자 수에는 증가 추이가 있었지만, 직접적인 매출에는 해당 키워드의 기여가 전혀 없었기 때문이다.

왜 이런 결과가 나왔는지 골똘히 생각한 끝에 결론을 내린 첫 번째 이유는 '남자친구 생일선물' 키워드를 입력하는 소비자들은 아직 목걸이를 선물로 해야겠다는 결심 전 상태였다는 점으로 정보 탐색 키워드였던 것이다. 여자친구들은 '무엇을 선물할까?'를 고민하는 단계의 소비자들이었고 검색 결과에서는 지갑 쇼핑몰, 화장품 쇼핑몰, 이벤트 쇼핑몰 등이 함께 노출되어 결국 목걸이 쇼핑몰에서 선물을 결정하기까지의 시간이 걸리는 키워드 상권이었다.

두 번째 이유는 주얼리 쇼핑몰에서 판매하는 남성 목걸이의 가격대가 너무 높은 것도 구매 결정을 고민하게 만들었다. 처음부터 목걸이를 구매하고자 한 고객이라면 가격대를 알기 때문에 쉽게 결정할 수 있지만, 막연하게 선물을 고르는 입장에서 20만 원이 넘는 금 목걸이를 구매하기란 쉽지 않았을 것이다.

처음 '남자친구 생일선물'이라는 키워드를 생각하고 마케팅할 때는 분명 시장이 존재하고, 효과가 있을 것이라고 판단했지만 결과를 보니 당장의 직접적인 구매에는 전혀 도움이 되지 않았다. 이러한 경험을 토대로 키워드 선정에서 운영자 입장이 아닌 소비자 입장에서 키워드에 담긴 니즈를 제대로 읽는 것이 얼마나 중요한지 깨닫게 되었다.

다른 사례로, 한 의류 쇼핑몰 대표는 '동대문 보세 의류 쇼핑몰 중 1위'가 되겠다는 목표를 세우고 쇼핑몰 키워드 마케팅에서 가장 먼저 '동대문'이라는 키워드를 생각했다고 한다. 대표 키워드로 동대문을 떠올린 것이지만 실제로 키워드 광고 효과는 없었다고 한다. 키워드로 동대문을 입력하는 고객들이 의류 쇼핑몰을 방문하는 계기가 되기도 했지만 정작 의류 구매에 대한 구체적인 니즈가 있는 상태는 아니었기 때문에 구매로의 전환은 약했다. 이 사례도 쇼핑성 키워드 및 정보 서치형 고객의 의중을 잘못 결합한 결과였다.

또 다른 사례로, 한 꽃집 쇼핑몰 대표는 주력할 수 있는 대표 키워드인 '꽃 배달' 키워드의 광고비용이 지나치게 비싸서 다른 키워드를 고민했었다. 그 타개책으로 나온 키워드는 바로 '장미'였다. 꽃 배달의 대부분은 장미였기 때문에 장미 키워드 시장을 공략하기로 한 것이다. 그러나 효과는 약했다. 막상 꽃 배달을 하려는 소비자 입장에서 장미 키워드와의 연관성이 너무 약했기 때문이다. 통상적으로 장미 키워드를 입력하는 사람들은 장미 이미지나 장미에 관한 정보를 찾기 위한 니즈가 크고, 꽃 배달 사이트를 직접 이용하려는 고객과는 차이가 있었다. 이 사례도 소비자 니즈와 매출 연계를 제대로 인지하지 못한 결정이었다.

# 사업의 나침판, 사업계획서 작성 ❸❹

## 쇼핑몰 창업 자금의 설계, 예산 책정

창업에 앞서 본격적인 쇼핑몰 사업을 위해 철저한 사전 준비 단계를 거칩니다. 이때 필요한 절차는 사업계획서를 작성하는 것입니다. 사업계획서를 작성할 때 필수적으로 고려해야 할 부분은 바로 창업에 필요한 예산을 계산하는 일입니다.

### 예산 책정 리스트를 만들자

쇼핑몰 창업 예산 책정 리스트는 쇼핑몰 창업 시 필수적으로 들어가는 비용 항목을 정리하는 목록입니다. 창업자에 따라 기기 또는 사무실 임대료 등 개인적인 상황이 다를 수 있으므로 꼼꼼히 작성해야 합니다. 최근 카카오스토리, 인스타그램, 페이스북과 같은 SNS 채널을 통해 쇼핑몰처럼 상품 사진을 올리고 판매로 연결하는 창업자도 늘어나고 있어 창업비용이 어떤 형태이냐에 따라 차이가 굉장히 큽니다. 다음 페이지의 표는 일반적으로 자택에서 소호 쇼핑몰 창업을 시작할 때 들어가는 예산 책정 리스트입니다.

| 항목 | 창업 시 예상되는 대략의 소요비용 |
|---|---|
| 초도 물품 구매비 | 아이템별 차등 |
| 사업자 신고비 | 통신 판매업 신고비용<br>간이과세자는 무료, 일반 과세자는 45,000원(통신판매업 신고비) |
| 쇼핑몰 브랜드 선정 | 도메인 등록비 개당 1~2만 원 내외 |
| 쇼핑몰 솔루션 구매비 | 무료 구축 가능<br>임대형 솔루션 월 사용료 최대 5만 원 내외(독립형 솔루션은 제외) |
| 디자인 제작비 | 맞춤 제작 시 200만 원 내외<br>스킨 디자인 50만 원 내외 |
| 상품 사진 촬영 장비 구매비 | 카메라 구매 및 조명, 소품 구매비<br>통상 200만 원 내외 |
| 카드 결제 시스템 세팅비 | 무료~20만 원 내외 |
| 포장 및 명함 제작비 | 10만 원 미만 |
| 포털 광고비 | 아이템별로 차등 |
| 기타 참고사항 | 기기 구매비, 사무실 임대료, 컴퓨터, 팩스, 스캐너, 전화, 인터넷 비용 등 제외 |

표 3-08 쇼핑몰 창업 예산 책정 리스트 - 창업 시 대략적인 항목별 예산

초도 물품 구매비와 광고비는 아이템마다 다르기 때문에 얼마의 비용이 들어갈지 구체적으로 작성해야 합니다. 위의 표에 근거하면 디자인 제작비와 사진 촬영을 위한 장비 구매비가 가장 많이 들어가는데 이 또한 비교적 저렴하게 계획을 세울 수 있습니다. 디자인도 스킨 디자인으로 제작하는 경우 50만 원 내외의 비용이 들며 카메라와 조명 세트도 임대해 사용하거나 일시적으로 빌리는 등 융통성 있는 방법을 생각하면 비용을 줄일 수 있습니다. 창업 요소별 항목을 자세히 살펴보고 창업할 경우 최대한 아낄 수 있는 항목은 아껴서 준비하기 바랍니다.

# 쇼핑몰 운영 자금 계획

쇼핑몰 창업 자본금을 계획하면서 주의해야 할 점은 오픈 초기에 필요한 운영 자금을 사전에 준비해야 한다는 것입니다. 최소한 6개월 정도의 운영 자금이 고려되어야 하지요. 창업 초기에는 쇼핑몰이 아직 고객에게 알려지지 않았고 제품 수도 적으며 홍보가 온전하게 이루어지지 않아 수익은 적고 지출이 많은 시기입니다. 매출이 발생하면서 자금이 회전되는 시기까지 적어도 6개월에서 1년 동안 사업체가 돌아갈 수 있는 최소한의 예비 자금이 필요합니다. 창업할 때 가지고 있던 자금은 초기에 쇼핑몰을 구축하는 데 전부 소진하고 정작 오픈 이후에는 운영 자금이 없어서 대출을 받는 등 어려움을 호소하는 사업자도 많습니다. 그러므로 반드시 상품을 재구매하고 운영하기 위한 필수 여유 자금을 계획하기 바랍니다.

쇼핑몰을 운영하다 보면 초기에는 창업자가 많은 업무를 동시에 처리하기 때문에 실제로는 얼마나 수익을 내고 있는지에 관한 재무관리를 소홀히 하게 됩니다. 혼자서 상품의 위탁<sup>소싱</sup>, 모델, 코디, 상품 등록, 마케팅, 고객 상담 등 해야 할 일이 너무 많아 자금관리가 쉽지 않은 셈입니다. 앞으로 남고 뒤로 밑지는 장사가 되지 않으려면 더욱 꼼꼼하게 챙겨야 한다는 점을 명심하기 바랍니다. 재무관리 전문가가 아니고서는 현실적으로 하루하루 매출 대비 수익을 계산하는 것은 벅찹니다. 결국 열심히 판매하는 것에만 총력을 기울여 막상 한 달이 지나 결산해 보면 한 달 운영을 어떻게 했는지 자금 흐름조차 알기 힘든 경우가 많습니다.

힘들더라도 운영자는 하루하루 매출액을 파악하고자 노력해야 하고 원가 대비 수익률이 얼마나 나오는지를 체크해야 하며 어느 항목에서 비용이 지출되는지 알고 있어야 합니다. 또한 거래처마다 거래액이 얼마만큼인지 개별적으로 산정해 리스트를 정리해 둡니다. 거래처별로 매입계산서를 받아야 하기 때문에 각각 거래액을 관리해두면 매입계산서 증빙을 얻는 데 편리합니다.

## 창업 컨설팅 노트 | 효과적인 자금 운용 방법

### 1. 매일 매출과 매입을 확인한다

창업 초기에는 창업자 스스로 재무와 회계 등의 자금 관리를 해야 하는 경우가 많은데, 이러한 부분을 어려워하는 사람들이 많다. 적어도 운영 시간을 정해두고 일과를 마감하는 시간에는 일 매출과 매입분에 대해 정확히 계산하는 습관을 들여야 한다.

### 2. 용도별 통장을 만든다

시작부터 체계적으로 통장을 정리하는 것을 추천한다. 즉, 매출 매입 통장, 일반 관리비 통장, 특별비용 통장 등으로 목적에 맞게 자금을 관리한다.

### 3. 세금계산서와 영수증 등 필요한 서류는 별도로 챙겨둔다

매년 부가세와 소득세를 낼 때 필요한 서류들이 있으므로 각종 세금계산서와 영수증 등을 별도로 관리할 수 있게 정리한다. 매입금이 얼마나 되는지 챙기기 위해 거래할 때 받은 거래명세서 등을 일정 기간 간직하는 것도 좋다.

### 4. 광고비가 지나치게 나가지 않도록 관리한다

인터넷 쇼핑몰을 운영하다 보면 광고비 의존도가 높아지는 경우가 많다. 오랫동안 운영한 쇼핑몰들은 기존 고객의 단골화로 광고비를 줄이는 경우가 많지만, 초기에는 마케팅비용이 많이 든다. 매출과 수익에 비례해 광고비가 지나치지 않도록 늘 점검하고 예산을 정해두자.

### 5. 세무사와 친해두자

주변에 세무사 친구가 있으면 좋다. 아니라면 거래하는 세무사와 친밀한 관계를 형성하자. 체계적으로 자금이 관리될 수 있도록 조언을 얻고 절세하는 방법을 구체적으로 배운다.

# 구체적인 사업계획서 항목

쇼핑몰 사업계획서는 창업하기 전에 작성해야 합니다. 머릿속에서만 창업 계획을 그리면 정확하지 않은 그림으로 그려질 확률이 크기 때문입니다. 꿈은 머릿속으로만 꾸는 것이 아니라 글로 적어야 실현 가능성이 더 높다는 연구 결과도 있습니다.

직접 사업계획서를 작성해야 실제 사업에 대한 전체적인 구도가 그려져 복잡한 비즈니스 환경에서 의사 결정에 대한 방향을 세울 수 있습니다. 즉, 사업계획서는 추진하고자 하는 사업에 관한 설계도이며, 이를 기초로 향후 정부의 창업 지원 프로그램에 참여하거나 추가 자금 조달을 위해 기업을 소개할 때 등 다양한 용도로도 활용할 수 있습니다.

쇼핑몰 사업계획서에는 구체적으로 어떤 항목을 넣을까요? 정해진 틀과 항목이 있다기보다는 사업을 준비하고 단계적으로 성장해 가는데 필요한 모든 내용이 보기 쉽고 정리된 형태로 만들면 됩니다.

기본적으로 포함될 쇼핑몰 사업계획서의 개요와 함께 구체적인 항목을 살펴봅니다.

| 사업 개요 | 상품화 계획 | 재무 계획 | 시장 환경 분석 | 경쟁력 분석 |
|---|---|---|---|---|
| • 사업 아이템 소개, 비전<br>• 사업장, 조직 구성, 역할도 | • 상품 매입 계획<br>• 재고 계획<br>• 상품 가격 정책<br>• 마진 및 수익 고려 | • 초기 자본금 계획<br>• 자기 자본, 타인 자본 여부<br>• 필요한 시설 마련 계획 | • 시장 규모<br>• 타깃 분석<br>• 온라인 수요 시장 분석<br>• 온라인 경쟁몰 분석 | • SWOT<br>• STP<br>• 4P<br>• 세분화를 통한 타깃 설정<br>• 차별화 전략 도출 |
| 쇼핑몰 목표 설정 | 쇼핑몰 구축비용 | 쇼핑몰 구축 전략 | 마케팅 전략 | 사업 추진 계획 |
| • 일 방문자 수<br>• 목표 회원 수<br>• 일 매출 규모 | • 솔루션비용<br>• 카메라 장비비용<br>• 호스팅비용<br>• 디자인비용 등 | • 브랜드<br>• 디자인<br>• 컨텐츠<br>• 커뮤니티 | • 이벤트<br>• 제휴<br>• 광고<br>• 홍보 | • 사업 일정 |

**표 3-09** 쇼핑몰 사업계획서 개요

## 사업 개요

먼저 어떤 사업을 할 것인지 소개하는 기본 항목으로 사업 아이템 소개, 사업 비전과 목표 설정, 사업장 위치 및 조직도 등을 적습니다. 보통 회사 소개라는 항목으로도 사업계획서 안에 표현된 항목입니다.

## 상품화 계획

어떤 창업 아이템을 고민하는지 설명하는 항목입니다. 구체적으로 어떤 상품인지, 어디서 공급받고 어느 정도의 초도 수량을 마련할 것인지, 상품 가격은 어떻게 책정할 것인지에 대한 계획 등을 적습니다. 참고로 상품의 가격을 책정할 때는 마진과 수익률을 고려해야 한다는 것을 잊지 말아야 합니다.

## 재무 계획

사업을 시작할 때 자본금을 얼마나 계획하고 있는지, 자기 자본 및 타인 자본 여부와 자금 조달 방안 등을 전반적으로 설계하는 항목입니다. 만약 창업 시 사무실이나 별도로 필요한 시설을 마련해야 한다면 시설 준비 자금도 포함해 적습니다.

## 시장 환경 분석

사업에 관한 시장성을 보여주는 항목입니다. 아이템 시장 규모 및 전망 등이 정리되어야 하고 온라인 사업이기 때문에 온라인 키워드 분석을 통한 고객 수요 파악, 경쟁몰 분석 등이 이루어져야 합니다. 즉, 사업의 시장성과 성공 가능성을 뒷받침하는 자료들을 기록하는 항목으로 생각하면 됩니다.

### 경쟁력 분석

자신의 사업이 타사와 다르게 어떤 경쟁력을 갖추고 있는지 적는 항목입니다. 일반적으로 CEO의 경력과 능력을 적기도 합니다. 또한 경쟁력 전략 도출을 위해 SWOT, STP, 4P 등의 방법론을 대입하여 사업의 포지셔닝을 고민합니다. 핵심은 세분화를 통해 더욱 정확한 타깃을 설정하고 이들에게 소구할 차별화 전략을 세우는 것입니다.

### 쇼핑몰 목표 설정

구체적인 목표치를 세우는 것이 중요합니다. 원대한 목표만 있고 이룰 방법이 없다면 허황된 계획이 되고 말기 때문이지요. 회사의 큰 비전부터 중단기적으로 어떤 목표를 어떻게 이룰 것인지 그림을 그려보세요. 인터넷 쇼핑몰이기 때문에 하루 방문자 수, 회원 수와 같은 지표 설정도 가능합니다. 매출 규모 등을 목표로 세우고 도전 의식을 갖는 것도 매우 중요한 부분입니다.

### 쇼핑몰 구축비용

세부적으로 쇼핑몰을 구축하는 데 들어갈 비용을 계획하는 항목입니다. 앞서 재무 계획에서 자본금 마련을 계획했다면 자본금 중 일부 운영 자금을 제외한 쇼핑몰 구축비용을 더 세세히 적는 항목이라고 볼 수 있습니다. 구체적인 비용은 솔루션 사용비용, 카메라 장비 구매비용, 디자인 제작비용 등입니다. 쇼핑몰 구축비용은 재무 계획 부분에 함께 포함해도 상관없습니다.

### 쇼핑몰 구축 전략

쇼핑몰 구축에도 전략이 필요합니다. 타깃을 정확하게 설정하고 차별화 방안을 도출했다면 이 전략이 쇼핑몰 기획에 녹아들어야 하겠지요. 브랜드 선정, 디자인 기획 안에 반드시 쇼핑몰만의 독특한 컨셉이 표현되어야 하므로 상세하게 적어봅니다. 쇼핑몰 컨텐츠, 커뮤니티와의 연계 방향도 세웁니다.

## 마케팅(프로모션) 전략

사업계획서 안에 마케팅 전략을 세밀하게 세우는 것은 매우 중요합니다. 마케팅은 거래를 촉진하는 모든 활동으로 쇼핑몰에서는 상품화 계획, 채널 확보, 프로모션인 이벤트 전략, 제휴 전략, 온라인 광고 전략, 홍보 전략 등이 포함되는 영역입니다. 광고, 홍보 활동은 온라인에 한정하지 않고 전통적인 오프라인 매체인 TV, 신문, 잡지 등도 적극적으로 활용할 수 있도록 계획을 세웁니다. 구체적일수록 창업 후 빠르게 실행할 수 있습니다.

## 사업 추진 계획

마지막으로 일정표를 만들어 봅니다. 지금까지 계획한 것들을 어느 시점까지 완성할 것인지 사업 일정 계획을 세우는 항목이므로 생각하는 일정에 맞춰 모든 과정을 완수할 수 있도록 책임감을 가집니다.

## 사업계획서가 갖추어야 할 세 가지

최근 정부의 창업 지원 프로그램이 다양해졌습니다. 정부의 지원을 받기 위해서는 사업계획서가 필요합니다. 그동안 사업 아이디어 평가 심사위원으로 활동하면서 예비 창업자들의 다양한 사업계획서를 보았습니다. 사업계획서를 자신만 아는 형태로 만들어 개인적으로 간직하는 경우도 있지만, 제3자에게 자신의 사업 아이템과 사업화 계획에 관해 평가나 조언을 받으려면 어느 정도 격식이 갖추어진 사업계획서를 작성하는 것이 중요합니다.

여기서는 사업계획서가 갖춰야 할 세 가지 요건인 '타당성' '현실성' '완전성'에 관해 설명하고자 합니다. 먼저 사업계획서에 관한 질문 리스트를 나열해봅니다. 각 질문에 해당하는 내용이 잘 설명되어야 좋은 사업계획서입니다.

- 구상 중인 사업은 무엇인가?
- 고객은 누구이며 제품의 구매 동기는 무엇인가?
- 제품 및 서비스를 고객에게 어떻게 알릴 것인가?
- 경쟁자는 누구이며 차별성은 무엇인가?
- 어떻게 운영해나갈 것인가?
- 경영자의 자질은 경쟁력 있는가?
- 장기적인 전망은 어떠한가?
- 재무 계획은 어떠한가?
- 운영에 필요한 비용은 얼마이며 얼마나 마련할 수 있는가?

'타당성'은 구체적이면서 객관적인 데이터와 직접적인 소비자 평가, 전문가 의견과 같은 정보를 첨부하여 사업계획서에 계획된 사업의 전반적인 과정과 창업 후 예상 결과에 대해 제3자가 봐도 거부감 없이 동의할 수 있도록 만들어져야 한다는 의미입니다. 다만 객관적인 데이터를 가지고 부연 설명을 해도 해당 데이터가 사업과 직접적인 관련성이 적다면 오히려 구체적이지 않다는 지적을 받기도 합니다. 이처럼 사업화를 뒷받침하는 정보 수집은 매우 중요합니다.

'현실성'은 그야말로 현실적으로 가능한 계획을 세워야 한다는 의미입니다. 수많은 사업계획서를 살펴보다 보면 설명된 사업이 과연 순탄하게 진행될 것인가에 관해 의구심이 들고 이를 실현하기 위한 전략이나 자본금 계획 등이 터무니없는 경우가 많습니다. 결국 형식적인 글보다는 직접 현장을 뛰면서 찾아낸 계획이 성공 가능성을 훨씬 높입니다. 투자자나 동업자들의 흥미를 끌기 위해 현실성이 부족한 내용을 사업계획서에 포함하면 절대 안 됩니다.

'완전성'은 사업계획서에 들어갈 모든 항목이 빠짐없이 포함되어야 하고 각 항목이 유기적으로 연결되어야 한다는 의미입니다. 앞서 사업계획서 항목의 기본을 설명했지만 이것은 얼마든지 유동적으로 분리, 통합, 이동할 수 있습니다. 결국 자신의 사업을 잘 설명할 수 있는 목차면 됩니다.

1차로 사업계획서를 완성한 후에는 주변의 믿을 만한 사람들에게 조언을 구하고 점검 차원에서 수정 및 보완하는 것이 좋습니다.

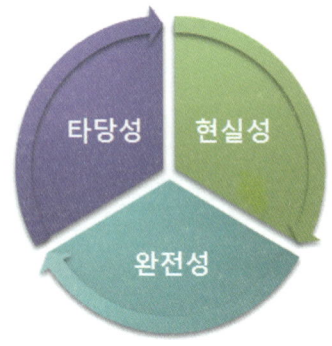

**그림 3-10**
사업계획서 요건

## 창업 컨설팅 노트 | 유니크한 스타일 의류 쇼핑몰 마케팅 계획

다음은 유니크한 스타일의 의류 쇼핑몰 창업자가 창업 초기에 세운 오픈 마케팅 계획이다. 대부분의 창업자가 사업계획서에 마케팅 계획을 세울 때 대충 포괄적으로 하는 경우가 많은데, 마케팅 중에서도 특히 프로모션 관련 계획은 실전에 바로 쓰일 수 있게 구체적으로 실행 가능하도록 작성하는 것이 매우 중요하다.

실현 가능한 마케팅 계획을 세우기 위해서는 브레인스토밍 작업을 거친다. 여러 아이디어를 모아 잠정적인 마케팅 프로그램 목록을 작성하는데 적어도 20~60개의 가능한 프로그램 목록을 나열한다. 그다음 시행 시기별로 A, B, C로 나눠 일정을 구체화한다.

A – 처음 6개월 이내 시작할 마케팅 활동
B – 1년 이내 시작할 마케팅 활동
C – 이후에 진행될 마케팅 활동

구체적으로 세울 수 있는 마케팅 활동의 범위는 다음과 같다.

- 매체 광고
- 카탈로그
- 웹사이트 활용
- 할인 쿠폰
- 전시회
- 광고 전단
- 새로운 포장과 디자인
- 단골 우대 프로그램
- 회원 가입 유치 프로모션
- 회원에게 판촉물 우편 발송
- 포털 키워드 광고
- 전문 코디 게시판 운영
- 구매 후기 이벤트
  (고객의 인스타그램이나 블로그 활용)
- 젊은이들이 모이는 거리에서
  스티커와 회사 소개 책자 나눠주기
- 타깃층이 모이는 거리에 현수막 걸기
- 동영상 제작
- 컨셉에 맞는 제휴처 탐색

※ 유니크한 스타일을 찾는 개성 있는 사람들의 취향인 라운지 음악, 클럽, 유럽 문화 코드 등의 카페, 동호회 모두 섭외

# 쇼핑몰 시장의 새로운 비즈니스 트렌드를 이해하라

# Part. 4

쇼핑몰 시장의 메가트렌드

쇼핑몰의 성공을 위한 조건

# 쇼핑몰 시장의 메가트렌드 ④①

　　　　국내 커머스 시장에는 메가트렌드라고 할 수 있을 만큼 중요한 여러 가지 비즈니스 흐름이 보입니다. 여기서는 트렌드의 중심에 선 주요 개념과 서비스 회사들을 알아봅니다. 쇼핑몰 창업에 주요한 해결책을 세우는 데 도움이 될 것입니다.

## O2O 비즈니스로 여는 신 유통

　　　　여러분은 세계적인 커피전문점인 스타벅스를 즐겨 찾나요? 스타벅스는 단순히 커피를 즐기는 곳이 아니라 문화를 즐기는 곳이라는 이미지를 내세우며 커피 문화를 바꾼 성공한 기업으로 소비자들의 많은 사랑을 받는 브랜드입니다.

스타벅스는 모바일 앱으로도 화제가 되었습니다. 화제가 된 기능은 '사이렌 오더$^{Siren\ Order:\ 사전\ 주문\ 서비스}$'로, 커피를 주문하기 위해 종종 길게 줄을 서서 기다리는데 더는 줄 서서 주문할 필요가 없는 혁신적인 기능입니다. 스타벅스 앱의 사이렌 오더를 이용하는 방법은 매우 간단합니다. 매장에 가기 전에 미리 모바일 앱의 사이렌 오더 기능으로 원하는 음료를 주문하고 결제하면 매장에 도착했을 때 곧바로 커피를 받을 수 있지요. 사이렌 오더를 이용한 주문은 매장에서도 주문하는 곳에서 기다리지 않고 자리에서 간편하게 주문할 수 있어 각광받습니다.

4-01, 02
사이렌 오더 – 스타벅스 앱

## O2O 비즈니스로 오프라인 매장도 달라져야 한다

스타벅스처럼 이제 오프라인 매장에서도 반드시 온라인과 연결된 비즈니스가 필요한 시대가 왔습니다. 온·오프라인 연결이 바로 소비자가 좀 더 편리하게 주문하는 방법이기 때문입니다.

온라인 혹은 모바일에서 주문하고 오프라인 매장에서 상품 및 서비스를 이용하는 비즈니스 형태를 O2O$^{Online\ to\ Offline}$ 비즈니스라고 합니다. 쉽게 말해 온라인과 오프라인이 연결된 비즈니스이지요. 소비자가 24시간 동안 항상 휴대하는 쇼핑 채널이 바로 스마트폰이기 때문에 비콘, NFC와 같은 근거리 송수신이 가능한 기술이 스마트폰에 탑재되면서 기업들은 스마트폰에서 앱이라는 특수 소프트웨어를 통해 소비자의 위치를 확인할 수 있고 쉽게 마케팅 메시지를 전달할 수 있게 되었습니다. 이것은 정말 획기적인 변화입니다.

교보문고의 '바로드림' 서비스를 이용해본 적 있나요? 이 서비스가 바로 국내 최초의 O2O 서비스로 소개되고 있는데요. 이용도 쉽습니다. 도서 정가제가 시행되어 온·오프라인 책 가격에 큰 차이가 없다 해도 소비자들은 언제부턴가 책은 교보문고와 같은 오프라인 서점에서 확인하고 주문은 인터넷 서점에서 하곤 하지요. 책을 선물할 때에도 적립금과 같은 작은 차이가 온라인 구매를 선호하게 합니다.

이러한 소비자가 늘어나면서 '쇼루밍족'이라는 신조어가 생겼습니다. 오프라인 매장은 쇼룸처럼 구경만 하고 주문은 온라인으로 하는 사람들을 일컫지요. 이러한 상황에서 교보문고는 소비자의 변화에 맞춰 온라인과 오프라인을 연결하는 서비스를 오픈했습니다. 즉, 교보문고 서점에서 책을 본 다음 현장에서 교보문고 모바일 사이트에 접속하여 바로드림 코너에서 온라인 가격 그대로 결제할 수 있는 것입니다. 교보문고 서점에서 결제 후 주문만 확인되면 직접 본 책을 곧바로 가져갈 수 있는 서비스입니다. 책을 보는 것과 가져가는 것은 원래 방식과 같은데, 온라인 쇼핑몰에서 주문만 하는 것입니다.

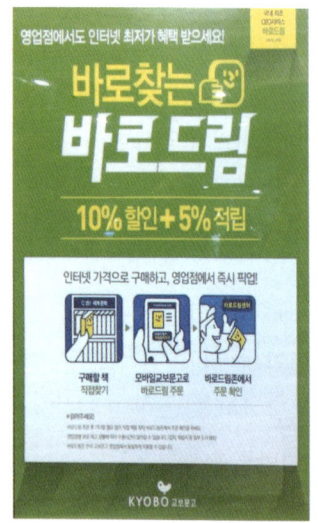
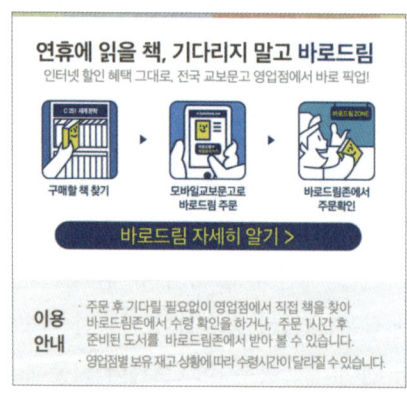

4-03, 04
바로드림 서비스 – 교보문고

Shoppingmall Founded for Note

## 쇼루밍과 역쇼루밍족의 등장, O2O 비즈니스의 출현 배경

O2O 비즈니스에 관심을 가지고 인터넷 검색만 해도 많은 비즈니스 영역에서 모바일과 연계된 오프라인 매장의 서비스 변화가 눈에 띕니다. '클립$^{CLIP}$'이라는 모바일 지갑 서비스는 여러 장의 신용카드와 멤버십 적립 카드를 이용하는데 불편을 느끼는 소비자들에게 클립 앱과 클립 카드 하나면 모든 카드와 포인트 카드가 등록되어 실물 카드 없이 바로 알맞은 할인 카드를 이용해 결제할 수 있도록 합니다. 얼마 전 아이들과 패밀리 레스토랑에 가서 계산할 때 한참동안 할인 카드를 찾았었는데요, 클립 앱은 어떤 매장에서 어떤 카드가 할인 혜택을 제공하는지 알아서 정보를 전달하고 결제할 수 있어 매우 편리했습니다. 덕분에 오프라인 매장을 이용할 때 좀 더 현명한 소비자가 될 수 있지요. 이처럼 오프라인과 온라인을 연계한 서비스는 점차 다양화될 것입니다.

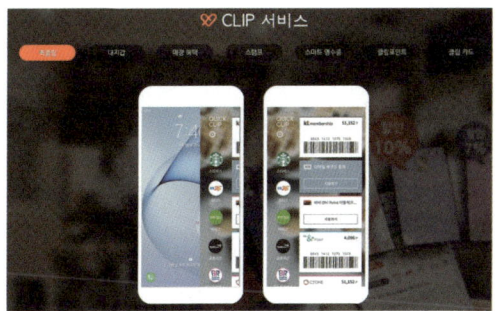

4-05
'클립' 앱 속에 신용카드와 멤버십카드가 모두 들어 있는 화면

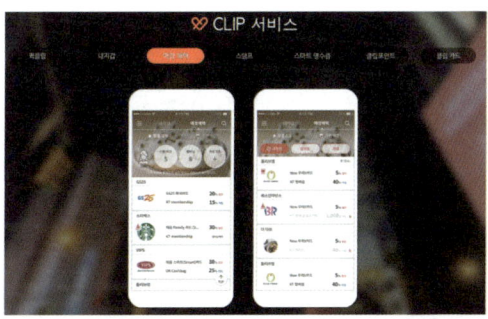

4-06
가지고 있는 카드들의 혜택이 정리된 화면

4-07
내가 가진 카드를 하나로 모은 '클립' 카드

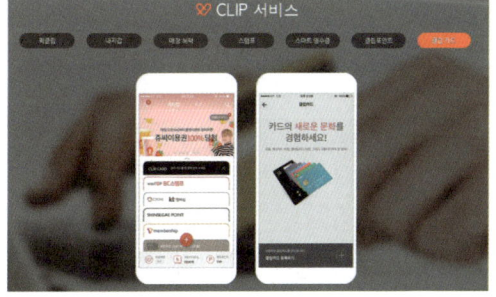

4-08
멤버십카드들의 포인트를 모아서 확인할 수 있는 화면

온라인 포털 회사인 네이버도 O2O 서비스를 제공하고 있습니다. 바로 '쇼핑윈도' 서비스입니다. 쇼핑윈도는 네이버 쇼핑 메뉴에서 확인할 수 있는데요, 스타일윈도, 키즈윈도, 푸드윈도 등 세분된 영역에서 다양하게 운영됩니다. 이 공간이 특이한 점은 오프라인 매장만 입점한다는 것입니다. 스타일윈도는 전국 유명 상권의 오프라인 의류 매장들이 심사를 거쳐 입점하는 형태로 상품 사진도 오로지 매장에서 촬영한 사진만을 인정하고 있습니다. 푸드윈도 서비스도 전국 산지에서 직접 생산하는 농산물 및 식품류를 취급하는데요, 오프라인 생산지가 있는 경우에만 입점할 수 있습니다. 이 서비스는 2014년 12월에 오픈하여 그리 오래된 서비스는 아니지만 최근 가파르게 성장하고 있습니다. 2017년 6월 기준으로 네이버 쇼핑윈도의 판매자 수는 10만 명을 넘었고, 월 매출 5억 원이 넘는 매장이 나오는가 하면 월 매출 1억이 넘는 매장도 2천여 개가 넘는다고 합니다. 이것은 O2O 비즈니스를 온라인 기업에서 구현한 대표적인 성공 사례입니다.

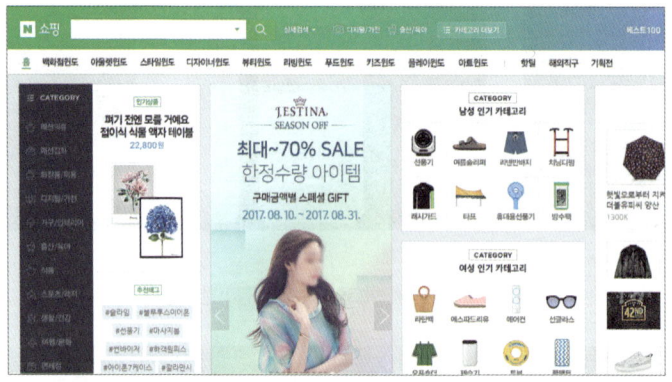

4-09
네이버의 O2O 플랫폼
- 네이버 쇼핑과 쇼핑윈도

4-10
쇼핑윈도 중 스타일윈도에서 오프라인 매장이 검색된 화면

O2O 비즈니스가 활성화된 배경은 소비자의 구매 패턴에 변화가 일어났기 때문입니다. 쇼루밍족(오프라인 매장에서는 눈요기만 하고 실제 주문은 온라인에서 하는 사람들)도 늘어나 오프라인 매장에서 주문하지 않는 고객을 어떻게 하면 주문하게 할 것인가에 관한 유통회사들의 고민이 생겼습니다. 반대로 물건을 구매하기 전에 인터넷으로 최저가나 인기 상품에 관한 정보를 완벽하게 검색하고 오프라인 매장에 들러 합리적인 소비를 하는 일명 역쇼루밍족도 늘어났습니다. 이제 인터넷 가격에 맞추지 않으면 구매 심리를 끌어내기 힘든 소비자들을 상대해야 합니다. 이러한 소비 형태를 보이는 소비자가 늘어나고 있기 때문에 오프라인 매장도 달라진 것입니다.

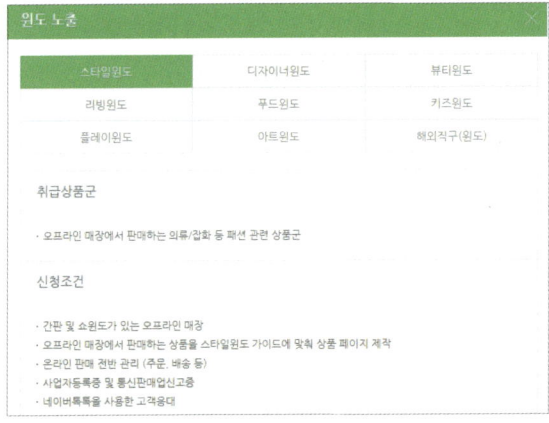

4-11
오프라인 매장만 가능한
네이버 쇼핑윈도 입점 안내 화면

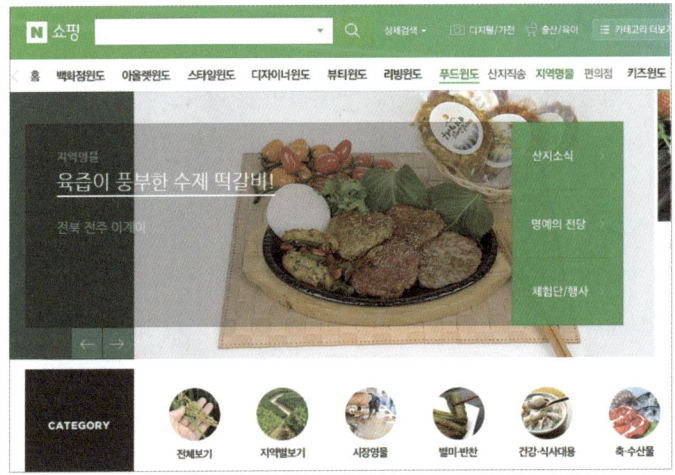

4-12
쇼핑윈도 중 푸드윈도에서
지역별 산지를 볼 수 있는 화면

상품을 구매하는 소비자가 온라인에서 상품을 비교, 검색하거나 모바일 쇼핑이 일반화되고 있다면 적어도 이들의 발걸음이 한 번이라도 더 오프라인 매장을 향하도록 O2O 서비스를 구상하는 것은 매출의 또 다른 증대 방안입니다. 특히 자체 매장의 모바일 앱이나 사이트를 구축하고 소비자들이 모바일에서 쇼핑할 수 있게 한다면 더욱 쉽게 주문하고 상품을 소비할 것입니다.

O2O 서비스는 소비자의 편의성을 증대시키는 방법입니다. 그동안 오프라인 매장에서 고객 정보를 받고 이를 관리, 활용하는 것이 어려웠다면 오프라인 매장에서도 온라인 모바일 서비스를 통해 간단하게 고객 정보가 쌓이고 이를 활용하기 편리해집니다. 회원 가입이 자동으로 이루어지고 고객 데이터가 쌓여 그야말로 일대일 마케팅이 가능해지므로 모바일 시대와 O2O 비즈니스에 대한 아이디어를 모을 때입니다.

## 상생 채널에서 옴니 채널로의 변화

국내 전자상거래 시장의 흐름을 한마디로 정의할 수 있는 단어는 바로 '옴니 채널'입니다. 옴니$^{Omni}$는 '모두'를 의미하는 개념으로, 옴니 채널이란 유통기업에서 운영하는 온·오프라인의 모든 소비 채널이 하나로 연결된다는 의미입니다. 롯데그룹은 롯데백화점을 비롯해 롯데마트, 롯데 TV홈쇼핑, 롯데닷컴, 세븐일레븐, 하이마트 등 여러 유통채널이 있습니다. 이들 채널을 유기적으로 연결하여 소비자들이 어떤 채널을 이용하더라도 공통된 가격, 혜택과 서비스를 이용하는 형태로 만든다는 의미입니다.

초기에는 오프라인 매장과 온라인 매장이 경쟁하여 다투는 일이 많았습니다. 심지어 동대문 의류 도매 상가에서 인터넷 쇼핑몰을 오픈한다며 이야기하고 옷을 사려면 판매하지 않았던 시절도 있었으니까요. 그러다가 온라인 쇼핑 시장이 확대되면서 기업은 오프라인 매장을 운영하며 온라인 쇼핑몰도 운영하는 형태의 두 개 채널을 움직이기 시작했습니다. 다만 유통 구조상 비용 차이가 발생하기 때문에 오프라인 매장의 상품과 가격을 온라인 쇼핑몰의 상품 가격과 비교해 차이를 두는 일이 많았습니다. 어느 기업의 온라인 쇼핑몰에서는 일종의 PB$^{Private\ Brand,\ 자체\ 브랜드}$ 브랜드를 만들어 조금 더 저렴한 소재의 저렴한 라인 제품을 별도로 런칭했었습니다. 물론 제품이 다르면 가격이 다른 게 이해되지만 실제로는 그렇지 않은 경우가 많습니다. 분명 같은 옷인데 백화점에서 구매하는 가격과 인터넷 쇼핑몰에서 구매하는 가격이 다른 게 문제였지요. 소비자 입장에서는 같은 브랜드의 상품을 온라인과 오프라인에서 서로 다른 가격에 구매하는 경험이 생기면 곧바로 쇼루밍족이 될 확률이 높습니다. 그러므로 기업들은 소비자를 붙들어 두기 위한 또 다른 방법으로 옴니 채널화를 구상하게 되었습니다.

대표적인 옴니 채널의 사례로 롯데백화점 스마트픽 서비스를 꼽습니다. 종종 들르는 잠실 롯데백화점 지하에는 스마트픽 서비스 공간이 꽤 잘 정리되어 소개되고 있습니다.

4-13
옴니 쇼핑 광고 – 롯데그룹

4-14
잠실 롯데백화점 지하에 있는 스마트픽 공간

4-15
스마트픽 이용 방법

옴니 채널에 대해 간단히 설명하면 온라인 쇼핑몰인 롯데닷컴에서 제품을 구매하고 교환권을 받은 다음 직접 롯데백화점 매장에 가서 상품을 받을 수 있는 서비스입니다. 백화점에 가서도 상품을 검색하느라 한참 휴대폰을 보며 매장을 두리번거리던 기억이 있었는데 이제 간편하게 해결되었습니다.

롯데그룹 옴니 채널에서는 가족 구성원 각자 자신이 원하는 채널을 선택할 수 있습니다. 이를테면, 아버지는 백화점, 어머니는 TV홈쇼핑, 자녀들은 인터넷 쇼핑몰과 같은 선택을 할 수 있지요. 현재는 세대 간의 구매 채널 선호도와 구매 방식에 각각 다른 형태를 보이고 있습니다. 롯데백화점 스마트픽 데스크 앞 홍보 문구 중 기억에 남는 내용이 있는데요, 어떤 방식이든 중요한 것은 롯데백화점을 거치면 된다는 의미의 홍보 문구였습니다. 롯데그룹에서는 가족들이 롯데백화점 제품을 서로 다른 방식의 원하는 스타일로 주문하더라도 같은 혜택을 제공한다는 의미입니다. 이게 바로 옴니 채널입니다.

롯데닷컴 사이트에서 원하는 상품을 골라 장바구니에 담고 결제할 때 배송지 선택 메뉴가 나타나는데요, 오른쪽 화면과 같이 롯데그룹은 자사의 다른 채널인 세븐일레븐이나 하이마트에서도 상품을 받을 수 있도록 다양한 선택지를 제공합니다. 총 30개 지점의 롯데백화점에는 스마트픽 데스크가 따로 있습니다.

쇼루밍족으로서 온라인 쇼핑몰에서 빈번하게 상품을 구매하다 보니 자연스럽게 오프라인 매장에서 구매하는 것과는 다소 큰 가격 차이를 느끼는데요, 특히 모바일 상거래를 자주 이용하면서 혜택의 차이를 훨씬 더 많이 느꼈습니다. 소비자가 많은 정보를 가지고 있고 소비 패턴이 변화하고 있다면 그에 맞춰 오프라인 매장도 바뀌어야 하고 온라인 쇼핑몰도 맞춰서 바꾸어 나가야 할 것입니다.

4-16, 17
롯데닷컴 사이트의 스마트픽

## 큐레이션 커머스의 시대

최근 뉴스 기사에서 '이제는 손끝 쇼핑 시대!'라는 문구가 인상깊었습니다. 모든 쇼핑이 손끝에서 시작해 손끝으로 끝난다는 의미로 아마도 모바일 커머스 시대이기 때문이겠지요. 그렇다면 손끝 쇼핑 시대에 알맞은 마케팅 전략은 과연 무엇일까요? 진정한 의미의 개인화 서비스와 큐레이션 커머스의 질적 승부가 중요합니다.

모바일 쇼핑은 그야말로 손바닥 안에서 상품 검색부터 결제까지 이루어지므로 PC 기반의 인터넷 쇼핑몰보다 상품을 간결하게 전달해야 합니다. 스마트폰 화면 크기에 맞춰 상품을 많이 보여주기보다는 하나의 상품에 집중해서 크게 보여주는 구조여야 하고 한 페이지에 들어가는 상품의 수도 PC 쇼핑몰 구조보다 제한적이기 때문입니다. 이런 상황에서 최대한 구매를 끌어내려면 소비자에게 맞춘 개인화된 상품 추천이 매우 중요합니다.

대부분의 상품 주문이 모바일로 이루어지자 언제부턴가 쇼핑몰들은 모바일 알림 메시지를 보내며 '○○○ 님을 위한 최고의 할인 혜택' '○○○ 님, 아직도 ○○ 상품을 구매하지 않으셨어요?' 등의 맞춤형 메시지를 보냅니다. 쇼핑 패턴을 분석하여 관심 있는 상품들을 다시 한 번 상기시키고 추가 혜택을 제공하기도 해 저절로 소비자의 지갑을 열게 하는 것이지요. 이처럼 개인화된 서비스가 늘어가는 배경에는 당연히 제품을 큐레이션 하는 '큐레이션 커머스'가 대세로 자리잡게 됩니다.

모바일에서 상품을 검색할 때 '추천 상품'이라는 표현을 자주 접합니다. 추천 상품은 쇼핑몰 운영자 또는 내부 카테고리 담당자[MD]가 엄선한 제품을 큐레이션해서 보여준다는 의미이며, 큐레이션된 제품들은 주로 소비자 반응도 좋아서 실시간 판매 순위가 높은 상품이 됩니다. 소비자들은 다른 소비자가 많이 구매하고 전문가가 엄선한 베스트 상품만을 간편하게 보면서 바로 주문하는 과정을 거칩니다.

모바일 상거래 시장의 강자인 소셜커머스 업계를 살펴봐도 큐레이션 커머스가 자리잡고 있는데요. 티몬의 '○○○ 님을 위한 꼭 맞춤 서비스'처럼 소비자의 개인화된 정보를 바탕으로 고객이 많이 본 상품이나 카테고리의 신상품이나 할인 상품을 집중적으로 노출하는 전략을 사용 중입니다. 그래서인지 언제부턴가 상품 키워드를 통해 직접 검색하는 일이 줄어들고 대신 모바일 커머스에서 추천하는 큐레이션된 상품을 먼저 확인하고 주문하는 일이 늘어가고 있습니다. 티몬의 한 관계자는 인터뷰에서 PC보다 작은 화면의 모바일에서는 소비자에게 얼마나 적절한 상품을 선별해 보여주느냐가 관건인 만큼 빅데이터 분석을 활용해 개인화에 주력하고 결제 편의성 및 보안 강화에도 집중할 것이라고 했습니다. 티몬은 모바일 거래액 비중이 연평균 80% 정도가 될 것이라고 합니다. 대부분 모바일에서 주문이 일어난다는 이야기입니다.

큐레이션 커머스를 구현하면서 모바일 쇼핑몰에서 가장 신경 써야 하는 부분은 바로 고객의 시간입니다. 즉, 타임 마케팅이 필요합니다. 모바일 주문이 가장 빈번하게 일어나는 시간은 저녁 9~12시와 점심시간인 12~3시입니다. 11번가는 '쇼킹딜 11시'라고 하여 모바일 쇼핑 매출이 급증하는 시간대를 공략해 서비스를 시행했었습니다. 11시에

봐야 12시 이후에 주문할 수 있으니까요. CJ몰은 매일 저녁 8시 이후 야밤에 타임딜을 내놓으면서 밤에 오픈하여 새벽녘까지 8시간만 운영한다는 표시를 하기도 했습니다.

소비자들의 구매 패턴을 잘 분석하고 소비자와의 접점에서 유용한 정보를 전달하면 거래로 이어질 수 있습니다. 현재 유통회사들의 가장 큰 이슈는 바로 소비자들의 구매에 관한 빅데이터를 바탕으로 제대로 분석할 수 있는 기술 서비스를 강화하는 것입니다. 지금까지 설명한 모바일 마케팅의 주요 키워드인 개인화와 큐레이션 커머스의 질적 승부에서 승리하는 기업만이 유통업계에서 승자가 될 것으로 보입니다.

쇼핑몰 창업을 준비한다면 스스로 큐레이터가 되어 소비자들이 원하는 니즈를 파악하고 전문가의 시각으로 알맞은 상품을 제공해야겠다는 생각을 하길 바랍니다. 그저 물건을 파는 것이 아니라 어떤 큐레이터가 될 것이냐에 대한 고민을 하면 좋은 창업 계획이 생길 것입니다.

4-18, 19
CJ몰과 GS 샵의 타임 서비스

## 서브스크립션 커머스의 시대

큐레이션 커머스의 흐름과 맞물려 또 하나의 특징적인 상거래 흐름이 생기고 있습니다. 바로 '서브스크립션 커머스', 다른 말로 정기 배송 서비스입니다.

국내에서 정기 배송 서비스로 가장 유명한 쇼핑몰은 '미미박스'입니다. 미미박스는 대형 화장품 제조업체의 샘플들을 박스에 담아 배송해주는 서비스입니다. 매달 소비자들이 1만 6천5백 원을 지급하면 10만 원 상당의 화장품으로 박스를 구성해 정해진 날짜에 배달해주는 서비스를 제공했습니다. 2012년에 창업하여 그해 대한민국 인터넷 대상을 받았고 2014년부터 자체 브랜드를 런칭하여 화장품을 제조하면서 유통업체로의 변신을 선언하여 2년여 만에 국내 최대 온라인 뷰티업체로 성장했습니다. 세계 시장으로의 진출을 활발히 하며 투자자들로부터 많은 투자 요청을 받고 있기도 합니다. 모든 상품이 단일 상품이라기보다는 테마에 따라 박스 개념으로 만들어진 부분이 소비자들의 흥미를 유도합니다. 미미박스는 매주 수요일 신제품을 내놓으며 새로움을 통해 소비자들의 니즈를 끊임없이 자극하고 체험형 오프라인 매장<sup>강남, 홍대</sup>을 운영하여 소비자들이 매장에서 제품을 경험할 수 있도록 지원하고 있습니다.

4-20, 21
미미박스(www.memebox.com)

또 다른 서브스크립션 커머스 회사인 '하비인더박스'는 2016년 11월에 창업한 스타트업으로 한 달에 한 번 고객의 집이나 사무실로 특별한 취미거리를 배송해주는 서비스입니다. '사람들의 지친 일상 속에 즐거움을 주자!'를 모토로 매달 직접 네온사인이나 초콜릿 만들기, 클레이아트 키트 등 취미 하나를 온전히 즐길 수 있는 패키지를 구상하여 보내줍니다. 상품군을 보면 아기자기하고 소소한 아이템들이 강합니다.

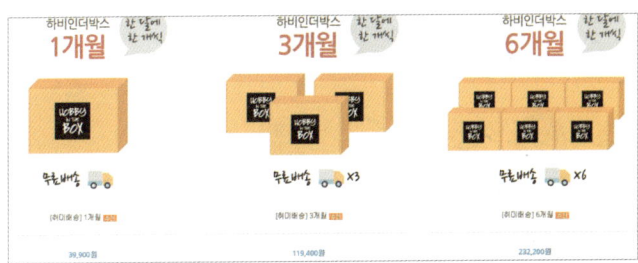

4-22, 23, 24
하비인더박스(hobbyinthebox.co.kr)

'그린 키드 크래프트'는 친환경 장난감을 보내주는 사이트로 연령에 따라 다른 교구를 배달하며 아이들과 창의적으로 즐겁게 배울 수 있는 경험을 제공하는 장난감 정기 배송 서비스를 제공합니다.

'키위코'는 주말에 아이들과 무엇을 하며 놀아야 할지 모르는 부모들을 돕기 위해 아이들과 함께 놀 수 있는 도구를 배달해주는 외국 사이트입니다.

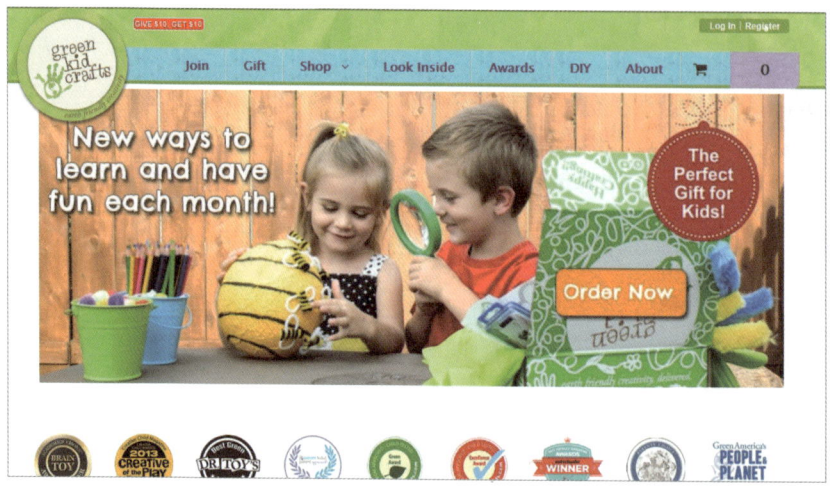
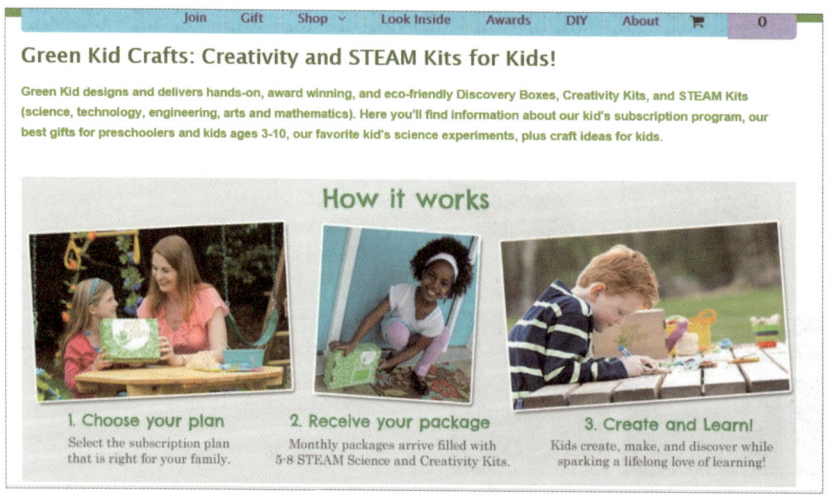

4-25, 26
그린 키드 크래프트
(www.greenkidcrafts.com)

Shoppingmall Founded for Note

두 사이트 모두 아이들 연령에 맞춰 놀이 교구들을 세팅하고 매월 정기적으로 배송해주는 비즈니스 모델입니다. 창의적인 활동이 가능하고 교육적이며 편리하면서도 배달 형태로 전달되기 때문에 재미 요소가 극대화됩니다. 다양한 개월 수만큼 선택해 정기적으로 배송받을 수 있습니다. 여러 SNS 채널을 통해 소비자의 경험담을 사이트에 잘 소개하고 있어 신뢰를 높입니다.

국내 전자상거래를 이끌어 가는 메가트렌드인 O2O 서비스, 옴니 채널, 큐레이션 커머스, 서브스크립션 커머스에 대해 관심을 가지고 향후 구축하고자 하는 쇼핑몰 사업 계획에 좋은 아이디어가 첨가될 수 있도록 노력하기 바랍니다.

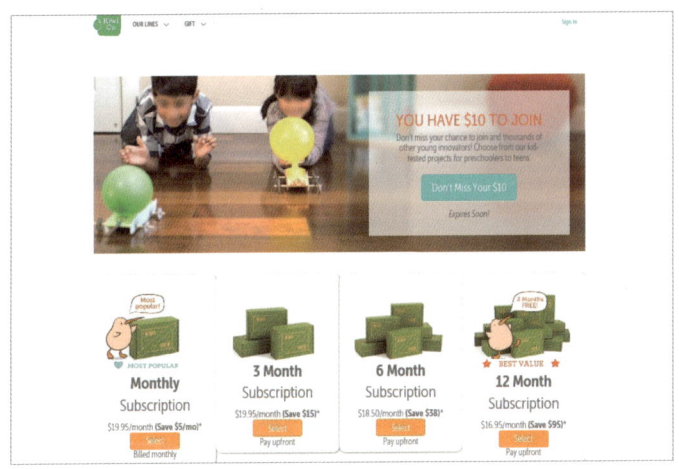

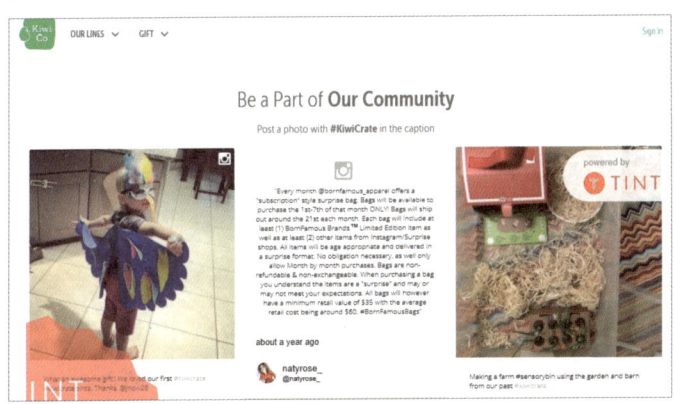

4-27, 28
키위코(kiwico.com)

# 쇼핑몰의 성공을 위한 조건 ④②

모든 창업자는 쇼핑몰의 성공을 꿈꿉니다. 이때 막연하게 성공을 꿈꾸기보다는 구체적으로 성공한 쇼핑몰들이 취하는 전략과 조건들을 학습하는 것이 바람직합니다. 여기서는 직접 15년 넘게 쇼핑몰을 운영하고 컨설팅하면서 만나온 쇼핑몰의 성공 조건에 관해 살펴봅니다.

## 일관성 있는 컨셉, 집중화 전략

쇼핑몰이 성공하기 위해서는 반드시 집중화$^{Concentration}$ 전략을 세워야 합니다. 집중화는 두 가지로 나눌 수 있습니다. 하나는 정확한 타깃에 집중하는 방법이고, 다른 하나는 단일 제품군에 집중하는 방법입니다. 두 가지 방법 모두 전문 쇼핑몰로서의 입지를 굳히는 전략입니다.

**STP** = Segmentation + Target + Concept

먼저 정확한 타깃에 집중하는 방법은 판매하고자 하는 상품의 소비자가 누구인지를 명확히 하는 것입니다. 앞서 STP 전략을 설명했는데요, 시장 세분화를 통한 타깃 설정으로 타깃을 정확히 정하면 가능합니다. 정확한 타깃을 설정하면 그야말로 마니아들의 쇼핑몰이 될 수 있습니다. 여러 고객층을 공략하는 것도 가능하지만 소호몰에서 여러 고객층을 대상으로 상품 및 서비스를 제공하다가 어떤 고객층도 만족시키지 못하는 결과를 초래할 수 있기 때문입니다. 결국 쇼핑몰이 가지고 있는 자원을 응집해서 하나의 고객층만을 위한 온전한 쇼핑몰이 되도록 노력해야 합니다.

직접 만난 쇼핑몰 중에 커플 잠옷만을 취급하는 쇼핑몰이 있었습니다. 커플용품 시장은 오래전부터 꽤 큰 규모의 소비 시장인데요, 워낙 다양해서 커플용품 전문몰도 많이 볼 수 있습니다. 해당 쇼핑몰은 커플용품에 관한 여러 가지 상품 중에서 키워드로 살펴본 수요 시장은 비교적 형성되어 있으나 전문화된 쇼핑몰이 적은 '커플 잠옷'을 아이템으로 선정했습니다. 정형화된 커플 잠옷이 거의 없을 때 스스로 발품을 팔아 상품을 다양하게 취급하기 위해 노력하고 그중에서도 신혼부부에게 집중해 다양한 디자인과 가격대의 커플 잠옷 전문점이 될 수 있었습니다. 신혼부부였던 커플 고객이 아이를 낳고 돌잔치도 하게 되면서 쇼핑몰 규모도 커져 가족 잠옷 등으로 상품을 확장하기도 했습니다. 또한, 인터넷에는 커플만을 대상으로 한 수영복 쇼핑몰도 있습니다. 커플이라서 디자인을 더욱 고려해야 하고 좀 더 파격적이고 화려한 디자인의 수영복을 취급하는 쇼핑몰도 정확한 타깃에 집중한 사례라고 볼 수 있습니다.

4-29
러브앨리스(www.lovealice.co.kr)

단일 제품에 집중하는 전략도 전문화를 만드는 데 주요합니다. 소호몰은 너무 다양한 상품을 취급하는 것보다 단일 제품에 집중하면 해당 제품이 가장 많은 전문몰이라는 이미지를 줄 수 있어 효과적으로 재방문을 유도할 수 있습니다. 수제 쿠키만 취급하는 쇼핑몰, 재래식 수제 된장만을 판매하는 쇼핑몰, 핸드메이드 인형을 취급하는 쇼핑몰 등 전문성 있는 쇼핑몰 이미지를 보여줄 수 있도록 반드시 계획을 세워야 합니다.

## 제품, 가격, 컨텐츠의 차별화 전략

쇼핑몰로 성공하기 위해서는 다른 쇼핑몰과의 차별화$^{Differentiation}$가 전제되어야 합니다. 구체적으로 무엇을, 어떻게 차별화할 것인지 세부적으로 살펴보면 제품의 차별화, 가격의 차별화, 컨텐츠의 차별화, 서비스 차별화로 나눌 수 있습니다.

첫째, '제품$^{Product}$의 차별화'는 흔하지 않은 독특한 상품으로 시장에서 우위를 점하거나 트렌드에 맞춘 발 빠른 상품 구색으로 성공하는 전략입니다. 독특한 씨앗을 판매하는 사이트도 있고, 직접 바다에서 잡은 그 날의 고기를 싱싱한 상태로 택배 발송하는 어부의 사이트도 있습니다. 앞서 설명한 '된장골'의 수제 된장도 다른 사이트의 상품과 다르기 때문에 차별화됩니다. 또한, 직접 만드는 핸드메이드 상품들도 흔하지 않기 때문에 제품 차별화로 쇼핑몰에서 경쟁력의 우위를 가져가는 것이 가능합니다.

4-30
바다로인(www.badaro.pe.kr)
바다 어부인 어부현종 님이 운영하는 쇼핑몰로 매일 직접 바다에서 잡은 생선들을 선보이고 보내주기 때문에 많은 소비자가 애용합니다.

그러나 나만의 아이템으로 성공한다는 것은 결코 쉽지 않기 때문에 직접 생산하는 제품이 아니더라도 후자인 트렌드에 발맞춰 다른 쇼핑몰보다 조금이라도 빨리 업데이트하는 쇼핑몰로서의 제품 차별화를 이루어도 좋습니다. 대부분 성공한 의류 쇼핑몰은 트렌드 리더의 위치를 지키며 성공할 수 있었습니다. 패션 트렌드에 맞춰 의류를 빠르게 위탁$^{소싱}$하고 타깃에 맞춘 코디 정보를 제공하는 사이트가 여기에 해당합니다.

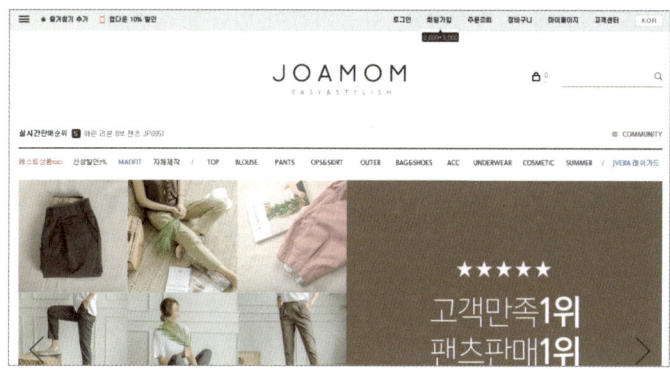

4-31

조아맘(www.joamom.co.kr)

조아맘은 미시라는 타깃에 맞춰 시즌 의류를 적절한 코디와 함께 소개하고 나아가 미시 체형에 맞는 의류를 직접 생산하는 데까지 발전한 성공한 쇼핑몰입니다.

4-32

마리걸(www.mariegirl.com)

마리걸은 아동복으로 시작하여 주니어복으로 전문화된 쇼핑몰입니다. 아동복보다 주니어를 대상으로 한 의류 코디 전문몰이 부족한 틈새를 공략하여 부모에게 센스 있는 의류 정보로 많은 사랑을 받고 있습니다.

둘째, '가격$^{Price}$ 차별화'도 중요한 전략입니다. 인터넷 쇼핑몰은 가격 경쟁이 심화되어 있기 때문에 가격 차별화를 가질 수 있다면 분명 성공할 수 있습니다. 쇼핑몰에서는 수익을 높이면서 경쟁자와의 가격 우위를 가지기 위해 공급가를 줄이는 노력을 해야 합니다. 도매상보다는 제조, 농산물이라면 산지와의 계약을 통해 더욱 저렴한 가격으로 공급받을 수 있어야 합니다. 수입품이라면 최대한 외국 브랜드 본사와의 직거래 등으로 원가를 줄이는 전략을 세우는 것도 필요한 일이겠지요. 유통기한이 임박한 상품을 저렴하게 공급하는 쇼핑몰, 이른바 '떠리몰'은 생활 속 아이디어를 현실화시킨 쇼핑몰입니다. 도매품만을 취급하는 도매 사이트인 '도매꾹'도 있습니다. 보통 일정 수량의 제품을 구매할 때 도매가격으로 구매하고 싶은 것이 사실이지요. 물론 사업자로 가입해야겠지만 도매가격으로 제품을 살 수 있는 유통채널도 가격에 대한 차별화 모델로 볼 수 있습니다.

4-33
떠리몰(www.thirtymall.com)

4-34
도매꾹(domeggook.com)

셋째, '컨텐츠Contents의 차별화'는 상품 사진의 컨셉이나 상세 설명 페이지의 차별화로 실제 쇼핑몰의 매출 격차를 견인합니다. 이게 바로 유명 의류 쇼핑몰이 멀리 외국에서 상품 사진을 촬영하는 이유이기도 하지요. 한 쇼핑몰의 이야기를 들어보면 상품 상세 페이지에 외국의 어느 멋진 곳에서 촬영한 모델 착용컷을 올리기만 해도 해당 상품의 판매율이 높아진다고 합니다. 그만큼 상품 사진에 공을 들여야 하는 이유는 충분하지요. 성공하는 쇼핑몰은 공통으로 제품 설명이 화보와 같은 경우가 많습니다. 그러므로 상품뿐만 아니라 후기와 같은 구매 촉진 컨텐츠를 전략적으로 얻기 위해 노력해야 합니다. 일반적인 후기 글도 좋지만 사진이 첨부된 상품평을 얻기 위해 별도의 적립금을 제공하는 등의 노력도 필요합니다.

넷째, '서비스Service의 차별화'도 중요합니다. 어떤 쇼핑몰은 자필 서명이 담긴 메시지 카드를 동봉하거나, 고급 포장 서비스를 하거나, 구매 후 1년간 무상 A/S를 하는 등 일련의 특별한 서비스를 제공합니다. 전에 백화점 사이트에서 옷을 주문했었는데 택배박스 안에 사탕이 있었습니다. 왠지 반품하기도 미안해서 못 할 것 같았지요. 이처럼 다른 쇼핑몰과 비교했을 때 우리 쇼핑몰만이 제공할 수 있는 서비스에는 무엇이 있을지 생각해야 합니다. 비록 상품이 독특하지 않아도, 가격이 매우 저렴하지 않아도, 서비스만 훌륭해도 고객들은 쇼핑몰을 기억하고 단골이 됩니다. 시즌별, 다채로운 테마별 이벤트 기획도 고객 참여를 이끄는 최고의 방법입니다.

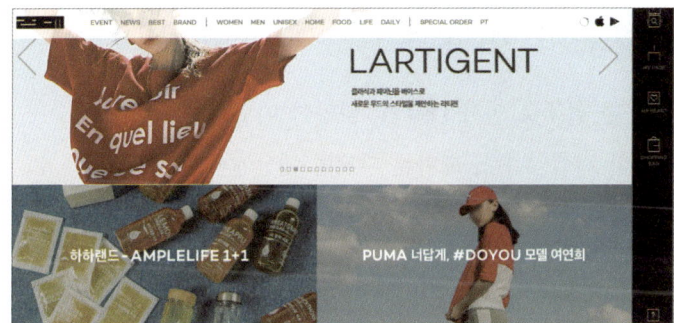

4-35
29cm

29cm는 국내외 패션과 관련된 라이프 스타일을 종합적으로 담은 온라인 편집숍으로 700여 개가 넘는 착한 브랜드와 함께한다고 소개되어 있습니다. 주요 이슈들에 관해 기사 형태의 충분한 정보를 담으며 무엇보다 사이트와 제품 소개 디자인이 평범하지 않은 쇼핑몰입니다.

4-36
시드물(www.sidmool.com)

시드물은 천연 화장품 쇼핑몰로 다양한 제품군과 풍부한 컨텐츠로써 신뢰를 줍니다. 화장품의 성분을 궁금해 하는 사람들을 위해 성분 사전 서비스를 제공하고, 시드물 통신 코너를 통해 언론에 보도되거나 지역 사회에 기여하는 다양한 행사 정보를 지속해서 올리며 소통하고 있습니다. 별도의 게시판으로 포토 상품평 코너를 구성하여 화장품 구매에 대한 소비자의 궁금증을 해결해주는 데 앞장서며 고객과의 소통이 돋보이는 쇼핑몰입니다.

## 감성 마케팅으로 소비자의 믿음을 얻는 신뢰도 전략

쇼핑몰이 성공하기 위해서는 반드시 소비자의 신뢰$^{Reliability}$를 얻어야 합니다. 특히 개인 쇼핑몰 초기에는 소비자의 신뢰가 매우 절실합니다. 전에 『작은 커피집』이라는 책을 감명 깊게 읽었어요. 스타벅스가 생겨도 작은 개인 커피집으로 향하는 고객들의 속마음을 파헤친 책입니다. 작은 커피집의 성공 비결은 운영자가 손님 한 사람 한 사람을 모두 잘 알고 있어서 주문하지 않아도 취향에 따라 음료와 서비스를 제공하는 것이었습니다. 이처럼 동네 작은 커피집 혹은 동네 작은 미용실을 찾는 소비자의 마음을 읽어야 합니다. 즉, 쇼핑몰은 소비자와 소통할 수 있는 감성 마케팅 전략을 세워야 하며 이것이 곧 입소문을 만들어 줍니다.

쇼핑몰의 감성$^{Emotion}$ 전략은 디지털 세상에서 아날로그적인 만남의 매개체가 됩니다. 한 쇼핑몰은 운영자의 사진이나 일기를 올려 자연스럽게 소통을 시도합니다. 특히 최근에는 쇼핑몰들이 인스타그램이나 카카오스토리를 통해 친근한 말투와 일상의 이야기로 최대한 가게가 아닌 지인, 친구와 같은 느낌을 살리면서 운영해나가고 있습니다.

블로그나 쇼핑몰 내 게시판에서 친근한 말투로 인사 나누기, 다양한 이모티콘을 이용한 대화나 감성 사진 공유 등도 중요한 컨셉입니다. 메마른 디지털 세상에서 아날로그 감성을 느끼게 해주는 방법을 찾아보세요.

4-37
이희은닷컴(www.leeheeeun.com)
이희은닷컴은 브랜드명과는 다르게 남성 의류 쇼핑몰입니다. 다만 운영자가 여성인데요, 이희은 다이어리와 같은 코너를 통해 자신에 대한 소개를 넌지시 하며 고객들과 대화를 시도합니다. 실제 이희은 대표는 남성 의류 디자이너 출신이고 외모가 준수해서 남성들에게 인기가 많습니다.

추가로 오프라인 매장이 있다면 매장 사진도 올려 고객에게 신뢰를 얻는 수단으로 사용할 수 있습니다. 쇼핑몰 안에서도 다양한 체험 마케팅을 진행하여 고객과의 직접적인 소통의 접점을 만드는 노력을 게을리 하면 안 됩니다. 이것이 바로 고객과 만날수록 신뢰를 얻는 최적의 방안이 될 수 있다는 점을 명심하기 바랍니다.

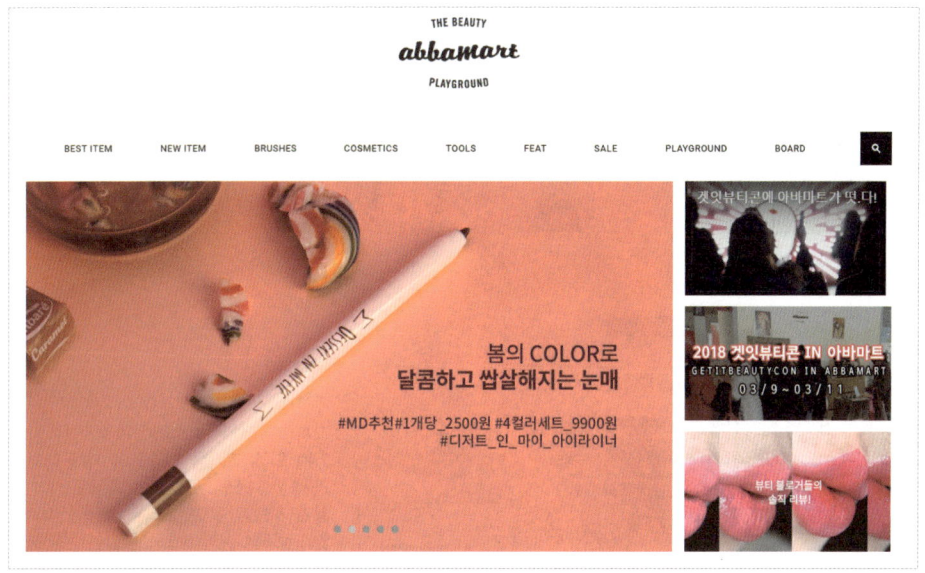

4-38

아바마트(www.abbamart.kr)
아바마트는 메이크업 제품만 전문으로 취급하는 쇼핑몰로 직접 생산하는 제품들이라 차별화되었습니다. 고객들의 후기가 제품마다 몇 백 개일 정도로 많고 입소문도 널리 퍼져있어 오프라인 매장(명동, 가로수길 등)도 열고 각종 뷰티 프로그램에도 자연스럽게 소개되었습니다.

기존 고객을 단골로 만들고 신규 고객을 더욱 쉽게 유치하기 위한 방안으로 입소문$^{Buzz}$ 창구도 마련해두어야 합니다. 이를 위해 대부분의 쇼핑몰은 블로그를 연계하고 페이스북, 인스타그램도 운영하고 있습니다. 그러므로 쇼핑몰에서 퍼갈 수 있는, 퍼가고 싶은 컨텐츠를 생성해야 하며 여러 SNS 채널과 연결고리를 만들어 쇼핑몰 상품이나 정보가 널리 퍼질 수 있도록 노력해야 합니다.

이처럼 쇼핑몰에 감성 마케팅을 도입하고 고객과 소통하고자 하는 쇼핑몰이라면 반드시 성공할 것입니다.

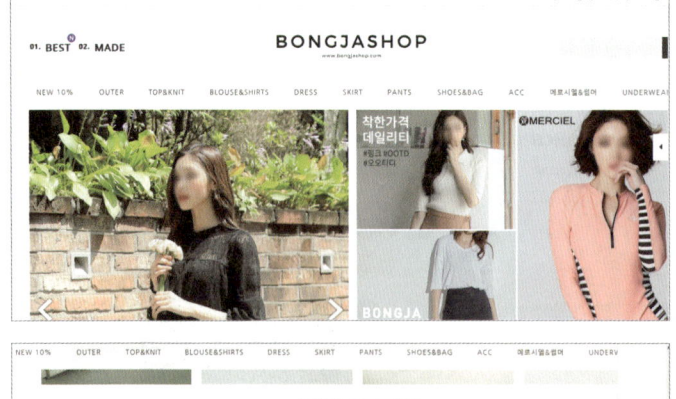

4-39, 40

봉자샵(www.bongjashop.com)

봉자샵은 젊은 여성들에게 시즌을 앞서 가는 의류 코디를 제공하며 자체 디자인과 생산 시스템, 오프라인 매장도 있어 폭넓게 사랑받는 여성 의류 쇼핑몰입니다. 인스타그램과 페이스북 채널을 운영하며 SNS에서 적극적으로 소통하고 있습니다.

## 조직화된 경영 시스템으로 성장 발판 마련, 시스템화 전략

앞서 설명한 전략들을 모두 갖추더라도 소호 쇼핑몰 형태에서 시작해 중소기업으로 성장해 가기 위해서는 운영의 시스템화$^{Systematization}$가 이루어져야 합니다. 소호 쇼핑몰은 초기에는 작게 시작하기 때문에 혼자서도 충분히 주먹구구식으로 운영할 수 있습니다. 하지만 매출이 빠르게 늘고 더 이상 혼자서는 모든 관리를 진행할 수 없을 때 직원[19]을 채용하면서부터는 쇼핑몰 운영이 어려워지기도 합니다. 단지 한

명이 늘어났을 뿐인데도 사무실 문제, 급여 문제, 직원과의 마찰 등 생각지도 못한 여러 가지 어려움이 생깁니다. 이 과정을 무사히 넘기고 조직을 5인 이상으로 키우고 더 나아가 10인, 20인으로 규모를 키우는 과정이 수반되어야 비로소 장사가 아닌 사업이, 부업이 아닌 사업이 시작된다고 볼 수 있습니다. 이 과정에서 창업자의 비즈니스 마인드가 매우 중요합니다. 창업자는 기업가 정신을 함양하여 장기적으로 회사를 성장시키고 고용을 창출하며 조직을 키워 사회에 이바지한다는 의식을 가지고 사업을 열심히 키워나가야 합니다. 전문가들의 조언도 많이 들어야 하고 필요하면 더 능력 있는 전문가를 모셔서 회사 운영정책의 틀을 갖추어 나가야 합니다.

특히 조직을 잘 설계하고 관리해야 합니다. 쇼핑몰 업무의 모든 프로세스가 나뉘지고 체계적으로 시스템이 관리되도록 수단을 취해야 합니다. 즉, 상품 소싱$^{MD}$ 파트, 쇼핑몰 운영/개발 파트, 마케팅 파트, 재무 파트, 물류 파트, 고객 관리 파트 등 업무에 따라 조직을 세분하고 전문성을 부여해야 하며 필요한 부분에서는 전문 관리 프로그램을 도입해 시스템화해야 합니다. 인사 관리도 매우 중요해집니다. 이를테면, 직원의 복리후생도 규모에 맞게 시행되어야 하며 직원에게 회사의 비전을 알려주고 새로운 사업계획 등 장기적인 계획을 공유해야 합니다. 정체하지 않도록 주기적인 소통의 자리도 만들어야 할 것이며, 미래에 대비한 전략을 세우는 일도 체계적으로 준비해야 할 것입니다. 조직 성장에 대한 의지와 인식 없이는 크게 성장할 수 없다는 것을 기억하고 적극적인 방안을 마련하기 바랍니다.

이와 같은 큰 틀에서 앞서 소개한 네 가지 전략이 쇼핑몰을 성공으로 이끄는 조건이라고 할 수 있습니다. 이제 시작하는 창업자분들에게도 귀감이 되기 바랍니다.

# 인터넷 쇼핑몰 구축하기

브랜드 창업의 설계, 상호와 도메인 결정

사업자 신고를 위한 가이드

# 5 Part.

쇼핑몰 판매 채널의 아웃라인 설계

터전 구축 마무리 작업 – 카드 결제 세팅, 포장, 택배 결정

# 브랜드 창업의 설계, 상호와 도메인 결정 ❺❶

## 도메인의 의미와 체계

창업 시 쇼핑몰의 브랜드가 되는 도메인 등록은 필수 단계입니다. 대체로 창업 아이템이 정해지면 쇼핑몰 도메인을 정하는 과정으로 이어집니다. 다만 인터넷이 생긴 지 20여 년이 지났고, 전 세계 기업이 도메인을 구매해서 영문 주소인 도메인 이름을 선점하기 어려운 게 문제입니다. 아쉽게도 좋은 단어로 이루어진 웬만한 도메인 이름은 이미 다른 기업에서 등록해놓은 상태라 자신의 사업과 어울리는, 자신만의 이름을 찾기란 그리 녹록지 않습니다.

도메인 이름을 정하는 것이 뭐 그리 어려운 일이냐고 대수롭지 않게 생각할 수 있지만 실제로 창업을 준비하다 보면 성공을 부르는 이름을 짓는 것이 얼마나 조심스럽고 어려운 일인지 알게 됩니다. 저도 쇼핑몰을 창업하면서 이름을 짓는데 꽤 오랜 시간을 보냈는데요, 그렇게 만든 브랜드가 사실 최고였다고 말하기도 어색합니다. 한 쇼핑몰 대표는 처음 지은 도메인 이름을 두고 크게 후회하기도 했습니다. 운영하다 보니 사업 방향이 달라졌기 때문입니다. 이처럼 쇼핑몰을 운영하다 보면 사업 초기와는 아이템의 방향이 달라지는 경우도 많아 2년 이상 운영해온 쇼핑몰의 이름을 버려야 할지, 아니면 계속 사용해야 할지 난감해지기도 합니다. 이미 소비자에게 알려진 브랜드<sup>도메인 이름</sup>를 사업 중 변경하기란 시간, 비용 등 모든 측면에서 많은 위험이 있어 결정이 어렵습니다.

그러므로 창업 초기에는 백년대계를 생각하듯 제대로 된 회사 이름을 짓기 위해 고민해야 합니다. 또한 소비자에게 한번 노출되어도 인지하기 쉽고 정확한 컨셉을 전달할 수 있는 이름이어야 하지요. 궁극적으로 쇼핑몰 브랜드를 알려서 흔히 말하는 광고 노출로 쇼핑몰에 방문하게 하는 것이 아니라 고객이 즐겨찾기에 등록해서 단골 가게로 자주 방문하도록 만들어야 합니다.

인터넷 초창기만 해도 검색엔진에 원하는 사이트의 도메인 이름을 입력하거나 이름을 알아야만 찾아오는 사람들이 많았습니다. 그러나 최근에는 모바일 상거래 시장이 확대되면서 별도의 앱애플리케이션을 다운로드 받아 고객과 연결하거나 모바일 메시지를 보내 실시간으로 재방문을 유도하는 등 다양한 툴이 생겨 브랜드 이름의 중요성이 다소 낮아진 상황이라고 볼 수 있습니다. 하지만 역시 이름만으로도 무엇을 하는 쇼핑몰인지, 어떤 특징이 있는 쇼핑몰인지 알 수 있게 만드는 것은 매우 중요합니다. 결국 인터넷 쇼핑몰은 알기 쉬우면서 쇼핑몰의 정체성을 보여주는 키워드로 브랜드 이름을 만들고 도메인 이름을 정해 일관성 있게 만들어야 합니다.

도메인 이름을 등록하면서도 도메인에 대한 기초 지식 없이 무작정 등록하는 창업자가 많습니다. 인터넷 비즈니스 세계에 뛰어든 이상 어느 정도 상식적인 선에서 도메인이란 정확히 어떤 의미이고, 어떻게 구성되는지 알아 두도록 합니다.

**도메인** = 사람이 이해하기 쉬운 영문자로 표기한 웹 주소

인터넷 네트워크에서 어떤 정보를 찾기 위해서는 정보를 담고 있는 컴퓨터를 찾아 연결해야 합니다. 이 작업을 쉽게 만든 것이 바로 도메인 이름입니다.

인터넷 네트워크에 연결된 컴퓨터들은 숫자로 된 고유의 주소를 가집니다. 주소는 크게 4개 영역으로 이루어지고, 이를 IP 주소$^{Address}$라고 합니다. IP 주소는 점과 0~255의 숫자로 구성되며, 전 세계적으로 중복되지 않게 독자적인 숫자 배열을 가집니다. 같은 주소가 없어 다른 컴퓨터와 구분할 수 있지만 안타깝게도 숫자로 원하는 정보를 가지

고 있는 컴퓨터를 찾아간다는 것은 인간의 기억력으로는 불가능한 일에 가깝습니다. 혹시 네이버 서버 컴퓨터의 IP 주소를 알고 있나요? 사용 중인 컴퓨터의 IP 주소도 외우기 어려워 많은 사용자가 간편하게 컴퓨터를 찾아 접속할 수 있도록 만든 것이 바로 영어로 구성된 도메인 이름입니다. 도메인 이름은 IP 주소처럼 전 세계적으로 중복되지 않도록 하나의 주소에 하나만 정합니다.

| 주소 표현 방식의 예 | 숫자(IP 주소) | 영어(도메인 이름) |
|---|---|---|
| | 255.21.66.5 | achime.co.kr |

**표 5-01** 컴퓨터 주소 형식

도메인 이름을 지을 때는 원칙이 있습니다. a부터 z까지의 알파벳을 사용하며, 0부터 9까지의 숫자와 붙임표 기호만 사용할 수 있습니다. 도메인 이름의 길이는 최소 2자에서 최대 63자까지 가능합니다. 하지만 일반적으로 도메인 이름의 길이는 15자 이상을 넘지 않습니다. 너무 길면 읽는 사용자들도 불편해지기 때문입니다.

쇼핑몰 도메인 중에는 숫자를 잘 활용한 사례가 많습니다. '근육맨닷컴'은 영양보충제 사이트로, 운동을 좋아하는 남성들이 필수적으로 섭취하는 영양보충제를 판매하면서 관련 브랜드로 'kun6man.com'이라는 도메인을 가지고 있습니다. '육'자를 숫자 '6'으로 바꿔 사람들의 기억 속에 쉽게 남긴 것이 주요했습니다. 예를 들어, 이사 업체라면 '8282'라는 숫자를 사용할 수 있고 '119' '114' '1004'와 같은 숫자도 상징성이 있어 쇼핑몰에서 애용하는 숫자입니다.

쇼핑몰 도메인에 특수기호를 사용하는 것은 추천하지 않습니다. 물론 쇼핑몰 도메인 중에는 붙임표를 이용한 사례가 있지만, 두 단어가 붙임표로 분리되어 선호하는 방식은 아닙니다.

한글 도메인도 있습니다. www 외에 가운데 해당하는 기관명<sup>회사명</sup>을 영어가 아닌 한글로 넣는 도메인을 말합니다. 예를 들어, 'www.소풍가는날.co.kr'처럼 도메인 주소를 만들 수 있습니다. 영어로 바꾸기 쉽지 않은 한글 브랜드의 경우 처음부터 도메인 주소를 한글 도메인으로 결정하는 것도 하나의 방법입니다. 한글 도메인은 2자에서 17자 이내로 작성해야 합니다.

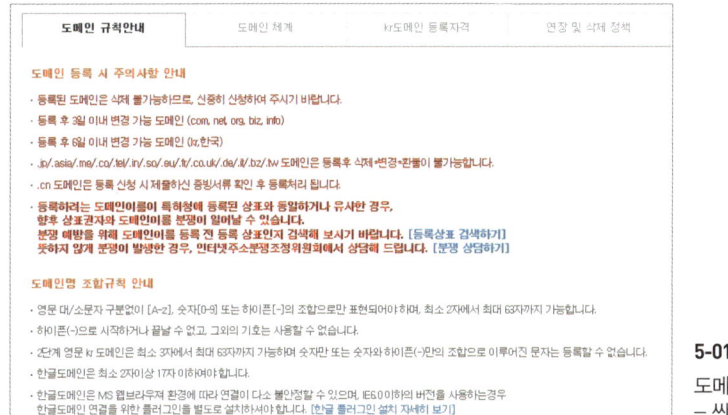

5-01
도메인 규칙 안내
– 싼 도메인(www.ssandomain.com)

도메인 이름 형식에도 일정한 규칙이 있습니다. 첫 번째 영역은 바로 'www$^{world\ wide\ web}$'로 인터넷 서비스라는 뜻을 가지고 있습니다. 두 번째 영역에는 기관명이나 회사명을 입력하며, 이 부분이 바로 직접 지정하는 고유 영역으로 브랜드 이름을 넣습니다. 세 번째 영역은 'com'이나 'co.kr'처럼 최상위 도메인을 정하는 단계입니다. 최상위 도메인은 일반적으로 국가 간 제약 없이 전 세계에서 통용되는 국제 도메인과 2글자로 된 국가를 상징하는 영역입니다.

- **도메인 형식** – www.기관명(회사명).최상위 도메인(기관 성격, 국가 도메인)
- **실제 적용 예** – www.naver.com, www.achime.co.kr, www.hobbybox.net

기관 분류에 해당하는 도메인도 확장되어 여러 도메인을 운영할 수 있지만, 보통 쇼핑몰들이 비즈니스용으로 많이 사용하는 기관 도메인은 다음과 같습니다.

| 인기몰 도메인 | 기관 분류 |
|---|---|
| .com/.co.kr | 영리를 목적으로 하는 기업/기관 |
| .net | 네트워크를 관리하는 기관이지만, 현재는 비즈니스 기업에도 널리 사용 |
| .biz | 비즈니스(Business)에 관련된 영리 목적의 기업 |
| .tv | 방송 및 영상 제공 서비스 기관 |

**표 5-02** 많이 사용하는 도메인 이름의 최상위 도메인

창업자는 영문 도메인과 한글 도메인, 한국 도메인.kr 형태를 구분하고 기관 분류에 해당하는 최상위 도메인도 고민해 결정하면 됩니다. 먼저 도메인 이름을 어떤 것으로 정할 것인지에 관한 진지한 고민이 필요합니다.

국가 최상위 도메인 ccTLD: country code Top Level Domain 기관 중 모든 '.kr' 도메인은 한국인터넷진흥원 KRNIC에서 관리합니다. 전 세계 도메인 정보 및 정책은 국제인터넷주소관리기구 ICANN: the Internet Corporation for Assigned Names and Numbers 에서 관리합니다.

## '좋은 브랜드=좋은 도메인'의 일관성 법칙

'도메인은 브랜드다'라는 말에 관해 어떻게 생각하나요? 그렇습니다. 도메인은 브랜드입니다. 좋은 도메인을 선점하는 것은 쇼핑몰 브랜드를 완성하는 것이므로 도메인도 브랜드라는 의식을 가지고 접근해야 합니다.

### 좋은 도메인은 쉽게 인지될 수 있어야 한다

좋은 도메인은 좋은 브랜드입니다. 브랜드는 소비자에게 기업이나 제품을 다른 기업과 다르게 인식시키는 식별의 의미가 있습니다. 일반적으로 하나의 제품 카테고리에서 소비자가 기억할 수 있는 브랜드는 불과 세 가지 정도라는 이야기가 있습니다. 이 말은

곧 소비자에게 판매하는 제품 카테고리 안에서 최소 3등 안에 기억되지 못하면 성공 가능성이 없다는 의미입니다. 결국 소비자에게 쉽게 인지되는 브랜드와 도메인을 짓는 일은 기업에 매우 중요한 경쟁력이 됩니다.

쉬운 영단어 조합으로 이루어진 영문 도메인은 대부분 선점되어 등록하기 쉽지 않지만 어렵지 않은 영문 조합이라면 도메인이 조금 길어져도 괜찮습니다. 예를 들어, 'koreanpresent.com' 쇼핑몰의 도메인 이름은 다소 길지만 '한국인 선물'이라는 뜻을 비교적 쉽게 유추할 수 있기 때문에 쉬운 단어입니다.

브랜드 이름을 지을 때는 머리부터 아픈데요, 좋은 도메인 이름을 짓기 위한 몇 가지 원칙을 살펴봅니다.

## 브랜드에 핵심 키워드를 대입한다

상품 키워드를 브랜드화하는 방법으로, 이 경우 브랜드를 인지하기 쉽고 무엇보다 검색엔진에 노출되었을 때 쇼핑몰이 쉽게 눈에 띄는 장점이 있습니다. 초기에 만들어진 대부분 쇼핑몰들이 해당한다고 볼 수 있지요. 애플스토어, 카오디오몰, 칠판닷컴, 플라워샵 등은 그야말로 판매 상품을 브랜드에 두는 것입니다.

이때 유의해야 할 점은 다수의 경쟁 쇼핑몰과 차별화가 어려울 수 있다는 것입니다. 과일을 판매하는 쇼핑몰이라고 해서 '과일'이라는 키워드를 브랜드에 넣으면 소비자의 뇌리에 뚜렷하게 남지 않을 수 있으니까요. 과일나라, 과일천국, 과일랜드처럼 짓는다면 하나의 쇼핑몰일 경우에는 대표성을 부여하여 기억하기 쉽지만 여러 경쟁 사이트와 함께 있을 경우에는 오히려 눈에 들어오지 않기도 합니다.

## 쇼핑몰 컨셉을 브랜드화한다

상품 키워드가 쇼핑몰의 차별화된 이미지를 전달하지 못하는 단점을 극복하는 방법으로, 쇼핑몰 이미지를 표현하는 키워드를 선택해 브랜드화합니다. 대체로 패션 분야의 의류몰들이 여기에 해당한다고 볼 수 있는데요. 조아맘, 나인걸, 스타일난다와 같은 의류몰 브랜드를 살펴보면 '걸' 또는 '맘'이라는 타깃을 목표로 하거나 스타일이나 색, 즐거움 등 다양한 컨셉을 이름으로 소화합니다. 이처럼 브랜드가 지향하는 의미나 컨셉을 이름으로 만듭니다.

쇼핑몰 컨셉이 뚜렷하게 구분되거나 이미지가 강하다면 쉽게 각인되지만, 어정쩡한 컨셉으로 다가가거나 이름과 어울리지 못한다면 쉽게 기억되지 않을 수 있으므로 유의합니다.

## 한글과 영문을 같게 만든다

보통 사업자등록증을 신고할 때 상호는 한글로 적지만 도메인 이름은 영문이므로 한글과 영문 이름을 통일해야 합니다. 한글 이름은 영문 도메인과 함께 사용해서 서로 다르게 표시되면 소비자에게 혼란을 줍니다. 소호 쇼핑몰의 경우 상호는 'ㅇㅇ코리아'인데 브랜드는 'ㅇㅇ닷컴'으로 전혀 다른 곳들이 자주 눈에 띕니다. 예를 들어, 브랜드 이름은 '스위티 패션몰'인데, 도메인 이름은 'fashionnsweet.com'이기도 합니다. 이때 소비자들은 하나의 쇼핑몰에서 두 개의 이름을 사용하는 것으로 느껴 혼동하고 맙니다. 제가 직접 운영하던 쇼핑몰은 초기에 한글과 영문 이름이 약간 달랐었는데요. 소비자뿐만 아니라 공급처나 거래처에서도 회사 이름이 무엇인지 자꾸 확인하고 물어보아서 인지하기 쉽지 않다는 것을 느꼈습니다.

회사명(한글) = 쇼핑몰 브랜드(한글) = 도메인 이름(영문)

유명한 대형 사이트나 쇼핑몰은 회사의 상호, 브랜드, 도메인을 하나의 이름으로 일관성 있게 사용합니다. 네이버, 다음, 11번가, 인터파크, 티몬, 쿠팡 등은 어디서나 브랜드와 도메인 이름이 같지요. 대형 쇼핑몰에서 이러한 전략을 사용하는 데는 그만한 이유가 있습니다. 즉, 소비자에게 일관된 이미지를 전달하고자 하는 것입니다.

그렇다면 한글과 영문 이름을 같게 짓는 방법은 무엇일까요? 매우 간단합니다. 한글이든, 영문이든 한쪽으로 결정해 이름을 짓고 다른 언어는 발음 표기대로 바꿉니다. 인터파크의 경우, 인터파크라는 회사명이나 브랜드는 한글이 아닌 영어를 한국어로 소리 나는 대로 읽은 것입니다. 영문 'Interpark'를 도메인으로 하고 한글 상호를 '인터파크'로 표기하면 같아집니다. 쿠팡도 'Coopang'이라 쓰고 '쿠팡'이라고 읽으니 결국 같은 표기 방식입니다.

반대로 '다음'의 경우 한글로 브랜드 이름을 정하고 이를 영문으로 바꾼 것입니다. 'Daum'은 순수한 영문이 아닌 '다음'이라는 한글을 소리 나는 대로 영문으로 적은 것이니까요. '숙명여대'와 같은 브랜드를 영어로 바꿀 때도 'Sookmyung'이라고 표기만 바꿉니다. 이처럼 상호와 도메인 이름을 정할 때는 반드시 통일하기 바랍니다.

## 도메인 등록 방법과 주의사항

도메인 등록은 매우 간단합니다. 먼저 네이버와 같은 검색엔진에 '도메인'이나 '도메인 등록'이라는 키워드를 검색하여 대행사를 찾습니다. 이때 주의할 점은 여러 도메인 회사 중에서 하나를 선정해야 하는데 무엇보다 도메인 등록 가격이 다르므로 적어도 2~3개 이상의 업체를 검색해서 살펴보고 정하는 게 좋습니다.

인터넷 초기에는 도메인 등록비용이 모두 같았습니다. 그러다가 대행사 간 경쟁체제로 바뀌면서 자율경쟁으로 도메인 가격이 조금씩 차이 나게 되었습니다. 어느 회사든지 도메인은 대형 기관에서 관리하여 도메인 등록자인 개인에게 피해가 가는 일은 거의 없기 때문에 가격을 비교해서 저렴한 곳을 찾아 구매합니다.

5-02
도메인 등록 대행사 검색 결과

도메인 등록은 전문 회사에서만 취급하지 않습니다. 일반적으로 쇼핑몰을 창업하기 위해서는 쇼핑몰 관리 프로그램을 사용하는데, 쇼핑몰 솔루션을 취급하는 회사에서도 부가적으로 도메인 등록 서비스를 연계해 제공합니다. 이러한 회사를 이용하면 도메인과 쇼핑몰이 한번에 연결되어 네임 서버 변경과 같은 작업이 필요 없습니다.

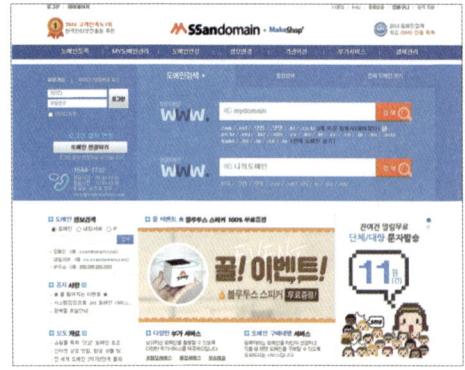

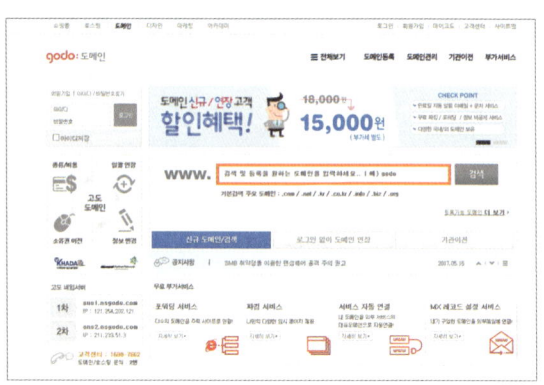

5-03
쇼핑몰 프로그램 도메인 등록 서비스 – 싼 도메인

5-04
쇼핑몰 프로그램의 도메인 등록 서비스 – 고도몰

5-05
쇼핑몰 프로그램의 도메인 등록 서비스 – 카페24

도메인 등록은 대행사를 결정한 다음 도메인 검색기$^{whois}$를 이용해 미리 고안한 도메인 이름을 찾는 과정으로 이어집니다. 이때 검색한 도메인을 다른 기업에서 선점했다면 접두어, 접미어, 숫자 등 다른 아이디어를 적용해 사용 가능한 도메인을 찾습니다. 물론 이 과정에서 쇼핑몰 컨셉을 흐트러트리지 않는 이름을 사용하는 것이 중요합니다.

도메인을 등록할 때는 최소한 'com'과 'co.kr'을 함께 등록하는 것이 좋습니다. 의외로 도메인 분쟁이 일어나는데요, 유사 도메인을 가지는 경우 자칫하면 도메인 분쟁에 휘말릴 수 있으니 주의해야 합니다. 분쟁이 아니라도 다른 회사에서 유사 도메인을 사용 중이라면 이미지 충돌로 인해 소비자에게 혼란을 줄 수 있습니다. 차후 상표권 또는 도메인과의 상관 부분도 있어 타사 도메인에 최대한 영향을 끼치지 않는 도메인을 사용하는 것이 바람직합니다.

예를 들어, 도메인 검색창에 'huiln'을 입력해봅니다. 'huiln'은 한글로 바꾸면 '휴일엔' 입니다. 후이즈$^{whois}$ 검색을 했더니 어떤 도메인은 등록 가능으로, 어떤 도메인은 등록 불가능으로 나타납니다. 유사한 도메인을 다른 기업이 가지고 있으므로 이 상태에서는 부딪칠 수도 있는데요, 이럴 때는 등록 불가능으로 나온 'huiln.com'과 'huiln.net'을 직접 입력해서 어떤 사이트인지 살펴봅니다. 차후 자신의 비즈니스와 부딪칠 염려가 있는 회사라고 판단되면 다른 도메인 이름을 생각하는 것이 좋습니다.

5-06
도메인 검색
– 카페 24의 후이즈(whois) 검색기

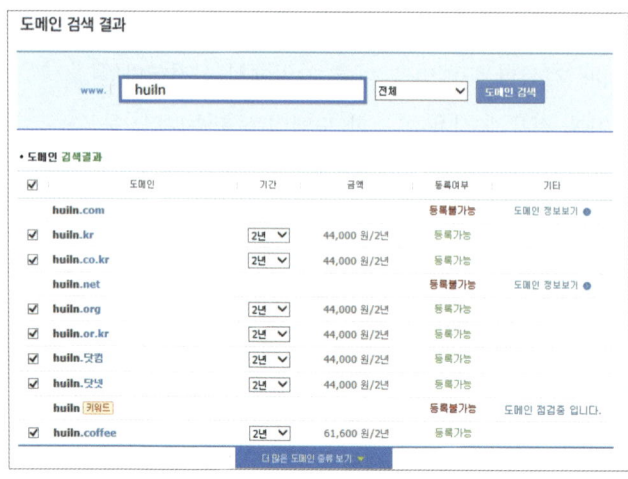

5-07
도메인 검색 결과
– 카페 24의 후이즈(whois) 검색기

하나의 예로 '하비박스'라는 취미 배달 사이트를 찾아봤었는데요, 네이버에서 검색했더니 같은 이름의 다른 사이트가 검색되어 혼동되었습니다. 두 사이트 모두 피겨Figure라는 테마가 있지만, 전혀 다른 비즈니스의 사이트였지요. 부득이한 선택이었겠지만 부딪치지 않는 도메인 이름이 가장 좋습니다.

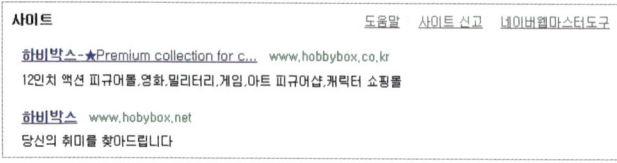

5-08
같은 이름의 다른 두 회사 – 네이버 검색

최종적으로 도메인을 등록하기 전에 알아두어야 할 체크 사항을 짚어봅니다.

### 도메인 등록 시 체크 사항

- □ 다년 등록의 할인율에 현혹되지 말고 1년만 등록하자.
- □ 도메인은 일정 기간 연장하는 것을 기억하자.
- □ 도메인 등록 대행사의 네임 서버를 체크하자.
  쇼핑몰 호스팅 업체가 도메인 등록 대행사에 바꿔 놓아야 도메인과 쇼핑몰이 연결된다.

도메인은 1년마다 연장하는 것이 기본입니다. 도메인을 등록할 때 등록 대행사에 따라 2년, 3년 등 다년간 등록을 신청하면 할인을 제공합니다. 매년 등록하기가 번거로운 이들을 위해 사용자 편의 면에서 다년간 등록 할인을 지원하기도 하지만, 굳이 다년간 등록할 필요는 없습니다. 쇼핑몰을 창업한 후 1년이 채 안 되어 폐업하는 경우도 있기 때문에 처음 등록할 때 최소 구매 단위는 1년만 등록하기를 권합니다.

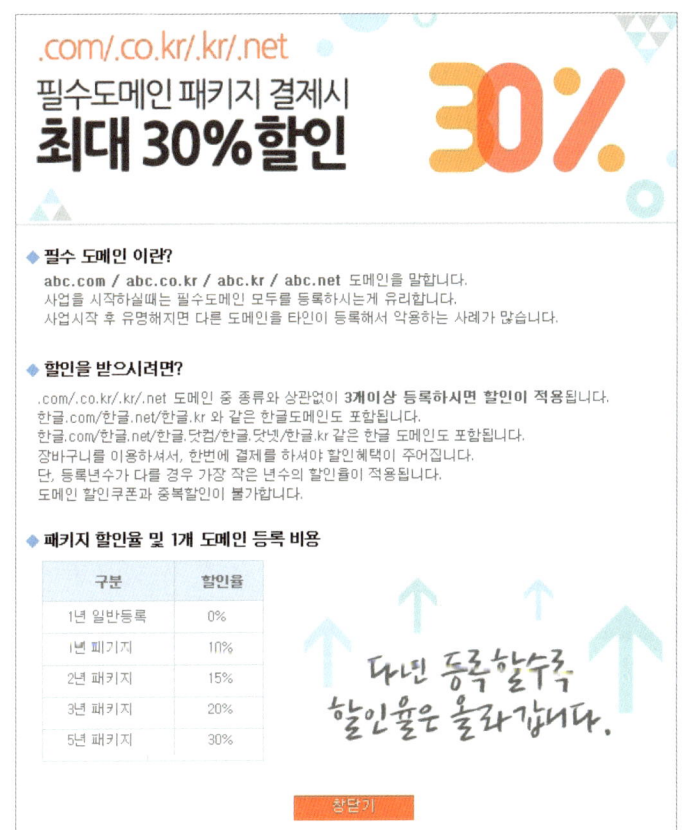

5-09
할인율 이벤트 광고 – 싼 도메인

도메인은 한번의 등록으로 영구 소유하는 것이 아니라 지속해서 연장하여 소유권을 유지한다는 개념을 기억하세요. 당연히 한번 구매한 도메인은 지속적인 연장을 통해 영구 소유권을 가질 수 있으나 매년 금액을 지급해야 합니다. 보통 도메인 구입비는 연간 1~2만 원 대 초반 정도입니다. 일반적으로 도메인 대행사에서 사용자의 기본 정보인 휴대폰 번호나 이메일로 연장 기간이 도래했음을 알려주기 때문에 크게 신경 쓰지 않아도 됩니다.

도메인 등록 단계는 쇼핑몰 창업의 서두에 해당합니다. 도메인을 등록하는 것은 쇼핑몰이 만들어지기 전이기 때문에 임시로 도메인 등록 회사의 네임 서버<sup>도메인을 관리하는 컴퓨터</sup>로 등록하도록 세팅하는데요, 추후 쇼핑몰이 구축되면 도메인 등록 회사의 네임 서버를 쇼핑몰 호스팅 업체의 네임 서버로 변경합니다. 그래야 도메인 이름을 웹브라우저에 입력했을 때 쇼핑몰로 연결됩니다. 이때 쇼핑몰을 완성한 후 다시 한 번 네임 서버를 변경하는 작업이 있다는 것만 기억해두기 바랍니다. 단, 쇼핑몰 솔루션 업체와 쇼핑몰 호스팅 업체가 같다면 이 작업은 필요 없습니다.

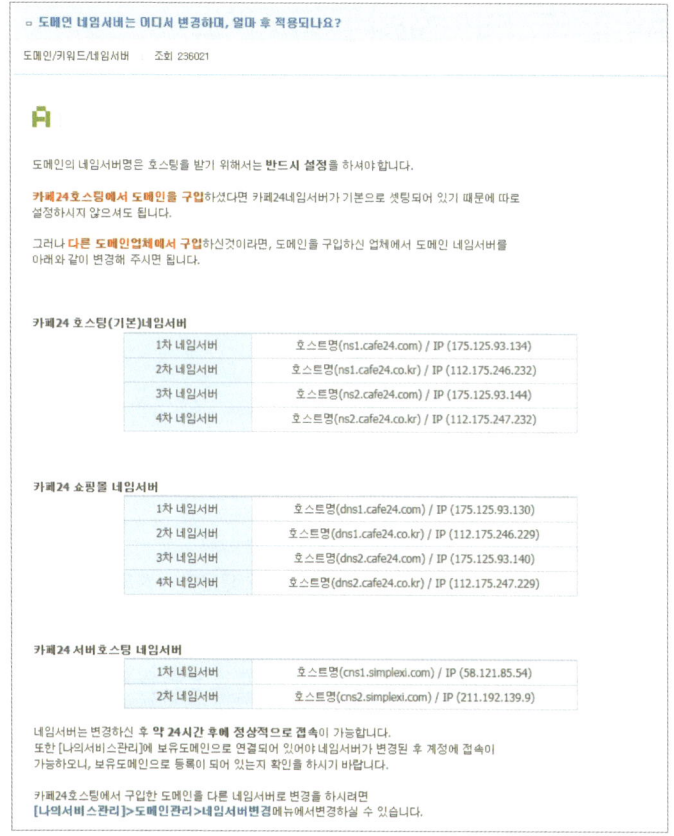

5-10
도메인 네임 서버 설정 및 변경 안내 공지문 – 카페24

# 도메인은 상표권 등록으로 보호한다

쇼핑몰 브랜드를 지키려면 우선 브랜드를 지키는 법적인 수단인 상표권을 알아야 합니다.

### 상표법 제2조 - 상표에 관한 정의

상표란 상품을 생산·가공·증명 또는 판매하는 것을 업으로 영위하는 자가 자기의 업무에 관련된 상품을 타인의 상품과 식별되게 하려고 사용하는 기호·문자·도형·입체적 형상 또는 이들을 결합한 것 또는 이들 각각에 색채를 결합한 것을 말한다.

상표법은 기호 상표, 문자 상표, 도형 상표와 이들의 결합 상표, 색채 상표나 입체 상표처럼 시각적으로 인식할 수 있는 대부분을 상표로 인정한다는 것입니다. 쇼핑몰의 브랜드, 상호도 도메인 등록 상표로서 인정받을 수 있습니다. 법적인 효력을 가지므로 사업을 하는 사업주 입장에서는 반드시 필요한 절차입니다. 마음에 드는 브랜드로 사업을 시작했다가 다른 기업으로부터 소송을 당하는 일도 생기기 때문에 도메인 등록 시 해당 도메인이 다른 브랜드 이름과 겹치지 않는지를 좀 더 살펴보고 등록해야 합니다. 만약 타인이 먼저 자사의 상표를 등록해두고 법적으로 브랜드를 사용하지 못하도록 권리를 행사할 수도 있습니다. 오랜 시간 지켜온 쇼핑몰 브랜드를 다른 경쟁업체에서 쉽게 도용하거나 잘못 사용하는 일이 없도록 자사 브랜드를 지키는 수단으로써 상표법으로 등록하는 것이 좋습니다.

법인의 명칭, 상호 또는 제품 브랜드<sup>상표</sup>는 특허청에 상표를 등록해야만 국내 동종업자 누구도 무단으로 사용할 수 없습니다. 이는 법인등기, 사업자등록과는 별도의 절차이므로 특허청에서 미리 상표법에 관한 안내 자료를 살펴보고 등록하면 좋습니다. 특허청에 상호나 상표를 등록하지 않은 채 사용하면 상표권자나 제3자에 의해 민·형사상 처벌을 받을 수도 있다는 점도 유념하도록 합니다.

5-11
상표 안내 – 특허청

5-12
상표 검색 – 특허청

상표 등록은 변리사를 통해 대리 등록하는 형식이 일반적이지만, 최근에는 온라인으로 상표권 등록을 더욱 쉽고 저렴한 가격에 대행하는 대행사들이 늘어나서 간편해졌습니다.

최근 관련 기사에서 상표출현서비스로 특허청이 공식 후원하는 지식재산서비스 개발 부문 우수기업이 된 '마크인포' 사이트는 온라인 상표등록서비스로 이미 사용자 수 20만 명을 돌파했다고 합니다. 상표등록 서비스는 기존의 번거로운 상표출원 절차를 온라인에서 10분 이내에 간단한 입력사항만으로 출원인코드 부여신청, 견본작성, 지정 상품선택, 출원서 작성, 수수료 납부 등 모든 출원 절차가 진행됩니다. 창업자의 서류 작성과 기관 방문의 부담을 덜기 위해 구축한 시스템이지요. 기존의 특허청을 통한 비대면 직접 상표등록 절차보다 각종 증명서 발급과 프로그램 설치에 따른 시간을 줄이고, 일반인에게는 어려운 법적용어로 이루어진 절차와 지정 상품 선정 과정을 모두 대행하여 상표권자가 더욱 쉽고 안전하게 상표권을 가질 수 있도록 도와줍니다.

또한 출원 전 상표등록 가능성을 알아볼 수 있는 자가진단프로그램, 전문상담서비스, 상표거절 시 법적 대응을 도와주는 거절대응서비스, 출원상표 모니터링, 상표권 매매 서비스 등 상표권 확보를 위한 모든 솔루션을 제공하니 한번 살펴보면 좋습니다.

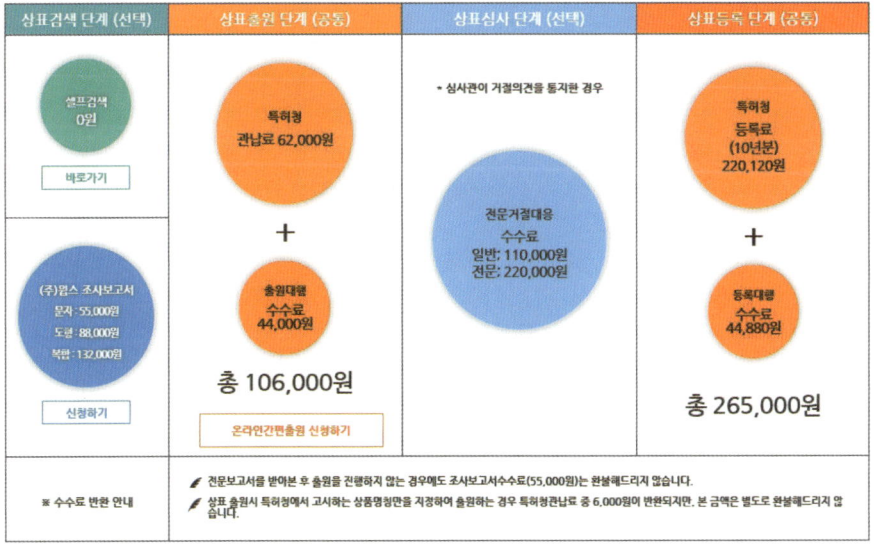

그림 5-03
마크인포(www.markinfo.co.kr) 서비스 비용

상표등록 비용은 출원비용과 등록비용으로 나뉩니다. 출원비용은 최초로 신청할 때 발생하는 비용이며 최종 등록비용은 약 1년 뒤 특허청 심사결과에 따라 지급하는 형태입니다. 보통 몇십만 원에 이르는 비용이 드는데요, 상표권 등록은 출원부터 최종 등록이 승인되는 데까지 약 6개월에서 1년의 기간이 소요되며, 상표 등록 후 10년 동안 자격이 유지됩니다. 10년이 지나도 10년마다 갱신 출원/등록 과정을 거치면 특별한 사유가 없는 한 영구적으로 권리를 연장할 수 있습니다.

도메인 이름은 인터넷 사이트 주소이므로 상표와는 무관하다고 생각할 수 있지만, 도메인과 브랜드 이름이 함께 사용되는 경우 해당 쇼핑몰에서 상품 판매나 서비스 제공 등이 이루어지면 도메인 이름도 상품, 서비스의 출처 표시 기능을 한다고 봅니다. 지금까지의 판례로 보면 일반적인 상표권 침해와 마찬가지로 도메인 이름이 상표와 동일하거나 유사하고, 영업 대상의 상품이 상표권자 상품과 동일하거나 유사하면 상표권 침해로 볼 수 있다고 해석됩니다. 그러므로 도메인 이름도 독점 배타적으로 안심하고 사용하기 위해서는 상표로 등록하는 것이 바람직합니다.

> [판례] 'chanel.co.kr'로 페로몬, 란제리 등을 판매하는 행위에 대하여 저명상표 'chanel'의 상표권 침해와 부정경쟁행위라 하고 나아가 'chanel.co.kr'의 도메인 등록을 말소시킨 사례가 있다.

## 창업 컨설팅 노트 | 도메인은 일반 명사를 피하고 상표로 지키자

필자의 도메인 이름과 관련해 여러 에피소드를 살펴보면서 중요한 핵심을 짚어본다.

먼저 '골드버그' 쇼핑몰을 창업할 때 회사명은 골드버그가 아니었다. 큰 성장을 꿈꾸며 '미치컴퍼니(아름다움을 이끄는 회사)'라는 상호를 지었다. 도메인 검색 단계에서 'goldbug.com'은 외국인에게 선점된 상태라 등록할 수 없어 할 수 없이 쉬운 선택으로 'goldbugmall.com'으로 지었다. 즉, 회사명(미치컴퍼니)과 브랜드(골드버그), 도메인(골드버그몰닷컴)이 각각 달라서 운영 기간 내내 힘이 들었다. '골드버그'라는 이름으로 쇼핑몰을 검색했다가도 'mall'이 붙여진 도메인 이름 때문에 혼란을 겪는 소비자들도 있었다. 도매업체에서도 '골드버그'로 알고 있다가 세금계산서는 '미치컴퍼니'로 발행하니 그것도 혼란이었다. 이 같은 경험으로 회사 이름, 브랜드, 도메인 이름이 같아야 한다는 것을 몸소 깨닫게 되었다.

또 처음 도메인을 등록할 때 'com'과 'co.kr'을 모두 등록했다. 하지만 명함이나 검색엔진 노출 시 com 도메인만 사용하여 1년이 지나 연장 신청이 돌아올 때 co.kr을 포기했다. 검색엔진에 등록할 때나 홍보할 때 com 도메인만 사용해서 co.kr 도메인까지 굳이 사용할 필요는 없어서였다. 그러나 등록을 포기한 후 같은 아이템으로 경쟁하는 쇼핑몰에서 해당 도메인을 가져가 링크를 걸어두는 바람에 문제가 생겼다. 웹브라우저 주소 창에 'goldbugmall.co.kr'을 입력하면 경쟁몰로 접속되는 상황이 발생한 것이다. 이 같은 경험으로 com과 co.kr은 항상 함께 관리하는 것이 쇼핑몰 브랜드를 지키는 것임을 깨달았다.

이후 '아침에'라는 과일 쇼핑몰을 창업하여 브랜드를 만들 때에도 우여곡절이 있었다. 쇼핑몰 창업 후 검색엔진에 등록하는 데 문제가 생긴 것이다. 당시 검색엔진에서는 '아침에'라는 사이트명이 일반명사이기 때문에 브랜드로 인식할 수 없다는 답변이 돌아왔다. 즉, 등록하려면 상호에 '아침에'라는 명칭이 들어가야 인정해줄 수 있다는 답변이었다. 당시 '골드버그'라는 상호를 가지고 있는 상태에서 두 개의 쇼핑몰을 운영하게 되어 '아침에'를 넣기 불편했지만, 어쩔 수 없이 다시 상호를 변경했다. 현재 검색엔진 등록은 웹마스터도구에 기반을 두어 자동 수집되는 형태로 바뀌었지만, 당시만 해도 네이버에서 검색엔진 등록 신청을 꼭 해야만 하는 것이라 브랜드를 정할 때 검색엔진 등록 요건을 상세하게 살펴봐야 한다는 것을 깨닫게 되었다. 특히 일반명사의 조합으로는 만들지 않아야 한다는 것을 알게 되었다.

# 쇼핑몰 판매 채널의
# 아웃라인 설계 ❺❷

## 쇼핑몰 구축을 위한 세 가지 방법

창업 아이템 선정부터 도메인 등록까지 마무리했다면 구체적으로 어떤 방법으로 쇼핑몰을 구축할지 고민합니다. 10년 전만 해도 개인의 쇼핑몰 창업은 크게 오픈마켓 창업과 개인 쇼핑몰 창업으로 나뉘고, 쇼핑몰 솔루션을 기반으로 한 독자적인 형태의 창업이 주였습니다. 최근에는 모바일 상거래 시장이 확대되면서 모바일 커뮤니티와 함께 하는 쇼핑 채널이 생기는 등 쇼핑몰 구축 방법이 매우 다양화되고 있지요. 쇼핑몰 구축 방법에는 어떤 것이 있는지, 각각의 방법은 어떤 특징을 가지며, 고려해야 할 사항은 무엇인지 알아보겠습니다.

쇼핑몰을 구축하는 방법에는 세 가지가 있습니다. 크게 개인몰 창업과 오픈마켓 입점 창업으로 나뉘고, 개인몰 창업도 규모와 사업 방식에 따라 독립형 창업 또는 임대형 창업으로 구분할 수 있으며, 입점 형태의 창업도 대형몰 입점과 오픈마켓 입점으로 구분할 수 있습니다. 그리고 최근 모바일에서 커뮤니티와 연결하여 쇼핑 판매가 이루어지는 커뮤니티형 창업이 있습니다. 사실 커뮤니티형 창업은 일반 쇼핑몰 형태를 띤다기보다는 고객과의 대화형 소통을 통해 이벤트성으로 제품 판매 방식을 취해서 홍보 채널에 가까운 방식입니다. 어떤 형태가 잘 맞는지를 고민하며 선택하도록 합니다.

| 창업 방식 | 개인몰 창업 | 입점 창업 | 커뮤니티형 창업 |
|---|---|---|---|
| 방식 차이 | 개발 형태 | 계약 방식 차이 | 커뮤니티(SNS) 기반 카페, 블로그, 인스타그램 |
| | ① 독립형 | ③ 대형몰 입점 | 카카오스토리, 네이버 밴드 |
| | ② 임대형 호스팅 | ④ 오픈마켓 입점 | |

표 5-04 쇼핑몰 구축 형태

## 개인몰 창업은 임대형 호스팅 창업이 일반적이다

먼저 개인이 직접 쇼핑몰을 구축, 관리, 운영하는 개인몰 방식의 창업을 살펴보겠습니다. 개인몰 창업은 개발 형태의 차이로 서버 구축부터 프로그램 개발까지 모두 직접 책임지는 독립형 창업과 프로그램 개발 등 기술적인 부분을 전문 회사에 위탁해 운영하는 임대형 호스팅 창업으로 나누어집니다.

'예스24'와 같은 대형 사이트는 독자적인 독립형 창업에 속합니다. 일반 소호몰 형태와 다르게 수많은 개별 디자인과 세부 기능이 들어간 쇼핑몰이 여기에 속한다고 볼 수 있습니다. 실제로 '베이킹스쿨'이라는 쇼핑몰은 개인 소호 형태로 출발했지만 창업자가 프로그래머 출신이라서 일반 소호몰 형태의 쇼핑몰과 기능적으로 크게 차이가 납니다. 베이킹에 관심 있는 소비자에게 가장 중요한 것은 레시피일텐데요, 일반 블로그와 레시피를 연계하여 쇼핑몰에서 블로그로 링크되도록 설계했고, 외부 블로그를 보면서도 해당 레시피에 포함된 재료들을 한 화면에서 바로 구매할 수 있습니다. 이러한 기능은 독립형 쇼핑몰에서 가능한 설계입니다.

독자적으로 개인몰을 운영하는 방식은 무엇보다 창의적으로 쇼핑몰을 개발하고 운영할 수 있어서 브랜드 차별화를 만들 수 있는 것이 장점입니다. 창업 초기부터 소비자들의 뇌리에 차별화된 컨셉으로 자리 잡을 수 있다면 고유 브랜드로 성장할 수 있는 개연성이 큽니다. 하지만 그러기 위해서는 개발 전문가가 필요하며 개발비용도 많이 들어가므로 일반 소호 창업에는 적합하지 않습니다. 비교적 규모가 크고 독자적인 플랫폼과 서비스 개발이 필요한 경우에 이루어집니다.

5-13
예스24(www.yes24.com)

5-14
베이킹스쿨(www.bakingschool.co.kr)

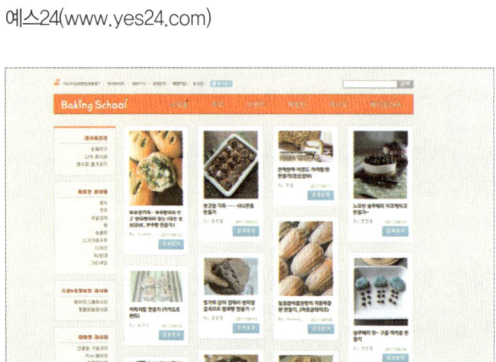

5-15
베이킹스쿨의 레시피 연동 화면

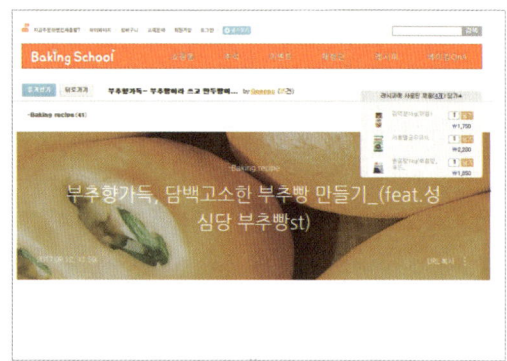

5-16
베이킹스쿨 외부 블로그의 장바구니 연동 화면

반면 임대형 호스팅으로 쇼핑몰을 창업하는 방법은 기존에 개발된 쇼핑몰 솔루션 개발 기능을 매월 임대료를 지불하면서 충실하게 잘 이용하는 것입니다. 일반적으로 쇼핑몰 솔루션업체 중 유명한 곳은 '메이크샵' '고도몰' '카페24'가 해당합니다. 개인몰 창업에서는 임대형 호스팅을 통한 창업이 대부분입니다. 프로그램 개발 지식이 없어도 만들어진 솔루션을 통해 상품을 등록하고 디자인을 더하면서 홍보할 수 있으니까요. 비용도 무료에서부터 매월 5만 원 내외의 비용을 지불하는 경우가 대부분이라 쉽게 개인 쇼핑몰을 창업할 수 있습니다.

Shoppingmall Founded for Note

### 웹 호스팅의 정의

컴퓨터 전문업체로부터 자원 일부를 임대받아 웹사이트를 구축하는 것을 말한다. 즉, 인터넷에서 정보를 제공하기 위해서는 웹사이트를 구축할 수 있을 만한 성능을 가진 컴퓨터, 통신회선과 소프트웨어를 갖추는 비용이 적지 않게 들어간다. 따라서 비용 때문에 독립적인 인터넷 서버를 운영하기 어려운 중소기업에 인터넷 서비스 제공업체(ISP)를 통하여 웹 서버를 임대함으로써 자체 도메인을 갖게 해주는 서비스를 말한다.

웹 호스팅은 쇼핑몰 프로그램을 개발한 회사에서 일반 창업자들이 쉽고 저렴하게 이용할 수 있도록 매월 프로그램을 대여하는 서비스입니다. 쇼핑몰 솔루션 중에서는 메이크샵, 카페24, 고도몰과 같은 프로그램의 인지도가 높습니다. 임대형 호스팅 창업은 초기 쇼핑몰 구축비용이 저렴하고 독립형 개인몰처럼 개인몰의 브랜드 형성이 비교적 쉽다는 게 장점입니다. 하지만 직접 프로그램을 관리하는 것이 아니기 때문에 원하는 기능을 추가로 개발하기 힘들고, 쇼핑몰 홍보와 마케팅을 독자적으로 해결해야 한다는 부분이 가장 어렵습니다. 개인몰은 자사 상품을 가지고 오픈마켓에 별도로 입점하거나 SNS 채널 블로그, 페이스북, 인스타그램과 연결하여 고객을 유치하는 활동을 벌입니다.

### 입점 창업에서는 네이버 스마트스토어 창업이 인기다

입점 창업은 계약 방식 차이에 따라 대형몰 입점과 오픈마켓 입점으로 나뉩니다. 백화점몰과 같은 대형몰에 입점하려면 MD와의 계약을 통해 입점 절차를 따라야 해서 창업 초기에는 경력이 부족해 힘듭니다. 그러므로 G마켓, 11번가, 네이버와 같은 오픈마켓에 자유롭게 입점해서 상품을 판매하는 것이 가장 쉬운 방법입니다. 입점했을 때 이미 시스템이 완성된 시장에 들어가는 것이기 때문에 개인이 준비해야 하는 것은 상품 정도뿐이라 쉽게 창업할 수 있다는 것이 가장 큰 장점입니다. 이미 찾는 고객이 형성된 큰 시장에 참여하는 것이라서 창업 초기에 고객 확보가 쉬운 점도 장점입니다. 반면,

직접 쇼핑몰을 구축하는 것은 아니기 때문에 운영 노하우가 부족할 수 있으며, 자체 쇼핑몰 브랜드 구축이 쉽지 않고 판매에 따른 수수료를 지속해서 내야 하는 등의 단점이 있습니다.

## 대형 종합 쇼핑몰(유통 업체)에 입점하기

대형 쇼핑몰에 입점하는 방식은 오프라인으로 생각하면 백화점에 매장을 내는 것과 같습니다. 고객층이 다르고 제품의 기대 수준이 다르기 때문에 오픈마켓 입점보다 비교적 중고가 제품이 많이 팔리는 장점이 있습니다. 무엇보다 대형 종합 쇼핑몰이기 때문에 소비자는 판매 브랜드에 대해 신뢰합니다. 판매자 신뢰도와 제품 품질을 우선시하는 고객을 상대로 자신의 판매 아이템을 어필한다면 대형 쇼핑몰에 입점하는 것도 고려해볼 만합니다.

다만 대형 쇼핑몰 입점은 사전심사를 거쳐 카테고리 담당 MD와 계약을 체결합니다. 규모가 작은 업체이거나 신규 업체는 계약이 잘 성사되지 않는다는 점을 참고하세요. 기존에 오프라인 유통 경험이 있거나 제조 경력이 있는 회사라면 쉽게 등록될 겁니다. 지금은 비록 시작 단계이더라도 1~2년 내 쇼핑몰로서 입지를 다지면 대형 종합 쇼핑몰 MD로부터 입점 요청을 받을 수도 있습니다.

보통 입점 문의는 해당 사이트 하단의 '입점 신청' 또는 '제휴 안내' 등의 서비스 메뉴를 이용하여 신청서를 작성합니다.

**5-17, 18**
롯데닷컴의 입점 안내

전통적인 대형 쇼핑몰 외에 최근 급부상한 업체들은 소셜커머스 업체인데요, 대표적으로 쿠팡, 티몬, 위메프가 유명합니다. 이들 소셜커머스 업체에서도 각각 연, 조 단위 매출을 내는 곳이라 쇼핑몰 시장에서의 위치는 매우 공고한 편입니다. 소셜커머스에 입점하기 위해서도 담당 MD와 미팅 후 내부 결재를 받은 다음 이루어지기 때문에 대형 종합 쇼핑몰과 유사한 형태입니다. 최근 소셜커머스들도 오픈마켓형으로 변신한다는 뉴스 기사가 쏟아지고 있어 누구나 쉽게 상품을 등록하고 판매할 수 있게 되리라 예상합니다.

**5-19, 20**
소셜커머스 업체 티몬의 입점 안내

## G마켓, 11번가, 네이버 쇼핑과 같은 오픈마켓에 입점하기

쇼핑몰 창업자는 G마켓, 11번가와 같은 오픈마켓에 입점하는 것이 가장 편리합니다. 최근 들어 인터넷 쇼핑몰 창업자에게 가장 인기 있는 창업 중 하나는 바로 네이버 오픈마켓 플랫폼인 '네이버 쇼핑'에 입점하는 것입니다.

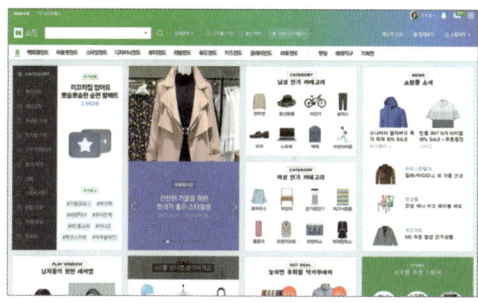 

**5-21**
네이버 쇼핑 오픈마켓

**5-22**
네이버 쇼핑 입점 안내

오픈마켓에 입점하면 무엇보다 상품 판매 제반 시스템이 자체적으로 마련되어 있어 상품만 있다면 바로 판매를 시작할 수 있습니다. 처음 판매를 시작할 때 사업자등록을 하지 않고도 개인 자격으로 판매할 수 있지요. 오픈마켓에서는 6개월 매출액이 1,200만 원을 넘지 않으면 사업자등록을 하지 않아도 개인 자격으로 판매가 가능합니다. 또한, 솔루션 구매비용도 없어서 가장 저렴한 것이 최대 장점입니다. 더불어 옥션, G마켓, 11번가, 네이버와 같은 오픈마켓은 하루 방문자 수가 몇백만 명에 이를 정도로 큰 시장이므로 경쟁력 있는 상품만 있다면 빠른 시일 안에 매출을 일으킬 수 있는 장점이 있습니다.

하지만 오픈마켓 입점은 가격 경쟁력이 있는 딜러에게 적합합니다. 같은 아이템을 가지고 여러 딜러와 경쟁해서 가격 면에서도 경쟁력을 갖추어야 하고 제공할 컨텐츠도 신경 써서 작업해야 하기 때문입니다. 최근 오픈마켓을 들여다보면 이미 대형 쇼핑몰과 브랜드들이 별도의 숍으로도 많이 입점하여 경쟁력이 약한 소호 창업자의 상품은 어필하기가 더욱 어려워졌습니다.

한 쇼핑몰 업체는 중국에서 의류를 위탁해 오픈마켓과 소셜커머스에서 판매하는데 의류 사진은 모두 중국 도매상에게 받았다고 합니다. 그는 제품 이미지만 봐도 중국의 어느 시장에서 공급받는 제품인지 알 수 있다고 합니다. 한 소셜커머스에서 상위 매출 10위 안에 드는 의류 쇼핑몰들은 중국에서 대량 구매를 하는 제품들이었습니다.

5-23
11번가 베스트상품 코너

5-24
11번가 셀러존

처음 쇼핑몰 창업에 도전하는 창업자에게 오픈마켓 창업은 테스트 시장의 역할을 합니다. 우선 상품을 등록하고 물건을 팔면서 소비자 분석이나 유통의 흐름, 쇼핑몰 창업의 흐름을 이해하지요. 그리고 오픈마켓은 판매하려는 품목이 적을 때에도 쇼핑몰 운영이 가능한 형태이기 때문에 독립형 쇼핑몰보다 규모가 작아도 됩니다.

또한 오픈마켓은 입점한 사업자의 브랜드로 미니샵과 같은 개념의 가게가 형성되는데요, 솔루션 형태가 같아서 모든 쇼핑몰이 대체로 비슷해 보이기 때문에 개성 있는 연출이 어렵습니다. 물론 전체적인 통일성은 갖추어지지만요.

오픈마켓마다 판매자 대상으로 안내 교육을 제공하여 관심만 가지면 무료로 판매자 교육을 받고 사진 촬영 및 오픈마켓별 광고 상품에 대한 안내를 받아 창업할 수 있습니다. 오픈마켓은 별도의 솔루션을 자체적으로 알려주기 때문에 고민 없이 11번가의 경우 11번가 셀러오피스를 사용하고, G마켓과 옥션은 통합 ESM 플러스 솔루션을 사용해서 창업을 준비합니다.

**5-25**
11번가 셀러오피스 로그인 화면

**5-26**
ESM 플러스 관리자 로그인 화면

## SNS 커뮤니티(카카오스토리, 밴드, 인스타그램 등)와 연계한 쇼핑몰도 인기다

최근 쇼핑몰 구축 형태의 트렌드로 빼놓을 수 없는 것이 커뮤니티와 쇼핑몰을 연계해 운영하는 방식입니다. 특히 모바일 플랫폼을 기반으로 한 커뮤니티형 쇼핑몰이 유행처럼 번지고 있지요. 몇 년 전부터 카카오의 카카오스토리를 통한 쇼핑몰 판매가 붐처럼 일었고 뒤이어 네이버의 밴드를 통한 쇼핑몰 운영도 인기를 끌었습니다. 최근에는 인스타그램으로 빠르게 쇼핑몰 운영 트렌드가 옮겨가고 있는 것으로 보입니다.

이때 커뮤니티는 홍보와 동시에 쇼핑몰 역할을 합니다. 개인몰 또는 오픈마켓 입점이나 운영 중 가장 어렵게 생각하는 부분은 쇼핑몰을 알리고 고객을 유치하는 일이었는데 커뮤니티를 연계한 쇼핑몰은 이 부분이 어느 정도 해소되는 셈입니다.

커뮤니티와 연계된 쇼핑몰 구축 운영 방식은 다양한 형태로 진행됩니다. 흔히 전통적인 카페와 블로그 형태의 판매 방식이 있습니다. 카페에서 회원 수를 5천 명 이상 확보하면 천천히 회원 간 거래할 수 있는 아이템을 올리고 홍보를 통해 구매와 연계하는 방식이 진행됩니다. 블로그를 통해서도 홍보하면서 상담 전화를 유도하거나 방문한 고객에게 제품을 판매하기도 합니다.

커뮤니티와 연계한 쇼핑몰은 마케팅 비용을 많이 지급하지 않고도 쉽게 고객과 친구처럼 소통하면서 운영하는 방법으로, 쇼핑몰 구축 시 하나의 마케팅 보완수단으로 떠올랐습니다. 최근에는 그 비중이 커져서 쇼핑몰을 구축하지 않고 커뮤니티를 통해서만 판매를 올리는 사례도 많습니다. 이러한 구축 방법은 커뮤니티를 통해 형성된 신뢰가 즉시 매출로 이어지기 때문에 구매 전환율이 높고 입소문이 빠른 게 가장 큰 장점입니다. 다만 커뮤니티가 성공하려면 지속적인 컨텐츠 업데이트가 이루어져야 하고 아이디어가 많아야 합니다. 물론 회원 관리에도 자신만의 노하우가 필요합니다.

한편으로는 조심해야 합니다. SNS 채널을 통한 판매가 다양화되면서 탈세에 관한 시선도 곱지 않은 게 사실입니다. 홍보용으로 운영하더라도 정식으로 사업자등록을 내고 통신판매업신고를 한 후 시작하는 것이 올바릅니다.

지금까지 크게 세 가지의 쇼핑몰 구축 방안에 대해 알아보았습니다. 크게는 입점과 개인몰 창업, 커뮤니티형 창업으로 나눠지는데요. 가장 중심이 되는 방법은 오픈마켓 입점과 임대형 호스팅을 이용한 개인몰 창업입니다. 커뮤니티형 창업은 본래의 창업 형태보다는 하나의 마케팅 수단으로 활용하는 것이 바람직합니다. 두 가지 핵심 방법에 관해 다시 한 번 장단점을 정리하면 다음과 같으므로 어떤 형태로 창업할 것인지 결정합니다.

오픈마켓으로 쇼핑몰을 시작하거나 개인 쇼핑몰로 시작하거나 어느 정도 쇼핑몰이 운영되어 가면 대부분 창업자는 각각의 방식을 모두 활용합니다. 다양한 채널에서 판로를 개척해야 매출이 오르기 때문입니다. 각각의 방식이 가진 장단점을 보완하도록 각 채널을 활용하는 전략은 매우 중요합니다.

| 쇼핑몰 구축 | 입점(오픈마켓) | 임대형 호스팅(개인 쇼핑몰) |
| --- | --- | --- |
| 방법 | G마켓, 옥션, 11번가, 네이버 쇼핑 | 메이크샵, 카페24, 고도몰 등 |
| 특징 | • 초기 쇼핑몰 구축에 두려움이 많은 경우<br>  – 테스트 시장<br>• 가격 측면의 경쟁력이 있는 경우<br>  – 제조 혹은 대형 유통사에 해당<br>• 단품 혹은 중고품 거래인 경우<br>• 제품 품목이 적을 경우 | • 독자적인 브랜드몰을 원하는 경우<br>• 차별화된 쇼핑몰을 만들고 싶은 경우<br>• 비교적 가격이 높은 고가 제품의 경우 |

**표 5-05** 입점 vs 개인 쇼핑몰 추천 비교

## 커뮤니티를 기반으로 한 다양한 판매 방법

온라인 카페를 통해 회원 수를 확보하면서 공동구매 등의 방식으로 판매를 연결합니다. '입질톡클럽'은 유정낚시라는 쇼핑몰과 연결되며 2016년 알찬 카페로 지정된 우수 카페입니다. 카페 내 공동구매를 통해 회원들과 적절히 연계하며 판매를 촉진하고 있습니다.

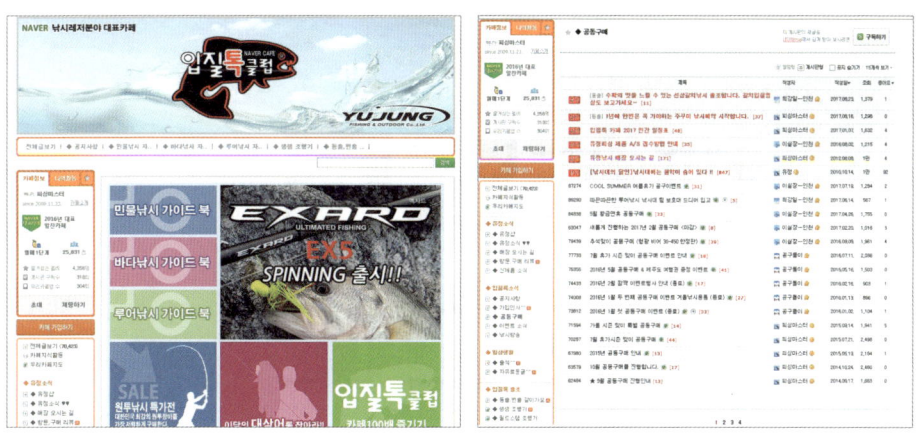

**5-27, 28**
입질톡클럽(cafe.naver.com/ujft)

블로그를 통해 회사 아이템과 서비스를 소개하고 전화 연결을 통해 판매로 연결하기도 합니다. '뮤즈나인'은 블로그 및 디자인 전문업체로 블로그를 통해 고객을 만나고 거래를 만들어가고 있습니다.

카카오스토리로 소식지를 발간하며 고객과 소통하면서 판매하기도 합니다. '키즈토마토' 공동구매는 육아, 생활 및 요리, 건강에 대한 공동구매 정보를 제공하는 카카오스토리로 약 28만 명의 고객이 소식을 받는 대형 공동구매장입니다. '강원산삼초행복한산삼언니' 공동구매는 강원도에서 직접 산삼농장을 운영하는 대표가 건강과 관련된 소식지를 주고 받으며 고객과의 유대를 강화하는 채널입니다.

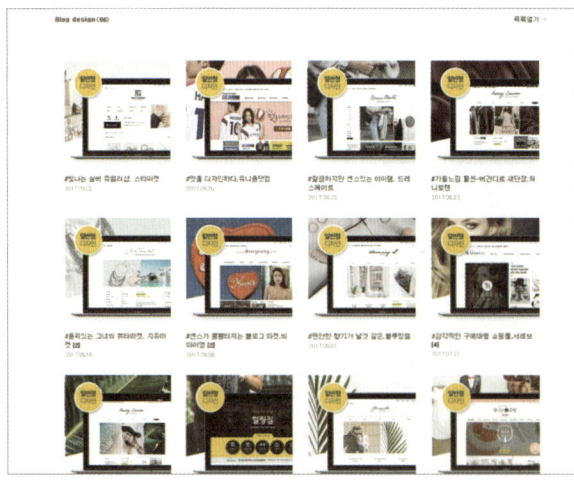

5-29, 30
뮤즈나인(blog.naver.com/muse9_)

Shoppingmall Founded for Note

네이버 밴드에서도 정보를 공유하며 제품을 팔거나 처음부터 공동구매 밴드로 오픈하여 상거래를 합니다. '비밀의 공구' 밴드는 공동구매에 특화된 밴드로 회원 수가 10만 명이 넘는 대형 밴드입니다. '향수나라' 밴드도 향수에 대한 제품 판매를 기본으로 하여 회원들과 소통하는 밴드입니다.

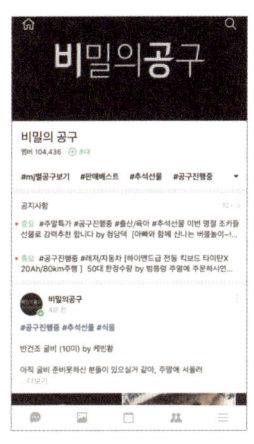

5-31
비밀의 공구 밴드

5-32
향수나라 밴드

인스타그램도 홍보와 함께 제품 판매로 연결합니다. '라라츄'는 성수동에 있는 수제화전문매장으로 인스타그램에서 구두 제품을 소개합니다. '어헤즈맨'은 남성전용 미용실의 헤어디자이너로 일상 스토리와 함께 미용 시술 컷들을 공유하면서 홍보합니다. 각각 카카오톡 문의나 전화번호 등을 노출하여 매출로 연결하기 위해 노력하고 있습니다.

5-33
라라츄 인스타그램

5-34
어헤즈맨 인스타그램

## 오픈마켓 창업의 허와 실

온라인 마켓플레이스는 말 그대로 온라인 장터로써 많은 판매자와 구매자가 모여 물건을 사고파는 공간입니다. 다수의 판매자가 자유롭게 경쟁하는 시장이지요.

오픈마켓은 판매자에게 물건을 파는 공간 제공, 마케팅 대행, 미니샵 제공 등의 관리와 마케팅 서비스를 지원하고, 구매자에게는 안심하고 거래할 수 있도록 수취확인제도 에스크로서비스를 운영하여 판매자와 구매자 모두에게 편익을 제공합니다. 이러한 편의성 때문에 판매자들이 입점하고, 구매자는 많은 판매자의 제품을 편리하게 비교하며 더욱 저렴하면서도 안전하게 구매할 수 있습니다. 온라인 쇼핑 채널에서 오픈마켓 거래액은 많은 비중을 차지합니다. 오픈마켓 창업은 다음과 같은 주요한 매력을 가집니다.

**장점**
- 개인 딜러 자격으로 물건을 팔 수 있다. (사업자 신고 없이 판매 가능)
- 제품 판매에 대한 모든 제반 기술이 제공된다.
- 비교적 저렴한 투자비용으로 창업할 수 있다.
- 오픈마켓 자체 홍보로 직접 고객 모집 홍보가 쉽다.
- 단품으로도 장사를 시작할 수 있다.
- 대박만 나면 일순간 억대 딜러가 된다.

**단점**
- 100원이라는 가격에도 경쟁업체 비교가 치열하다.
- 구매하는 고객이 꼭 자신의 쇼핑몰을 기억하지는 않는다. (단골 확보의 어려움)
- 유통 경력이 있는 사업자에게 유리하다.

오픈마켓을 창업할 때는 반드시 사업자등록증이 필요하지는 않습니다. 개인 회원으로도 물건을 올려서 판매할 수 있기 때문에 많은 초보 창업자들이 쇼핑몰 구축이라는 무거운 부담감에서 벗어나 쉽게 창업을 시도하는 것인데요. 판매 금액이 통상 6개월 동안 1,200만 원을 넘지 않으면 개인 간 거래로 인정받을 수 있고 이를 넘기면 자동으로 사업자 신고를 해야 합니다.

개인 쇼핑몰을 구축하려면 제품의 수도 어느 정도 구색을 갖추어야 하고 카드 결제 시스템도 직접 세팅해야 하며 마케팅 비용을 꽤 많이 들여 고객 유입을 위한 홍보를 해야 하는 등 창업자에게는 쉽지 않은 선택일 수 있습니다. 반대로 오픈마켓 창업은 물건을 팔기 위한 모든 시스템이 갖추어져 있고 소량의 제품으로도, 단 하나의 제품만으로도 쉽게 창업할 수 있는 매력이 있어 창업비용도 상대적으로 저렴합니다.

사실상 오픈마켓 창업의 성공률은 낮습니다. 자유 경쟁이라는 점과 다자간 상품이 직접 비교되는 화면 구조에서 개인 판매자가 가진 경쟁력을 너무 쉽게 비교할 수 있기 때문입니다. 어떤 예비 창업자는 동대문에서 소규모, 소매로 사들인 가격보다 오히려 오픈마켓에서 더 싸게 구매할 수 있다고 합니다. 흔히 말하는 유명 딜러에게만 쏠림현상이 나타나 빅 딜러에게 유리한 시장 구조로 이루어져있습니다. 결국 오픈마켓 창업이야말로 시작은 쉽지만, 유통 경험이 있는 판매자에게 훨씬 더 유리한 시장입니다.

국내 오픈마켓은 11번가와 G마켓, 옥션의 점유율이 높고, 최근에는 네이버 쇼핑 플랫폼이 오픈마켓 시장에서 화제를 일으키고 있습니다. 네이버 쇼핑은 기존 오픈마켓과 다르게 상품 검색에서 덜 치열해 보이는 구조로 되어 있고, 입점몰 구성과 서비스가 개인몰처럼 별도로 관리되어 소호 쇼핑몰 창업자에게 인기가 많습니다. 특히 오프라인 매장을 가지고 있는 업체의 경우 온라인 쇼핑몰 창업 시 네이버 쇼핑의 '쇼핑윈도' 서비스를 이용하는 것이 유리합니다.

오픈마켓별로 사이트 하단에는 '입점 문의'와 같은 안내 메뉴가 있습니다. 입점 안내를 받으면 입점에 필요한 서류, 교육센터, 컨설팅 등 판매자들을 위한 다양한 서비스를 제공받을 수 있습니다.

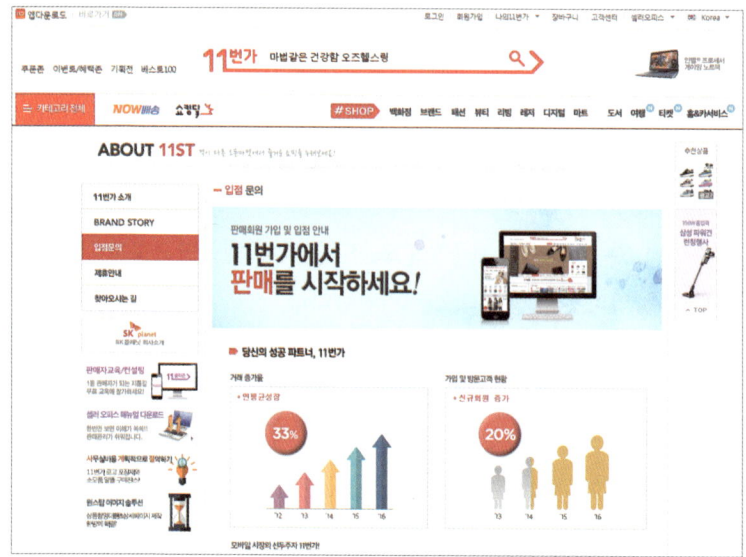

5-35
11번가 판매자 센터
매뉴얼과 창업 준비 시 교육 및 컨설팅을 제공합니다.

5-36
G마켓&옥션 판매자교육센터 (ebay 코리아)
실시간으로도 판매자관리시스템 교육을 제공하며 동영상이나 기타 자료들이 잘 정리되어 있습니다.

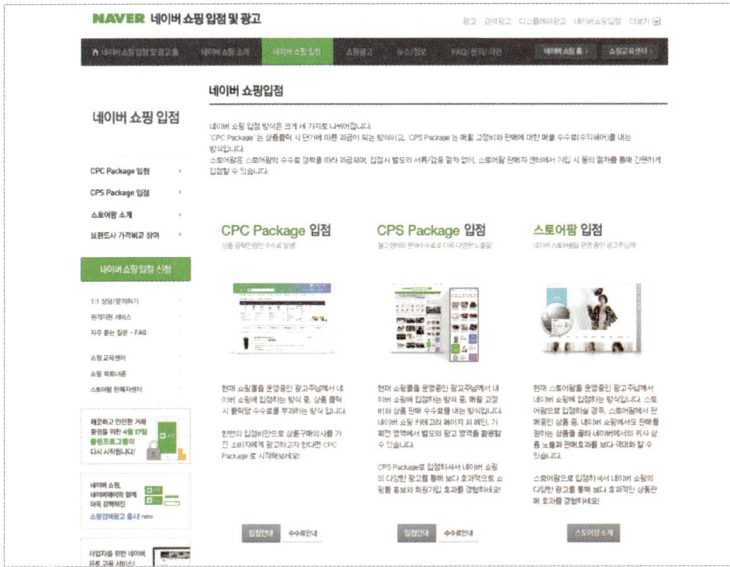

**5-37**
네이버 쇼핑
네이버 입점 수수료와 입점 절차 등을 안내받을 수 있으며 수수료는 무료입니다.

## 오픈마켓에 파워 딜러로 입성하는 세 가지 방법

오픈마켓에서 성공한 파워 딜러가 되려면 어떻게 해야 할까요? 성공에 필요한 세 가지 방법을 알아봅니다.

### 1. 판매 아이템의 수요(소비자) 시장을 파악하라

먼저 오픈마켓에서 수요자들의 취향을 빠르게 분석해야 합니다. 베스트셀러 판매자들의 상품을 주기적으로 자세히 분석하고 더불어 해당 오픈마켓 내 키워드 분석에 관한 서비스를 자주 검색합니다. 옥션, G마켓, 11번가에는 모두 키워드 광고가 있고 연결된 검색 서비스가 있어 살펴볼 수 있습니다. 실시간 급상승 키워드나 인기 키워드를 주기적으로 살펴보고 판매하려는 상품과 키워드를 잘 조합해서 자신의 상품명이나 상품 설명에도 적절한 문구를 만들어 넣을 수 있어야 합니다. 또한, TV나 신문 기사를 통해 동종 업계의 트렌드를 파악하려는 노력이 중요합니다. 급격한 시장 변화에 따라 소비자들도 발빠르게 움직이기 때문에 더욱 그렇습니다.

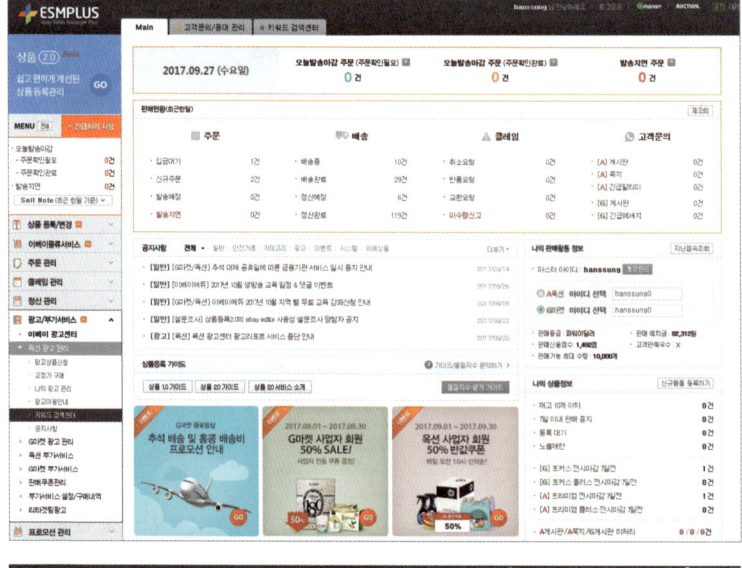

5-38, 39
G마켓과 옥션의
키워드 광고 코너

모든 관리자 메인 페이지의 상단에는 '키워드검색센터'가 있어 키워드 인기순으로 확인할 수 있으며 당일 입찰가 현황도 파악할 수 있습니다. 자신의 상품과 직결된 키워드를 예산 및 수익과 연결해 적절히 선택하고 수정 및 보완해 나가는 전략이 필요합니다.

Shoppingmall Founded for Note

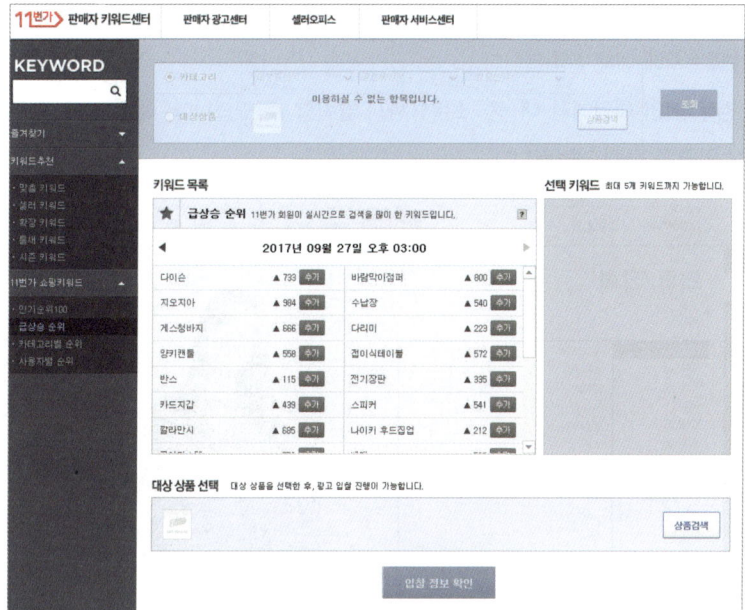

**5-40**
11번가의 키워드 광고 코너

11번가 판매자 오피스 관리자 모드에서도 광고 관리 영역에서 키워드센터를 운영하여 맞춤 키워드, 판매자 키워드, 확장 키워드 등 오픈마켓 판매자에게 소비자의 실시간 니즈를 연결하는 정보를 제공합니다.

## 2. 아이템이 등록될 상품 카테고리를 분석하고 소분류를 잡아라

오픈마켓을 찾는 소비자들은 보통 자신이 구매하고자 하는 키워드를 입력하거나 관련 카테고리를 찾아보면서 검색합니다. 키워드의 중요성을 이해했다면 이어서 자신의 상품이 속하는 카테고리에서 1~2장 내에 검색되는 전략을 세우는 것이 중요합니다. 그러므로 대-중-소분류로 나뉠 때 최소 단위인 소분류 페이지부터 차근차근 점유율을 높이는 전략을 세우기 바랍니다. 페이지 노출 순위는 광고를 제외하고는 소분류에서 가장 인기 있는 상품군이 중분류에서 합쳐지고, 다시 중분류에서 가장 인기 있는 상품군이 대분류 메인에 표시됩니다. 소분류는 조회 수가 적은 페이지이지만 그만큼 고객 세분화가 이루어져 타깃층이 분명하며 경쟁률도 비교적 낮아 제품 경쟁력을 조금만 갖추면 판매지수를 높일 수 있습니다. 경쟁 제품의 가격과 상세 설명, 옵션 설정 등 다양한 구성요소를 자세히 살펴보고 소비자라면 어떤 부분에서 결정 요소를 가질 것인지, 자신이 올린 상품에 장점이 있는지에 대해 살펴봅니다.

11번가의 경우 메인 화면에서 대–중–소분류까지 클릭할 수 있습니다. 예를 들어 '의류잡화–여성 의류'를 클릭 가능합니다.

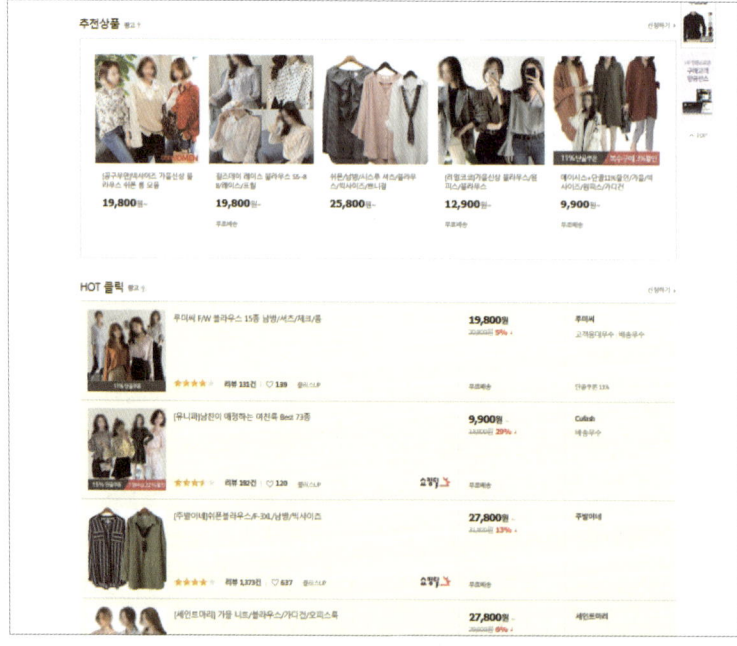

**5-41, 42**
11번가의 카테고리 소분류 구조

Shoppingmall Founded for Note

'블라우스'를 클릭하면 위쪽에 다시 블라우스별로 세부 카테고리를 나누며 대부분 영역은 광고가 차지하고 있습니다. 브랜드와 새 상품 혹은 중고 상품 등의 상품 분류로도 소비자는 상단에서 다시 검색할 수 있으므로 계속 자신이 판매할 상품 카테고리를 분석해야 합니다.

블라우스의 세부 카테고리 중 등록된 상품 수가 가장 적은 블라우스는 '펀칭블라우스'이며 해당 페이지에서는 광고가 아닌 일반 상품을 볼 수 있었습니다. 광고가 많은 상품은 그만큼 경쟁이 치열하다는 뜻이며, 대부분의 상품은 이미 광고가 지배적이어서 소호 상품 의 노출 비중이 어려운 상태로 보입니다.

## 3. 노출-매출을 위한 전략을 짜라

성공한 딜러가 되기 위해서는 무조건 제품을 많이 파는 것이 중요하고, 많이 팔기 위해서는 상품의 노출이 필수입니다. 첫째도 노출, 둘째도 노출! 무조건 노출하기 위한 전략을 세웁니다. 앞서 키워드와 카테고리를 분석한 것도 노출을 위한 것이지요. 특히 판매하는 모든 제품을 노출하기에는 광고비용이 꽤 들기 때문에 대표 주력 상품을 적어도 3~5개 정도 정하고 이들을 메인에 노출하기 위해 투자해야 합니다. 주력 상품을 찾아 방문한 고객이 자신의 미니샵이나 스토어에 방문하여 다른 상품을 함께 주문할 수 있도록 유도하거나 상품 페이지에 관련 상품도 노출해 연결하는 것이 좋습니다. 상품군을 1+1이나 사은품 증정과 연결해 매출을 유도하는 것도 좋은 전략입니다. 광고 상품 중에서 어떤 자리가 좀 더 가격 대비 효율이 높은지 지속해서 모니터링하고 상담 받는 것도 좋습니다.

또한 차별화된 상품 이미지를 만들어 좀 더 사고 싶은 마음이 들도록 하고, 판매자 브랜드를 고급스럽게 만들거나 대형 유통회사처럼 보이도록 구성하여 차별화하는 것도 중요합니다. 처음 판매할 때는 마진과 수익보다 홍보와 마케팅을 염두에 둔 투자도 필요합니다. 부가 서비스로 제품 구매 시 서비스 쿠폰을 제공하거나 포인트를 부여하는 등의 추가 서비스도 기획해 보세요. 구매 고객의 상품평 관리는 매우 중요하므로 양질의 후기를 얻기 위한 전략도 함께 고민해야 합니다.

**5-43**

11번가의 베스트 상품

11번가에는 '베스트 100' 코너에서 채널별로 판매 순위가 가장 높은 상품 100개를 추천합니다. 이들 상품의 가격과 판매 전략을 집중적으로 분석하고 고민합니다.

## 브랜드 창업은 역시 개인몰 구축이다

개인 쇼핑몰 창업은 개발 방식에 따라 독립형과 임대형으로 구분하지만, 실제로 대부분의 쇼핑몰 창업자는 임대형 쇼핑몰을 선호합니다. 아무래도 개발 과정이 생략되어 편리하고 비용도 절감되기 때문입니다.

독립형 솔루션은 쇼핑몰 프로그램을 구매하여 직접 수정하고 추가로 자체 개발해서 완성된 쇼핑몰을 만들 수 있어 개발 소스를 수정할 수 있다는 것이 차이점입니다. 하지만 개발 인력이 없으면 개발부터 유지 보수가 까다롭기 때문에 중대형 종합 쇼핑몰에서 많이 쓰이는 방식입니다. 상품 수가 많고 브랜드 인지도가 어느 정도 있는 업체라면 투자해서 고려할 수 있습니다. 만약 쇼핑몰에 블로그를 연결하거나 장바구니 기능을 업그레이드하거나 게시판 글쓰기 기능에 추천과 회원 등급을 제대로 보이게 만들고 싶거나 특별한 기능을 구현하고 싶을 때에는 독립형 솔루션이 유리합니다.

Shoppingmall Founded for Note

반대로 임대형 솔루션은 쇼핑몰 관리 프로그램과 호스팅을 개발사로부터 빌려서 사용하는 개념입니다. 쉽게 비유하면 월세에 사는 거주 형태라 함부로 쇼핑몰을 고치거나 데이터를 관리할 수 없다는 단점이 있습니다. 임대형 솔루션은 프로그램 관리 및 호스팅을 해당 회사에 위탁 운영해서 프로그램 개발 소스가 지원되지 않아 수정할 수 없습니다. 일반 소호몰 운영자가 프로그램을 수정할 일은 거의 없으니 큰 단점도 아닐 수 있습니다.

독립형 솔루션이든 임대형 솔루션이든 개인몰의 구축 형태는 브랜드몰 구축과 비교해 쉬운 것이 사실입니다. 오픈마켓에서는 판매자 브랜드를 인지하기 매우 어렵다면 개인몰은 직접 해당 사이트에 접속해 회원가입을 하고 제품을 구매하는 단계를 거치기 때문에 비교적 브랜드를 인지하기 쉽습니다. 실제로 오픈마켓에서 제품을 여러 번 구매해 봤지만 해당 판매자의 미니샵이나 회사 이름을 기억하지는 못합니다. 반면에 개인몰은 한두 번만 구매해도 기억에 남아서 해당 브랜드를 인지하지요. 느리게 성장하더라도 시간을 투자한다면 개인몰 구축을 추천합니다.

무엇보다 고정화된 기능과 틀이 공통으로 제공되는 오픈마켓형 미니샵보다 개인몰 구축은 디자인도 자유자재로 변경할 수 있고, 구조도 어느 정도 자유롭게 구성할 수 있기 때문에 브랜드 컨셉과 특성을 잘 어필할 수 있습니다. 이 책에서 소개하는 대부분의 쇼핑몰은 개인몰로, 쇼핑몰 디자인이 다르기 때문에 차별화됩니다.

독립형 솔루션을 생각한다면 무료 솔루션을 제공하는 곳도 있지만 20~50만 원 선에서 구매하는 것이 일반적입니다. 운영 방식은 솔루션을 구매하고 호스팅을 임대합니다. 점차 독립형 솔루션 회사들도 부가 서비스를 제공하고 기능을 업데이트해주는 곳이 늘어나서 선택하는 창업자들도 늘어난다고 합니다. 인지도 있는 독립형 쇼핑몰로는 고도몰, 엔티소프트, 몰스토어 등이 있습니다. 특히 고도몰은 임대형과 독립형을 모두 취급하고 있습니다.

| 임대형 솔루션 | 독립형 솔루션 |
|---|---|
| • 메이크샵 – http://www.makeshop.co.kr<br>• 카페24 – http://echosting.cafe24.com/<br>• 고도몰 – http://www.godo.co.kr/ | • 고도몰 – http://www.godo.co.kr<br>• 보부상 – http://nt.co.kr<br>• 몰스토어 – http://mallstore.co.kr/main/ |

표 5-06 쇼핑몰 솔루션 제공 업체

5-44
독립형 쇼핑몰 솔루션을 검색한 화면

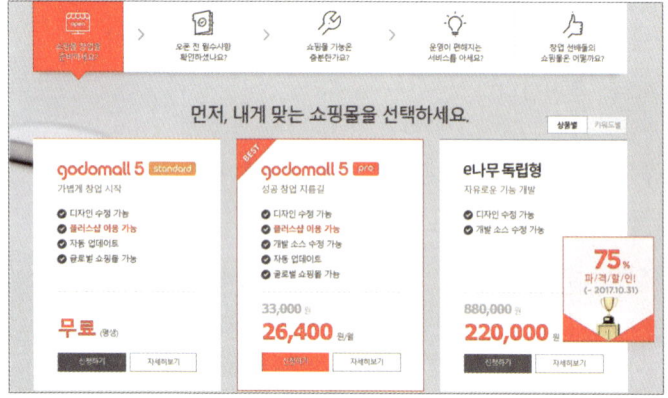

5-45
임대형 솔루션과 독립형 솔루션을
함께 취급하는 회사 – 고도몰

5-46
독립형 쇼핑몰 제작 – 엔티소프트

## 쇼핑몰 솔루션 선택은 확장성과 지원 서비스로 판단한다

임대형 솔루션과 독립형 솔루션 중 어떤 프로그램을 선택할지 결정했다면 여러 쇼핑몰 관리 프로그램 중에서도 좀 더 좋은 제품을 찾아야 하는데요. 사실 쇼핑몰 시장이 20년 넘게 지속되다 보니 어느 정도 이름 있는 솔루션들은 소문이 났습니다. 그중 좋은 프로그램을 선택하는 기준은 다음과 같습니다.

- 기능별 확장성 및 용이성 비교
- 회사별 사용료 비교
- 각종 제휴 지원 서비스 비교(교육 지원, PG 서비스, 홍보 지원 등)
- 솔루션 사용자의 평가 비교

먼저 쇼핑몰 관리 프로그램 중 가장 많이 선택받은 소문난 제품들의 목록을 작성해봅니다. 앞서 소개한 솔루션을 중심으로 생각해보세요. 그다음 각 솔루션 회사 사이트에 접속해 '솔루션 체험하기 버전'을 이용하여 솔루션 기능을 꼼꼼히 살펴보고 자신에게 가장 알맞은 프로그램을 선택합니다. 이때 어떤 기능과 메뉴가 제공되며, 해당 기능을 디자인으로 얼마나 보기 편하게 배치했는지를 비교합니다.

회사마다 제공하는 솔루션의 가격 차이도 비교해야 합니다. 임대형 솔루션의 경우 메이크샵은 월 55,000원, 카페24는 무료, 고도몰은 월 33,000원 선입니다. 디자인 제공 여부, PG사(카드 결제 대행사) 계약비용 여부, 교육 지원 서비스, 타사와의 제휴 입점 서비스 제공 등 다양한 부분별 지원 서비스 비교도 필수인데요, 유명 업체의 지원 서비스는 사실 거의 유사합니다.

실제로 솔루션을 운영 중인 쇼핑몰 운영자와 인터뷰하는 것도 좋습니다. 실제 사용자가 느끼는 평가도 매우 중요하기 때문입니다. 쇼핑몰 솔루션을 잘못 선택했다가 운영하면서 불편을 호소하는 사례도 적지 않거든요. 사용 중에 다른 솔루션으로 교체하는 것도 여간 어려운 일이 아니므로 집을 구한다고 생각하면서 사전 조사를 통해 차근차근 결정하기 바랍니다.

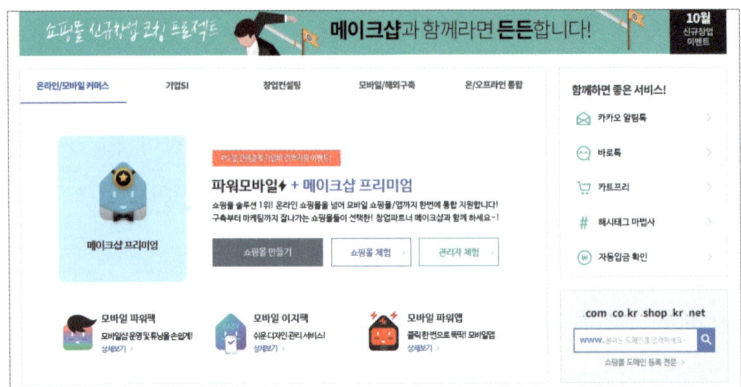

5-47
쇼핑몰 솔루션 체험 – 메이크샵
쇼핑몰 운영 기능이 가장 다양하고 색다른 기능을 제공합니다.

5-48
쇼핑몰 솔루션 체험 – 고도몰
복잡한 기능이 싫고 단순한 운영을 원하는 창업자에게 적합합니다.

5-49
쇼핑몰 솔루션 체험 – 카페24
무료라는 장점이 있고 세계화까지 고민한다면 추천합니다.

## 모바일과 연계된 커뮤니티 쇼핑몰이 대세

몇 년 전부터 쇼핑몰 시장에서 유행하는 창업 형태가 있습니다. 모바일 상거래 시장이 본격화되면서 나타난 현상인데요, 앞서 쇼핑몰 방식에서도 설명했던 모바일 채널을 활용한 창업 형태입니다. 모바일 채널을 활용한 쇼핑몰 운영은 두 가지 방식으로 나뉩니다. 하나는 처음부터 모바일 채널 쇼핑몰을 이용해 가상으로 운영하는 경우이고, 다른 하나는 자체 개인몰을 가지면서 모바일 채널을 홍보용으로 활용하는 경우입니다. 직접 만나본 바로는 쇼핑몰을 구축하지 않고 커뮤니티 채널만으로 수시로 게시물을 올리고 직접 입금 받는 형태의 쇼핑몰도 꽤 있었습니다.

가장 히트를 쳤었던 것은 카카오스토리 채널을 통한 쇼핑몰 운영으로 지금은 2~3년 전보다 다소 인기가 떨어졌습니다. 최근에는 네이버 밴드나 인스타그램을 이용한 쇼핑몰 운영 등이 인기를 끌고 있습니다. 소비자 입장에서는 쇼핑몰 운영자와 더욱 사적이며 친근한 관계처럼 구매할 수 있어 쇼핑 같지 않은 쇼핑인 것 같습니다. 상품을 추천받는 큐레이션 커머스로 쉽게 다가가는 형태이지요. 반면 상품의 가짓수도 비정형화된 형태로 제시되고 전문화된 쇼핑몰 형태가 아니다 보니 지속적으로 구매하기에는 한계가 있어 보입니다. 하나의 브랜드로 성장하기에도 쉽지 않아 보이고요. 그럼에도 개인 소호 창업자들에게는 창업이 쉽고 고객 모집이나 관리 면에서도 쉬운 것이 사실입니다. 무엇보다 고객과 매일 실시간으로 다양한 정보를 전달하고 1:1로 대화할 수 있는 채널이라 인기가 높습니다.

어떻게 보면 정말 비용을 들이지 않고 물건을 팔 수 있는 방식으로 보입니다. 그러나 제대로 된 사업자등록을 통해 세금의 투명성 확보가 중요합니다. 당장은 세금 문제를 신경 쓰지 않아도 될지 모르지만 분명 위험한 순간이 올 수 있기 때문입니다.

최근 인스타그램을 통한 쇼핑몰에 대해 20~30대 젊은 여성의 호응도가 높은데요, 회원 수가 많은 채널을 찾아보고, 주로 어떤 방식으로 제품을 올리며 고객과 소통하는지 주도면밀하게 살펴보는 것이 좋습니다. 대화 형태로 일상을 공유하면서 제품 홍보와 자연스럽게 연결하는 스킬을 따라 해본다고나 할까요? 무조건 따라 하기보다는 전체적인 스타일을 살펴보면서 자신에게 맞는 컨텐츠 공유가 중요합니다. 처음에는 당연히 잘 나가는 성공 채널을 찾아 친구 추가를 하거나 채널을 등록하는 활동 등을 통해 지속해서 벤치마킹하기 바랍니다. 분석해야 할 항목을 정리하면 다음과 같습니다.

- 채널 브랜드 이름의 트렌드(개인 아이디 생성 부분)
- 사진 컨셉
- 글 스타일
- 주문을 유도하는 스킬
- 포스트를 올리는 시간과 양
- 제품을 홍보하는 방식

모바일 채널을 운영하더라도 장기적으로 쇼핑몰이라는 형태를 추천합니다. 두 가지 방식을 함께 운영하여 고객으로부터 신뢰를 확보하는 것이 더욱 중요하고 지속적인 기업의 성장 발판이 됩니다.

최근 여러 쇼핑몰을 검색해보면 자체 쇼핑몰 외에 별도로 여러 커뮤니티 채널을 운영하고 있습니다. '봉자샵' 쇼핑몰 하단에 보면 인스타그램과 페이스북 연결 창이 함께 노출되어 있습니다. 기존 쇼핑몰에서도 소비자 변화에 발맞춰 유행 채널을 홍보용으로 함께 운영합니다. 채널마다 운영하는 이유와 방식은 다릅니다.

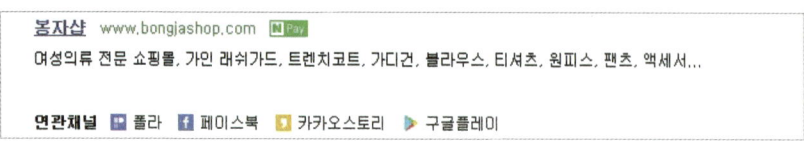

5-50, 51
여성 의류 쇼핑몰 봉자샵

# 네이버 오픈마켓 쇼핑 입점이 대세

최근 핫한 쇼핑몰 창업은 바로 네이버 쇼핑에 입점하는 방식입니다. 네이버 쇼핑은 오픈마켓 형태로 구성되어 개인부터 사업자까지 누구나 쉽게 무료로 입점할 수 있습니다. 11번가나 네이버에 입점하는 것과 같은 개념입니다. 그런데 왜 최근 인기가 높아진 것일까요?

첫째, 네이버 쇼핑은 오픈마켓과 개인몰의 장점을 모두 가지는 형태입니다. 오픈마켓 창업의 단점으로 지적한 부분은 바로 개인몰 브랜드 구축의 어려움이었는데요, 네이버 쇼핑의 입점샵은 스마트스토어라는 솔루션 형태입니다. 미니샵의 형태가 개인몰과 유사하고 개인이 운영하는 블로그와 연결해 독자적으로 홍보하며 고객을 관리하는 면에서 개인몰 형태를 띱니다. 네이버라는 큰 구매력이 존재하는 시장의 이점을 누리면서 개인몰이 갖는 독자적인 운영도 가능해 선호도가 높습니다.

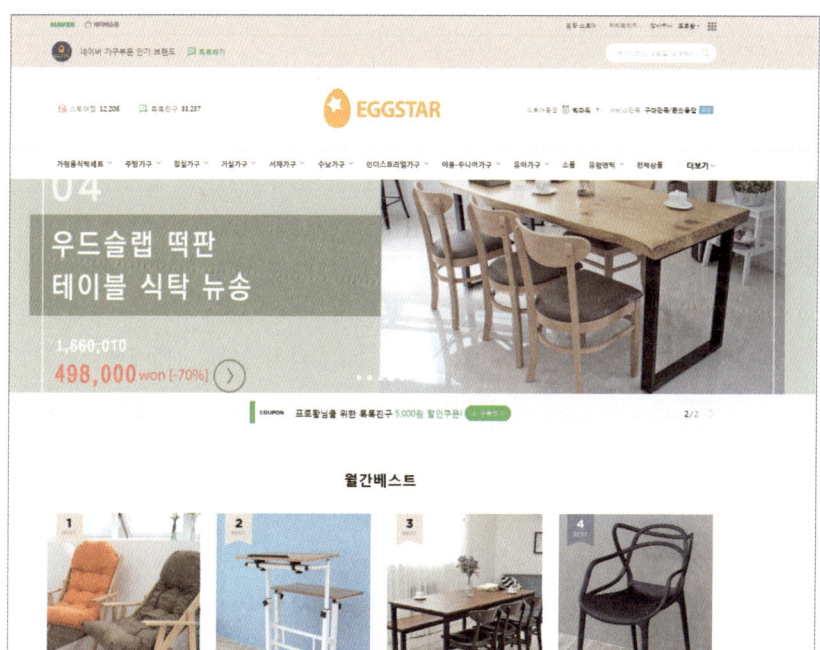

**5-52**
네이버 쇼핑에 입점한 에그스타 샵 (storefarm.naver.com/eggstar)
개인 쇼핑몰처럼 단독 미니샵이 보이도록 구성되었습니다.

둘째, 입점 수수료와 판매 수수료가 무료라는 큰 장점이 있습니다. 오픈마켓의 장점은 별도로 홍보하지 않아도 입점만으로 일정 가수요를 창출할 수 있다는 점과 쇼핑몰 구축에 필요한 여러 제반 시스템이 이미 갖추어져 있다는 점입니다. 그래서 더욱 창업이 쉬운데요. 네이버 입점은 네이버라는 국내 최대 방문자를 자랑하는 사이트의 후광과 쇼핑몰 솔루션 무료, 입점비 무료, 판매 수수료 무료라는 파격적인 혜택을 자랑합니다. 물론 네이버 쇼핑 공간을 통한 매출에 대해서는 추가 2%의 수수료가 붙는데 다른 입점몰 수수료에 비교하면 매우 저렴한 편입니다. 이때 개인 블로그를 통해서 자체적으로 홍보해 발생한 매출에 대해서는 무료입니다.

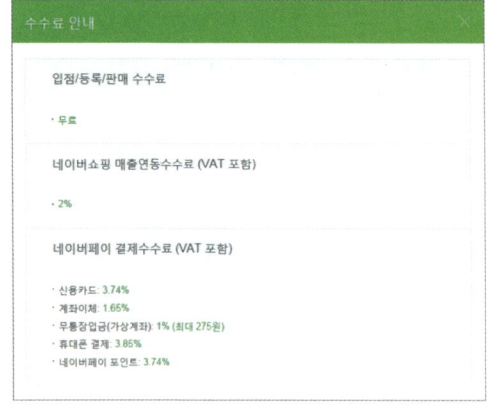

5-53
네이버 쇼핑 입점 수수료 안내

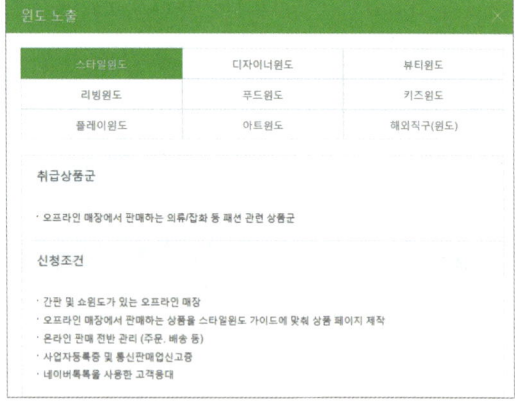

5-54
네이버 쇼핑윈도에 노출되기 위한 조건표

셋째, O2O 플랫폼을 지향하는 특성과 각종 쇼핑 기능 지원이 효과적입니다. 네이버 쇼핑은 O2O 플랫폼으로 '쇼핑윈도' 서비스가 있고 세부 메뉴로 스타일윈도, 푸드윈도, 키즈윈도 등의 상품별 윈도가 운영됩니다. 이들 메뉴는 오프라인 매장이 있거나 산지에서 직접 생산하는 생산자와 같은 오프라인 중심의 영업자들에게 입점이 허락되고 특화되었습니다. 오프라인 유통의 강점을 가진 사람들에게 온라인 창업 기회를 제공하고 소비자에게는 매장, 업체의 제품을 판매하여 가상 상점이 가지는 불안감을 해소하는 역할을 합니다. 오프라인 매장을 가지고 있거나 연계된 사업자들에게는 쉽게 온라인으로 진출하는 최적의 공간이기도 한 셈입니다.

또한 네이버에서는 '톡톡' 메신저나 '스토어찜' 기능 등을 통해 입점한 쇼핑몰의 고객 관리를 지원하고 있습니다. 이른바 친구를 맺도록 유도하고 친구를 맺은 사람들과 실시간으로 소통하며 제품을 소개할 수 있는 핫라인을 만드는 역할을 합니다.

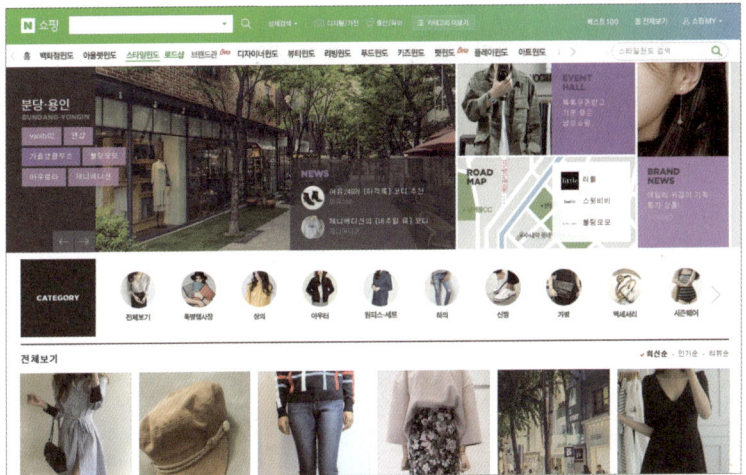

5-55
네이버 쇼핑윈도 중 스타일윈도
분당 및 용인 지역에 있는 오프라인 의류 매장이 화면에 노출되고 있습니다. 전국에 걸쳐 의류 매장만 노출할 수 있는 공간입니다.

5-56
네이버 쇼핑윈도 중 푸드윈도
산지에서 직접 생산하는 농가만 노출되는 공간으로 생산자 얼굴이 상품 전면에 노출되는 형태입니다.

5-57, 58
월 매출 4억 대 돌파의
주인공 리틀마켓
– 톡톡친구
67,636(2017.10.11.)

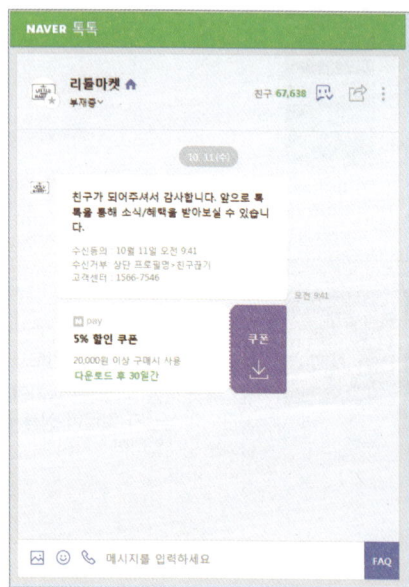

5-59
리틀마켓과 톡톡 친구를 맺고 쿠폰을 받은 메신저 화면

Shoppingmall Founded for Note

네이버 쇼핑 시장에 대해서는 신문기사를 통해 현재 상황을 그림으로 파악할 수 있습니다. 한국경제신문에 연재된 기사 중 〈IT를 만난 작은 거인〉 시리즈를 흥미롭게 읽었습니다. 특히 「누구나 보는 네이버, 병아리 사장님도 쉽고 빠른 창업」 기사에서는 네이버 쇼핑 시장 현황을 잘 알 수 있도록 다음과 같은 이미지 자료를 제공했습니다. 자료에 따르면 네이버 쇼핑에 입점한 사업자는 10만 명을 넘어 가파른 상승을 보이며 연간 거래액이 1억이 넘는 쇼핑몰은 2천 개가 넘는다고 합니다.

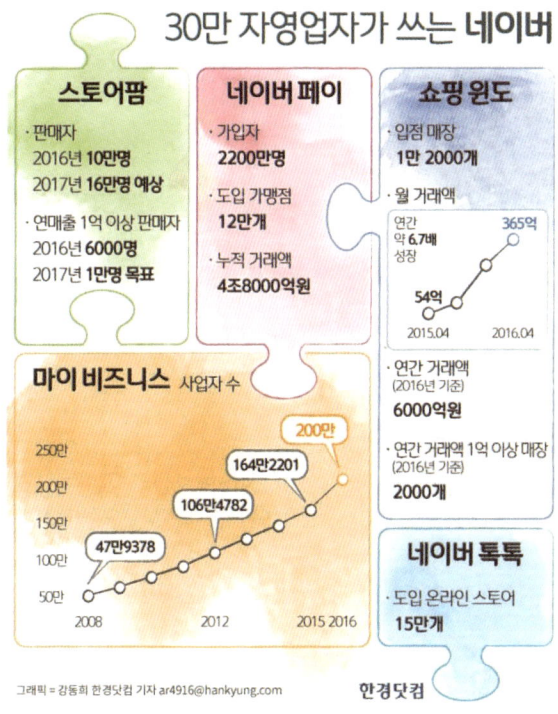

그림 5-07
네이버 쇼핑 시장 현황    출처: 한국경제신문(2017. 6. 23.)

## 스마트스토어를 통해 네이버 쇼핑에 입점하는 방법

네이버 쇼핑 입점은 어떻게 이루어질까요?

첫째, 네이버 쇼핑 입점 안내를 받습니다. 현재 네이버 쇼핑 입점은 크게 세 가지로 이루어지는데 개인몰은 보통 스마트스토어 입점을 진행합니다.

5-60
네이버 쇼핑 입점 안내
(join.shopping.naver.com/index.nhn)

### 네이버 쇼핑 입점 안내

먼저 정상적으로 구축된 쇼핑몰을 직접 운영해야 하며, 상품 판매 및 결제가 정상적으로 이루어져야 합니다.

사업자등록번호, 사업장 주소, 고객센터 등 모든 운영이 국내에서 이루어져야 합니다. 쇼핑몰 초기 화면에는 다음의 정보를 필수로 표시해야 하며 표기된 정보와 입점 시 입력한 정보 및 제출 서류 정보는 일치해야 합니다.

※ 필수 표시 정보 – 상호 및 대표자명, 주소, 전화번호 및 이메일주소, 사업자등록번호, 통신판매업 신고번호, 공정거래위원회 사업자 정보조회 링크

전자상거래 등에서 「소비자 보호에 관한 법률」에 따라 구매 안전 서비스(결제대금예치 서비스(에스크로) 또는 소비자 피해 보상보험계약 등)에 가입되어 있어야 하며, 현금 결제 시 실제로 구매 안전 서비스(에스크로 등)가 정상적으로 작동해야 합니다. (단, 여행 전문몰은 예외) 상품 구매 시 현금 및 카드 결제가 모두 가능해야 하며, 상품 가격은 부가세 포함가로 표시되어야 합니다.

## 네이버 쇼핑 입점 유형

네이버 쇼핑에는 현재 세 가지 유형으로 입점할 수 있습니다. 이중 '스마트스토어' 유형을 선택합니다. 이것은 현재 스마트스토어를 운영 중인 광고주가 네이버 쇼핑에 입점하는 방식이며 스마트스토어에서 판매 중인 상품을 네이버 쇼핑에 노출할 수 있습니다. 다른 유형에 대한 궁금증은 네이버 쇼핑 입점 안내 페이지를 통해 살펴보거나 직접 상담을 통해 확인할 수 있습니다.

**5-61**
네이버 쇼핑의
세 가지 입점 유형

둘째, 스마트스토어 입점 시 서류는 다음과 같습니다. 스마트스토어 개설은 사업자에 등록되지 않은 일반인도 가능해서 개인은 서류 없이 개설할 수 있으며 사업자의 경우에만 서류가 필요합니다.

**스마트스토어 입점 서류**
- 개인(20세 이상 성인) – 없음
- 사업자
  사업자등록증 사본 1부
  통신판매업신고증 사본 1부
  대표자 인감증명서(또는 대표자 본인 서명 사실 확인서) 사본 1부
  대표자 혹은 사업자 명의 통장(또는 계좌개설확인서, 온라인통장표지) 사본 1부

5-62
스마트스토어센터
(sell.storefarm.naver.com/#/home/about)

셋째, 스마트스토어센터에서 회원가입을 하고 스토어만들기를 통해 쇼핑몰을 구축합니다. 회원가입은 네이버 아이디만으로 쉽게 인증됩니다.

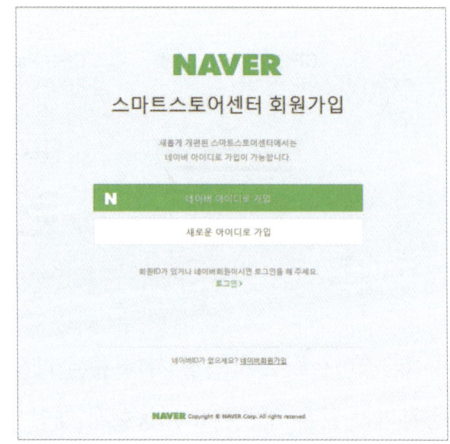

5-63
스마트스토어센터 회원가입 화면

5-64
스마트스토어 솔루션 화면

Shoppingmall Founded for Note

## 스마트스토어로 성공하기 위한 전략과 팁

본격적으로 스마트스토어로 성공하기 위한 팁을 알아보겠습니다. 중요한 부분만 짚어 보면 다음과 같습니다. 간단하게 살펴보는 네이버 쇼핑 입점 공략 방법으로, 최근 가장 핫한 창업 형태이기 때문에 좀 더 신중하게 고민하고 접근하는 것이 좋습니다.

01 상품명 작성하기
02 찜(구독) 회원 늘리기
03 톡톡으로 고객 관리하기
04 외부 소셜 링크 활용하기
05 럭키투데이 활용하기
06 쇼핑윈도 노출 이용하기
07 모바일에 최적화된 상세 페이지 제작하기
08 애널리틱스로 고객 분석하기

### 1. 상품명 작성하기

스마트스토어를 오픈하고 네이버 쇼핑에 입점하면 자연스럽게 상품이 네이버 쇼핑에 노출됩니다. 이때 가장 중요한 것은 상품명입니다. 소비자들이 쇼핑 검색창에 입력하는 키워드의 연관성이 높아야 노출할 수 있기 때문입니다. 과거에는 노출을 고려하여 지나치게 긴 상품명을 작성하는 바람에 되레 제품을 알아보기 힘들 정도였는데요, 네이버 쇼핑에서는 상품명과 관련하여 다음과 같은 기준이 있으므로 참고합니다.

- 검색 키워드 수집 요소
  카테고리명, 상품명, 스마트스토어명, 제조사, 브랜드, 모델명 등
- 상품명 작성 방법
  ① 상품 정보(브랜드명, 모델명, 카테고리명, 시리즈명 등)를 정확하게 표시
  ② 트렌드 상품의 경우 최신 트렌드 정보 표시
  ③ 혜택이나 속성을 정확하게 표시
    단, 혜택 키워드가 너무 긴 경우 검색이 쉽지 않을 수 있음
    모바일을 고려한다면 30자 이내로 간결하게

■ 상품명 작성 시 주의사항

① 상품명에 카테고리명이 3개 이상 포함되지 않도록 작성

　예 – 필로소피/그림가방/백팩/파우치/크로스백/학생책가방/기저귀가방/여성가방/숄더백/화이트데이/선물

② 상품명에 브랜드명이나 제조사명이 3개 이상 포함되지 않도록 작성

　예 – 정품/2020신상져지트랙탑모음/유로파/파이어버드/아디다스/나이키/뉴발란스/바람막이/트레이닝복/단체복

③ 상품명에 품목명 등이 없거나 혜택 키워드가 너무 길지 않도록 작성

　예 – [5%즉시할인쿠폰]세븐티포[세븐티포74]단하루특가15900~신상추가할인/바바리/자켓/배색/컬러풀/오버사이즈/무료배송/자체제작2020년한국패션브랜드대상/국내자체제작자부심

④ 적절한 띄어쓰기를 통해 검색용 키워드와 정확하게 매칭되도록 작성

　예 – [지컷]목걸이셋트시폰티 2020년가을신상품

⑤ 상품명이 잘리지 않도록 작성

　검색용 키워드 추출 불가 혹은 오분석 발생

■ 검색이 용이한 상품명 작성 사례

| 상품군 | 상품명 사례 |
| --- | --- |
| 의류 | [르샵][최초가 159,000원] 풋프린트야상(LD2YS705) |
|  | [MAKOTO]NBC602T 두줄골지 나시티셔츠 |
|  | [메이] 8월 29일 순차배송예정 포플러판칭원피스/M6728 |
| 패션잡화 | [모어댄]블링블링 셔런된 스팽글 클랫 단독특가/무료배송[M3-106] |
|  | 에스티로더 더블 웨어 스테이 인 플레이스 메이크업 30ml(SPF10) |
| 가전 | [LG] HBS-730 스테레오 블루투스 헤드셋 |
|  | [특가한정][웅진씽크빅정품] 웅진 스토리빔 / 본체+디지털동화 100편+20편추가증정/프로젝터/빔프로젝터/스마트빔 |
|  | 유닉스 1330NA/전문가용 드라이기/강한바람/음이온 |
| 가구/생활 | [BLMG블루밍홈]다린에코어린이책상 |
|  | [까사미아까사온][풍기인견100%]인견침구세트(퀸)(2종중택일) |
| 식품/유아동 | [최저가] 토히트 위드맘 2단계750g x 3캔/분유/혼합가능 |
|  | [야야토이즈]2IN1 기운센 프로레인 붕붕카 |
|  | [2012년산]임금님표 이천쌀 10kg/안전포장/현대농산/잡곡추가구매가능 |
| 스포츠/레저 | [차량용 블랙박스] ITB-100HD SP(8GB) 단품 / FULL HD/ 스마트보이스 / 시큐리티 LED/파격 할인 |
|  | PMS-타프 라이너 스크린 no.3 더 스콜피온 (2013)대형타프스크린/타프스크린/그늘막/대형텔터 |

5-65
검색이 쉬운 상품명 작성 사례 – 네이버 스마트스토어센터

## 2. 찜(구독) 회원 늘리기 – 쿠폰 기능을 적극적으로 활용하기

스마트스토어 기능 중 '스토어찜' 기능을 활용할 수 있습니다. 스토어찜을 한 고객 대상으로만 할인 쿠폰을 제공하므로 이를 이용하여 적극적으로 찜 구독 수를 늘릴 수 있도록 노력합니다.

■ 스토어찜 대상 할인쿠폰 지급

위치 – 판매자센터 〉 혜택관리 〉 쿠폰관리 〉 쿠폰생성

**5-66**
스마트스토어의 쿠폰 기능


■ 구독회원 혜택 설정

① 쿠폰명을 기재합니다.

② 구독회원을 대상으로 발행할 쿠폰을 선택합니다.

- 상품할인 쿠폰/배송비 할인 쿠폰/스토어찜 할인 쿠폰

③ 발급일, 할인방식, 유효기간을 설정합니다.

④ 사용대상을 지정합니다.

- 특정 상품들을 지정하고자 하는 경우: 상품
- 특정 카테고리 상품으로 범위를 지정하고자 하는 경우: 카테고리
- 특정 기획전에 등록된 상품으로 지정하고자 하는 경우: 기획전
- 제한 없이 판매회원의 모든 상품에 적용하고자 하는 경우: 전체 상품

⑤ 발급방법에서 '계정발급'을 선택한 다음 〈회원 등록〉 버튼을 클릭하고 '구독회원'을 선택합니다.

⑦ 기간을 선택합니다. 최대 설정 기간은 6개월이며, 기간 후 재발행됩니다.
⑧ 쿠폰을 발행할 구독회원을 선택합니다. (체크박스에 체크 표시)
단, 쿠폰은 최대 1백 명까지 동시에 발급할 수 있습니다.

## 3. 톡톡으로 고객 관리하기

'톡톡' 메신저를 활용해 고객을 관리할 수 있습니다. 톡톡은 톡톡 파트너센터에서 신청할 수 있고 네이버 블로그와 모두(모바일 홈페이지)에도 쉽게 설치가 가능합니다. 외부 홈페이지에도 얼마든지 설치 링크를 연결하여 메신저를 활용할 수 있습니다. 실시간 챗봇(채팅로봇) 시대를 여는 상황에서 톡톡 기능을 이용해 고객 문의를 모바일로 처리 가능합니다. 쿠폰이나 상품 이미지 등 파일도 자유자재로 보낼 수 있어 고객 관리 툴로 유용합니다. 톡톡 친구를 맺기 위해 다양한 이벤트 및 쿠폰을 제공해보세요.

톡톡은 신청하는 방법도 매우 간단하여 1분이면 됩니다. 톡톡 파트너센터에서 '시작하기'를 눌러 '서비스연결 〉 계정대표 정보입력 〉 계정 프로필 정보입력'과 같은 3단계로 정보만 선택하고 입력하면 바로 신청되며, 하루 안에 등록이 완료되었다는 메시지와 함께 설치 및 사용이 원활히 진행됩니다. 톡톡 메신저가 설치되면 블로그에는 자동으로 톡톡 기능이 삽입되어 블로그 글을 쓰면서 설치하고 싶은 서비스를 선택하여 바로 적용할 수 있습니다.

5-67
네이버 톡톡 파트너센터
(partner.talk.naver.com)

**5-68**
네이버 톡톡 계정 만들기

**5-69**
네이버 톡톡 링크

네이버 톡톡이 설치되면 블로그에서도 왼쪽 메뉴에 '톡톡' 아이콘이 활성화됩니다. 블로그 글을 입력하면서 톡톡 배너를 삽입할 수 있습니다.

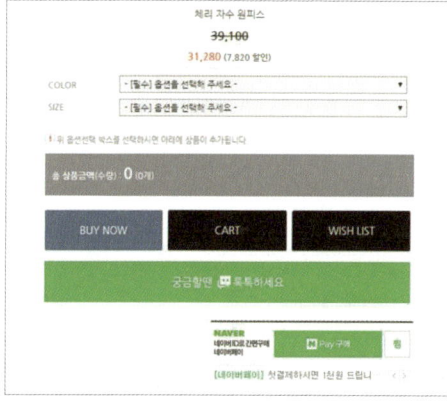

**5-70, 71**
네이버 톡톡 기능을 활용한 개인몰의 상품 상세 설명

아띠랑스(attrangs.co.kr)와 모모스토리(momostory.kr) 의류 쇼핑몰은 개인몰로 상품 상세 페이지에 톡톡하기 기능을 설치했습니다.

5-72
삐뽕언니샵의 톡톡친구 기능을 통한 쿠폰 제공

## 4. 외부 소셜 링크 활용하기

스마트스토어의 외부소셜링크 기능도 활용할 수 있습니다. 상품 상세 페이지 안에 운영하는 외부 SNS 채널을 삽입하면 스마트스토어에 등록한 상품을 직접 운영하는 외부 채널로 보낼 수 있습니다. 예를 들어, 페이스북의 상품정보페이지 링크를 공유 기능으로 삽입할 수 있지요. 홍보글은 외부 SNS에 올리고 결제는 스마트스토어에서 할 수 있습니다.

자신만의 쇼핑몰을 구축하고 홍보는 네이버 블로그, 페이스북이나 인스타그램과 같은 유명 소셜 채널로 연계하고자 하는 창업자들에게 맞춤형으로 제공되는 기능입니다.

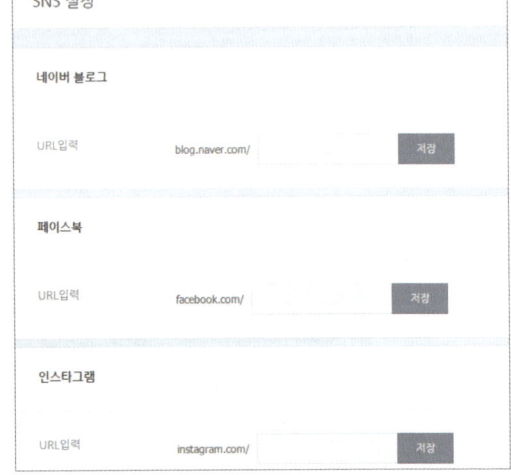

5-73
스마트스토어의 SNS 설정 기능

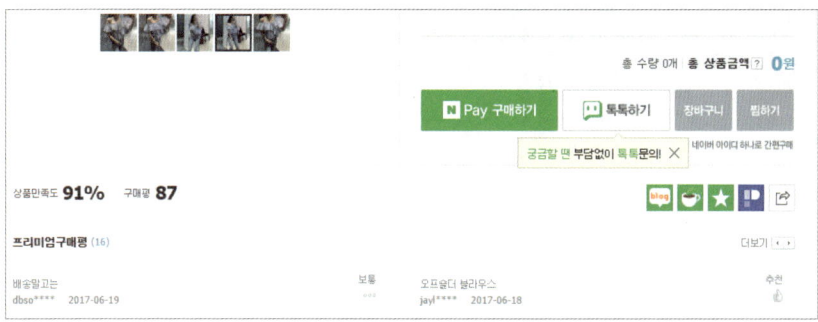

5-74

SNS 설정 기능을 저장하면 상품 페이지 내 장바구니 하단에 공유 기능이 표시됩니다.
스마트스토어에 등록된 상품을 자유롭게 외부 채널로 공유할 수 있습니다.

## 5. 럭키투데이 활용하기

네이버 쇼핑에는 스마트스토어를 적극적으로 알릴 수 있는 코너가 있습니다. 바로 '럭키투데이'입니다. 럭키투데이는 소비자에게 럭키한 하루를 만들어준다는 의미의 코너인데요. 같은 상품을 최저가로 올리는 스마트스토어에 기획전 의미를 부여해 노출합니다. 반드시 할인율이 표시되어야 하고 다른 오픈마켓에 있는 같은 상품이라면 최저가로 제공할 수 있습니다. 아무래도 최저가이다 보니 자동으로 매출이 나오고 고객을 모집할 수 있는 홍보 공간이 됩니다. 이때 재고 수량을 충분히 고려해서 준비해야 배송 문제가 생기지 않습니다. 네이버 쇼핑도 배송지연에 대한 패널티를 부여하고 있거든요. 제품을 올릴 시기에 럭키투데이에 상품을 노출하기 위한 조건들을 더 상세히 체크하면 좋습니다.

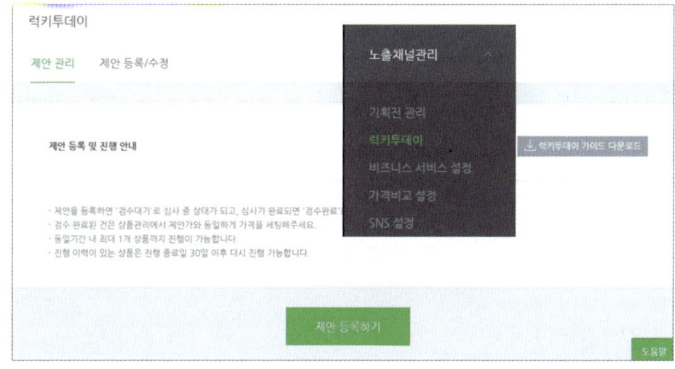

5-75
럭키투데이 설정 화면

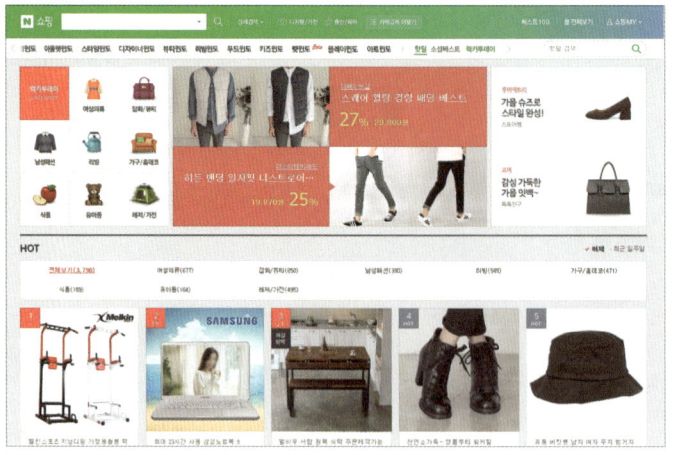

5-76
럭키투데이 섹션

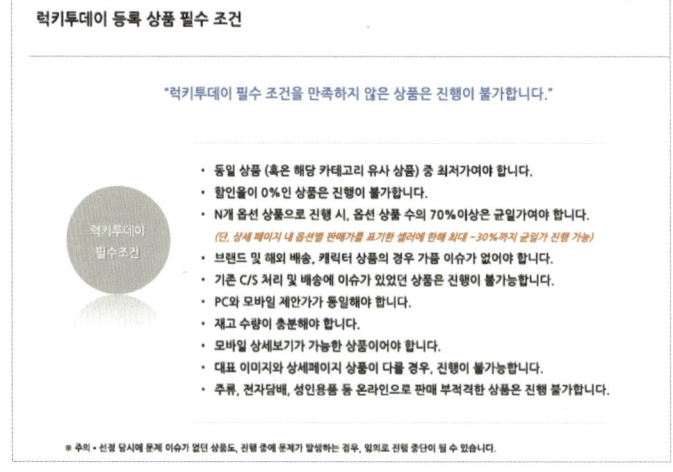

5-77
럭키투데이 안내

## 6. 쇼핑윈도 노출 이용하기

O2O 플랫폼인 네이버 쇼핑에서는 쇼핑윈도에 노출하는 것이 중요합니다. 상품을 한 번 더 노출할 수 있으며 네이버의 정체성과 특성을 보여주는 공간이라 더 신경 쓰기 때문입니다. 그러므로 네이버 쇼핑 하단에 있는 '쇼핑윈도 노출안내'를 반드시 확인하고 문의하기 바랍니다.

**5-78**
쇼핑윈도 노출안내 섹션

## 7. 모바일에 최적화된 상세 페이지 제작하기

온라인 쇼핑 전체에서 모바일 결제 규모가 차지하는 비중은 60%를 넘어섰습니다. 대부분의 소비자가 스마트폰으로 물건을 구매한다고 볼 수 있지요. 그렇기 때문에 PC에서 보는 쇼핑몰과 모바일에서 보는 쇼핑몰의 차이를 만들어야 합니다.

대부분의 쇼핑몰에서 상품 상세 설명 페이지는 하나의 파일로 이어진 경우가 많습니다. 이 이미지는 PC에서는 잘 보일지 모르지만, 모바일의 작은 화면에서는 매우 작게 보입니다. 스마트스토어에서는 모바일에서의 상품 등록을 고려하여 모바일 쇼핑몰 관리를 제공하는데요, 모바일용 상품 보기에서는 이미지+텍스트 형태의 제품 설명 이미지를 제작해야 합니다. 이러한 형태로 설명을 제공해야 앞서 설명한 럭키투데이도 이용할 수 있습니다. 모바일 화면에서의 최적화된 페이지 제작에 신경 쓰세요.

**5-79**
모바일용 상세 설명 페이지 – 네이버 제공

## 8. 애널리틱스로 고객 분석하기

네이버에서 제공하는 로그분석 서비스인 '애널리틱스'로 고객을 분석하여 스마트스토어를 관리하는 것이 중요합니다. 애널리틱스는 무료로 제공되며 쉽게 설치하고 데이터를 확인할 수 있습니다. 네이버 아이디로 로그인하면 관리자 화면으로 이동하며 여기에 분석하고 싶은 사이트를 등록합니다. 쇼핑몰에 몇 명의 고객이 방문했고 어떤 상품을 가장 많이 클릭해서 보는지 등 세심한 분석이 중요합니다.

### 주요 통계 기능

- 실시간 분석 – 방문자 수, 유입 검색어, 네이버 검색 광고 전환율 등
- 유입 분석 – 방문자들이 어떤 검색어, 어떤 검색엔진으로 가장 많이 접속하는지 확인
- 페이지 분석 – 사이트에서 가장 인기 많은 페이지 분석
- 방문 분석 – 방문 현황(UV), 신규/재방문자 수, 시간대별 방문 분포, 방문 지역 등 방문자의 방문 특성을 이해하기 위한 종합적인 정보 제공
- 인구통계 분석 – 사이트 방문자의 나이, 성별 등 인구통계학적 정보 제공

5-80
네이버 애널리틱스

 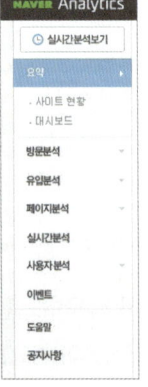

5-81, 82
네이버 애널리틱스 사이트 등록과
애널리틱스 분석 기능 항목

## 창업 컨설팅 노트 | 네이버 창업 성장 프로그램

네이버에서는 '네이버 창업성장 프로그램'을 운영한다. 매월 기수를 모집해 스마트스토어를 통해서 창업자를 선발하고 집중 전문가 교육을 무료로 지원하며 사업화를 돕는다. 이 과정을 통해 최종적으로 우수 창업자에게는 천만 원의 시상금도 있다. (모집 → 선발 → 교육 → 심사 → 시상 순)

총 3개월 과정의 프로젝트로 신청 자격으로는 3개월 안에 최소 10개 이상의 상품을 등록할 수 있는 예비 창업자만 해당한다. 스마트스토어 운영 경험이 전혀 없으며 판매 아이템이 결정된 19세 이상 성인이면 누구나 대상이 된다. 교육은 주말 반과 평일 반으로 나뉘어 진행된다. 다만 신청을 위해서는 온라인 강의를 이수하고 사업계획서도 작성 및 제출해야 한다. 그야말로 어느 정도 준비된 사람들을 돕는다.

이 프로그램은 매월 진행하므로 선발 공고가 올라오는 '네이버 쇼핑 파트너' 블로그를 이웃으로 추가하고 정보를 살펴보면 좋다. 참고로 네이버 쇼핑파트너에는 스마트스토어 운영에 관한 좋은 정보와 성공사례가 취재되어 있으므로 학습에 도움이 된다.

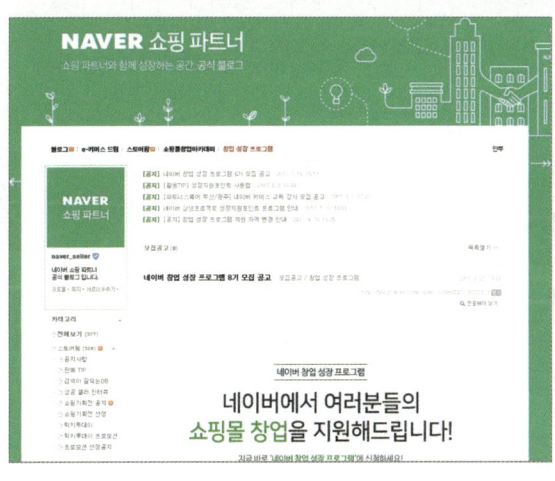

5-83
네이버 쇼핑 파트너 블로그
(blog.naver.com/naver_seller/221035104515)

5-84
네이버 창업 성장 프로그램의 혜택

# 사업자 신고를 위한 가이드 ❺❸

## 세무서를 통한 사업자등록 신고와 체크리스트

쇼핑몰을 창업하기 위해 사업자가 갖추어야 할 신고는 사실 매우 간단합니다. 딱 두 가지로, 하나는 사업자등록 신청이고 다른 하나는 통신판매업 신고입니다. 먼저 사업자등록 신청에 대해 간단하게 절차와 준비사항을 살펴봅니다.

사업자등록 신청서는 담당 세무서에서 처리하고, 자가 주택에서 쇼핑몰을 창업하는 형태라면 신청서를 작성한 날 바로 신청이 마무리될 수도 있습니다.

- 등록처: 담당세무서
- 등록 시기: 사업 개시일로부터 20일 이내
  사업을 시작하기 전이라면 예정일이나 신고하는 날을 개시일로 작성
- 사업자등록에 필요한 준비 서류
  - 사업자등록 신청서 1부(세무서 비치)
  - 주민등록등본 1부(개인 사업자)
  - 임대차 계약서 1부(사업장을 임대한 경우)
  - 동업 계약서(동업 시), 도장, 신분증

처음 쇼핑몰을 창업했을 때 사무실을 따로 얻기가 부담스러워 집에서 창업했습니다. 사업자등록을 위해 세무서에 방문하니 사업자등록 신청서 양식이 있어 담당자들에게 물어가며 작성해 금방 마쳤지요. 만약 사무실을 따로 임차해서 창업하는 상황이라면 임대차 계약서도 챙겨야 하므로 미리 전화로 세무서에서 필요한 준비 서류를 확인하는 것이 좋습니다.

사업장이 있는 소재지 내 담당 세무서에 가보세요. 보통 1층에는 민원실이 있습니다. 민원실에는 사업자등록 신청서를 상시 비치해두며 키오스크와 같은 기기를 통해 전자 신청서를 작성할 수도 있습니다. 사업장이 자택이거나 1인 대표 체제라면 매우 간단합니다. 대표의 개인 신분증만 가지고 방문하면 되지요. 절차를 잘 몰라도 담당 세무서 직원들이 친절하게 신청 서류 접수를 도와주므로 고민하지 않아도 됩니다.

사업자등록 신청서에는 필요한 항목을 써 넣습니다. 크게 사업장 주소, 사업 개시일, 사업자 유형 선택<sup>개인 혹은 법인</sup>, 과세자 유형 선택<sup>일반과세자 혹은 간이과세자</sup>, 사업 업태<sup>도매 혹은 소매</sup>, 종목 등을 적습니다. 저는 창업할 당시 '간이과세자, 소매, 전자상거래'로 결정하고 사업자등록을 했었습니다.

**5-85**
사업자등록 신청서 양식

사업자등록 신청서 양식은 '국세청' 홈페이지에서 해당 서식을 다운로드 받아 미리 작성할 수 있습니다.

추가로 사업 개시일은 사업 시작 전에도 사업자등록을 할 수 있기 때문에 원하는 날짜를 써 넣으면 됩니다. 보통 쇼핑몰을 오픈할 때 사업자등록증은 PG사와의 계약 시 필요하므로 실제 개시일보다 조금 일찍 등록합니다. 다만 단서 조항으로 주의할 것이 있는데요, 사업자등록증은 실제로 사업을 개시하는 날에서 20일 이내에 등록하는 것을 원칙으로 한다는 것입니다. 여기서 20일 이내라는 단서가 붙는 것은 매입 세액을 공제받을 수 있는 기준이기 때문입니다. 즉, 초기 쇼핑몰 오픈을 위해 초도 물품을 구매할 때 이 비용을 매입세액으로 인정받으려면 매입세금계산서 발급일이 사업 개시일로부터 20일 이내에 발급된 것이어야 합니다. 예를 들어, 사업 개시일은 1월 30일로 되어 있는데 매입세금계산서를 발급받은 날이 1월 1일이면 사업 개시일로부터 20일 이전이기 때문에 비용으로 증빙 받을 수 없습니다. 그러므로 창업을 준비할 때 매입 물품에 대한 세금계산서 발급일을 잘 맞추어 준비하기 바랍니다.

쇼핑몰 창업에서 업종은 대체로 '소매', 업태는 '전자상거래'로 작성하는 게 일반적인데요, 종목은 취급 아이템에 따라 바꾸어도 상관없습니다. 다만 세율이 다를 수 있으니 문의 후 결정하기 바랍니다. 과세자 기준은 일반과세자, 간이과세자, 면세과세자 중에 선택합니다. 세 가지 과세자 기준은 연 매출액의 크기 차이와 아이템 유형에 따른 분류입니다.

일반적으로 소호 쇼핑몰은 처음에는 간이과세자로 출발합니다. 간이과세자는 비교적 영세한 사업자이므로 부가가치세에 관해 일반과세자보다 매우 낮은 세율이 적용됩니다. 세금을 적게 낼 수 있기 때문에 세금 부담을 덜고자 하는 쇼핑몰 창업자는 간이과세자를 선호하기 마련입니다. 하지만 세금계산서를 발급해줄 수 없기 때문에 판매 제품에 따라 일반과세자로 신고해야 하는 경우도 있습니다. 또한, 아이템에 따라 면세사업자로 신고할 수 있어 사업자등록 전에 세무서 담당자와 상담하는 것이 좋습니다.

다음은 각 과세자를 비교한 표입니다. 대상에 맞는 과세자를 선정하고 사업자등록 신청서를 작성할 때 체크하면 사업자등록증이 발급됩니다. 사업장이 자택이라고 해도 담당 공무원이 사업장을 방문한 후 사업자등록을 내어주는 경우도 있습니다. 거의 3일 정도 안에는 마무리될 것입니다.

| | |
|---|---|
| 간이과세자 | 24년 7월 1일부로 연 공급대가 10,400만원 미만 사업자<br>• 간이과세자 적용 제외자<br>　광업, 제조업(과자점, 떡 방앗간, 제분업, 양복, 양장, 양화점 가능)<br>　도매업(도, 소매업 겸업 시 소매업 포함)<br>　부동산 매매업, 변호사업, 법무 사업, 세무 사업 등<br>• 거래 증빙: 세금계산서 발행(단, 연 공급 대가가 4,800만 원 미만인 사업자는 영수증 발급)<br>• 간이과세자는 1.5~4%의 낮은 세율 적용. 단, 매입 세액의 15~40%만 공제받을 수 있음<br>• 신규사업자 또는 직전연도 매출액이 4,800만 원 미만인 사업자는 세금계산서 불가<br>• 4,800만 원 이상인 사업자는 세금계산서 발행 가능 |
| 일반과세자 | 24년 7월 1일부로 연 공급대가 10,400만원 이상 사업자<br>• 간이과세를 포기한 사업자<br>• 거래 증빙: 세금계산서 발행<br>• 일반과세자는 10% 세율 적용<br>• 문건 등을 구매하면서 받은 매입세금계산서상의 부가가치세액 전액을 공제받을 수 있음 |
| 면세과세자 | 부가가치세는 내지 않고 사업 실적에 대해 소득세만 내는 사업자<br>• 연 수입이 3,600만 원 이하인 영세사업자<br>• 변호사, 의사 등의 고소득 자유직업종사자<br>• 자료과세자 등 3종류로 분류 |

표 5-08 과세자 기준

추가로 사업 아이템별 허가 및 등록을 각각 받아야 하는 아이템의 경우 먼저 신청서류들을 챙기는 것이 중요합니다. 식품제조업이나 건강식품업, 영상물제작업 등은 신고업종이며 여행업, 의약업 등은 등록 분야이므로 다음의 정보를 참고합니다.

저는 간이과세자를 하다가 매출이 늘어 일반과세자로 변경되었습니다. 그리고 과일을 취급하면서 면세사업자로 사업자등록을 낸 적도 있습니다.

**사업자등록신청 전에 허가, 신고, 등록 대상 업종 여부 확인**

관할관청의 허가, 신고, 등록대상 업종인 경우에는 사업자등록신청시 허가(신고, 등록)증 사본을 제출하여야 합니다.

단, 허가(신고, 등록) 전에 사업자등록신청을 하는 경우에는 허가(등록)신청서 사본 또는 사업계획서를 제출하고 추후 허가(신고, 등록)증 등의 사본을 제출할 수 있습니다.

▶ 관할관청의 허가, 신고, 등록대상인지 여부는 생활공감지도 홈페이지 (http://www.gmap.go.kr/)에 접속하여 해당 업종명으로 검색하면 확인할 수 있습니다.

5-86
국세청(www.nts.go.kr)
사업자등록 신청 전 허가, 신고, 등록 업무 대상 확인

면세사업자는 부가세를 내지 않기 때문에 매년 2월 10일 이내 한번 '사업장 현황신고'를 형식적으로 제출합니다. 다음은 면세사업자에 해당하는 아이템 종류입니다.

## 부가가치세가 면제되는 재화 · 용역

부가가치세(VAT: Value Added Tax)는 상품이나 용역이 생산, 유통되는 모든 단계에서 기업이 새로 만들어 내는 가치인 '마진'에 대해 과하는 세금이다. 부가가치세는 원칙적으로 모든 재화(상품)나 용역(서비스) 공급에 대하여 과세되나, 예외적으로 저소득층의 세금 부담 경감 또는 기타 조세 정책 목적으로 일부 재화와 용역 공급에 대해서는 부가가치세법과 동법 시행령에 따라 부가가치세를 면제한다. 부가가치세가 면제되는 재화와 용역은 다음과 같다.

- **기초생활 필수품**
- 가공되지 아니한 식료품(쌀, 채소, 육류, 어류, 건어물 등)
- 우리나라에서 생산된 식용이 아닌 농산물, 축산물, 수산물, 임산물
- 수돗물, 연탄, 여객운송용역(항공기, 고속버스, 택시 등 제외)
- 여성용 생리 처리 위생용품

- **국민후생용역**
- 의료보건용역(의료용역, 장의용역 등)
- 교육용역(정부의 인가 또는 허가를 받은 학원, 교습소 등)
- 주택(국민주택규모 이하)
- 우표(수집용 우표 제외), 인지, 증지, 복권, 공중전화

- **문화 관련 재화와 용역**
- 도서, 신문, 잡지, 관보, 통신, 방송(광고는 제외)
- 예술창작품, 순수예술행사, 문화행사, 비직업 운동경기
- 도서관, 과학관, 박물관, 미술관, 동물원 또는 식물원의 입장

- **생산요소**
- 토지(토지의 임대는 과세)
- 인적용역
- 금융, 보험용역

- **기타**
- 우표, 담배(판매가격이 200원 이하인 담배) 등
- 종교, 자선, 학술, 구호 기타 공익을 목적으로 하는 단체가 공급하는 재화 또는 용역
- 국가, 지방자치단체, 지방자치단체조합이 공급하는 재화 또는 용역
- 국가, 지방자치단체, 지방자치단체조합 또는 공익단체에 무상으로 공급하는 재화 또는 용역

# 통신판매업 신고 방법

쇼핑몰을 창업할 때는 통신판매업 신고도 해야 합니다. 통신판매업 신고는 담당 구청에서 처리하므로 구청에 문의하면 됩니다.

- **등록처** – 담당 시/군/구청 지역경제과
- 전자상거래를 하려면 '방문판매 등에 관한 법률'에 의해 일반과세자로 사업자등록을 하거나 일반과세자로 변경 시에는 시, 도지사에게 '통신판매업 신고'를 반드시 해야 함(미신고시 – 영업정지 15일 이상 및 최고 500만 원 이하의 벌금형)
- **신고서** – 해당 관청에 비치(서울이 아닌 지방은 도청이나 군청에서 관리)
- **면허세** – 45,000원(간이과세자는 면제)
- **사업자등록증 사본**(신고 후 1달 이내에 제출)
- **발급일** – 보통 검토 후 3일 이후 '통신판매업 신고증' 발급
- ※ 지역별로 채권을 매입해야 하는 경우 추가 비용이 발생할 수 있음

통신판매업 신고서는 전기통신매체, 광고물 등을 통해 소비자와 직접 상거래가 이루어지는 통신판매업 사업자가 진행하기 위한 서류 절차이므로 온라인 쇼핑몰도 해당합니다. 쇼핑몰 사업자는 반드시 신고필증을 가지고 있어야 하며 통신판매업신고 번호를 쇼핑몰 하단에 기록해두어야 합니다.

통신판매업 신고는 면허세로, 사업자 신고를 할 때 비용을 내는데 간이과세자는 면제이며 일반과세자와 면세과세자는 모두 면허세를 내야 합니다. 면허세여서 매년 1월에 내야 하는 비용입니다. 담당 구청에 신고한다 해도 실제로 3일 뒤에 발급됩니다. 온라인으로 신청할 수 있어 구청에서 찾아가면 되니 한번만 방문하면 됩니다.

5-87
민원24(www.minwon.go.kr) – 통신판매업 신고 화면

통신판매업 신고서 양식에 입력해야 할 주요 항목은 다음과 같습니다. 여기에는 구매 안전 서비스 이용 확인증을 첨부해야 한다고 쓰여 있습니다. 이것은 솔루션 선택 후 PG[지급대행]사를 선택할 때 의무적으로 현금 이용 고객에 대한 보증으로 구매 안전 서비스[에스크로]를 이용하는 것에 대한 서류를 첨부해야 한다는 의미이며 솔루션 회사나 PG사에 문의하면 쉽게 해결됩니다.

통신판매업신고서
신고인
구분* ① 개인
상호* ②
사업자등록번호 ③ - -
소재지 ④ 기본주소 주소검색
상세주소
전화번호* ⑤ - -
대표자(성명)* ⑥ 신고인
생년월일* 년 월 일
주소* ⑦ 기본주소 주소검색
상세주소
전화(대표자)* ⑧ - -
전자우편주소* ⑨
인터넷도메인이름 ⑩
호스트 서버 소재지 ⑪ 기본주소 주소검색
상세주소
참고사항
⑫ 판매방식* TV홈쇼핑 인터넷 카다로그 신문잡지 기타
취급품목* 종합몰 교육/도서/완구/오락 가전 컴퓨터/사무용품 가구/수납용품 의류/패션/잡화/뷰티 레져/여행/공연 건강/식품 성인/성인용품 자동차/자동차용품 상품권 기타

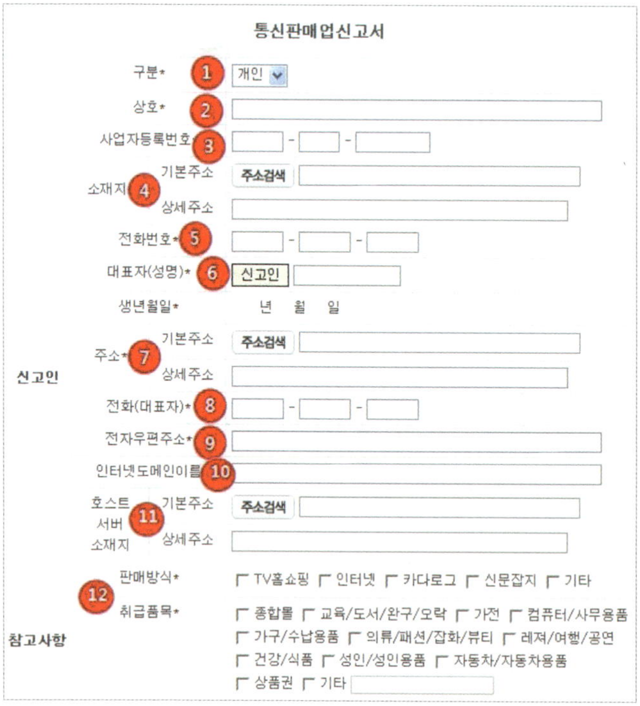

**5-88**
통신판매업 신고 양식

① 개인, 법인 구분 선택
② 상호 직접 입력
③ 사업자등록번호 직접 입력
④ 〈주소 검색〉 버튼을 클릭하여 검색창에서 소재지 주소 선택
상세 주소는 아파트나 빌딩의 경우 아파트명, 동, 호수 직접 입력
⑤ 전화번호 직접 입력
⑥ 〈신고인〉 버튼을 클릭하여 신고인 대표자(성명), 신고인 생년월일 자동 입력

⑦ 〈주소검색〉 버튼을 클릭하여 검색창에서 주소 선택
　　상세 주소는 아파트나 빌딩의 경우 아파트명, 동, 호수 직접 입력
　⑧ 신청인 전화(대표자) 자동 입력(자동 입력되지 않을 경우 직접 입력 가능)
　⑨ 신고인의 전자우편주소 자동 입력(자동 입력되지 않을 경우 직접 입력 가능)
　⑩ 인터넷 도메인 이름 직접 입력
　⑪ 〈주소검색〉 버튼을 클릭하여 검색창에서 호스트 서버 소재지 주소 선택
　　상세 주소는 아파트나 빌딩의 경우 아파트명, 동, 호수 직접 입력
　⑫ 참고 사항인 판매방식, 취급품목 선택

통신판매업 신고서를 작성하면서 체크해야 할 부분은 크게 두 가지입니다. 첫째는 '인터넷 도메인 이름'으로 통신판매업 신고서에는 인터넷 도메인 이름을 적는 란이 있어 미리 인터넷 도메인 등록을 마치고 해당 주소를 적을 수 있도록 해야 합니다. 둘째는 '호스트 서버주소지'로 신고서의 호스트 서버 주소지는 쇼핑몰 상품 등록이나 모든 데이터를 관리해주는 호스팅 업체의 오프라인 사업장 주소를 적는 란입니다. 쇼핑몰의 경우 일반적으로 쇼핑몰 솔루션 회사가 프로그램 관리와 함께 호스팅을 공동으로 관리하기 때문에 솔루션 회사의 주소지를 적는 것이 일반적입니다. 네이버의 경우 네이버 본사 주소를 적으면 됩니다.

## 부가가치세와 소득세 신고

사업자등록증을 발급받고 정식으로 사업자가 되면 세금 납부의 의무가 생깁니다. 쇼핑몰을 운영하면서 내야 하는 세금은 크게 부가가치세와 소득세가 있습니다. 부가가치세는 1년에 2번, 1월과 7월에 납부하고 종합소득세는 5월에 납부합니다.

먼저 부가가치세는 상품을 판매하거나 서비스를 제공할 때 거래 금액에 부가세가 붙고 이것을 최종 소비자가 지급하는데, 이를 판매자가 신고하는 것이라고 보면 됩니다. 일반과세자와 간이과세자 간에 차이가 있으므로 다음 페이지 자료를 참고하세요.

세금에서는 지출하는 매입 증빙 세금계산서를 잘 챙겨놔야 절세할 수 있습니다. 부가가치세도 매입세액에서 매출세액을 빼고 부여하는 개념이라 매입세액 증빙이 매우 중요합니다. 쉽게 말해 쇼핑몰을 운영하면서 지출되었던 항목에 대한 세금계산서를 잘 챙겨야 하지요. 가장 큰 지출 부분은 상품 구매비용이므로 거래처로부터 매입계산서를 잘 받아두어야 합니다. 택배비용도 세금계산서 증빙으로 사용할 수 있습니다. 기타 사무실 임대료에 대한 세금계산서나 광고비 지출에 대한 세금계산서 등을 지출 부분으로 하여 신고가 가능합니다.

종합소득세는 지난 1년간의 경제 활동으로 얻은 소득에 대하여 내는 세금으로 사업소득, 이자소득, 근로소득, 연금소득, 기타소득 등이 모두 포함됩니다. 간편 장부 대상자라고 해서 해당 연도 신규 사업을 한 사업자나 수입이 적은 사업자는 간편하게 신고할 수 있도록 합니다.

● **21. 1. 1. 이후 개시하는 과세 기간 분부터 적용**

**간이 과세 기준 금액**

| 현행 | 개정 |
|---|---|
| 직전 연도 공급대가 4,800만 원 미만 | 직전 연도 공급대가 8,000만 원 미만(부동산 임대업 또는 과세유흥장소 경영 사업자는 4,800만 원 미만) |

**납부의무면제 기준 금액**

| 현행 | 개정 |
|---|---|
| 해당 과세기간 공급대가 3,000만 원 미만 | 해당 과세기간 공급대가 4,800만 원 미만 |

● 21. 7. 1. 이후 재화·용역을 공급하거나 공급받는 분부터 적용

**세금계산서 발급 의무**

| 현행 | 개정 |
|---|---|
| 영수증 발급 | (원칙) 세금계산서 발급<br>- 간이과세자 중 신규사업자 및 직전 연도 공급대가 4,800만 원 미만인 사업자, 주로 사업자가 아닌 자에게 대화 또는 용역을 공급하는 사업자는 영수증 발급 |

표 5-09  간이 과세자와 일반 과제자의 기준 변화(자료: 2021년 기준, 국세청)

세금에 관한 자세한 정보는 국세청 사이트에서 제공합니다. 처음 신고할 때는 세무사의 도움을 받는 것도 좋습니다. 저도 처음에는 세무사의 도움을 받았다가 이후에는 혼자 신고했었습니다. 실제 간이과세자로 창업하고 매출이 크지 않은 초기에는 세금 신고 기간에 세무서에 방문하면 대행해주는 도우미를 만나서 쉽게 납부할 수 있었습니다. 보통 국세청 홈택스를 이용해 신고하기도 합니다. 직접 세무사의 도움도 받으면서 세금 납부에 대한 노하우를 익히는 것이 중요합니다.

**장부의 비치·기장**

● 사업자는 사업과 관련된 모든 거래사실을 복식부기 또는 간편장부에 의하여 기록·비치하고 관련 증빙서류 등과 함께 5년간(다만, 이월결손금을 공제 받을 경우 11년간) 보관하여야 합니다.

| 복식부기의무자 | 직전년도 수입금액이 일정금액 이상인 사업자와 전문직사업자 |
|---|---|
| 간편장부대상자 | 당해년도에 신규로 사업을 개시하였거나 직전년도 수입금액이 일정금액 미만인 사업자 (전문직 사업자는 제외) |

● 복식부기의무자와 간편장부대상자 판정기준 수입금액(2017년 귀속 기준)

| 업 종 구 분 | 직전년도수입금액 |
|---|---|
| 가. 농업 및 임업, 어업, 광업, 도매업 및 소매업, 부동산 매매업, 아래 '나' 및 '다'에 해당되지 아니하는 업 | 3억원 |
| 나. 제조업, 숙박 및 음식점업, 전기·가스·증기 및 수도사업, 하수·폐기물처리·원료재생 및 환경복원업, 건설업, 운수업, 출판·영상·방송통신 및 정보 서비스업, 금융 및 보험업, 상품중개업, 욕탕업 | 1억 5천만원 |
| 다. 부동산임대업, 부동산관련 서비스업, 임대업, 서비스업(전문·과학·기술·사업시설관리·사업원·교육), 보건업 및 사회복지 서비스업, 예술·스포츠 및 여가관련 서비스업, 협회 및 단체, 수리 및 기타 개인 서비스업(욕탕업 제외), 가구내 고용활동 | 7천 5백만원 |

▶▶ 전문직사업자는 수입금액에 관계없이 복식부기의무가 부여됨

5-89
사업자 장부 기록 방식 차이

# 터전 구축 마무리 작업
# – 카드 결제 세팅, 포장, 택배 결정 ❺❹

## 신용카드 결제 세팅과 소비자 구매 보호 제도

쇼핑몰 창업에서 기본적으로 알아두어야 할 시스템이 있다면 바로 결제 시스템입니다. 이 결제 기능이 홈페이지와 쇼핑몰을 구분하는 기능인 셈이지요. 최근 유행하는 입점식의 쇼핑몰 창업에서는 사실상 필요 없는 단계이기도 합니다. 이미 모든 결제 시스템이 준비되어 있기 때문입니다. 다만 개인몰을 창업할 때 카드 결제 시스템을 선택하는 과정이 있고 결제는 매출과 기업 이익의 기본 정보이기 때문에 간단하게 살펴보겠습니다.

인터넷 쇼핑몰의 매출은 대부분 신용카드 결제와 현금 결제로 이루어집니다. 먼저 카드 결제 부분에 대한 절차를 알아봅니다. 온라인 쇼핑몰은 카드사와의 제휴 관계에서 직접 가맹을 맺는 방식이 아닌 간접대행 방식으로 이루어집니다. 즉, 인터넷 쇼핑몰과 카드사 사이에 이들을 연결하는 PG$^{Payment\ Gateway}$사를 통해 진행됩니다.

## PG의 정의

**01** 웹 호스팅(Web Hosting) 업체가 카드사와 직접 가맹점 계약을 맺을 수 없거나 자체 가맹점의 불편으로 인해 업체와 카드 간 별도 계약을 체결하지 않고, 전자결제 대행(Payment Gateway) 서비스를 이용하여 전자상거래하는 서비스를 말한다.

**02** 온라인 상점(인터넷 쇼핑몰&일반 사이트)에서 상품과 서비스의 판매 대금을 신용카드, 전자화폐, 가상 계좌이체, 휴대폰 결제 등 다양한 결제 서비스 수단을 이용해 편리하게 지급할 수 있도록 지원하는 서비스를 말한다.

흔히 소비자 관점에서 쇼핑몰에서 결제했을 때 작은 팝업창이 열리면서 결제 카드 번호와 비밀번호 등을 입력하는 과정을 거치는데 이 과정을 진행하는 곳이 바로 PG사입니다. 국내의 대표적인 PG사로는 페이코, KG 이니시스, KG 올앳, KCP, LG U+ 등이 있습니다.

사실 운영하고자 하는 쇼핑몰에 PG사를 연동하는 것은 매우 간단합니다. 쇼핑몰 솔루션 회사를 선택하면 해당 회사와 이미 제휴된 PG사가 있어 적절한 PG사를 선택하고 관련 서류만 보내서 곧바로 세팅 작업이 이루어지는 방식이지요. PG사마다 카드 결제 수수료, 초기 등록비 책정 여부, 정산 주기 등이 조금씩 차이날 수 있으므로 꼼꼼히 살펴보고 결정합니다.

PG 서비스를 신청하기 전 사업자등록증 사본, 인감증명서, 입금계좌 사본, PG사 계약서 등을 준비해야 하고, 쇼핑몰 판매 예정 상품은 10개 이상 등록된 상태여야 합니다. 당연히 쇼핑몰 하단에 쇼핑몰 기본 정보 상호, 사업자등록번호, 대표자명, 사업장 주소, 전화번호, 개인정보 관리자, 이메일, 통신판매신고번호도 보이는 상태여야 심사할 수 있습니다. 사실 신용카드 결제 신청이 불가한 업종도 있는데요, 성인사이트, 아이템 판매, 후원금, 회원제 사이트 등의 기준이 있으므로 사전에 알아볼 필요가 있습니다.

우편으로 서류를 보내고 나면 PG사는 카드사에 관련 서류를 보내 카드승인심사를 진행하며 통상 10일 정도 소요됩니다. 최종 가입이 승인되면 PG사로부터 관리자 모드를 부여받고 아이디와 비밀번호로 관리자 모드에 접속해 카드 결제 정산 및 카드 결제 취소 작업 등이 가능합니다.

PG사의 결제 수수료와 정산 주기는 대체로 유사한데요. 다음은 KG 이니시스사의 기준입니다.

**결제 수수료**

신용카드: 3.4%
계좌이체: 1.8%(최저 수수료 200원)
가상계좌: 300원
현금영수증: 무료
– 계좌이체, 가상계좌는 결제 건 취소 시에도 수수료 부과

**정산 주기**

일일 정산(승인 후 7일부터 매일 지급)
또는 월 4회/2회/1회 중에서 선택(정산 주기별 수수료 동일)

추가로 PG사와 계약을 진행하면서 보증보험사를 통해 보증보험을 들어야 합니다. 이것은 PG사에서 쇼핑몰에 요구하는 절차로 쇼핑몰에서 고객에게 상품결제대금을 받고 물건을 배송하지 않아 고객 불만이 발생하는 등 만일의 사고로부터 고객을 보호하기 위해 발급되는 보험증권 서비스에 가입하는 것입니다.

보증보험에 가입하는 데에도 비용이 발생합니다. 월 보증금(결제 한도)에 따라 차이가 나는데요. 카드 매출 기준을 월 500만 원으로 하면 연 6만 원 정도의 수수료를 지급하는 형식입니다. 보증금이 올라갈수록 금액은 다소 높아집니다. 월 결제 한도란 매월 PG사로부터 정산 받는 전체 금액을 말합니다. 천만 원 한도라고 하면 월 천만 원 이내의 결제금액은 보호받는다는 개념입니다.

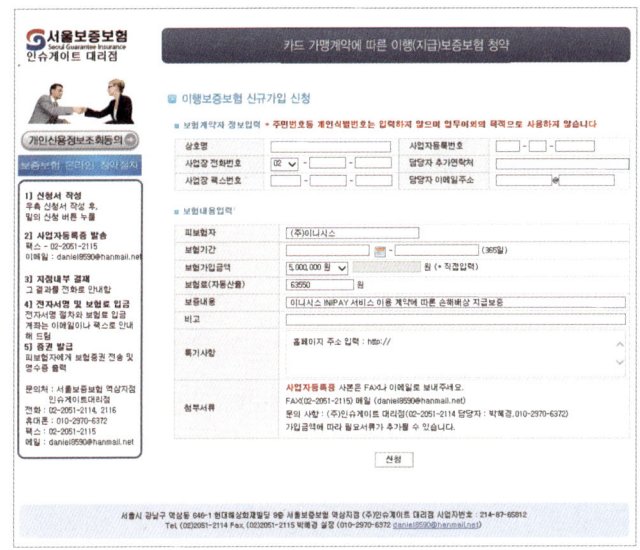

5-90
보험증권 신청 화면

더불어 현금 영수증 발급 서비스도 PG사를 통해서 이루어지며, 현금결제에 대한 보호 장치인 에스크로 서비스도 신청해야 합니다. 보통 PG 접수를 하는 통합 계약서에 신청내용이 있습니다.

### 소비자 보호에 관한 법률 제13조 제2항 제10호

선납식 통신판매업체는 서울보증보험의 소비자피해보상부험계약(전자보증서비스) 및 제3자에 의한 결제대금 예치제도 등의 구매 안전 서비스를 의무적으로 도입하고, 소비자가 이용 여부를 선택할 수 있도록 제공함으로써, 비대면 거래에서 오는 소비자 피해로부터 소비자를 보호해야 한다.

통신판매업자의 구매 안전 서비스에 가입해야 한다는 의무 조항으로 서울보증보험의 소비자피해보상보험에 가입하거나 에스크로(결제예금예치제)를 사용한다는 조건입니다. 대체로 에스크로를 더 선호합니다.

구매 안전 서비스인 에스크로는 소비자 보호 시스템으로 판매자와 구매자 사이에 공신력 있는 제3의 기관이 연결되어 소비자가 판매 대금을 입금하고도 상품을 제때 받지 못하는 피해를 없애고자 하는 제도적 보완 장치입니다. 옥션이나 G마켓과 같은 오픈마켓에서는 이미 구매자 보호 시스템을 운영하여 소비자가 제품을 받고 구매 확정을 해야 판매자에게 물품대금이 전달되는 방식을 사용 중입니다.

통신판매업체는 사이버몰 초기 화면 및 소비자가 결제 수단을 선택하는 화면에서 구매 안전 서비스의 가입 사실 및 서비스 내용을 반드시 표시하거나 광고 또는 알리도록 법으로 의무화하기 때문에 반드시 홈페이지에도 추가해야 합니다. 만약 구매 안전 서비스 미가입 또는 표시 고지를 위반하면 최대 천만 원의 과태료 및 영업 정지의 행정처분을 받을 수 있습니다.

## 제품 포장의 차별화 포인트

쇼핑몰을 준비하며 마련해야 할 마지막 과정은 포장 방법에 관한 고민입니다. 물론 대부분의 의류 제품은 비닐 포장이라서 포장 재료 가격도 저렴하고 쉽게 포장하여 고민이 적지요. 부피가 큰 침구류의 경우 압축 팩과 같은 서비스를 이용하여 부피를 줄여서 포장할 수도 있습니다. 인형은 부직포, 식선식품은 스티로폼 박스 등 상품마다 포장 방법이 다르므로 아이템에 따라 최적의 포장 방법을 찾아야 합니다. 대부분의 공산품도 제조 단계에서 이미 박스 포장이 되는 경우가 많아 겉 포장만 하는 경우도 많아서 손쉬운 포장 제품입니다. 그러나 배송 중 깨지거나 상품 변형이 쉬운 제품일수록 포장에 더욱 신경 써야 합니다.

가장 일반적인 포장은 박스 포장인데요. 주얼리 쇼핑몰 운영 당시 주얼리를 판매하면서 박스에 그대로 넣을 수 없어 예쁜 케이스를 구매했고 이 케이스에 종이 포장까지 한 번 더 해서 넣었습니다.

포장 재료는 방산시장<sup>지하철 5호선 을지로 4가</sup>에서 구매하는 것이 일반적이지만 요즘은 인터넷 포장 쇼핑몰이 가격적인 장점도 많아 온라인에서 포장 재료를 구매하기도 합니다. 기본적으로 구매하는 포장 아이템으로는 완충제 구실을 하는 에어캡이 있으며, 박스를 구매할 때는 실제 배송될 상품의 치수를 잰 다음 약간의 여유 공간을 둔 제품을 선택해야 합니다. 하나만이 아닌 두 개 이상의 상품을 보낼 수 있는 박스도 추가로 구매해야 합니다.

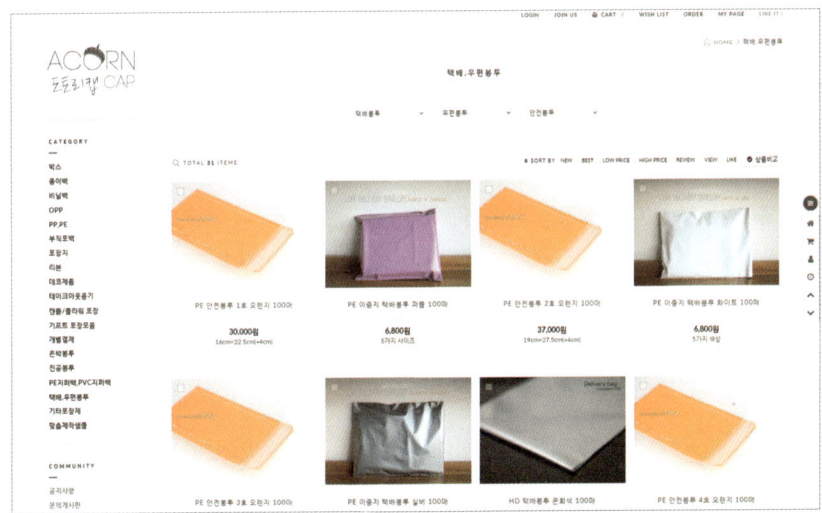

5-91
포장 쇼핑몰 도토리캡
(www.dotorycap.com)

포장은 고객에게 직접 전달되는, 고객과의 마지막 접점이 되는 단계의 서비스입니다. 상품 안내 및 구매까지 웹에서 수요를 끌어냈는데 막상 제품을 받는 마지막 단계에서 고객에게 실망을 준다면 최종적으로 고객을 놓치고 맙니다. 특히 고가의 제품인 경우 제품을 받는 고객은 포장 상태에 더욱 민감할 수 있기 때문에 고객 맞춤형 포장을 고려해야 합니다. 그러므로 백화점 브랜드의 포장을 살펴보거나 동종 업체의 쇼핑몰 주문을 통해 포장법을 벤치마킹하는 것도 중요한 전략입니다.

고급 의류를 취급하는 한 쇼핑몰에서는 포장에 백화점에서 사용하는 고급 박스와 리본으로 고급스럽게 포장해서 고객의 호응을 끌어냈다는 이야기가 있습니다. 재미있고 앙증맞은 포장으로 받는 사람에게 좋은 느낌을 선사하기도 하지요. 박스를 개봉했을 때 기분이 좋도록 박스에 향수를 뿌려두는 운영자도 있습니다. 어느 부분까지 세심하게 신경 쓰느냐가 결국 단골을 만드느냐, 고객을 잃어버리느냐를 결정하므로 포장 하나도 놓치지 말고 차별화를 만들기 바랍니다.

인터넷 쇼핑몰에서 이용 가능한 포장 전문가의 포장 법칙을 참고합니다.

01 빨리 포장할 수 있어야 한다.
02 재료비도 적게 드는 포장법이어야 한다.
03 독창성이 있어야 한다.
04 포장지 색은 다양한 고객층을 고려해 무난한 톤으로 선택한다.
05 리본은 리본 보호대를 사용하자.
06 포장으로 브랜드를 심을 수 있다는 생각을 갖고 연구하자.

# 안전한 택배사 선정

인터넷 쇼핑몰을 구축할 때 가장 마지막 단계의 작업은 택배사 계약입니다. 배송에서는 보통 택배를 선호하지만 시간, 지역, 때에 따라서는 퀵 서비스, 지하철 택배, 다마스 택배, 터미널 택배 등 다양한 수단을 마련합니다. 여기서는 가장 기본적인 익일<sup>다음날</sup> 택배에 대해서 알아보겠습니다.

먼저 택배사를 선택할 때는 규모나 안정성, 소비자 평가 등을 고려해야 합니다. 택배사의 실수는 고스란히 인터넷 쇼핑몰의 실수로 인식되어 이미지에 타격을 받기 때문에 쇼핑몰 입장에서는 매우 난감합니다. 더불어 판매 아이템의 특성을 고려해 업체를 선택해야 하는데요, 신선식품이나 파충류<sup>생물 택배</sup> 같은 특별한 아이템의 경우 해당 아이템에 관한 전문 업체를 이용하는 것이 바람직합니다.

택배사로는 CJ대한통운, 우체국, 로젠, 한진, KG로지스, 경동, 동부, 롯데 등 잘 알려진 업체들이 있습니다. 대체로 우체국이 가장 안전하다는 평이고 CJ대한통운, 로젠, 한진 택배사를 많이 이용합니다. 택배비용은 제품에 따라, 무게에 따라 택배사 정책 기준 가격을 명시하므로 이를 참고합니다. 거의 유사한 가격대이며 사실 가장 저렴한 택배비용은 소호 공동 사무실에 입주하여 공동으로 내는 방식입니다. 이 방식은 사무실 입주와 연결되어 있으므로 필요하다면 충분히 고려해보세요. 여러 입주 회사가 모여 공동의 택배건수로 단체 계약을 맺는 개념입니다.

첫 거래에는 대형 택배사보다 중형 택배사를 추천하는 경우가 많습니다. 가격 면에서도 저렴하고 창업 초기에는 거래량이 적기 때문인데요, 택배비용은 1건당 2천5백~3천 원이 일반적입니다. 택배비용을 조율할 때는 해당 비용이 부가세 포함 가격인지 아닌지를 확인하고, 택배사마다 도서, 산간지역이나 제주도의 경우 추가운임을 낼 수 있으므로 미리 확인합니다.

택배사마다 배송이 불가능한 상품에 한해 제한을 두기도 하므로 참고합니다. 주로 지나치게 고가이거나 배송 시 파손 우려가 큰 상품 등은 취급하지 않는 경향이 있습니다.

5-92
택배 취급금지 품목 - CJ대한통운

대부분 택배사를 정하면 대표전화로 전화를 걸어 해당 지역의 영업소와 연결합니다. 간단하게 사업을 소개하고 구두로 계약한 후 택배기사가 사업장에 방문하면서 바로 배송이 시작되므로 택배기사가 언제부터 방문할지, 시간대 등을 논의합니다.

택배비용은 건당 결제로 이루어지지만 한 달 결제로도 가능합니다. 초기에 택배 수량이 적을 때는 기사와 요령껏 상의해서 방문일자를 조율하면 됩니다. 택배 수량이 많아지면 점차 쇼핑몰의 우위가 커지면서 수량에 따라 기존의 택배비에서 조금 더 저렴한 금액으로 계약할 수 있습니다. 보통 하루에 백 개 이상의 물량이 나올 때는 건당 2천원 미만으로 계약이 진행되기도 합니다.

택배사 선정 시 사고 보상 기준이나 소비자 보호 정책도 검토해야 합니다. 일반 택배 상품의 경우 50만 원 이내에서 실제 손해액을 보상합니다. 실제로 쇼핑몰을 운영하면서 보상받은 적이 있었는데요, 한번은 48만 원의 상품 배송 중 분실되는 사태가 발생하여 결국 택배기사가 보상하는 사건이 있었습니다. 만약 50만 원이 넘는 상품을 택배로 보내다가 중간에 유실되는 사건이 발생하면 50만 원 이상의 피해액은 택배사로부터 보상받기 어렵다는 사실도 알아두기 바랍니다.

택배사와 계약을 마치면 바로 쇼핑몰의 배송 관련 정책 내용을 디자인해야 합니다. 모든 상품에 관해 무료로 배송할 것인지, 일정 금액 이상을 구매했을 때 무료로 배송할 것인지 등을 결정합니다. 교환, 반품, 환불 시에 발생할 수 있는 택배비도 안내합니다.

쇼핑몰에서는 고객의 단순 변심에 의한 교환의 경우 고객이 왕복 배송비를 물도록 하며 쇼핑몰의 실수로 물건이 잘못 배송된 경우 당연히 업체가 다시 배송비를 무는 것이 일반적입니다. 고객 중에는 교환이나 반품을 신청하면서 무작정 착불로 보내는 경우가 있으므로 착불로 보낼 시 계약된 택배사를 이용하는 방법 등의 대안을 생각해야 합니다.

많은 소비자는 물건이 언제 도착하는지를 가장 궁금해 합니다. 그러므로 택배를 발송하고 송장 번호가 나오면 바로 솔루션에 기재한 후 소비자가 직접 택배사 홈페이지를 통해 화물추적 서비스를 확인할 수 있도록 꼼꼼히 안내하는 것이 중요합니다.

## 창업 컨설팅 노트 | 택배사의 택배 상품 종류

요즘은 쇼핑몰에서 취급하는 물품에 따라 특별한 택배 상품을 만들어 별도로 관리하는 경우가 있어 택배사 선정 시 사전에 배송 아이템을 상담해야 한다. 택배사마다 택배 상품이 하나일 것으로 생각하기 쉽지만 소비자 니즈에 따라 다양한 택배 상품을 운영 중이다. 다음은 CJ대한통운 택배사의 택배 상품군이다.

- 특산물 택배 – 특산물을 받는 분의 가정까지 안전하게 배달해 드리는 서비스. 특산물의 고유한 맛과 신선도 유지
- 퍼펙트 택배 – 고가 제품과 주얼리 등 소중한 상품을 별도의 네트워크 관리와 RFID 인수인계 시스템으로 가장 완벽하게 배달하는 서비스
- 대학기숙사 택배 – 방학을 맞아 귀향하는 가정의 상품을 운반하는 서비스. 기숙사 전용 택배 박스 이용
- 김장 택배 – 정성스럽게 담근 김치를 김치 전용 포장 용기로 배달
- 골프 택배 – 무겁고 부피가 큰 골프 장비를 골프 장비 전문 택배기사가 안전한 골프 전용 커버로 포장한 후 안전하게 배달하는 서비스
- 당일 택배 – 기업 고객을 대상으로 오전 9시까지 접수된 상품을 전담 차량을 통해 당일 오후에 배달하는 서비스

5-93
CJ대한통운 택배 서비스 안내

Part. 6

발 빠른 상품 위탁은 쇼핑몰의 경쟁력이다

# 고객 맞춤형 디자인 컨셉 ❻❶

## 잘 나가는 경쟁 쇼핑몰을 벤치마킹하라

개인 쇼핑몰을 창업할 때 쇼핑몰 솔루션을 결정하고 나면 곧이어 디자인을 기획해야 합니다. 쇼핑몰 디자인에 대한 고민은 쇼핑몰 오픈의 시발점이 된다고 볼 수 있습니다.

쇼핑몰 디자인은 매장의 실내 인테리어와 같은 개념으로, 고객 취향에 따라 어떤 이미지 컨셉으로 어떤 상품을 어떻게 배치할 것인지 디자인 전략에 따라 성패를 가늠할 수 있습니다. 중요한 것은 철저히 고객 중심의 디자인을 만들어야 한다는 점과 쇼핑몰만의 차별화된 컨셉이 필요하다는 점입니다.

사실 쇼핑몰 디자인은 비전문가에게는 무척 어려운 일입니다. 디자인을 조금이라도 공부한 창업자라면 컬러, 레이아웃, 기능 배치 등 디자인의 모든 영역에서 강점을 가지지만, 디자인을 잘 모르는 창업자는 어디서부터 어떻게 접근해야 할지 막막하기만 합니다. 하지만 쉽게 따라 할 수 있는 방법이 있습니다. 바로 '벤치마킹'이지요. 디자인을 전혀 모른다는 가정 하에 쇼핑몰 디자인 제작은 다음과 같은 순서로 이루어집니다.

01 벤치마킹할 사이트 선택
02 벤치마킹할 사이트의 레이아웃 구조 분석
03 화면 상세 설계서 제작(밑그림)
04 디자인 제작사 선택

## 벤치마킹할 사이트 선택

먼저 벤치마킹할 사이트를 선택합니다. '모방은 창조의 어머니'라는 말이 있듯이 새로운 제작 기법이나 체계화된 쇼핑몰을 기획하기 위해 빈 종이를 들고 고민하기보다는 잘 기획된 사이트를 효과적으로 벤치마킹하는 것이 더 좋고 빠른 방법입니다. 운영 중인 쇼핑몰 사례 분석은 가장 효과적인 교과서라는 점을 기억하기 바랍니다.

인터넷 쇼핑몰 구축을 위한 벤치마킹의 장점은 전체적인 쇼핑몰 기획의 밑그림을 그릴 때 풍부한 아이디어를 얻을 수 있다는 점입니다. 또한 기획의 트렌드를 찾을 수 있고 제작 과정을 촉진합니다. 다만 벤치마킹 대상을 너무 많거나 너무 적게 설정해도 아이디어 도출이 어려울 수 있으므로 5개 정도의 사이트를 벤치마킹하는 것이 무난합니다.

대체로 유사 상품을 판매하거나 비즈니스 모델이 유사한 사이트, 같은 분야에서 선두를 점하는 유망 쇼핑몰, 혹은 유명 사이트 가운데 타깃층이 같은 사이트 중심으로 벤치마킹 대상을 설정합니다.

## 벤치마킹할 사이트의 레이아웃 구조 분석

벤치마킹할 사이트를 찾았다면 레이아웃 구조를 분석합니다. 레이아웃을 분석한다는 것은 인테리어에서 설계도를 그리는 것과 같습니다. 성공한 사이트들은 쇼핑몰 메인 화면에 어떤 구성 요소를 어디에 배치하고 어떻게 표현하는지 자세하게 들여다봅니다.

경쟁 사이트 화면을 그대로 보기보다는 전체 화면을 캡처해 출력한 다음 자를 이용해 섹션별로 선을 그어보는 것이 좋습니다. 그렇게 몇 번을 연습하면 사이트별로 연락처 위치가 어디에 있는지, 상품 배열 시 이미지 크기나 간격은 어느 정도가 적당한지, 주력하는 코너는 어디에 배치해야 눈에 잘 가장 띄는지 등 사이트 기획이 한눈에 보입니다.

사이트마다 장단점을 분석해 나열하고 차용해야 할 부분과 버려야 할 부분을 정리하며 쇼핑몰 사이트를 그려봅니다.

## 화면 상세 설계서 제작(밑그림)

비교 사이트의 레이아웃을 분석했다면 본격적으로 사이트, 쇼핑몰 레이아웃을 그려야 합니다. 앞서 살펴본 경쟁 쇼핑몰의 장단점이 어느 정도 눈에 들어오면 이 결과물을 가지고 쇼핑몰 배치도를 그립니다.

물론 쇼핑몰의 경우 메인 페이지 비중이 80% 이상이라서 한번 메인 페이지의 레이아웃만 그려본다고 생각하고 도전하세요. 이 배치도를 '화면 상세 설계서'라고 하며 보통 파워포인트$^{PPT}$나 워드$^{Word}$로 작성합니다. 스케치북과 같은 도화지에 그려도 상관없습니다.

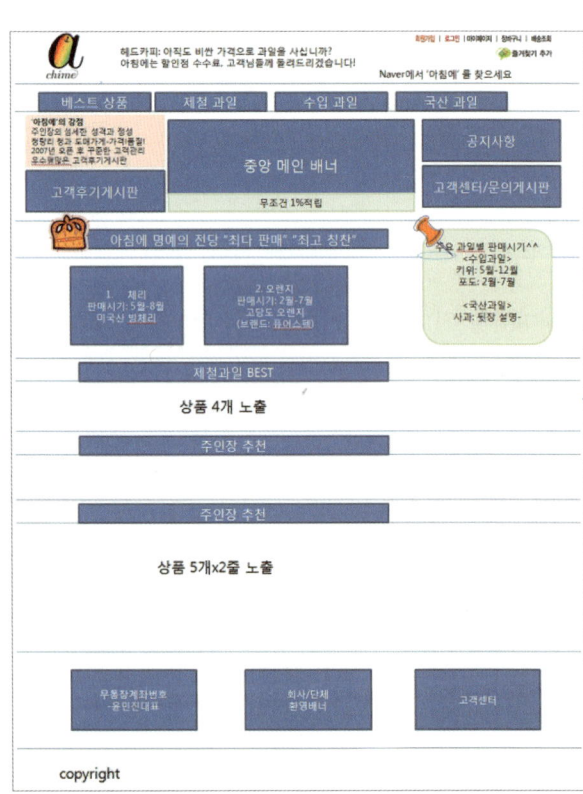

6-01
화면 상세 설명서

Shoppingmall Founded for Note

그림에서 알 수 있듯이 영역별로 어떤 코너를 어느 정도의 비중으로 배치할지를 결정하는 것이 화면 상세 설계서입니다. 화면 상세 설계서가 필요한 이유는 실제로 쇼핑몰 디자인을 구축하면서 외부 디자인 전문가에게 맡길 때 이들과의 원활한 업무를 위함이기도 합니다. 화면 상세 설계서 작업 없이 웹디자이너를 만나면 디자이너도 어떻게 디자인해야 할지 가이드라인이 없기 때문에 작업이 힘들어집니다.

창업자는 디자인 기획자로서 디자이너에게 명확한 정보를 전달하고 공유하기 위해, 오차 및 오인이 나타나는 요소를 줄이기 위해 화면 설계서 작성은 필수입니다.

### 디자인 제작사 선택

화면 상세 설계서가 만들어지면 쇼핑몰 디자인 제작사를 찾습니다. 창업자 스스로 쇼핑몰을 디자인할 수 있다면 금상첨화지만, 대부분의 창업자는 쇼핑몰 디자인 제작 능력이 부족하므로 업체 전문가를 찾아야 하니 고민되는 부분입니다.

# 디자인 제작 서비스를 활용하라

쇼핑몰을 디자인하는 방법에는 크게 세 가지가 있습니다. 직접 디자인하거나, 디자인 대행사를 찾거나, 프리랜서 디자이너를 찾는 방법입니다.

먼저, 쇼핑몰을 직접 디자인하는 것은 가장 크게 비용을 줄이면서 작업의 효율성을 높이는 방안입니다. 창업자 본인이 쇼핑몰 디자인 컨셉을 가장 잘 알고 있기 때문에 작업의 효율성이 높을 수밖에 없지요. 성공한 쇼핑몰의 사례를 보면 쇼핑몰 창업자가 웹디자인 실력을 갖추고 있어 뛰어나게 기획한 사례가 많습니다.

하지만 대부분 창업자는 직접 쇼핑몰을 디자인할 수 없으므로 디자인 제작사를 찾습니다. 디자인 제작사는 전문가 그룹이므로 작업 속도가 빠르고 일정 수준의 디자인 퀄리티를 보장받는 장점이 있습니다. 그러나 디자인업체를 잘못 고르면 비용은 비싸면서 그 효과는 낮을 위험 요인이 있습니다.

쇼핑몰 디자인은 회사보다 프리랜서 디자이너에게 맡기는 경우도 많습니다. 특히 지인이 있다면 이 방법을 선택하는 경우가 많은데요. 디자인 대행사를 이용하는 것보다 금전적인 부담은 적고 뛰어난 프리랜서 디자이너를 만나면 오히려 회사보다 더욱 뛰어난 디자인 퀄리티를 보장받을 수 있습니다. 하지만 쇼핑몰 오픈 후 사후 관리 측면에서 단절될 가능성이 있어 안정성과 연속성 면에서도 고민해야 합니다.

결국 쇼핑몰 디자인은 대행사를 찾든지, 프리랜서를 찾든지 모두 맞춤 제작을 의뢰한다는 의미입니다. 맞춤 제작은 쇼핑몰 디자인을 별도로 외부 디자인 전문가에게 의뢰하는 방식입니다.

쇼핑몰 디자인 맞춤 제작비용은 업체마다 차이가 있지만 보통 실속형이라고 해서 기본형 디자인은 80~100만 원, 프리미엄 디자인은 200~300만 원 이상의 비용이 듭니다. 제작 기간도 2주 정도 소요됩니다. 대행사와의 작업에서는 보통 2~3차례 수정이 오가면서 한 달 이상 걸립니다. 한 번에 창업자가 의도한 디자인이 나오기는 힘들기 때문에 디자이너와 자주 만나 의견을 조율하면서 화면 상세 설계서를 바탕으로 의뢰하면 훨씬 수월합니다.

디자인 대행사를 어떻게 찾아야 할지 막막해하는 창업자가 많은데요. 보통 쇼핑몰 솔루션 회사 홈페이지를 살펴보면 디자인 회사들이 연결되어 있습니다. 그런데 맞춤 제작 서비스는 고가에 오랜 시간을 들이고도 자칫하면 마음에 안 드는 디자인이 나올 수 있어서 처음 쇼핑몰을 시작하는 창업자에게는 쉽지 않은 선택입니다.

이러한 니즈를 해결하는 방안으로 나온 새로운 디자인 서비스를 '쇼핑몰 스킨 서비스'라고 합니다. 최근 소호형 쇼핑몰 창업자들에게 가장 주목받는 디자인 서비스인 쇼핑몰 스킨에 대해 알아보겠습니다.

## 쇼핑몰 디자인 스킨, 서비스 활용이 대세

쇼핑몰 디자인 스킨이란 웹디자이너가 아이템 테마에 맞춰 일정한 스타일의 쇼핑몰 디자인을 만들고 이를 여러 창업자에게 복제 및 판매하는 형식을 말합니다. 이미 쇼핑몰의 디자인 레이아웃이 완성되어 여러 디자인 샘플을 보고 가장 마음에 드는 레이아웃 디자인을 고르면 끝납니다. 창업자 입장에서는 기획의 고민을 덜 수 있고 여러 디자인을 비교할 수 있어서 디자인이 잘못될 걱정을 방지할 수 있는 장점이 있습니다. 쇼핑몰 디자인 스킨은 간단한 텍스트 수정만으로 2~3일 안에 완성할 수 있다는 장점도 있습니다.

디자인 비용도 저렴한 편입니다. 쇼핑몰 디자인 스킨의 경우 디자인에 따라 가격 차이가 있지만 20만 원 대부터 80만 원 미만의 가격이 일반적입니다. 잘만 고르면 더욱 저렴한 비용으로, 심지어 무료 템플릿 테마로 디자인 구축을 마무리할 수 있습니다.

단점이라면 누구나 디자인을 구매할 수 있어서 차별화된 디자인 제작에는 다소 한계가 있다는 점과 가격이 저렴한 대신에 주요 배경 이미지들은 자체적으로 디자인을 보강할 수 있다는 점 등이 있습니다. 일반적으로 스킨 디자인은 기본 레이아웃에서 텍스트를

6-02
메이크샵의 디자인 영역 사이트 – Playd4
(www.playd4.com)

수정하는 정도만 리뉴얼하는 방식이거든요. 조금이라도 배너 이미지를 바꾸려면 디자이너의 손길이 갈 수밖에 없으며 이 경우 약간의 추가비용을 부담합니다.

대부분의 임대형 쇼핑몰 솔루션 회사에서는 스킨 서비스를 제공합니다. 메이크샵, 고도몰, 카페24의 사이트 영역에서 '디자인' 파트를 선택하면 여러 디자인 회사의 디자인을 살펴보고 가격과 실력을 고려하여 선택할 수 있습니다.

쇼핑몰 스킨을 제공하는 디자인 대행사마다 스킨 디자인 샘플의 수정 범위와 무료로 제공되는 부분이 조금씩 다르므로 여러 디자인을 비교하는 것을 권합니다.

6-03
메이크샵의 디자인 영역 사이트
디자인마켓의 무료 템플릿

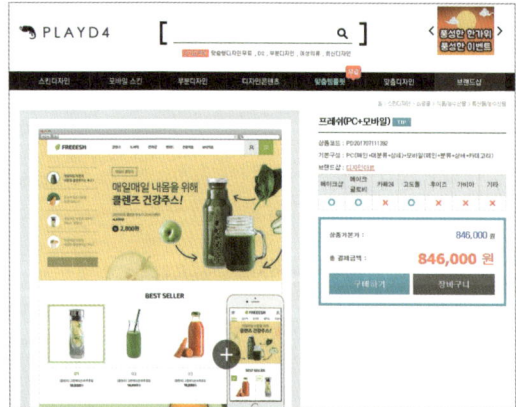

6-04
메이크샵 디자인마켓의 스킨 디자인

 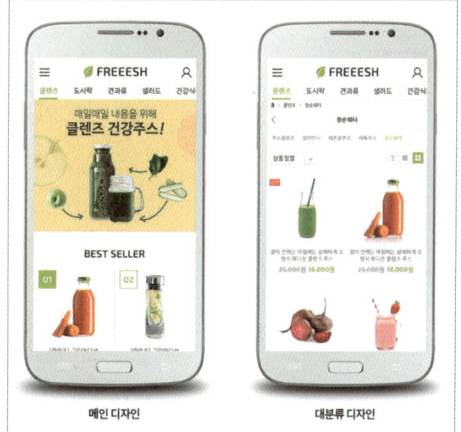

**6-05, 06**
스킨 디자인의 무료 수정 범위 안내와 함께 제공하는 모바일 디자인

## 쇼핑몰 스킨 제작 과정

먼저 타깃과 쇼핑몰 컨셉에 가장 잘 어울리는 디자인 스킨을 고른 다음$^{선택+결제}$, 디자인 회사에 연락해서 스킨 이용 절차에 따라 진행합니다. 다음은 한 디자인 회사의 쇼핑몰 디자인 스킨을 구매하고 난 후 진행되는 절차에 대한 안내입니다.

**6-07**
스킨 구매 후 디자인 작업 진행 절차 - 위즈 디자인

쇼핑몰 디자인 스킨의 제작 범위도 회사에 따라, 디자인에 따라 표시합니다. 아래의 이미지는 일반적인 쇼핑몰 디자인의 스킨 범위입니다. 보통 이 범위에서 수정되는데 간단한 텍스트 수정이나 컬러 변경 정도의 작업이 있다는 것을 고려해서 살펴보도록 합니다.

6-08
쇼핑몰 디자인 스킨의 수정 범위 - 아이마케팅사 스킨

# 고객 편의를 담아 페이지 구조를 설계하라

인터넷 쇼핑몰은 메인 페이지, 카테고리별 페이지, 상품 상세 페이지 등으로 구성됩니다. 그러므로 단지 제품을 보여주는 공간만이 아니라 고객이 방문해서 함께 쇼핑몰의 문화를 즐기고 머무를 수 있는 복합 공간으로 만들어야 하기 때문에 '왜 우리 쇼핑몰에 머물러야 하는가?'에 대한 답을 생각하기 바랍니다.

최근 오프라인 매장에서는 온라인 매장과의 경쟁에서 가격이 아닌 차별화를 만들기 위해 소위 복합 문화 공간을 만들어 고객의 방문을 유도하고 고객별 맞춤 서비스를 제공하는 마케팅을 모색하고 있습니다. 인터넷 쇼핑몰도, 제품 가격도 중요하지만 고객별 맞춤 서비스를 제공하는 페이지를 기획하거나 재미있는 이벤트 페이지를 기획하는 등 쇼핑몰을 풍부하게 만드는 기획을 추가해야 합니다. 쇼핑몰 디자인 기획 시 전략 포인트에 관해 자세하게 알아보겠습니다.

### 고객에 어필할 수 있는 **메인 페이지 구조** 그리기

쇼핑몰의 메인 페이지는 오프라인 매장의 쇼윈도와 같은 역할을 합니다. 쇼핑몰에 처음 방문하는 고객은 주로 메인 페이지를 보는데, 여기에서 머무르는 몇 초 동안 시선을 사로잡아야 하지요. 그래서 소비자가 호감을 갖도록 쇼핑몰 컨셉을 만들어야 하고 판매하려는 상품을 최대한 효율적으로 배치하는 것이 핵심입니다.

쇼핑몰 컨셉은 메인 페이지의 전체적인 컬러와 폰트, 상품 이미지, 아이콘, 상품 구색과 종류, 카테고리 이름, 상품 이름, 기획전이나 이벤트 홍보 문구 등으로 나타납니다.

메인 페이지는 무엇보다 고객이 원하는 정보를 최소 7초 이내에 발견할 수 있도록 구성해야 합니다. 한 조사에 따르면 소비자가 사이트 한곳에서 머무는 임계시간은 평균 7초이며, 한번 클릭할 때마다 이용자의 절반이 떨어져 나가는 '클릭당 방문자 반감의 법칙'이 있는 것으로 분석되었습니다. 따라서 지나치게 복잡한 구조는 고객을 떨어져 나가게 하므로 단순한 구성도 장점인 게 메인 페이지입니다.

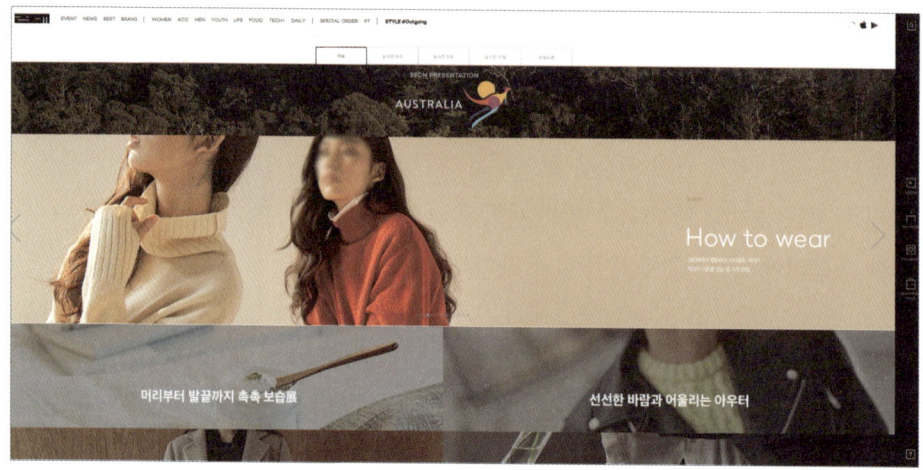

6-09
단순한 구성의 메인 페이지 – 29cm

## 쇼핑몰 전체 분위기가 결정되는 메인 중앙 프레임

메인 페이지 가운데 부분은 쇼핑몰을 대표하는 핵심 이미지로 구성되어야 합니다. 쇼핑몰에 방문했을 때 가장 먼저 눈에 들어오는 위치이므로 메인 이미지가 어떤 메시지를, 어떤 상품을 보여주느냐에 따라 쇼핑몰의 전체 분위기가 결정됩니다.

보통 쇼핑몰 상품 중 가장 잘 나가는 베스트 상품 이미지를 올려 눈길을 끕니다. 의류 쇼핑몰의 경우 상품을 착용한 모델 사진을 올려 일종의 패션 잡지 표지와 같은 효과를 냅니다. 그리고 쇼핑몰에서 진행하는 이벤트를 보여주는 공간으로 활용하지요. 이벤트는 상품 판매를 촉진하는 전략으로 사은품이나 미끼를 던지기 때문에 소비자의 호감을 얻기 쉽습니다. 메인 페이지 가운데에 크게 이벤트를 배치하면 다시 한번 쇼핑몰을 둘러보고 싶게 하여 참여도를 높입니다.

메인 페이지 가운데에는 이미지만으로 컨셉을 전달하지만 쇼핑몰의 브랜드 컨셉을 홍보 문구나 핵심 이벤트 문구 등을 넣는 전략도 추천합니다.

6-10
상품 이미지로 채운 메인 이미지
– 반8(www.ban8.co.kr)

## 쇼핑몰의 상징, 브랜드 로고

로고는 쇼핑몰을 나타내는 브랜드의 상징이므로 무엇보다 소비자에게 쉽게 각인되도록 특징을 살려서 디자인합니다. 소호 창업자 입장에서는 브랜드 디자인 전문가가 아니라 전문가에게 로고 제작을 의뢰하는 것도 비용 면에서 부담이 크기 때문에 타이포그래피로 제작하여 등록하는 것이 일반적입니다. 그러므로 쉽고 눈에 잘 띄게 디자인합니다.

## 메인 카테고리 구성은 간결하면서도 구별되도록

쇼핑몰에서 카테고리를 어떻게 분류하고 진열하느냐에 따라 상품이 다양하게 보일 수 있고 빈약하게 보일 수도 있습니다. 대분류, 중분류, 소분류 카테고리까지 마련할 경우 상품 분류를 찾아가는데 여러 번 클릭해야 한다면 소비자들에게 불편을 줄 수 있습니다. 될 수 있는 대로 메인 카테고리는 중분류 이상을 넘기지 않는 것이 좋으며, 중분류까지는 메인 페이지에서 한 번에 보이도록 커서를 위치시키면 서브 메뉴가 나타나는 형식인 마우스 오버 기능으로 보이는 것이 좋습니다.

카테고리 이름은 간결하면서도 쉽게 구별되도록 짓는 것이 중요합니다. 카테고리는 적어도 5개 이상 되어야 상품이 너무 없어 보이지 않는 기준이 됩니다. 지나친 상세 분류도 클릭할 때 번거롭고, 정리되지 않은 상품 분류도 웹 서핑을 방해하기 때문에 경쟁몰의 카테고리를 분석해 일반 수준에서 정리하는 것이 바람직합니다. 카테고리의 세로 길이는 1024×768px 내에서 제작해야 화면에서 한 번에 들어옵니다.

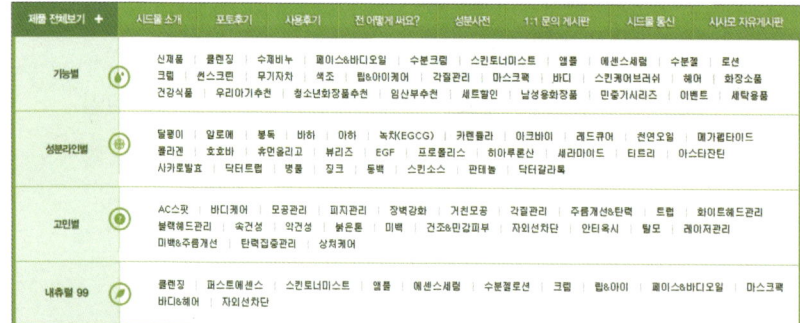

6-11
시드물 쇼핑몰의 천연 화장품 카테고리

## 주력 상품의 배치, 상품 중앙 진열

메인 페이지 가운데에는 주력 상품을 배열하는 공간이 필요합니다. 이곳에는 메인 상품이 보기 쉽게, 잘 보이게 배치하지요. 소비자들은 첫 화면에서 원하는 상품을 발견하지 못하면 쇼핑몰을 바로 떠나기 때문에 가장 인기 있는 상품을 선정하고 미끼 상품으로 클릭을 유도하는 상품들을 선정해야 합니다.

어떤 쇼핑몰은 지나치게 단순함을 표현하기 위해 상품 이미지를 너무 작게 보여주고 상품 이름과 짧은 설명 문구도 작게 표시하는 경우가 있는데요, 상품을 제대로 어필하기 위해서는 이미지를 너무 작지 않게 배열하고, 상품 설명도 짧지만 핵심적인 문구를 사용하며 잘 보이도록 신경 써야 합니다.

메인 페이지에서 상품 진열은 단순 나열식보다 인기, 추천, 공동구매 등 섹션을 구분하는 것이 좋습니다. 만약 상품이 많지 않고 영역을 구분함으로써 공간의 효율성을 해친다고 생각되면 아이콘으로도 처리합니다. 신상품 아이콘, 인기상품 아이콘, 대박상품 아이콘처럼 말입니다.

메이크업 쇼핑몰인 '아바마트'는 메인 이미지와 상품을 효율적으로 보여줍니다. 메인 상품은 베스트–신상품–세일상품–미디어에 노출된 상품 등으로 섹션을 분류하며 상품 이미지도 크고 시원하게 여백의 미를 살려서 제품이 눈에 잘 들어옵니다.

**6-12**
아바마트의 메인 상품 배열과 이미지 크기

## 쇼핑몰의 기본 정보 표시, 카피라이트

쇼핑몰 사이트 하단에 의무적으로 표시해야 하는 기본 정보로는 상호, 쇼핑몰 주소, 연락처, 운영자 정보, 사업자등록번호, 안전결제 마크 등이 있습니다. 이와 같은 정보 표시가 없거나 표시해야 할 항목이 빠졌을 경우 벌금을 내야 하므로 원칙대로 잘 배열하면 됩니다. 최근 쇼핑몰 하단 부분도 디자인으로 활용하는 쇼핑몰이 늘고 있는데요, 고객센터 전화번호를 크게 보여주는 디자인 요소 외에도 인스타그램, 페이스북과 같은 자사 SNS 채널을 연계하는 공간으로 활용합니다. 어떻게 활용하느냐에 따라 쇼핑몰이 다르게 보입니다.

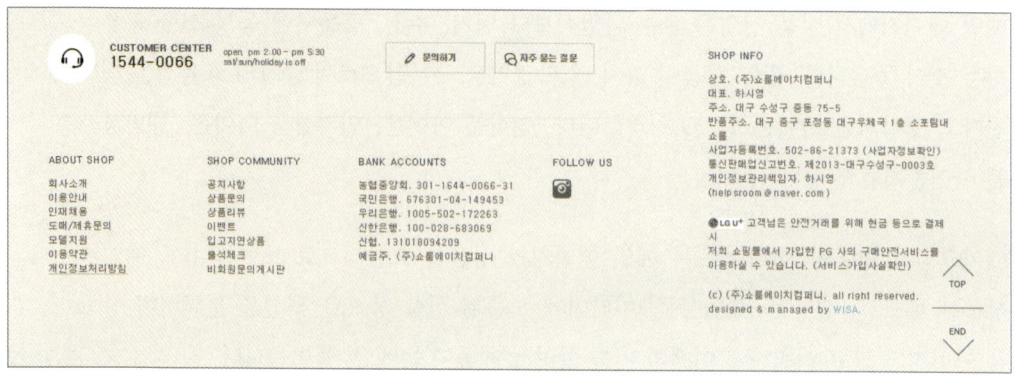

**6-13**
부티크 쇼룸(www.sroom.co.kr)의 카피라이트 화면
인스타그램과 공지사항, 고객센터, 회사 정보 등이 배치되어 있습니다.

# 지갑을 여는 상품 페이지 전략을 세워라

오프라인 매장에서는 직접 제품을 설명하면서 흔들리는 소비자 마음을 사로잡는 영업사원이 있습니다. 인터넷 쇼핑몰에서는 상품 설명 페이지가 오프라인 매장의 영업사원 역할을 해야 합니다.

뛰어난 영업사원의 조건은 무엇일까요? 외모가 뛰어나기만 하면 될까요? 단지 상품 페이지가 예쁘게 만들어졌다고 해서 다는 아닙니다. '상품 설명'이라는 고유의 역할을 충실히 했을 때가 중요하지요. 쇼핑몰 상품마다 특징을 잘 잡아내어 바로 옆에서 고객에게 설명하듯이, 친절하고 자세하게 상품을 직접 보여주듯이 디자인하는 게 중요합니다. 최근에는 많은 쇼핑몰이 이미지 외에도 영상을 활용하여 풍부한 정보를 제공하고자 노력합니다. 어떤 포인트로 상품 페이지 전략을 세우면 좋을지 알아보겠습니다.

## 상품명에 유입 키워드를 넣어라

오픈마켓 내 상품 페이지에서 더 중요한 전략이지만, 상품명과 상품 페이지는 고객이 입력하는 키워드 중심으로 만드는 것이 중요합니다. 앞서 네이버 쇼핑 입점에서도 상품명 작성 시 고객 유입 키워드의 최적화가 매우 중요한 사항이라고 설명했습니다. 고객이 검색창에 '땡땡이 니트'를 입력하여 해당 상품을 찾는다면 상품명에도 '땡땡이 니트'를 넣어야 검색에 노출되기 쉽습니다. 니트 디자인이 사랑스럽다고 해서 '러블리한 니트'라고 상품명을 정했다면 일반 검색에서는 노출될 확률이 낮아집니다. 그래서 상품명뿐만 아니라 상품 상세 설명에도 모두 키워드를 넣어야 합니다.

제품명을 입력할 때 일부 제품은 브랜드별 모델명이 세부적으로 다르다는 점을 유의해 구체적으로 넣어도 좋습니다. 특히 컴퓨터와 가전제품 모델이 해당합니다. 상품에 관한 정보가 없을 때에는 브랜드로 검색하는 경우가 많지만, 구매 의사가 클수록 브랜드와 모델명을 더해서 구체적인 단어의 조합으로 검색하기 때문에 검색 노출을 고려한다면 상품 제목에 모델명까지 자세히 적는 것도 중요합니다.

개인몰 내부 상품명에는 쇼핑몰 컨셉에 맞춰 색다른 이름을 넣어도 무방합니다. 그러나 고객들이 많이 입력하고 찾는 단어로 상품명을 만들면 훨씬 쉽게 찾을 수 있습니다.

개인 쇼핑몰의 경우 상품명을 단순히 한 줄로 적었던 것에서 벗어나 상품명 아래에 간단하게 한 줄의 소개 글을 넣고 인기, 주문 폭주 등의 아이콘을 더해 상품 제목 부분을 활용하는 쇼핑몰이 많습니다.

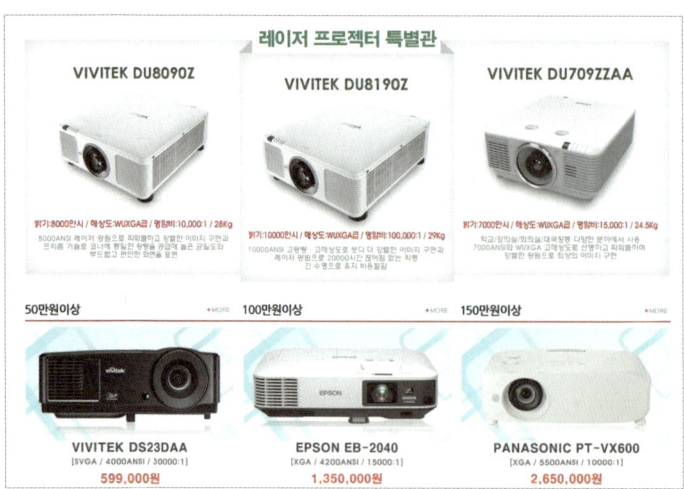

6-14
프로젝터 1번가(www.projector1st.com) 쇼핑몰의 상품명

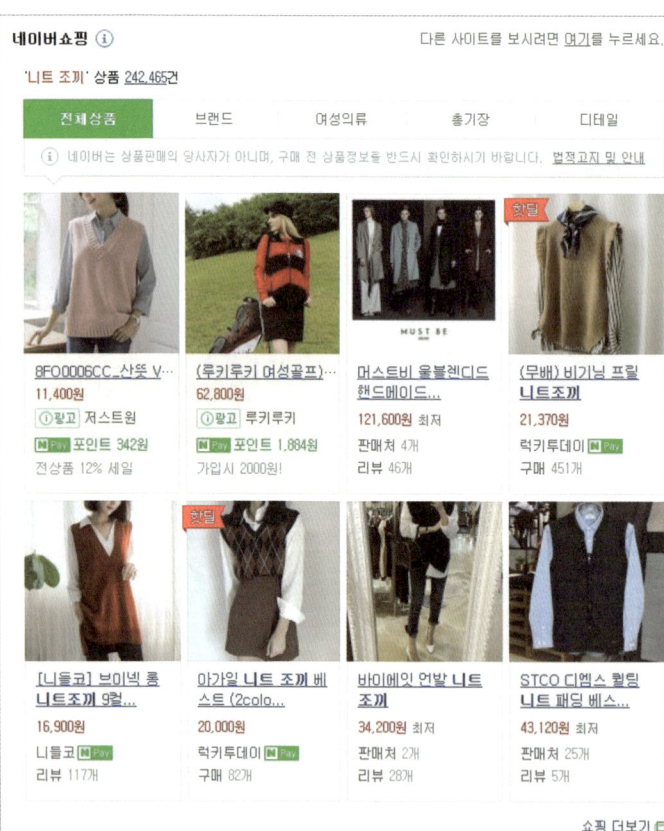

6-15
네이버 쇼핑 '니트 조끼' 검색 결과
상품명에 '니트 조끼'가 들어간 상품이 노출됩니다.

### 하나의 상품 페이지에 추가로 관련 상품을 노출하라

하나의 상품 페이지에서 하나의 상품만 설명하는 것에 그치지 않고 해당 상품과 연계된 부가 상품을 함께 노출하는 것이 좋습니다. 쇼핑몰 운영자들의 이야기를 들어보면 하나의 상품 페이지에 관련 상품을 함께 노출했을 때 매출이 5~10% 정도 상승하는 효과가 있다고 합니다. 패션 쇼핑몰도 상의를 판매하면서 상품 페이지 하단에 함께 코디한 하의를 보여주면 세트로 구매하는 고객들이 많아 매출 상승에 큰 효과가 있습니다. 나아가 해당 상품을 구매한 다른 고객들에게 구매한 상품을 연관해서 보여주는 것도 좋은 전략입니다.

6-16
폴샵(www.paulshop.com)의 여성 의류 연관 상품 추천 기능

### 구매 후기를 적극적으로 활용하라

쇼핑몰 상품 페이지는 무엇보다 소비자 구매 후기가 쉽게 잘 보이도록 디자인하는 것이 중요합니다. 구매 후기는 매우 중요한 구매 결정 요인이며 입소문 역할을 하기 때문이지요. 비록 상품 사진이나 설명이 부족해도 구매한 소비자들이 좋게 평가하면 매출을 끌어낼 수 있기 때문에 구매 후기는 상품 설명 아래에서 바로 볼 수 있도록 하거나 아예 쇼핑몰 메인 페이지에서 볼 수 있도록 구성하는 것이 바람직합니다.

6-17
폴샵의 상품 설명 페이지 하단 구매 후기

## 상품의 진열 방식을 최적화하라

메인 페이지나 카테고리별 페이지에서는 한 화면에 몇 개의 상품을 노출할 것인지 결정해야 합니다. 이때 상품 이미지 크기에 따라 노출되는 상품 수도 달라집니다.

상품 이미지는 100×100px 정도의 작은 크기보다는 200×200px 이상으로 비교적 크게 보이도록 등록하는 것이 더 효과적입니다. 디자인은 가로 혹은 세로 형태에 따라 쇼핑몰의 전체적인 느낌이 달라집니다. 대체로 여백의 미를 살리는 형태는 가로형이며, 상품을 도드라지게 보이는 형태는 세로형입니다. 또한 이미지가 직사각형 혹은 정사각형이냐에 따라서도 느낌이 달라집니다.

최근 의류 쇼핑몰의 경우 모델 중심의 사진보다는 여백을 살리고 주변 환경과 어울리게 연출하는 이미지가 강세입니다. 밋밋함을 줄이기 위해 가로로 배열된 메인 이미지에 세로로 배열된 이미지를 추가해 지루함을 없애려는 노력도 많이 합니다. 불규칙해 보이는 상품 배열은 어떻게 보면 개성 있고 재미를 더합니다.

개별 상품의 상세 설명 페이지 레이아웃도 중요한 변수입니다. 상세 설명 페이지에 사진을 많이 넣으면 세부 이미지를 어떤 스타일로 정리하고 보여줄 것인지 정해야 합니다. 유명 소호 쇼핑몰들을 찾아보고 여러 사이트를 벤치마킹하면서 자신만의 스타일을 만들어가기 바랍니다.

6-18
시드물 쇼핑몰의 상품 배열
전형적인 직사각형 이미지 배열로 간결함을 강조합니다.

Shoppingmall Founded for Note

**6-19**
풀샵 쇼핑몰의 상품 배열
상품 사진 안에서 배경의 여유 공간을 강조합니다.

**6-20**
편집숍 29cm의 상품 배열
글과 사진 설명이 지그재그 형태로 엇갈리게 노출되어 지루함 없이 다양한 느낌을 전합니다.

## 쇼핑몰 디자인은 화려해야 한다?

화려함과 매출은 비례하지 않는다.

쇼핑몰 디자인과 매출이 직접적인 상관관계를 갖는다기보다는 디자인 레이아웃이 구조적인지 아닌지, 전략적으로 고객에게 어필할 수 있는 디자인인지 아닌지에 따라 매출이 달라진다.

성공한 쇼핑몰 운영자들의 이야기를 들어보면 무조건 디자인이 화려하고 멋져야만 매출이 오르는 것은 아니라고 한다. 오히려 투박하고 단순해 보여도 운영자의 세심한 배려가 돋보이고 꼼꼼한 답변이 있는 쇼핑몰이 더 고객의 신뢰를 얻는다는 것이다.

월 매출 1억이 넘는 쇼핑몰들도 겉으로는 작은 소호몰처럼 느껴지는 경우가 많은데 작은 쇼핑몰이 주는 편안함과 친근함을 중시하기 때문이다. 그렇기 때문에 쇼핑몰 디자인을 화려하게 연출하기 위해 지나치게 투자할 필요는 없다.

## 웹 카피 전략을 세워라

훌륭한 인터넷 사이트를 만들기 위해서는 네 가지 영역의 전문가가 필요하다고 한다. 바로 웹 기획자, 웹디자이너, 웹프로그래머, 웹카피라이터다. 이 중 웹카피라이터는 사이트 타깃에 맞는 단어와 글을 구성하는 사람이다. 분명 10대의 말투가 다르고 40대의 말투가 다르니 그 필요성이 두드러진다.

쇼핑몰 창업자도 고객이 편하게 다가올 수 있는 어투와 단어로 쇼핑몰을 기획해야 한다. 즉, 웹카피라이터로서의 마음가짐을 가져야 한다.

### 1. 카피는 짧게, 자극적으로 표현하라

웹 서핑은 시속 120km로 달리는 차 창밖으로 간판을 읽는 것과 같다는 말이 있다. 많은 네티

즌이 쇼핑몰에 머무르는 시간은 3초에 불과할 정도로 스쳐 지나가기 때문에 더욱 집중하기 어려운 환경이다. 그러므로 웹 카피는 재미있게, 자극적으로, 직관적이며, 더욱 짧게 표현해야 고객의 시선을 사로잡을 수 있다.

## 2. 글을 넣을 때는 여백을 적용하라

모니터에서 읽는 텍스트는 눈에 피로를 주기 때문에 웹 텍스트를 읽는 속도는 종이책을 읽는 속도와 비교해 25% 정도 느리다는 연구 결과가 있다. 그러므로 글을 쓸 때는 여백을 적용하는 것이 중요하다. 어떤 쇼핑몰의 상세 페이지를 보면 상품 설명이 지나치게 길게 나열되어 있어 가독성이 떨어진다. 웹 고객을 생각한다면 적어도 3~4줄 단위로 여백을 적용해 해당 글이 눈에 들어오기 쉽도록 신경 써야 한다.

## 3. 카피를 잘 쓰기 위해서는 역시 벤치마킹이 중요하다

소위 잘 나가는 인터넷 쇼핑몰들을 보면 매일매일, 시즌별로 수많은 이벤트를 기획하고 그 내용을 카피화해서 고객들에게 보여준다. 이런 메시지를 그냥 지나치는 것이 아니라 하나의 카피 아이디어 노트를 만들어서 재미있거나 눈에 들어오는 카피가 있을 때마다 적어보는 습관을 갖자.

# 발 빠른 상품 위탁은
# 쇼핑몰의 경쟁력이다 ❻❷

## 초기에는 도매, 중기에는 제조에 도전하라

쇼핑몰 창업을 준비하면서 겉으로 보이는 쇼핑몰 구축 외에 가장 핵심인 경쟁력은 상품 공급처를 확보하는 것입니다. 아마 조금이라도 거래처를 찾기 위해 고민해봤다면 이 작업이 만만치 않다는 것을 알고 있을 겁니다.

특히 처음 창업할 때는 거래 규모가 없기 때문에 좋은 조건에 거래를 트기 어렵습니다. 아직 사입 물량에 대한 정확성도 없고, 얼마나 판매될지 알 수 없기 때문에 소극적이기 쉽지요. 또 시장에 대한 유통 경험이 적어 어떤 거래업체가 더 좋은 조건으로 상품을 공급해줄 것인지를 파악하기도 어렵습니다. 그러므로 제조업체와 도매업체를 만날 때 알아두어야 할 차이점에 관해 살펴보겠습니다.

창업 초기에는 도매업체, 운영 중기에는 제조업체 활용이 유리한 경우가 많은데요, 어디서 상품을 공급받는 것이 유리할지에 대해서는 사실 정답은 없습니다. 일반적으로 창업자들은 상품을 공급받기 위해 제조업체를 찾아가거나 도매시장에서 거래업체를 찾는데요, 아이템에 적합한 공급처를 판단해야 하고 창업자 상황에 따라 전략적으로 거래처를 선택하는 것이 중요하기 때문에 차이점을 알아두면 도움이 됩니다.

## 제조업체 외 거래 시 장단점

먼저 제조업체를 통해 거래했을 때 장단점은 다음과 같습니다.

| 장점 | 단점 |
| --- | --- |
| • 독점 거래 시 적극적인 판촉 지원<br>• 유리한 매입 조건<br>• 확실한 A/S 보장 | • 독점 거래로 인한 타 업체와의 거래 제한<br>• 할인 판매에 대한 제재<br>• 상품 위탁에 대한 간섭 |

제조업체와 거래를 트는 경우에는 대체로 독점 거래를 요구하는 경우가 많습니다. 해당 제조업체에서 나오는 상품을 독점적으로 받아 유통하는 경우를 말하는 것인데요, 물론 상황에 따라 여러 거래처를 두는 제조업체도 많으니 그야말로 유통 상황에 따라 달라지는 부분입니다.

보통 독점 유통을 하면 이때는 제조업체와 긴밀한 협조 체계가 이루어져 적극적인 판촉 지원을 받으면서 사업할 수 있습니다. 한 건강식품 쇼핑몰은 해외 수입업체의 독점권을 받아 유통하는데, 도매업체를 거치는 것이 아니기 때문에 더 낮은 공급가로 상품을 받을 수 있어 마진도 높아졌습니다. 그리고 제품에 대한 사후 처리, 즉 교환, 반품으로 인한 재고 처리에 대해서도 제조업체에서 담당하여 유리한 입장에서 상품을 관리할 수 있다는 장점이 있었습니다.

G마켓의 파워 딜러로 활동하던 한 의류 쇼핑몰 창업자는 제조업체와의 전략적 제휴를 통해 성공한 사례였는데요, 중국에서 공장을 운영하는 제조업체와 제휴를 맺어 해당 업체로부터 상품을 받는데 정산 주기의 애로사항 때문에 잔금 처리가 어려울 때에도 거래처에서 무상으로 상품을 유통해주었다고 합니다. 그리고 세일 시즌이 돌아오면 재고를 남기지 않기 위해 특정 의류 제품을 헐값에 공급하는 등 제조업체에서 전폭적인 지원을 받은 사례였습니다. 이처럼 제조업체와의 제휴가 잘 이루어지면 저렴한 공급가에 적극적인 마케팅 활동으로 우위를 점할 수 있습니다.

반면 제조업체와 독점 거래를 하면서 과한 간섭을 받거나 다른 거래처와의 제휴가 어려워지기도 합니다. 동대문 상가에서 고급 가방을 취급하는 한 가방 쇼핑몰 대표는 거래업체로부터 부당한 취급을 받았다고 합니다. 고급 가방을 생산하는 업체 중에서는 인기가 있어 많은 소매업체에서 서로 물건을 받기 위해 거래하는 업체였다는데요, 해당 업체에서는 별도의 모니터링을 통해 소매 쇼핑몰 가격대를 조사하여 할인하지 못하도록 하는가 하면 타사 제품을 판매하지 못하도록 제재하는 일들이 있었다고 해요. 심지어 다음 시즌 상품이 나오기도 전에 미리 사전 예약을 받아 생산된 제품을 보지도 못한 채 선입금해야만 상품을 전달하는 식으로 거래하는 경우도 있었다고 합니다.

유통에서 어떤 거래업체와 어떤 조건으로, 어떻게 상품을 공급받고 판매할 수 있느냐는 경우의 수가 매우 다양하므로 많이 돌아다니고 미팅을 통해 분위기를 파악하는 것이 중요합니다.

## 도매업체와의 거래시 장단점

도매업체와 거래하는 경우에는 다음과 같은 장단점이 있습니다. 제조업체와의 거래의 단점이 도매업체 거래에서는 장점으로 바뀝니다.

| 장점 | 단점 |
| --- | --- |
| • 여러 업체에서 다양한 상품 매입 가능<br>• 다수 브랜드 위탁 가능<br>• 소비자 니즈에 대한 시장 상황 파악 용이 | • 적극적인 판매 지원 부족<br>• 확실한 AS 보장 어려움<br>• 매입 조건이 제조 공장보다 불리 |

도매업체와의 거래 시 가장 좋은 점은 여러 업체의 제품을 다양하게 비교하고 선택할 수 있다는 점입니다. 도매업체는 여러 소매업체를 만나 다른 소매업체의 판매 현황을 파악할 수 있어 시장 흐름을 파악하는 데 효과적입니다. 어떤 상품이 인기 있고 어떤 업체가 발 빠르게 상품을 위탁하는지 등의 정보를 알 수 있으므로 도매업체와 잘 거래하면 시장 파악이 쉬워집니다.

반면에 제조업체의 파격적인 상품 공급 조건은 기대하기 어렵습니다. 매입 조건도 불리한 셈이고 교환, 반품 등 상품에 하자가 생겼을 때에도 업체에 따라서는 다르지만 아예 교환이나 반품이 안 되는 등의 사례가 많아 상품 관리에서 어려움이 생기기도 합니다.

앞서 살펴본 것처럼 제조업체나 도매업체는 각각 장단점이 있습니다. 직접 쇼핑몰을 운영하면서 제조업체와도 거래해보고, 도매업체와도 거래해봤는데요, 아이템마다 경쟁력을 갖추는 차원에서 어떤 업체가 좋은지를 잘 판단해야 합니다. 가장 기본적으로 안정적인 거래처 조건에 대해 짚어보면 다음과 같습니다.

- 제품의 종류가 많은 대형 업체
- 가격 조건이 경쟁 우위에 있는 업체
- 오랜 전통이 있는 업체
- 교환, 반품 등의 절차에서 조율이 가능한 업체
- 세금 결제 증빙에서 조율이 가능한 업체
- 소매업체들에게 친절한 업체
- 온라인 유통에 대해 인지하는 업체

주얼리 쇼핑몰을 운영할 당시 특정 제조업체에서 물건을 공급받는 것 자체가 쉽지 않았습니다. 제조업체도 영세한 곳들이 많아 생산하는 상품들이 너무 적거나 컨셉이 일관되지 않은 경우가 많았지요. 오히려 다양한 제품을 한 곳에서 볼 수 있고 어떤 제품들이 소비자 반응이 좋은지 알 수 있는 도매업체와의 거래가 훨씬 쉬워 주로 도매업체와 거래했었습니다.

이후에 창업했던 과일 쇼핑몰의 경우 산지에서 직접 계약하는 것과 도매시장에서의 거래로 진행되었습니다. 과일 도매업체와 공동으로 운영하는 쇼핑몰이라서 공급이 훨씬 수월했습니다. 만약 여러분이 특정 아이템을 위탁 받을 수 있는 업체가 있어 창업한다면 여러 면에서 준비가 수월할 것입니다.

결국 사업 초기에는 특정 업체의 독점 상품으로 소비자의 선택의 폭을 줄이는 것보다 마진이 좀 적더라도 다양한 상품군으로 소비자의 선택의 폭을 넓히는 것이 중요합니다. 즉, 초기에는 도매업체와의 거래로 다양성을 확보하고, 사업이 점차 성장하면 인지도를 바탕으로 거래처 발굴 시 유리한 입장에서 더 나은 조건으로 제조업체에 대한 우위를 점하는 것이 효과적이지요. 점차 회사를 운영하면서 후발업체와의 차별화가 중요해지기 때문에 제조업체와의 독점 거래로 신상품 개발이 필요합니다.

## 상품 위탁처와의 돈독한 관계를 구축하라

성공한 쇼핑몰들은 가장 중요한 상품 위탁처와 원활한 관계를 맺고 있습니다. 직접 상품을 제조하지 않고 제조업체나 도매업체로부터 상품을 공급받는 입장에서는 이들과의 관계를 더 잘 유지해야 합니다. 좋은 관계를 맺으면 신상품을 유리한 조건에서 선점할 수 있고 제품 사입이나 사후 처리에서도 좋은 조건에서 운영할 수 있습니다. 지속해서 연락하고 필요하면 별도로 선물을 하는 등 인간적인 교류를 확대해나가는 게 바람직합니다. 거래처와는 시장의 동향을 읽고 사업의 운영 방향을 정하는 데 동반자로서 원활하게 정보를 교환할 수 있는 최고의 파트너인 셈입니다.

한 티셔츠 전문 업체의 경우 상품 개발에 다소 힘들어하고 있을 때 제조업체 대표님이 다소 파격적인 조건으로 생산을 지원해주셔서 위기를 극복할 수 있었다고 합니다. 창업 초기에는 쇼핑몰을 운영하면서 주문이 다소 적더라도 전화 주문보다는 자주 거래처에 들러 인사를 나누고 친분을 쌓다보면 정보를 얻고 거래 조건이 좋아집니다. 이처럼 신뢰로써 관계를 만들어가는 게 매우 중요하다는 것을 다시 한 번 강조하고 싶습니다.

# 상품 관리 3요소: 구매-재고-배송

쇼핑몰에서 공급업체와의 관계를 조율하는 구매 관리, 물류 보관을 책임지는 재고 관리, 배송업체와의 관계를 조율하는 배송 관리의 상품 관리 요소 3단계에 관해 알아보겠습니다.

## 상품 관리는 곧 구매 관리

구매 관리에서 중요한 사항은 어떤 공급업체로부터 어떻게 상품의 품질 및 가격, 수급의 안정성을 만들어 가느냐입니다. 공급업체 선정 및 관리 측면에서는 좋은 상품을 거래할 업체를 선정하고 될 수 있는 대로 낮은 원가로 구매해야 하며, 주문한 상품의 납품 물량 확보 및 제작일을 제대로 지킬 수 있도록 관리하는 것입니다. 납품일이 지켜지지 않아 낭패를 보는 경우도 꽤 있으므로 유의해야 합니다.

우선 공급업체를 결정할 때 여러 가지 요소를 고민할 필요가 있습니다. 공급자의 입지도 중요한 부분이지요. 특히 처음 창업할 때는 소량으로 거래하기 때문에 재고가 별로 없어서 공급업체의 위치도 중요합니다. 사무실과 거래처의 거리가 멀수록 상품 위탁이나 교환 및 반품 처리 등에 시간이 많이 소요되기 때문입니다. 또 트렌디한 제품을 발빠르게 자주 업데이트해야 하는 경우에도 거래처와의 거리가 중요한 변수입니다. 다음의 표를 중심으로 공급자 선정 기준에 대해 생각하기 바랍니다.

| | |
|---|---|
| 품질과 신뢰 | 좋은 품질로 신뢰를 줄 수 있는 업체 선정 |
| 원가 우위 측면 | 최대한 낮은 원가로 공급받을 수 있는 업체 선정 |
| 입지 | 사무실과 지리적으로 가까운 위치 선호 |
| 제품 생산 능력 | 경쟁력 있는 상품을 개발하기 위한 조건 |
| 재무적 안정성 | 장기적인 관계를 유지하는 데 필요한 조건 |
| 세금 증빙 | 매입세금계산서 발급을 원활히 조율할 수 있는 업체 선정 |

표 6-01 공급자 선정 기준

## 쇼핑몰 재고 관리

재고 관리란 공급업체에 주문한 상품이 물류창고에 입고되는 시점부터 고객에게 배송되기 전까지 보유한 상품을 관리하는 것입니다. 재고가 너무 없어도 신속하게 상품을 배송하기 어렵고, 반대로 재고를 너무 많이 가지고 있어도 자금에 부담이 생깁니다. 적절한 재고 관리로 고객이 원하는 시기에 빠르게 배송할 수 있도록 노력해서 만족도를 높여야 합니다. 고객들은 점점 더 빠른 배송을 원하기 때문에 재고 관리의 중요성이 더욱 커지고 있습니다.

재고 관리 비용은 크게 주문비용과 재고유지비용으로 나뉩니다. 주문비용은 주문마다 전화비, 통신비, 교통비 등의 비용을 말하며, 재고유지비용은 창고 임대료, 노후화비용, 이자, 세금 등이 해당합니다.

처음 쇼핑몰을 운영했을 때 재고 관리 면에서 당황했던 경험이 있었는데요, 새로 산 주얼리가 시간이 지나면서 자연스럽게 색이 탁해지거나 자연 그대로 둔 상태에서 흠집이 생기는 경우였습니다. 도매업체에 물어보니 착용하지 않았던 주얼리라도 공기 때문에 미세한 흠집이 생길 수 있다고 해서 깜짝 놀랐습니다. 그래서 새로 산 주얼리도 랩을 씌우는 등의 보관법이 필요하다는 것을 깨달았지요. 하는 수없이 새 상품으로 구매하는 경우가 있었는데 이때 노후화비용도 존재한다는 것을 몸소 체험했습니다.

의류, 가방 등도 통풍이나 채광 등 자연 그대로 두면 좀이 슨다든지, 가죽이 벗겨진다든지, 흠집이 나는 경우가 있습니다. 의류의 경우도 시즌별로 신상품이 나오고 판매 종류가 늘어나 자칫하면 재고가 많이 남을 수 있기 때문에 재고 관리에 대한 방안을 다각도로 고민해야 합니다.

컨설팅했던 사례 중 재고 문제가 가장 심각했던 쇼핑몰이 있었습니다. 헬로키티용품 쇼핑몰이었어요. 키티 제품들은 일본 본사로부터 오더북을 받아 수량별로 주문하는데 아이템당 최소 100개에서 200개씩 정해진 수량만큼 주문한다고 합니다. 그런데 키티의 여러 제품을 수입하면서 개당 몇백 개씩 주문하다 보니 판매도 어느 정도 되지만,

남은 제품들이 관리되지 않아 재고비용만 거의 1억이 넘는다고 들었습니다. 제품을 보관하는 창고 임대료, 이자, 노후화비용 등을 고려하면 훨씬 큰 비용이 들어가는 것을 알 수 있었지요. 이처럼 쇼핑몰에 재고가 지나치게 많으면 자금의 유동성 문제가 생기고 수익성이 악화됩니다. 반대로 적정 재고를 유지하지 못해도 품절로 인한 매출 손실과 고객 불만족으로 인한 이탈 사례 등 문제가 발생합니다. 그야말로 적정 재고 관리 수준을 파악하는 것이 중요합니다.

쇼핑몰 창업 초기에는 상품을 적게 사입하고 고객들이 반응을 보이는 아이템을 잘 골라 적절한 타이밍을 잡아서 재주문해야 합니다. 그리고 품목이 늘어나면 바코드 시스템을 도입한 재고 관리가 필요합니다.

## 배송 관리

쇼핑몰에서는 보관하는 상품을 물류창고에서부터 고객에게 전달하기까지 전 과정에 관해 얼마나 효율적으로 관리하느냐가 핵심입니다. 특히 배송 관련 문제는 매출에 큰 영향을 미치기 때문에 질적으로 관리해야 합니다. 배송에 문제가 생겼을 때 고객에게 어떻게 대처할 것인지 배송 정책을 만들고, 사전에 택배사로부터의 보상은 어디까지 이루어지는지 등을 챙겨야 합니다. 배송 중 상품이 파손되지 않도록 포장에 세심한 주의를 기울이는 것도 중요하지요. 특히 도자기와 같은 배송 중 깨지기 쉬운 아이템이나 케이크, 파이와 같은 식품군도 배송 시 주의를 요구하므로 미리 배송을 보내는 등 문제 여부를 확인하는 것이 좋습니다.

과일 쇼핑몰을 운영할 때 배송 문제가 생긴 적이 있었습니다. 체리를 받은 고객이 박스에서 이상한 냄새가 난다는 것이었지요. 수입해 들어오는 즉시 가장 깨끗한 상태에서 배송을 보내는데 냄새가 난다니 어느 부분에서 문제가 생긴 것인지 몰라 직접 집으로 배송 받아 테스트했더니 정말 약간 냄새가 나는 듯했습니다. 그래서 아이스박스에 바로 체리를 넣지 않고 개별 포장으로 다시 한번 밀봉해서 보내니 냄새가 없어졌습니다.

이를 통해 고객에게 제품 그대로 보내는 데에도 많은 고민과 관리가 필요하다는 것을 느꼈습니다.

## 재고 관리는 사입 시기와 양 조절로 승부하라

성공하는 쇼핑몰들은 재고 관리를 철저히 하고 있습니다. 쇼핑몰 운영 초기에는 아직 정상적으로 고객이 유입되거나 매출이 안정화되지 않기 때문에 안정적인 재고 관리를 위해 사업의 위험성을 최소한으로 결정하는 것이 맞습니다.

인터넷 쇼핑몰은 주문 후 배송이 이루어지기 때문에 운영 시 판매할 제품 이미지만 있다면 재고가 없어도 배송할 수 있습니다. 운영 초기에는 고객이 좋아하는 제품, 매출이 나오는 제품이 어떤 것인지 잘 모르기 때문에 6개월 정도는 고객의 취향을 파악하는데 시행착오 기간이 필요합니다. 이 기간에는 제품을 서둘러 많이 구매하지 않는 것이 바람직합니다.

쇼핑몰 운영 중반에 이르면 판매하는 상품 수가 많아지고 거래처 또한 늘어나면서 어느 정도 재고를 가집니다. 이때부터 재고 관리가 어려울 수 있는데요, 일반적으로 재고 관리 프로그램을 따로 설치하여 상품을 등록하고 일련번호를 만들어 프로그램에서 부족한 재고와 필요한 재고 수량을 체크할 수 있도록 자동화된 시스템을 이용해 관리해야 합니다.

판매하는 상품마다 제조 일정을 파악하고 판매량에 대비해 적정 재고량을 설정해서 미리 주문하는 것이 중요합니다. 재고 관리에 허점이 없어야 앞으로 장사하고, 뒤로 밑지는 사례가 없어지므로 노하우를 쌓는 데 노력해야 합니다.

## 창업 컨설팅 노트 | 재고 관리 기법 – ROP(Reorder Point) 시스템

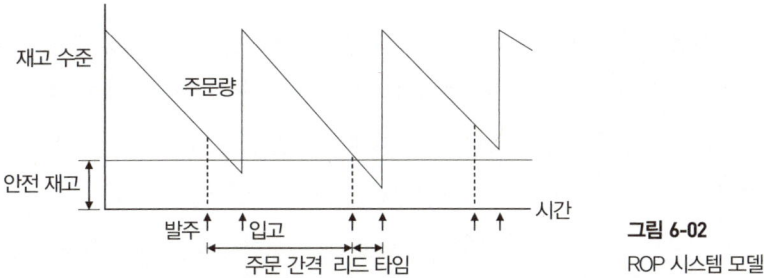

그림 6-02
ROP 시스템 모델

재고 관리를 위한 하나의 방법은 바로 재주문 시점을 파악하는 것이다. 위의 그림과 같이 안전 재고량을 일정 기준으로 두고 안전 재고를 위협하는 수준으로 판매가 이루어져 재고가 소진되면 바로 발주를 시작한다.

재주문하면 보통 제작일이 짧게는 3일, 길게는 5일 정도 걸리는 아이템이 많기 때문에 해당 시일 동안 안전 재고가 소진되어 가는 상태가 될 것이다. 그러므로 안전 재고가 거의 소진되어 가는 시점에서 다시 추가 입고되도록 한다. 주문하고 입고되기까지 기다리는 시간을 리드 타임이라 하는데 리드 타임 기간도 상품별로 체크해두고 재고를 관리해야 한다.

# 경쟁적 원가 우위의 위탁 능력

성공한 쇼핑몰들은 모두 상품 위탁에서 경쟁력을 갖추어 소비자가 원하는 상품을 시장보다 앞서 선보입니다. 인기 상품을 발 빠르게 공급하는 능력을 갖추고 있다고 볼 수 있습니다.

성공한 쇼핑몰들이 가지는 상품 위탁 능력을 두 가지로 살펴보면 하나는 제품의 가격에서 원가 우위 전략을 마련하는 것이며, 다른 하나는 신상품 기획 능력을 갖추고 있다는 것입니다.

특히 원가 우위의 상품 위탁 능력은 쇼핑몰 매출을 견인하며 수익을 끌어내는데 필수 요소입니다. 소비자가 상품을 구매하는데 가격의 이점을 무시할 수 없으니까요. 같은 상품이라도 더욱 저렴하게 공급할 수 있어야 경쟁업체와의 가격 싸움에서 승리할 수 있습니다. 성공한 쇼핑몰들은 같은 상품을 더욱 저렴하게 공급받을 수 있는 라인을 잘 알고 있습니다. 처음부터 안다기보다는 하나의 아이템 시장에서 어느 정도 유통 경력을 쌓으면 자연스럽게 인맥이 늘어나고 유통업자들을 알게 되면서 도움 받는 것입니다. 어떤 쇼핑몰에서는 재료를 구매하기 위해 원산지까지 찾아가 더 낮은 가격에 제품을 수급해옵니다. 이처럼 창업자는 주변 거래처 사람들과 친하게 지내면서 자주 만나고 정보를 수집하는 일이 가장 중요한 일이기도 합니다.

또 다른 능력인 신상품 기획 능력은 다른 쇼핑몰에 없는 자신만의 색을 지닌 상품을 개발하는 것입니다. 수제(핸드메이드) 상품은 아이디어 상품으로 더욱 차별화되지요. 상품의 경쟁력을 갖추기 위해 유명 쇼핑몰들은 어느 정도 자체 제작 상품을 만듭니다. 똑같은 상품으로 경쟁력을 갖기에는 한계가 있기 때문입니다. 쇼핑몰 컨셉에 만족하는 단골 고객을 확보하기 위해 쇼핑몰만의 상품을 만드는 것은 주요한 성공 전략이며 이 또한 원가 우위의 위탁 전략입니다.

쇼핑몰은 창업자가 보는 상품의 안목에 따라 성공합니다. 소비자 트렌드에 발맞춘 상품을 공급하기 위해서는 그만큼 아이템에 관한 상식이 풍부하고 정보를 많이 가져야 합니다. 이처럼 변화하는 트렌드에 발맞추려면 현장 공부도 열심히 해야 한다는 것을 명심하기 바랍니다.

## 창업 컨설팅 노트 | 도매업체와 성공적으로 거래를 트는 방법

도매업체에 처음 방문하는 예비 창업자의 경우 두려움이 앞서기 마련이다. 필자도 처음 도매상 거리를 걸을 땐 질문 한 마디도 못 하고 무척 긴장했던 기억이 있다. 두려워 말고 하나하나 차근차근 접근해보자. 다음은 도매업체와의 거래 시에 참고하면 좋을 방법이다.

### 1. 도매업체와 거래를 트는 방법

- 자신이 가장 잘 아는 품목을 정하라.
- 사입 리스트를 만든다.
- 매장에 방문해서는 무조건 칭찬으로 시작하라.
- 방문 후 도매업체에 자신만의 등급을 매기자. (A/B/C)
- 샘플은 한 가지만 구매한다. (컬러별)
- 주문할 상품이 없더라도 꾸준히 눈도장을 찍어 친해지자.
- 상품 사입 시 해당 상품이 언제 출시된 것인지 체크하자.
  하나의 상품이 시장에 나와 있는 기간은 통상 2주일 정도이다.

### 2. 도매업체와의 거래 시 질문 리스트

- 어떤 제품들이 주로 잘 나가는가?
- 소매업체들은 주로 어떤 가격대로 판매하는지 마진을 파악한다.
- 상품의 재고는 충분한가? 주문하면 시간이 얼마나 걸리는지 확인하자.
- 수리나 교환은 어떻게 진행되는가?
- 소량 구매와 대량 구매의 공급 단가 차이 여부를 확인하자.
- 세금 결제 방법은 어떠한가?

# 차별화된 상품 기획 능력을 갖춰라 63

## 쇼핑몰 MD는 멀티 플레이어다

쇼핑몰의 성공은 상품화 계획을 짜는 상품화$^{MD:\ Merchandising}$ 영역에서 좌우됩니다. 상품화는 수요에 적합한 상품 또는 서비스를 적절한 시기와 장소에서 적절한 가격으로 유통하기 위한 상품화 계획으로 정의됩니다. 유통 분야에서 상품화는 상품 매입과 판매 활동을 함께 지칭하는 개념으로 사용합니다.

쇼핑몰 운영에서 상품화가 필요한 이유는 경쟁업체가 너무 많기 때문입니다. 쇼핑몰 간 가격 할인을 통한 생존 경쟁은 더욱 치열해지고 소비자는 더욱 편리하게 가격 비교 사이트의 도움을 받아 상품 가격과 내용을 비교할 수 있게 되었습니다. 결국 인터넷 쇼핑몰 시장은 쇼핑몰 스스로 자체적으로 경쟁력 있는 상품화 전략을 세워야 성공합니다.

쇼핑몰에서 상품화는 어떻게 소비자 니즈를 파악하고, 어떻게 경쟁 상품에 대응하며, 어떻게 상품을 구매 및 관리해야 수익성을 확보하는 것인지를 목표로 삼으며 전략을 세워야 합니다.

대형 할인점의 채소 코너에서 990원 상품을 기획해 대박을 터뜨린 사례가 있습니다. 채소 가격이 부담스러웠던 소비자들에게, 소량 구매를 원한 소비자 니즈를 적절히 파악한 성공 사례입니다. 담당 MD는 과연 990원에 판매할 수 있는 채소가 어떤 상품인지 산지 조사를 했을 것이고, 대량 선매입 계약을 통해 공급 가격을 낮추는 전략을 사용했을 것입니다. 당연히 수익이 나는 마진을 고려했을 테지요. 오프라인 대형 할인점에서 볼 수 있는 기획 상품이나 TV홈쇼핑에서 보는 상품들이 흥미로운 것은 모두 MD의 능력이 충분히 발휘되었기 때문입니다.

쇼핑몰 창업자도 MD가 되어야 합니다. 특히 소호 창업자는 혼자서 많은 경영 프로세스를 진행하므로 상품기획자의 능력을 갖추기 위해 멀티 플레이어가 되어야 하는 상황입니다. 쇼핑몰 상품기획자의 역할은 다음과 같습니다.

| 상품 매입 | 상품 관리 | 상품 개발 | 상점 관리 | 판촉 활동 |
| --- | --- | --- | --- | --- |
| 신규 거래처 개발<br>거래업체 관리 | 상품 발주<br>반품 관리<br>정산 | 신상품 개발<br>가격 전략 수립 | 쇼핑몰 디스플레이<br>상품 분류<br>상품 전시<br>상품 정보 관리 | 프로모션 기획<br>판촉 활동 |

표 6-03 쇼핑몰 상품기획자의 역할

상품 매입을 위해 신규 거래처를 발굴하고 기존 거래처를 관리하는 일에서부터 신상품 개발이라는 중요한 임무도 수행해야 합니다. 상품을 발주하고 재고를 관리하는 활동도 상품 수에 따라서 다소 달라지지만, 관리를 수반하는 일이기 때문에 일정 시간이 필요합니다. 특히 위탁 상품을 하나씩 촬영하고 상품 페이지를 만들어 쇼핑몰에 등록하는 일련의 활동도 노련함이 요구되는 작업입니다.

쇼핑몰 운영 당시 아르바이트생에게 상품 등록을 부탁한 적이 있었어요. 그런데 상품명이나 상품 설명을 정리하는 일을 매우 힘들어해서 하루에 1~2개밖에는 등록하지 못했습니다. 쉽지 않은 일이었던 것이지요. 사실 사진 촬영도 쉽지 않고 상품 설명 페이지 디자인 작업도 쉽지 않은 일이었습니다. 그리고 판촉 활동을 해야 매출이 일어나기 때문에 이벤트를 기획하거나 광고 및 홍보 활동을 추가로 기획해야 하는데 이 부분도 기획력이 수반되어야 하는 일입니다.

인터넷 쇼핑몰을 운영한다는 것은 단순히 상품을 선택하고 등록하는 일에서 마치는 것이 아닙니다. 상품 기획과 위탁, 판촉, 관리까지의 프로세스를 생각하면 스스로 멀티 플레이어가 되어야 하지요. 혹시 상품 이미지 구현에 어려움이 있다면 포토샵 활용 능력을 키우기 위해 숙련의 시간을 보내거나 전문가에게 맡겨서라도 해결하는 방법을 찾아야 합니다.

## 고객 분석을 통한 판매 상품을 기획하라

쇼핑몰에서 상품을 기획할 때는 먼저 고객을 분석해야 합니다. 고객을 정확히 정의하면 판매하고자 하는 상품의 가이드라인이 정해집니다. 만약 20대 전문직 미혼 여성이며 유행에 민감한 트렌드리더로 고객을 설정했다면 그들을 위한, 그들이 좋아할 만한 의류를 고르기 위해 최신 잡지를 살펴보고 시장에 나가서 유행을 선도하는 의류를 고를 줄 알아야 합니다. 또한 스타일링할 수 있어야 하겠지요. 가격보다도 디자인에 과감히 투자할 수 있는 고객층이기 때문입니다.

마케팅 용어에는 페르소나$^{Persona}$가 있습니다. 일종의 고객 아바타이지요. 회사가 고객에게 어떻게 비추어질지 확인하기 위해 고객의 모습을 그리고 고객에게 맞춘 마케팅 전략을 세우기 위해 사용하는 개념입니다. 모든 쇼핑몰은 페르소나를 만들어 일종의 고객 모형 케이스를 구축해야 합니다.

6-21
20대 유니크한 스타일을 선보이는 스타일난다(www.stylenanda.com)

고객을 선정하고 그에 따른 상품 기획에 관해 어느 정도 방향이 그려지면 구체적으로 판매 상품을 분류하고 구색을 갖춰야 합니다. 고객 맞춤형 상품을 기획하는 일도 어렵지만 실제로 시장에서 적합한 상품을 찾을 수 있느냐의 문제는 또 다릅니다. 그것도 좋은 거래처를 통해 좋은 가격에 구해야 하니 발품을 팔 수밖에 없지요. 주얼리 쇼핑몰 운영 당시 남성 주얼리 쇼핑몰로 컨셉을 바꾸고 트렌디한 남성의 모던한 주얼리를 찾는 일은 생각보다 쉽지 않았습니다. 머릿속에 그려지는 느낌은 있는데 실제로 수많은 상품 속에서 선별하는 일이 어려웠습니다.

대부분 쇼핑몰을 보면 카테고리별로 주력하는 메인 상품이 있고 다양한 고객층을 위해 조금 다른 디자인 상품들을 선보이며 의류몰의 경우 액세서리를 함께 판매하는 등의 보조 상품 라인을 운영합니다. 그리고 쇼핑몰에 처음 접속한 신규 고객들에게 쉽게 경험할 수 있는 미끼용 기획 상품을 제공하는 것이 바람직합니다.

**판매 상품의 세 가지 구성**
01  먼저 쇼핑몰의 대표 상품이라고 할 수 있는 주력 상품 라인을 정한다.
02  상품 구색을 위해 특정 선호층을 위한 보조 상품을 마련한다.
03  충동적으로 손이 가서 부담 없이 주문할 수 있는 소위 미끼 상품을 준비한다.

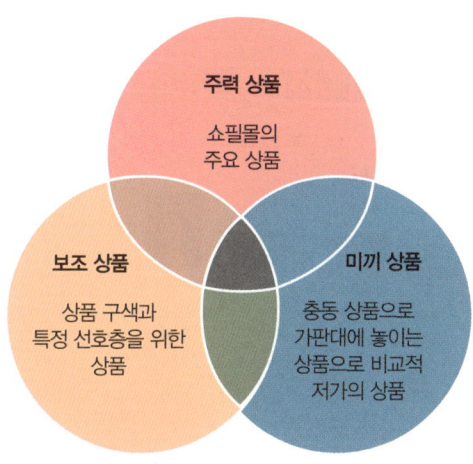

**그림 6-04** 판매 상품의 분류

## 가격 민감도를 낮추는 상품 기획 전략을 세워라

상품의 가격은 원가와 마진을 고려해 결정하는데요, 반드시 카드수수료, 포장비, 배송료, 부가세<sup>세금 10%</sup> 등의 지출비용도 반영해야 합니다. 처음 판매하는 판매자들은 거래처로부터 받는 원가에 마진만을 고려해 가격을 책정하는데, 여기에는 비용지출과 수익률을 고려해 책정해야 합니다. 물론 소비자가 인식하는 시장 가격대에 적합해야 하며 가격 경쟁력에서도 밀리지 않는 가격을 책정해야 합니다. 또한 가격을 결정할 때에는 동일 제품, 유사 제품, 대체 제품의 가격 조사를 실시해 소비자의 심리 저지선을 고려한 판매 가격으로 설정하는 것이 필요합니다.

쇼핑몰은 실시간으로 상품의 가격을 비교할 수 있기 때문에 어떤 채널보다 소비자들의 가격 민감도가 높습니다. 그러므로 가격 비교에서 더 자유로운 상품 기획이 중요합니다. 가격 민감도를 낮추기 위한 전략으로는 자체 제작 상품 구성 및 단일 제품이 아닌 패키지 상품 기획, 부가 서비스의 차별화, 다양한 기획전 구성이 중요합니다.

**가격 민감도를 낮추는 전략**
01 자체 제작 상품의 구성
02 패키지 상품 기획
03 부가 서비스의 차별화
04 다양한 기획전 구성

**6-22**
미미박스(www.memebox.com)
미미박스만의 화장품 세트 상품을 구성해서 '온리미미박스' 코너를 통해 이곳만의 패키지 상품을 선택할 수 있습니다.

자체 제작 상품은 다른 쇼핑몰에는 없기 때문에 가격 비교에서 자유롭습니다. 단일 상품의 비교는 쉬워도 패키지 상품일 때에는 패키지에 따라 가격이 다르기 때문에 가격 비교가 어렵지요. 기획전이 다양하면 소비자들은 풍부한 상품 제시에 만족감을 느끼고 개별 가격을 비교하기가 어려워집니다.

상품 가격을 책정할 때에는 가격 할인 제도를 고민해야 합니다. 일반적으로 소비자는 웹에서 상품을 구매할 때 가격 할인에 익숙해져 있으므로 가격 할인에 대비한 전략을 세워야 합니다. 워낙 많은 경쟁몰이 상품을 세일하므로 소비자는 정가보다 몇 % 할인된 금액에 구매하는 것이 당연해집니다. 할인의 종류도 다양해서 신상품 할인부터 시즌별로 정기 할인을 제공하거나 특별 행사에 할인을 제공하는 등 일련의 세일 판촉 활동은 1년 내내 이루어집니다.

그렇다면 가격 할인제는 어떤 식으로 적용할 수 있을까요? 우선 수량을 할인할 수 있습니다. 1개가 아닌 2개, 3개 세트를 구매하는 경우에 좀 더 추가된 할인을 제시합니다. 또한 현금과 카드 결제 차이에 따른 할인, 버전에 따른 제품 할인도 가능합니다. 소프트웨어에 버전 차이가 있는 것처럼 가격 할인을 만드는 방법이지요. 호스팅이나 도메인 등록 같은 서비스도 수량 및 용량에 따라 다른 상품으로 나누고 할인을 적용하기도 합니다. 의류의 경우 비슷한 디자인이라도 소재에 따라 가격 차이가 발생합니다. 티셔츠와 같은 단순한 디자인의 경우 다양한 컬러의 상품을 올리고 특별 할인을 제공하여 미끼 상품으로 활용하기도 합니다. 비수기 할인도 가능합니다. 쇼핑몰에서는 주말 혹은 연휴 세일과 같은 방식으로 활용하는데요, 연휴 기간 동안 방문자 수가 떨어지고 배송이 쉬는 시즌에 적극적으로 할인 정책을 활용합니다.

이렇듯 쇼핑몰에서는 여러 할인 제도를 시행할 수 있으며, 이것은 판매가 책정에 중요한 사항입니다. 할인의 목적은 미끼 상품으로서 홍보 효과를 누리기 위해서인지, 비수기에 매출액을 보전하기 위한 것인지, 재고 관리 차원에서 시행하는 것인지 등 여러 가지 이유가 있습니다. 한번 내려간 가격을 올리기란 매우 어려우므로 언제 가격을 할인해야 하고 어떤 가격대로 할인할 것인지 등을 소비자 반응과 수익률에 근거하여 고민하면서 결정하기 바랍니다.

SNS부터
유튜브
동영상까지,
마케팅을
확장하라

빠르게 고객을 불러 모으는 방법, 포털사이트 검색엔진 광고

이벤트 전략으로 마케팅 효과를 높인다

Part. 7

지속 가능한 홍보로 방문자 수를 증가시킨다

동영상 마케팅에 집중하라

# 지속 가능한 홍보로
# 방문자 수를 증가시킨다 ❼①

## 고객 맞춤화된 SNS 채널 선택 가이드
## – 블로그/페이스북/인스타그램

쇼핑몰 창업을 생각하면서 '어떻게 홍보할까?'는 가장 중요한 고민입니다. 고객에게 쇼핑몰을 알리는 방법은 크게 '광고'와 '홍보'로 나뉩니다. 여기서 광고는 비용을 투자해 고객에게 쇼핑몰을 노출하는 것이고, 홍보는 정보를 바탕으로 고객에게 다가가는 것입니다.

먼저 최신 트렌드로 자리 잡은 SNS를 통한 쇼핑몰 홍보에 관해 살펴보겠습니다. 가장 대표적인 채널은 네이버 블로그, 페이스북, 인스타그램입니다. 이 세 가지 SNS 채널에 대한 기본적인 이해와 더불어 활용 중인 창업자도 많을 것입니다.

쇼핑몰 창업을 강의하며 "대표적인 홍보 채널을 모두 활용해야 하나요?"라는 질문을 많이 받습니다. 네, 세 가지 SNS 채널 모두 필요해요. 그러나 창업 초기에 혼자서 관리해야 하는 업무가 너무 많다면 하나의 채널만 선택해서 제대로 된 홍보를 시작해야 합니다. 아이템에 따라, 창업자 취향과 성향에 따라 좀 더 선호하는 채널을 선택하여 활용하면 됩니다.

| 매체 | 블로그 | 페이스북 | 인스타그램 |
|---|---|---|---|
| 특징 | • 네이버와 가장 유기적인 연결, 노출 쉬움<br>• 긴 컨텐츠도 자연스럽게 노출<br>• 홈페이지 역할의 확장성 | • 인맥을 기반으로 한 SNS<br>• 빠른 시간에 확산<br>• 세계인을 대상으로 마케팅<br>• 쇼핑보다는 소통할 수 있는 컨텐츠의 비중이 더 높음 | • 20~30대를 기준으로 매체 호응도가 높음<br>• 이미지 강조 SNS<br>• 짧고 간단하며, 쉬운 메시지의 소통이 인기 |

표 7-01 대표적인 SNS 채널별 특징

최근 쇼핑몰 시장의 분위기를 고려하면 모든 채널이 중요하지만 일반 제품 판매 즉, 쇼핑몰과 연계하여 필수 SNS 채널로 인식되는 채널별 비중은 '네이버 블로그 > 인스타그램 > 페이스북'입니다.

## 필수 홍보 채널 – 네이버 블로그

쇼핑몰 홍보에서 네이버 블로그 개설은 필수입니다. 네이버 아이디만 만들면 누구나 쉽게 블로그를 개설할 수 있어 무료로 자신만의 미디어 채널을 구축할 수 있습니다.

이때 네이버 블로그를 '인터넷 뉴스'라고 여기는 것이 중요합니다. 쇼핑몰 운영자가 편집장 역할을 하며, 주제는 당연히 쇼핑몰이지요. 쇼핑몰 아이템, 컨셉, 고객을 주제로 매일 기사를 발행한다는 생각으로 접근해야 오래도록 유지할 수 있습니다. 블로그는 고객과 지속해서 소통하는 커뮤니케이션 채널임을 잊지 말아야 합니다.

퓨전 떡 쇼핑몰 '자이소'의 형제 대표는 2009년 온라인 판매를 시작해 월 매출 억대가 넘는 쇼핑몰로 성장한 성공 사례

7-01
'자이소'의 네이버 검색 결과

로 유명합니다. 그들은 인터뷰에서 블로그 홍보가 주요했다고 밝혔습니다. 현재까지 매월 블로그 서포터즈를 선발하고, 쿠킹 클래스를 열고, 신제품 품평회 등을 운영하며 단골 고객 관리와 입소문 전략을 적절히 활용하고 있습니다.

7-02
자이소(www.jaiso.co.kr)

7-03, 04
자이소 블로그 화면
- 구독자 5524명(2017. 12 기준)

Shoppingmall Founded for Note

블로그는 일기나 기사와 같은 정보 제공 형태로 비교적 긴 글을 자유롭게 편집해서 올릴 수 있는 매체입니다. 쇼핑몰의 컨셉과 차별화된 컨텐츠를 소개하는 카테고리를 만들고 자유로운 일상을 올려서 친숙함을 유도하며 다양한 이벤트를 설계해 재미 요소와 참여 공간을 만드는 것이 중요합니다. 즉, '정보+친숙+재미+참여'의 네 가지가 주요 키워드입니다.

네이버 블로그는 네이버라는 검색 포털사이트에서 가장 유기적으로 연결되어 수많은 소비자에게 노출되고, 검색 노출이 쉽다는 점 때문에 가장 필수적인 SNS 홍보 채널입니다. 어떤 아이템을 가지고도, 타깃을 막론하고 범용적으로 이용해야 할 홍보 채널입니다.

### 인맥을 통한 소통 – 페이스북

페이스북의 강점은 인맥을 통한 소통 방식입니다. 특히 자신의 게시물에 '좋아요'라는 공감 표현 수단을 누르면 관계를 맺고 있는 친구들에게 뉴스피드 형식으로 전달되어 정보가 획기적으로 확산되는 특징이 있습니다. 다른 사람들의 관심을 유도하는 알고리즘이 특별한 SNS 채널이지요. 작성한 글에 친구가 '좋아요'를 누르면 친구의 친구들에게까지 자연스럽게 확산됩니다.

페이스북은 개인 계정으로 5천 명의 친구까지 관리하며 공간을 구성할 수 있습니다. 페이스북을 이용한 쇼핑몰 홍보는 페이지를 통한 홍보가 주요합니다. 페이지는 개인 계정과는 별도로 운영되는, 일종의 팬과 함께 소통하는 공간입니다. 아직 페이스북에 샵 기능이 없어서 직접 결제할 수는 없기 때문에 직접 판매보다 간접 판매 홍보로 진행됩니다.

| 기능 | 설명 |
| --- | --- |
| 뉴스피드 | 사용자의 친구들이 '좋아요'를 누른 페이지 소식을 시간순으로 보여주는 공간 |
| 타임라인 | 사용자가 올리는 사진, 글 등을 보여주는 공간 |
| 페이지 | 업체 홍보용으로 페이지를 구축하고, 팬을 모으는 공간 |
| 그룹 | 하나의 타임라인으로 소통 가능하며 공개, 비공개, 비밀 그룹 운영 가능 |

표 7-02 페이스북의 주요 기능

페이스북에 개인 계정을 만들 때 지역, 학교, 직장 등 여러 가지 개인 정보를 입력하면 친구로 연결될 만한 사람들을 자동으로 검색해 보여줍니다. 친구의 친구를 통해 계속 지인들이 늘어납니다. 자연스럽게 천 명, 2천 명이 모이면 별도의 팬 페이지를 만들어 보세요. 꼭 3천 명의 친구를 채울 필요는 없습니다. 차근차근 회사의 성장에 따라 친구들이 더 많이, 자연스럽게 늘어날 것입니다.

페이지는 기업형으로 볼 수 있으며, 무료로 간단히 구축할 수 있습니다. '페이지 만들기'를 선택한 다음 카테고리를 선택합니다. 브랜드명을 입력한 다음 '페이지 팁'에서 간단한 팁을 안내합니다. 페이지 이름은 곧 브랜드명으로 페이지에 쇼핑몰 주소를 입력해 더욱 간편하게 고객을 유입시킵니다. 먼저 친구들을 통해 만든 페이지의 '좋아요'를 요청하는 기능도 함께 지정하여 손쉽게 시작할 수 있습니다.

7-05
페이지 만들기 시작 화면
페이지 컨셉에 따라 카테고리를 선택합니다.

7-06
페이지 만들기 초기 화면
페이지 구축 팁과 친구를 요청합니다.

검색창에 '쇼핑몰'을 입력하면 수많은 페이지가 검색됩니다. 좋아하는 팬의 수가 많은 페이지들을 방문해 보세요. 물론 경쟁 쇼핑몰 페이지도 찾아가는 것도 중요합니다. 컨텐츠는 주로 어떻게 올리는지, 좋아하는 팬의 수가 얼마나 많은지, 게시물을 업데이트하는 주기는 어떠한지 등 자세하게 벤치마킹합니다.

또한 페이스북에서는 타깃 고객을 설정하고 광고를 진행할 수 있

**7-07**
스타일난다 쇼핑몰 페이지

습니다. 천 원부터 시작해서 하루 5천 원 정도의 소액으로도 충분히 광고할 수 있지요. 천 원으로도 8백~9백 명에게 노출할 수 있다고 합니다. 이렇게 노출된 글이 해당 타깃의 친구들을 통해 '좋아요'를 얻으면 더 많은 타깃에게 도달할 수 있는 채널이 바로 페이스북입니다. 한 피트니스센터는 페이스북에 영상을 올리고 하루 만 원의 광고비를 사용했는데, 3초 이상의 영상을 시청한 사람이 7천 명 정도였고 회원으로 가입한 사람도 늘어 성공적으로 운영되고 있다고 했습니다.

**7-08**
페이지에서 게시물을 만드는 화면

**7-09**
게시물에서 이벤트, 제품을 보면 다양한 글을 만들 수 있도록 지원

페이지 게시물에는 사진, 동영상을 넣을 수 있는 것은 물론 쿠폰이나 설문, 제품에 관심을 유도하는 기능까지 다양하게 지원합니다. 글을 입력한 후 아래에 있는 '게시물 홍보하기'를 눌러 광고를 진행하는 것도 좋은 방법입니다. 특히 초기에는 하루에 소액으로도 이용 가능하므로 사용하기를 권합니다. 연령, 성별, 지역 등을 선택한 다음 몇 명에게 노출될 것인지 결정하고 예산을 사용합니다.

**7-10**
페이스북에서 타깃을 설정한 광고

**7-11**
페이스북 광고 집행 화면으로 도달 수와 하루 광고비 산출

페이스북을 전반적으로 활용하는 것도 네이버 블로그를 사용하는 것만큼 어렵지 않습니다. 중요한 것은 계속 어떤 컨텐츠로 고객과 소통할 것인가입니다. 고객과의 소통을 위한 페이스북의 글쓰기 팁을 정리하면 다음과 같습니다.

- 정치적 성향의 글은 좋지 않다.
- 소통이 아닌 공지사항을 알리는 형식의 어투는 사용하지 않는다.
- 질문을 던져 참여를 유도하는 글이 좋다.
- 재미있고 유익한 이벤트를 만든다.
- 고객에게 꼭 유용한 정보를 올려라.
- 해시태그를 적절히 사용하라.
- 사진을 클로즈업해서 디테일하게 촬영하는 것이 좋다.

- 너무 긴 글은 좋지 않다. (예: 글 3줄 이후 이미지 1장 포함)
- 사진별로 별도의 URL을 활용하라. (쇼핑몰 상세 설명 페이지 연결)

타임라인에 공동구매와 같은 상품 홍보 게시물을 올리고 '지금 구매하기'와 같은 버튼을 추가해서 구매를 유도할 수 있습니다. 블로그에 올린 글을 페이스북으로 공유할 수도 있습니다. 이때 블로그 링크는 삭제하는 것이 좋습니다. 블로그에서 퍼온 글을 직접적으로 드러내는 것은 페이스북에서 작성한 글이 아니므로 성의 없게 느낄 수 있기 때문입니다.

만약 부정적인 댓글이 올라오면 해당 글은 '숨기기' 기능을 이용하여 숨길 수 있습니다. 댓글에 마우스 포인터를 가져가면 숨기기 혹은 퍼가기와 같은 기능이 나타납니다.

페이스북을 마케팅 채널로 활용할 때 필요한 것들을 살펴봅니다.

### 페이스북에서 커뮤니티를 형성하는 방법
01  개인 계정 프로필에서 페친(페이스북 친구)을 연결하자.
02  페이지를 통하여 내 비즈니스 컨텐츠에 '좋아요'라고 반응하는 그룹을 만들자. 페이지에 참여한 사람들에게 광고를 통해 리마케팅할 수 있다.
03  페이지가 일방적으로 팬들에게 제공하는 비즈니스라면, 그룹은 함께 하는 커뮤니티를 만드는 개념이다. 포털의 카페들이 페이스북 그룹으로 옮겨오기도 한다.
04  페이스북 광고(동영상 광고, 잠재 고객 광고, 캔버스 광고 등)를 통해 잠재적인 고객군을 더 넓힐 수 있다.

### 페이지로 마케팅하는 방법
01  쇼핑몰이라면 브랜드 또는 제품 카테고리로 선택해 시작한다. 쇼핑몰 자체 이름을 브랜드화해서 알릴 수 있고, 제품을 각인시키는 데 효과적이다.
02  [페이지 설정]-[페이지 관리]에서 템플릿 유형을 선택한다. 차후 광고 최적화를 위해 페이지에 샵 기능이 있는 템플릿을 지정하는 것이 중요하다. 샵에 제품을 등록하고 제품 태그 기능을 이용해 효과적인 광고 전략을 진행할 수도 있다.
03  페이지 관리 메뉴에서 홈에 있는 여러 메뉴의 순서 및 노출을 조정할 수 있다.
04  페이지 이름은 상호이므로 대표 키워드를 2~3개 넣어 짓는다. (예: 홍대 맛집 ○○○○, 주니어아동복 ○○ 등)

05  페이지 프로필 사진은 텍스트를 이미지로 만든 타이포그래피 디자인이 검색하기 쉽다. (예: 열린책들)
06  페이지 내 행동 유도 버튼도 추가할 수 있다. 예를 들어, 지금구매하기/지금예약하기/지금 전화하기 또는 문의하기/더 알아보기 등이 있다. 자극적인 선택보다 자연스러운 선택이 더 좋다.
07  방문자 게시물 작성 권한은 페이지에 다른 사람이 게시할 수 없도록 설정한다.
08  '기본 페이지 공개 대상'을 설정한다. 메인 타깃이 정해지는 게 좋다면 성별, 나이, 지역 등을 고려해 설정한다.
09  인스타그램과 페이지를 연결한다. 페이스북 광고가 인스타그램에 노출되며 인스타그램 비즈니스 계정이 페이지와 연동된다.
10  페이스북에서는 페이지 인사이트 기능을 통해 페이지 내 고객 활동 통계자료를 제공하므로 고객 분석에 활용한다.

## 잠재 고객 광고 양식 작성을 통해 고객 DB 확보 가능

페이스북에서 광고를 진행할 때 잠재 고객 광고 양식을 작성하는 것이 좋으며 [페이지]-[게시 도구]에서 확인할 수 있습니다. 90일 동안 고객의 휴대폰번호와 이메일 주소를 받을 수 있습니다.

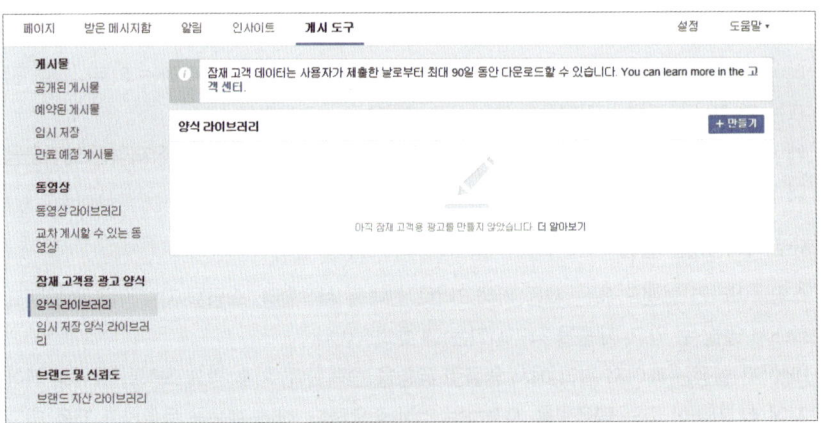

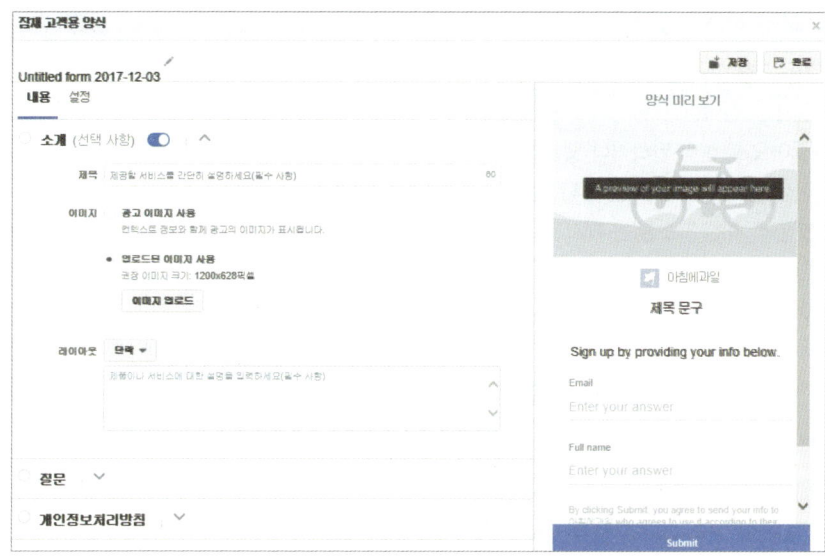

**7-12, 13**
잠재 고객 광고 양식 작성 기능

## 광고 집행 시 효율성을 위한 페이지 샵 기능 활용

[페이지설정]–[페이지 관리]–[탭] 영역에서 '샵' 기능을 설정합니다. 홈 화면의 왼쪽 카테고리에서 순위도 변경할 수 있습니다. 간단히 탭을 클릭한 다음 이동합니다. 샵에서는 제품을 등록하고 주문받는 방법 등도 설정할 수 있습니다.

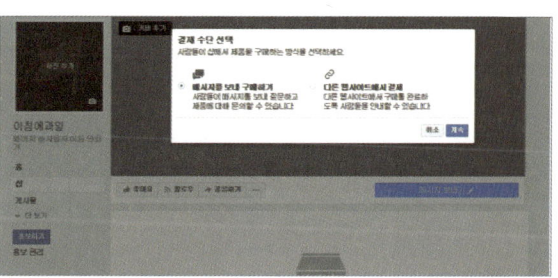

**7-14, 15**
페이지 내 샵 기능 설정

### 페이스북 글 작성

01  키워드를 선택해 글을 쓴다.
02  질문형, 참여형, 초청형으로 글을 쓴다.
    '좋아요'를 눌러 달라거나 댓글을 달라고 하는 광고 메시지에도 참여율이 일반 글보다 3배 이상 높다. '공유'하기를 부탁하는 글도 7배 높게 공유된다고 한다.
    댓글에 '@친구 소환'은 태그된 친구들을 게시물로 불러오고 많은 도달과 노출을 가능하게 한다.
03  이모티콘을 활용해 글을 쓴다.
04  사업용 키워드를 30개 정도 찾아서 메모장에 저장해두고 본문을 작성할 때 해시태그와 함께 사용한다. 해시태그는 본문 중에 강조형으로 사용하거나 아래에는 색인용으로 사용한다.

### 페이지의 이미지 기법 활용

01  페이지 글쓰기 화면에서 사진 또는 동영상을 누르면 총 18가지 이미지 기법이 나타난다. (예: 정사각형, 가로 직사각형, 세로 직사각형, 카드 뉴스 기법 등)
02  감각적인 이미지를 활용하는 것이 중요하다.
03  이미지와 동영상에 스토리를 넣어 설명을 더한다.
04  웹툰 방식의 이미지 설명도 좋다.

**7-16**
페이지 내 샵 기능 설정

## 트렌디한 미디어 채널 – 인스타그램

인스타그램은 최근 급부상한 최고의 인기 SNS 채널입니다. 너무 간편한 앱 설치에 짧은 글과 사진 하나만으로도 충분한 메시지를 전달할 수 있습니다. 특히 미디어에 익숙한 젊은 층을 중심으로 트렌디한 매체로 자리 잡았습니다. 페이스북과 자회사 관계로 연결되어 있고 모바일에서도 최적화되어 마케팅 채널로 주목 받고 있습니다.

인스타그램의 장점은 '세상의 순간을 포착하고 공유한다'는 모토 아래 멋진 사진만으로도 내가 팔로워한 사람, 나를 팔로잉하는 사람들과 쉽게 소통한다는 것, 해시태그# 기능으로 관심사가 비슷한 사람들을 묶는 것, 즉 소비자의 니즈를 터치할 수 있다는 것입니다.

인스타그램의 기업 마케팅 성공 사례로는 빙그레 바나나맛 우유의 '#채워바나나' 이벤트나 코카콜라의 '#코카콜라세상같은' 이벤트가 있습니다. 빙그레 바나나맛 우유는 올드 브랜드라고 할 수 있는데요, 젊은 세대와 공감하기 위해 'ㅏㅏㅏ맛 우유'로 상품을 출시하고 소비자가 자음을 채워 '#채워바나나'라는 해시태그를 달게 한 이벤트로 특별하고 획기적인 마케팅을 만들었습니다. 이케아도 카탈로그를 보고 마음에 드는 제품 사진과 특정 태그, 제품명을 인스타그램에 올려 공유하면 당첨 시 해당 제품을 선물로 주는 이벤트를 진행해서 인기가 있었습니다. 스타벅스는 신제품 음료나 프로모션 음료와 함께 인증샷, 해시태그를 올리면 추첨을 통해 기프트카드를 증정하는 참여형 이벤트로 인기가 좋습니다.

이처럼 인스타그램을 통해 수많은 기업과 유명 쇼핑몰은 이벤트 홍보 마케팅을 진행합니다. 그러므로 벤치마킹할 수 있는 주요 기업의 인스타그램을 주기적으로 살펴보고 따라 해보는 마케팅을 시도하는 것이 좋습니다.

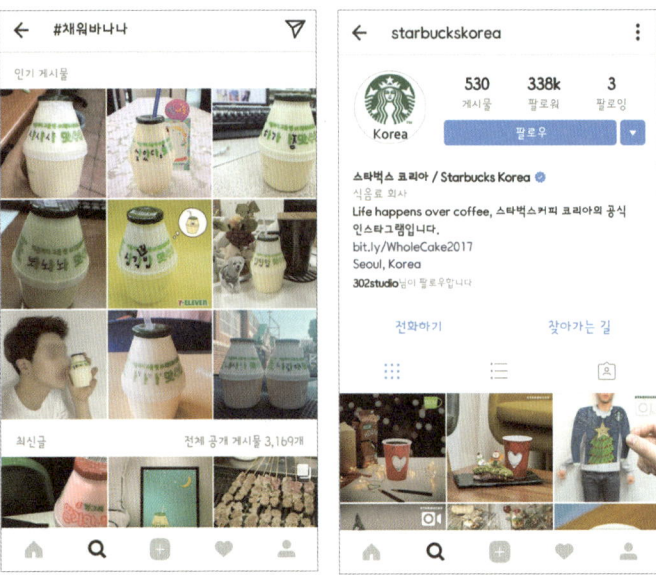
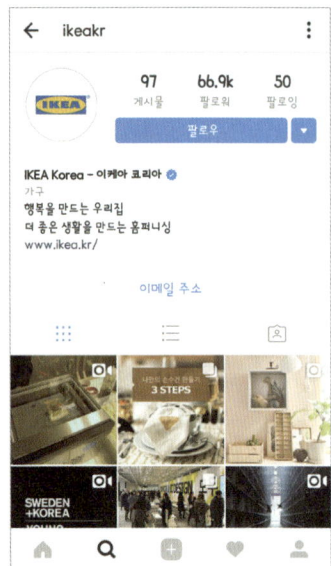

**7-17, 18, 19**
빙그레 바나나맛 우유 이벤트 / 스타벅스 인스타그램 / 이케아 인스타그램

## 인스타그램의 설치 및 활용

인스타그램은 앱(애플리케이션)을 다운로드한 다음 페이스북 계정으로 로그인하거나 휴대폰 번호 혹은 이메일 주소를 이용해 5분 정도면 편리하게 가입이 완료됩니다. 가입 절차 중에 '연락처 찾기'를 통해 자신의 연락처에 있는 사람 중 인스타그램 사용자를 찾아 팔로우를 추가할 수도 있습니다. 그다음 프로필을 편집해 사진과 웹사이트 정보 등을 입력합니다.

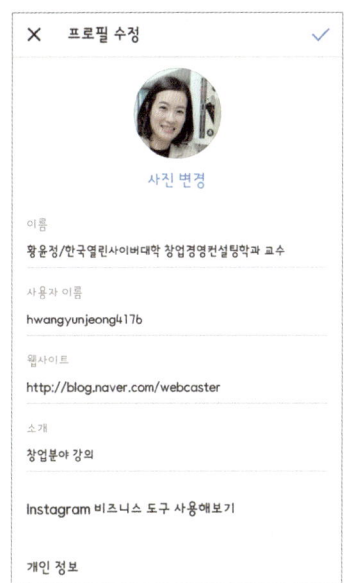

**7-20, 21**

인스타그램 가입 절차 화면
– 프로필 수정

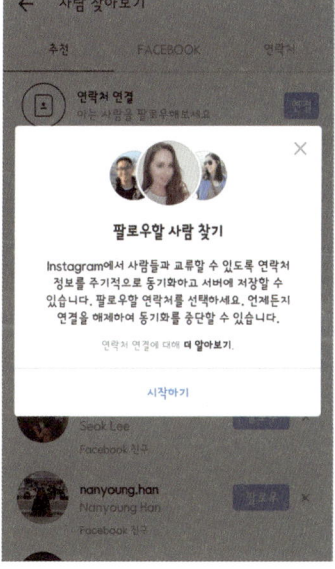

**7-22, 23**

인스타그램 가입 절차 화면
– 페이스북 친구와 연락처 친구 연결

인스타그램에서는 계정을 5개까지 추가할 수 있는데요, 개인 설정 화면에서 〈계정 추가〉 버튼을 눌러 다른 아이디를 추가로 만들어서 운영할 수 있습니다. 개인 계정을 하나 운영하고, 브랜드 계정을 하나 더 운영하는 식으로 다른 계정을 운영할 수 있습니다. 개인 계정은 소통에 무게를 두고 편안하게 접근할 수 있어 댓글이나 팔로워가 빨리 늘어나는 장점이 있습니다. 브랜드 계정은 무게감 있게 진행되는 편이며, 제품 위주로 필요한 정보만을 올려 핵심만 전달하는 면에서는 긍정적입니다.

쇼핑몰 사업자가 인스타그램을 비즈니스로 활용하기 위해서는 개인 계정을 비즈니스 계정으로 전환합니다. [설정]-[옵션]-[비즈니스 프로필로 전환]-[페이스북에 연결]하는 과정을 진행합니다. 관리 중인 페이스북 페이지가 있다면 이 과정에서 페이지와 인스타그램 계정 프로필이 동기화됩니다. 비즈니스 프로필로 전환되면서 사업장 주소와 전화번호가 공개되는데 그야말로 이제 본격적인 홍보 마케팅 활동이 가능한 계정으로 변환된 것입니다.

7-24, 25
인스타그램 개인 계정을
비즈니스 프로필로 전환

인스타그램의 홈 화면에는 친구들의 글이 보이고, 글의 노출 순서는 시간순이 아니라 댓글이나 좋아요 등 소통된 글이 먼저 보이는 구조입니다. 인스타그램에 올릴 사진을 바로 촬영하여 이미지 편집 기능을 통해 보정할 수 있고, 간단한 사진 설명과 해시태그를 넣으면 글을 올릴 수 있습니다. 참고로 동영상은 60초 내로 재생 시간을 맞추어야 하므로 짧은 시간에 짧은 문장으로도 소구할 수 있는 훈련이 필요합니다.

## 인스타그램 마케팅 활용 기능

인스타그램은 직관적인 버튼으로 구성되어 해당 버튼을 누르면 어느 정도 기능들을 숙지하는 데 큰 어려움이 없습니다. 앞서 앱 설치와 프로필 설정이 마무리되었다면 비즈니스 활용 면에서 필요한 기능부터 간단히 설명하겠습니다.

### ① 인사이트 보기 기능

비즈니스 계정으로 전환되면 글을 올렸을 때 글 바로 아랫부분에 '인사이트 보기'라는 기능이 지원됩니다. 여기에는 해당 글의 좋아요, 댓글, 노출 수, 도달, 참여 등 구체적인 통계치가 제공되어 마케팅 효과를 바로 확인할 수 있습니다.

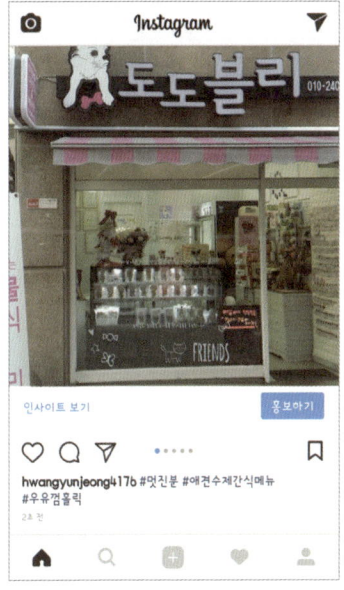

7-26
인스타그램의 〈인사이트 보기〉와 〈홍보하기〉 버튼

② 홍보하기 기능

인스타그램의 광고는 페이스북과 연동하여 광고하는 방법과 인스타그램에서 직접 광고하는 방법으로 나누어집니다. 인스타그램에서 광고하는 방법은 바로 업데이트한 글 오른쪽 아래의 〈홍보하기〉 버튼을 이용하는 것입니다. 물론 홍보하기 기능은 비즈니스 계정에서만 가능합니다. 〈홍보하기〉 버튼을 누르면 해당 메시지를 광고하는 기능이 지원됩니다. 〈홍보하기〉 버튼을 통해 랜딩페이지(쇼핑몰 혹은 모두(modoo) 등)를 설정할 수 있고 나아가 '행동 유도 버튼'을 설정해 '지금 주문하기'와 같은 문구를 넣을 수 있습니다. 타깃과 예산에 맞춰 광고를 설정해두면 홍보가 진행됩니다. 광고 방식은 페이스북 광고와 같습니다.

7-27, 28
홍보하기 기능

### ③ 라이브 스토리(카메라) 기능

인스타그램 홈 화면 위의 '카메라' 아이콘을 누르면 라이브 방송을 할 수 있으며, 부메랑 기능을 이용해 15초 동영상 또는 움직이는 사진을 제작할 수 있습니다. 촬영한 사진에 직접 문자를 입력해 꾸밀 수도 있습니다.

**7-29**
카메라 기능

### ④ 사진 편집 기능

인스타그램에서는 웬만한 이미지 편집 앱 기능을 사용할 수 있습니다. 정사각형의 사진을 어떻게 올릴 것이냐에 따라 분위기가 달라지는데요, 자신만의 색다른 이미지를 만드는 데 필요한 팁을 알아봅니다.

- 사진 크기는 될 수 있으면 같게 작업한다.
- 제품 사진만 올리지 말고 일상 사진이나 메시지도 함께 올린다.
- 저작권이 소멸한 옛 명화 작품 이미지를 재장착한다.
- 기존 사진을 합치거나 변형하여 또 다른 이미지로 창작한다.
- 유행하는 이야기를 활용한다.
- 재미있는 패러디 사진 촬영에 도전한다.
- 실용적인 일상의 아이디어 사진은 호응도가 높다.
- 귀여운 아기 혹은 반려견과의 이미지는 인기 있다.
- 아름다움을 느낄 수 있는 이미지도 인기 있다.
- 사람들의 관심사를 해결하는 정보성 이미지도 인기 있다.
- 희망, 사랑, 믿음, 감동, 그리움, 기쁨 등 감정을 담은 이미지가 중요하다.
- 웃음을 유발하는 이미지가 좋다.

⑤ 해시태그의 사용

글을 올릴 때 반드시 해시태그(#)를 달아야 합니다. 인스타그램에서는 해시태그를 이용한 검색을 지원하고, 특정 해시태그에 대한 조회 수와 컨텐츠 게시물을 노출해서 해시태그의 선택을 더욱 쉽게 도와줍니다. 해당 해시태그에 관한 게시물이 많다는 것은 그만큼 인기가 높다는 의미이므로 참고해야 하지만, 노출될 확률을 고려한다면 비교적 적은 게시물의 해시태그도 적극적으로 활용하는 것을 추천합니다. 해시태그는 댓글을 등록할 때에도 활용할 수 있으며, 해시태그 수는 30개로 제한되어 있습니다. 기업의 제품, 서비스, 이벤트명까지 다양한 해시태그를 경험하기 바랍니다.

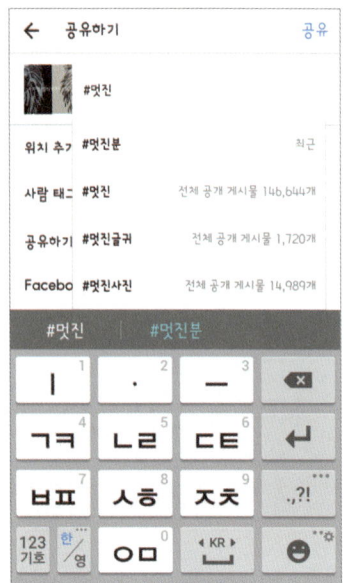

7-30
해시태그 입력 화면

⑥ 팔로워 늘리기

팔로워가 많아야 댓글, 좋아요 등의 공감지수가 올라갑니다. 팔로워를 많이 늘리는 것이 가장 좋은 마케팅 전략이기도 합니다. 물론 좋은 컨텐츠로 입소문 나는 것이 가장 중요하지만 먼저 팔로우를 신청하는 것도 필요한 전략입니다. 종종 '#선팔하면맞팔'이라는 해시태그를 이용해 먼저 팔로우를 선팔(먼저 팔로우 신청)하면 상대방도 맞팔(같이 팔로우 신청)하는 행동도 많이 이루어집니다. 팔로잉할 수 있는 팔로우 수는 7천 5백 명입니다. 인위적으로 많이 하기보다는 자주 검색하고 좋은 인스타그램 계정을 찾으면서 차근차근 정성껏 댓글을 달고 팔로우하며 소통하는 것이 중요합니다.

### 창업 컨설팅 노트 | 태그 검색 무료 사이트 '업스타태그'

업스타태그는 무료 인스타그램 태그 분석 서비스로, 업종별 인기 있는 해시태그 지표를 확인할 수 있다. 특정 태그 검색 시 관련 인기 게시물 수, 트렌드 지수 등을 제공한다.

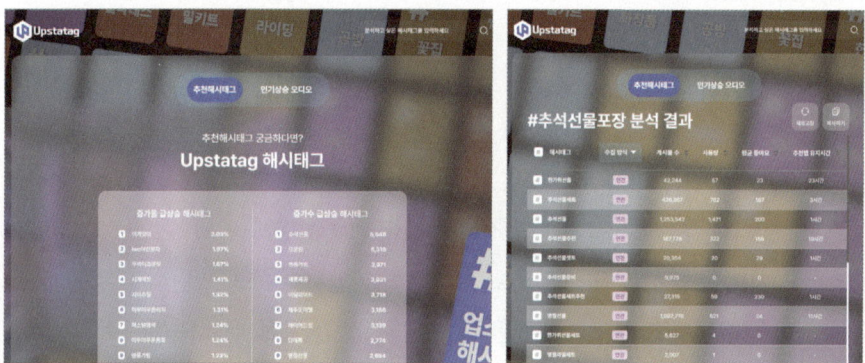

7-31
업스타태그(upstatag.com)

7-32
업스타태그 태그 검색 이용 화면

## 성공한 쇼핑몰의 홍보 전략을 벤치마킹하라

성공한 쇼핑몰의 기준은 무엇일까요? 성공의 기준은 지극히 주관적인 잣대이지만, 많이 알려진 쇼핑몰이자 매체를 통해 성공했다고 소개된 적이 있는 쇼핑몰이 우리가 파악할 수 있는 소위 성공한 쇼핑몰일 것입니다.

창업 계획을 세울 때 먼저 창업하고자 하는 아이템 시장에서 많이 알려져 있고 눈에 띄는 쇼핑몰을 적어도 3곳 이상 찾아 그들의 홍보 전략을 벤치마킹해야 합니다.

**인터넷 쇼핑몰 구축을 위한 벤치마킹의 이점**
- 풍부한 아이디어와 교훈을 제공한다.
- 고객을 더 이해하는 기회가 된다.
- 비즈니스 트렌드를 찾을 수 있다.
- 제작 과정을 촉진한다.

의류 쇼핑몰 중에서 오랫동안 성공 모델로 회자되는 곳은 '스타일난다'입니다. 창업 10년 만에 매출 천 억을 넘긴 중소기업이지요. 사이트에서는 현재 의류 비중보다 화장품 비중이 높은데요, 20~30대 여성 중 트렌드를 쫓으면서 개성을 추구하는 이들에게 잘 어필하는 쇼핑몰입니다. 모델도 점차 이국적인 이미지로 바뀌면서 전체적으로 무난하기보다는 리더가 지녀야 할 개성을 표현하고 있다는 느낌입니다. 스타일난다 쇼핑몰의 자세한 홍보 전략을 모른다고 해도 쇼핑몰을 통해 알 수 있는 홍보 매체를 뽑아서 어느 정도 기초 분석을 할 수 있습니다.

먼저 벤치마킹할 쇼핑몰의 네이버 검색엔진 등록 상태를 살펴보는 것이 중요합니다. 예를 들어, 네이버에서 '스타일난다'를 검색하면 브랜드 검색 광고를 진행하며, 다양한 SNS 채널을 모두 운영하고 있다는 것을 확인할 수 있습니다. 네이버 포스트, 인스타그램, 페이스북, 카카오스토리, 유튜브, 트위터까지 각 채널에 접속해 '컨셉/컨텐츠 유형/사진 스타일/글 투/글 등록 주기' 등을 파악할 수 있습니다. 만약 똑같은 의류를 컨셉으로 SNS를 홍보한다면 하나하나 꼼꼼히 살펴보고 벤치마킹 다이어리를 만들어서 기록해야 하겠지요. 사실 SNS 홍보에서는 컨텐츠가 생명이기 때문에 고객에게 매일 어떤 컨텐츠를 새롭게 보여줄 것인가에 관한 전략이 필요합니다.

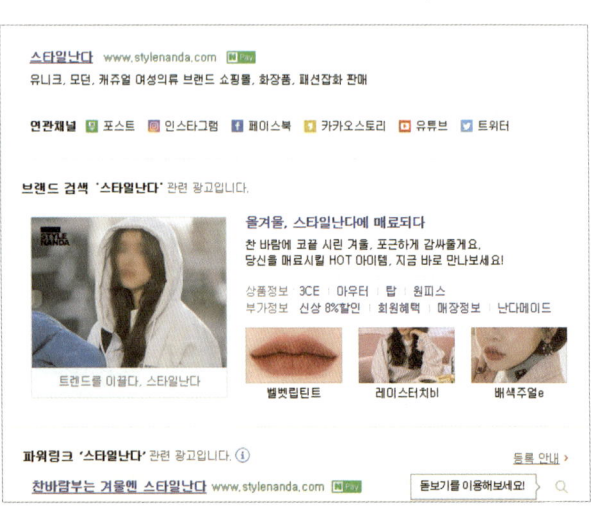

7-33
네이버에 등록된 '스타일난다'의 노출 상황으로 다양한 SNS 채널 활용 중

홍보 마케팅 전략을 수립하는 데 있어 비교적 간단한 아이디어로 표를 짜면 좋습니다.

| 예산에 따른 홍보 마케팅 전략 |||
|---|---|---|
| 적은 예산 | 중간 예산 | 많은 예산 |
|  |  |  |

| 주제에 따른 홍보 마케팅 |||
|---|---|---|
| 혼자서 직접 | 지인의 도움 받아 진행 | 위탁이나 의뢰 |
|  |  |  |

| 기간에 따른 홍보 마케팅 |||
|---|---|---|
| 단기 | 중기 | 장기 |
|  |  |  |

## 창업 컨설팅 노트 — 소셜 미디어 이용 행태

소비자조사기관인 오픈서베이에서 발표한 자료에 따르면 20대 이상 성인남녀를 대상으로 자주 이용하는 SNS 채널을 조사한 결과 '페이스북 〉 유튜브 〉 카카오스토리 〉 인스타그램' 순으로 나타났다. 유튜브와 인스타그램 이용률은 전년 대비 증가했는데 반대로 카카오스토리의 이용률은 감소 추세였다. 재미있는 것은 연령대의 차이다. 확실히 20~30대는 인스타그램 이용률이 현저하게 높으며, 50대에서는 카카오스토리 이용률이 현저하게 높았다.

또한 이용 목적에 대해서도 전반적으로 전년 대비 지인/친구와의 교류 목적은 감소했다. 반면, 흥미 위주의 컨텐츠 획득 목적은 증가했는데 소셜 미디어별로 서로 다른 이용 목적을 가지고 있음을 확인할 수 있다. 유용한 컨텐츠 획득의 목적으로는 네이버 블로그의 약진이 눈에 띈다. 또한, 1년 전과 비교하여 이용 빈도가 가장 많이 늘어난 소셜 미디어는 '유튜브 〉 페이스북 〉 인스타그램' 순이었고 향후 이용 증가가 예상되는 소셜 미디어는 '네이버 블로그 〉 유튜브 〉 인스타그램' 순이었다.

자료를 보면서 특이한 점은 페이스북에서 타임라인에 게재되는 광고를 광고로 인식하는 비율이 11%밖에 되지 않았다는 것이었다. 흥미 있는 내용이라서 공유하는 비중이 가장 컸으며 20~30대 젊은 층은 좋아요 및 댓글을 게시할 때 주변을 더욱 인식하는 경향이 있는 것으로 나타났다. 그러므로 채널별로 소비자가 다르기 때문에 특징을 파악하고 홍보 전략을 세우는 것이 바람직하다.

### 최근 한달 내 이용 및 주 이용 소셜미디어

| | 전체 2016년 (500) | | 전체 2017년 (500) | | Gap 주 이용 ('17-'16) | 성별 남 (250) | 성별 여 (250) | 연령별 20대 (125) | 연령별 30대 (125) | 연령별 40대 (125) | 연령별 50대 (125) |
|---|---|---|---|---|---|---|---|---|---|---|---|
| 페이스북 | 25.2 | 59.8 | 21.4 | 60.4 | -3.8 | 29.2 | 13.6 | 32.0 | 18.4 | 22.4 | 12.8 |
| 유튜브 | 11.6 | 63.2 | 18.8 | 72.8 | +7.2 | 22.0 | 15.6 | 20.0 | 17.6 | 21.6 | 16.0 |
| 카카오스토리 | 24.6 | 65.4 | 16.2 | 62.2 | -8.4 | 10.8 | 21.6 | - | 12.8 | 18.4 | 33.6 |
| 인스타그램 | 7.2 | 36.6 | 14.2 | 43.8 | +7.0 | 11.6 | 16.8 | 28.0 | 25.6 | 1.6 | 1.6 |
| 밴드 | 11.8 | 54.8 | 12.8 | 58.2 | +1.0 | 13.2 | 12.4 | 2.4 | 7.2 | 20.8 | 20.8 |
| 네이버 블로그 | 13.0 | 65.2 | 10.8 | 68.2 | -2.2 | 7.6 | 14.0 | 12.8 | 13.6 | 10.4 | 6.4 |
| 트위터 | 1.8 | 23.0 | 2.4 | 21.5 | +0.6 | 2.0 | 2.8 | 3.2 | 3.2 | 1.6 | 1.6 |
| 피키캐스트 | 1.0 | 17.4 | 0.8 | 16.0 | -0.2 | 0.4 | 1.2 | 0.8 | 0.8 | 0.8 | 0.8 |
| 구글플러스 | 0.4 | 15.2 | 0.2 | 13.0 | -0.2 | 0.4 | - | - | - | - | 0.8 |
| 빙글 | 0.0 | 5.0 | 0.2 | 5.2 | +0.2 | 0.4 | - | - | - | 0.8 | - |

[Base: 전체 응답자, N=500, 단위: %]

## 소셜미디어 이용 이유

| | 전체 | | | 주 이용 소셜미디어 | | | | | |
|---|---|---|---|---|---|---|---|---|---|
| | 2016년 | 2017년 | Gap ('17-'16) | 페이스북 | 유튜브 | 카카오스토리 | 인스타그램 | 밴드 | 네이버 블로그 |
| Base | (485) | (490) | | (107) | (94) | (81) | (71) | (64) | (54) |
| 지인/친구와의 교류 | 52.2 | 46.3 | -5.9 | 55.1 | 4.3 | 80.2 | 46.5 | 89.1 | 9.3 |
| 취미/관심사의 공유 | 39.4 | 41.2 | +1.8 | 32.7 | 37.2 | 32.1 | 47.9 | 40.6 | 66.7 |
| 사진/동영상 등 공유 | 37.9 | 41.2 | +3.3 | 33.6 | 39.4 | 48.1 | 67.6 | 39.1 | 25.9 |
| 흥미 위주 콘텐츠 획득 | 30.5 | 35.9 | +5.4 | 42.1 | 61.7 | 14.8 | 35.2 | 3.1 | 38.9 |
| 유용한 콘텐츠(뉴스 등) 획득 | 29.7 | 32.4 | +2.7 | 32.7 | 59.6 | 17.3 | 8.5 | 17.2 | 53.7 |
| 시간을 때우기 위해 | 29.7 | 31.2 | +1.5 | 48.6 | 43.6 | 14.8 | 31.0 | 9.4 | 22.2 |
| SNS에 있는 커뮤니티를 활용 | 15.7 | 16.7 | +1.0 | 20.6 | 6.4 | 23.5 | 15.5 | 17.2 | 16.7 |
| 개인 홍보(PR) | 4.1 | 4.3 | +0.2 | 2.8 | 1.1 | 4.9 | 11.3 | 1.6 | 7.4 |
| 하지 않으면 뒤처지는 것 같아서 | 3.3 | 2.2 | -1.1 | 1.9 | 3.2 | 4.9 | 2.8 | - | - |

[Base: 최근 1개월 내 소셜미디어 이용자, N=490, 단위: %, 복수응답]

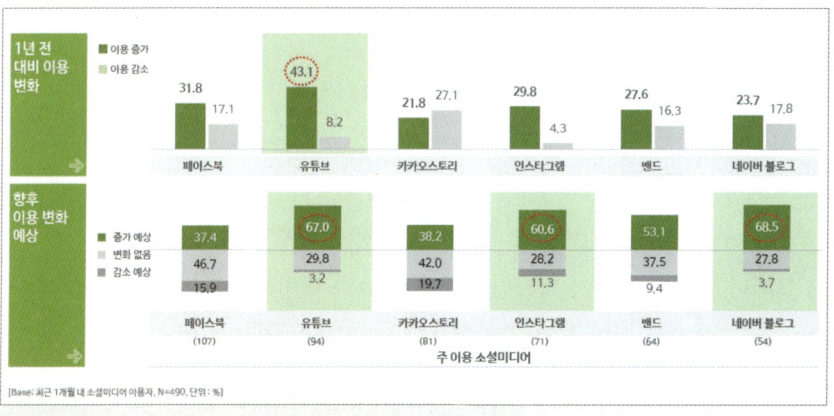

[Base: 최근 1개월 내 소셜미디어 이용자, N=490, 단위: %]

**7-34, 35, 36**
소셜 미디어와 검색 포털에 관한 리포트 – 오픈서베이, 2017

# 쇼핑 블로그의 성공 포인트

쇼핑 블로그란 블로그로 상품 판매를 유도하는 블로그를 말합니다. 네이버 블로그 서비스에 쇼핑 블로그라는 별도의 운영 제도는 없습니다. 일반적으로 쇼핑몰 입장에서 판매 중인 상품을 블로그에 유기적으로 연결하여 홍보하는 목적으로 운영하는 블로그를 '쇼핑 블로그'라고 하지요. 다만, 블로그를 상거래 목적으로 운영하는 경우에는 전자상거래 등에서 소비자보호에 관한 법률에 따라 블로그 홈에 사업자 정보를 게시해야 합니다.

사실상 현재 모든 쇼핑몰이 가장 우선시하는 홍보 채널은 블로그가 단연 1위일 것입니다. 그러므로 쇼핑 블로그의 성공 포인트를 살펴보겠습니다.

## 쇼핑 블로그답게 디자인을 바꿔라

블로그는 정보를 나누는 소통 공간이지만 무엇보다 운영 목적에 맞게 쇼핑몰이나 기업의 컨셉이 잘 드러나는 메인 페이지 디자인과 주요 메뉴가 내비게이션 바 형태로 설계된 것이 좋습니다. 그야말로 개인 블로그라기보다는 세련되고 전문성 있는 회사 홈페이지처럼 만들어야 신뢰도를 높이고 방문하는 고객들에게 정확한 메시지를 전달할 수 있기 때문입니다.

가장 먼저 블로그 디자인을 바꿔 보세요. 보통 블로그 메인 페이지 디자인을 바꾸는 데는 5~10만 원 내외의 비용이 듭니다. 블로그 메인 배너를 쇼핑몰 화면처럼 만들면 훨씬 더 신뢰가 가는 공식 블로그로 보이는 효과가 있습니다.

7-37
디자인회사 뮤즈나인 블로그(blog.naver.com/muse9_)

7-38
보라낭자의 시크릿 – 프린터 임대 영업
(boraccc.com)

이처럼 블로그 메인을 쇼핑몰 홈페이지처럼 바꾸는 방법은 [블로그 관리]-[꾸미기 설정]-[레이아웃], [위젯 설정]에서 '위젯 직접등록' 기능을 이용합니다. 블로그 메인에 투명 위젯 칸을 만들고 이곳에 HTML 소스로 페이지를 만듭니다. 원하는 위젯을 직접 등록하는 방법은 네이버 공식 블로그에서 친절하게 설명하므로 디자인을 직접 등록할 수 있다면 따라 합니다.

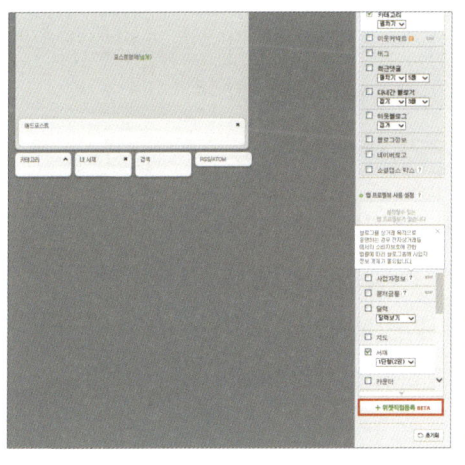

7-39
블로그 관리 설정 – 〈위젯 직접등록〉 버튼 클릭

7-40
위젯 직접등록 화면

7-41
위젯 직접등록 방법
(blog.naver.com/ogpeople/150084992632)

## 카테고리를 다양하게 설정하라

상품을 판매한다고 해도 상품만을 소개하는 블로그 글보다는 소통에 중심을 두고 카테고리를 작성하는 것이 좋습니다. 브랜드 스토리부터 쇼핑몰 운영의 생생한 후기 등은 쇼핑몰을 간접적으로 느끼게 하는 메뉴가 될 것입니다. 떡 쇼핑몰 블로그인 '자이소'의 경우 창업스토리, 자이소떡 스토리, 자이소 이벤트, 떡집총각다이어리 등의 카테고리로 이루어져 있습니다.

또한, 참여형 메뉴를 만드는 것이 좋습니다. 이벤트나 공동구매와 같은 메뉴를 만들어 실제 쇼핑몰과 연계하는 것입니다. 자이소는 떡 강좌를 열기도 하는데, 이때 블로그 고객을 서포터즈로 한다고 합니다. 이처럼 블로그와 이웃을 맺은 고객을 들여다보는 고객으로 머무르게 하지 말고 직접 참여할 수 있게 하는 것이 좋습니다.

7-42
자이소 블로그의 카테고리

### 유익한 정보를 가공하라

쇼핑 블로그는 사진과 글을 적절히 매치해서 대화형으로 작성해야 합니다. 잘 나가는 블로그에는 유익한 정보가 있어야 한다는 것은 너무나 당연한 이야기지요. 그만큼 고객에게 도움이 되는 정보를 매일 업데이트해야 합니다. 블로그를 만들고 활성화된 블로그로 인식하기까지는 적어도 6개월 동안 하루 2~3개 이상 꾸준히 글을 올리는 것이 좋습니다. 이러한 작업 과정이 어느 정도 궤도에 오르면 그다음부터는 매일 1회 정도 포스팅해도 좋고요.

글을 작성할 때는 사진을 적절히 섞어야 합니다. 가장 가독성이 좋은 블로그 글은 '사진+글'의 형태입니다. 사진을 설명하듯이 글을 작성하면 큰 어려움 없이 글을 써내려갈 수 있습니다. 또한 글투는 대화형으로 하는 게 좋습니다. 딱딱한 글이 아니라 친절하게 설명하면서 알려주는 글 또는 대화하는 느낌의 글이 좋습니다. 네이버 블로그에는 '이달의 블로그' 혹은 '파워블로그'가 안내되어 있으므로 창업 아이템에 어울리는 블로그를 찾아서 또 한 번의 벤치마킹을 하기 바랍니다.

## 최적의 회원 관리, 카페 마케팅

블로그를 통해 이웃을 많이 모은다고 해도 회원들과 직접적인 관계를 맺으며 활발히 운영하는 데는 기능적인 제한이 따릅니다. 이를 보완할 수 있는 것이 바로 카페 마케팅입니다. 쇼핑몰의 타깃이 모인 카페와 제휴하거나 직접 카페를 만들어 회원을 모집하고 관리하는 활동은 인터넷 홍보의 대표적인 방법이기도 합니다.

잘 나가는 쇼핑몰의 경우 직접 카페도 운영합니다. '자이소' 떡 쇼핑몰도 블로그뿐만 아니라 카페도 운영하고 있습니다. 블로그에서 인연을 맺은 고객들을 서포터즈로 만들어 다시 한 번 카페로 가입을 유도하고 카페에서 공동구매와 같은 이벤트를 진행하는 형태입니다.

7-43
자이소 떡 카페
(cafe.naver.com/jaisosupporters)

7-44
유정낚시(www.ujft.co.kr)

7-45
입질톡클럽
(cafe.naver.com/ujft)

Shoppingmall Founded for Note

낚시 전문 쇼핑몰로 유명한 '유정낚시'는 낚시를 좋아하는 회원들과의 동호회 형태 커뮤니티가 가장 중요한 홍보 마케팅이기 때문에 '입질톡클럽'이라는 카페를 성공적으로 운영하고 있습니다.

성공적인 카페가 되기 위해서는 카페명부터 직관적이면서도 간단하게 컨셉을 전달하는 것이 중요합니다. 이후 '공지사항-홍보-정보 코너-소통 코너' 등의 카테고리 분류를 나눠 정리합니다. 처음에는 정보가 많고 다양하다는 느낌이 들어야 고객들이 회원으로 가입할 수 있기 때문에 매일 정보를 정리하여 등록하고 일정 시기가 지나면 오프라인 모임 등의 행사를 개최합니다. 컨셉과 정보가 있는 카페라면 저절로 회원이 모이지만, 처음부터 카페를 만들어 유효숫자의 회원을 모집하는 일은 매우 어렵기 때문에 종종 활동이 뜸한 카페를 사고파는 일도 있습니다.

만약 직접 카페를 운영하는 것이 부담스럽거나 자신 없다면 마케팅할 수 있는 카페를 찾는 것이 중요합니다. 키워드를 통해 제휴할 만한 카페를 찾아서 카페지기에게 쪽지를 보내 제휴 내용을 논의합니다. 회원 수가 1만 명 이상이라면 이미 규모가 커져서 일반 쇼핑몰의 제휴를 쉽게 받아들이지 않을지도 모릅니다. 그러면 소규모인 3천~5천 명 내외의 카페들을 적극적으로 공략해 카페와 협업을 만들어 가는 것도 중요합니다.

엄마들이 모인 맘카페에는 엄마를 타깃으로 한 출판사 등 여러 업체들로부터 다양한 제안이 올 수 있습니다. 이를 잘 선별하여 회원들에게 득이 되고 카페 활성화를 위해서도 좋은 이벤트 거리가 된다면 카페지기 입장에서는 흔쾌히 받아들일 것입니다.

한편 타깃이 되는 동호회나 카페에 가입하여 부운영자 혹은 스텝으로 열심히 참여해서 카페 내 위치를 확보하는 것도 하나의 방법입니다. 예를 들어, 등산용품을 판매하는 운영자는 산악회 카페에 가입하여 주기적으로 함께 산행하면서 자연스럽게 쇼핑몰을 알릴 수 있지요. 다만, 이때 상업적으로 보이지 않도록 조심하는 것이 좋습니다.

# 빠르게 고객을 불러 모으는 방법, 포털사이트 검색엔진 광고 ❼❷

## 최적화된 가치 키워드의 광고 전략

쇼핑몰 광고의 가장 대표적인 방법은 네이버, 다음, 구글과 같은 검색 포털사이트에 키워드 광고를 진행하는 것입니다. 쇼핑몰 고객이 입력하는 키워드를 분석하고 해당 키워드 노출 페이지에 광고를 통해 노출합니다.

네이버에 '니트원피스'라는 키워드를 입력하면 네이버에서는 첫 번째로 '파워링크'라는 광고 영역에 최대 10개 쇼핑몰이 노출됩니다. 의류몰이라면 이곳에 보이는 것이 가장 빠르게 고객에게 어필하는 방법입니다. 특정 인기 키워드에 대해서는 파워링크 아래에 비즈사이트라는 추가 노출 영역이 있어서 5개의 광고까지 노출됩니다. 이 외에 네이버 쇼핑 영역에서도 쇼핑검색 광고가 진행되고 있습니다.

여기서는 앞서 Part 3-2의 〈온라인 상권 분석〉에서 살펴본 다양한 키워드 속 소비자 니즈를 읽기 위한 키워드 분류 기준에 덧붙여 설명하겠습니다.

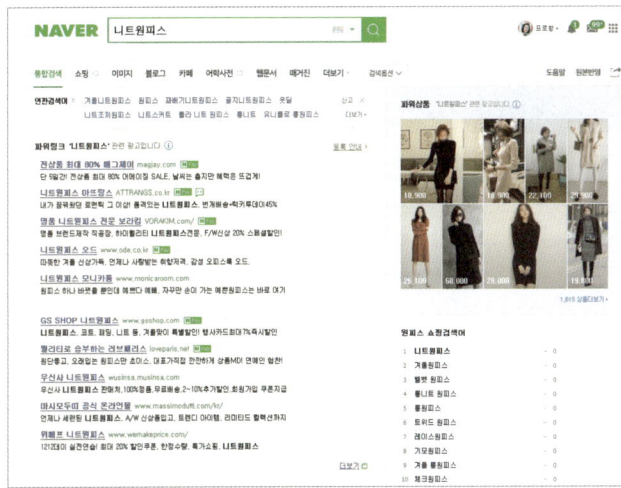

**7-46**
네이버 광고 페이지 – 파워링크

**7-47**
네이버 광고 페이지
– 비즈사이트와 쇼핑검색 광고

네이버 검색 광고 영역에서 신규 광고주로 가입하고 로그인한 다음 '도구 → 키워드 도구'를 클릭합니다. 광고주로 가입할 때 사업자등록번호가 없는 상태라면 개인광고주로 유형을 변경하고 개인 휴대폰 번호 인증을 통해 간단히 가입할 수 있습니다.

광고주로 가입하고 광고 시스템에 들어간 다음 위에서 '도구 → 키워드 도구'를 클릭합니다. 이 기능에서 특정 키워드의 연관 키워드를 추출할 수 있습니다. 예를 들어, '스키니진'을 검색하면 578여 개의 연관 키워드가 나타납니다. 각 키워드의 PC와 모바일 조회 수, 클릭 수, 클릭률이 한눈에 보이므로 클릭률이 높을수록 일단 구매율이 높은 키워드로 생각하면 됩니다.

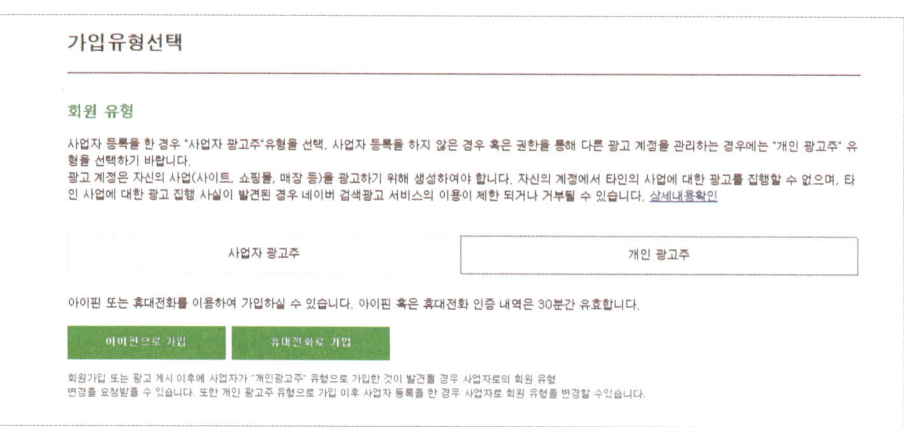

7-48, 49
네이버 광고주 가입 화면

키워드의 범주와 테마별로 다양한 연관 키워드를 지속해서 검색하며 자신만의 쇼핑몰에 적합한 키워드를 백 개 이상 선택하는 것은 가장 중요한 가치 있는 키워드를 찾는 과정입니다. 별도로 도구 영역에서 '광고관리 TIP'이라고 하여 광고를 운영하면 도움을 주는 메뉴들이 자동으로 생성됩니다.

**7-50**
네이버 키워드 도구의 '스키니진' 검색 결과

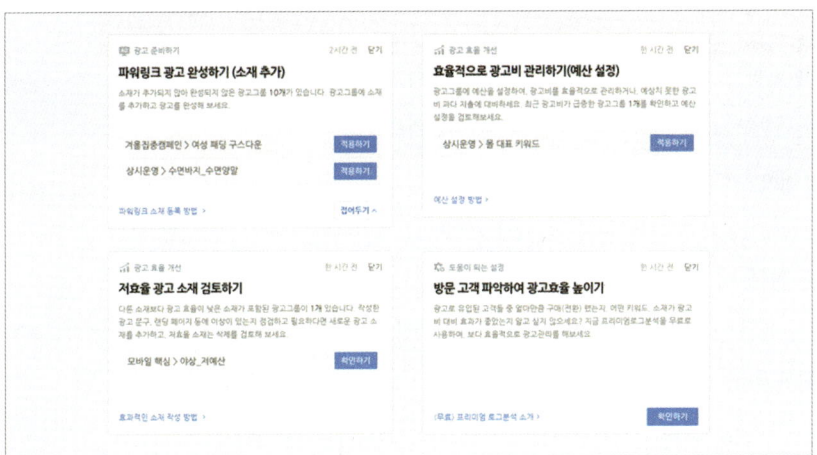

**7-51**
네이버 도구 – 광고 관리 TIP 기능

# 키워드 광고 시스템 구조

키워드 광고는 가장 쉽게 광고를 진행할 수 있는 대표적인 방법입니다. 업종에 따라 다르지만 인터넷 쇼핑몰은 평균적으로 적어도 매출액의 10%를 광고비로 지출하는 상황이므로 키워드 광고 시스템에 대해 간단히 살펴보겠습니다.

## 키워드 광고는 CPC, 클릭 당 광고비

키워드 광고는 포털사이트$^{검색엔진}$에서 고객이 검색창에 키워드를 입력하면 나타나는 검색 결과에 관련 업체의 광고를 노출하는 광고 기법입니다.

검색 키워드 광고는 두 가지 방식이 있습니다. 클릭할 때마다 비용이 나가는 CPC$^{Cost Per Click}$ 광고와 노출 횟수에 따라 비용이 책정되는 CPM$^{Cost Per Mile}$ 광고입니다. 쇼핑몰에서 진행하는 키워드 광고는 주로 CPC로, 그야말로 광고비를 선입금하고 클릭 당 비용이 차감되는 구조로 진행됩니다.

|  | CPC(Cost Per Click) | CPM(Cost Per Mile) |
| --- | --- | --- |
| 비용 책정 | 클릭 당 비용 | 노출 당 비용 |
| 순위 결정 | 입찰가에 따른 실시간 변동 | 일정 기간 동안 고정액 지급 |

표 7-03 검색 키워드 광고 방식

CPC 광고는 클릭 당 비용이 발생하고 경쟁으로 실시간 노출 순위가 바뀌기 때문에 조회 수가 많아 많이 클릭되는 키워드는 광고비용이 높게 지급될 확률이 높습니다. 그러므로 가치 있는 키워드를 선별해야 합니다.

현재 키워드 광고는 주로 네이버를 통해 80% 이상 진행하기 때문에 여기서는 네이버 키워드 광고 시스템을 설명합니다.

## 네이버 키워드 광고 상품 5가지

네이버 키워드 광고는 크게 '파워링크, 비즈사이트, 클릭초이스플러스, 클릭초이스상품광고'로 나뉩니다. 네이버 쇼핑 카테고리에 노출되는 광고는 '쇼핑검색 광고'라고 불립니다.

앞서 설명한 대로 파워링크과 비즈사이트는 검색 키워드별로 맨 위에 링크되는 광고이며 클릭 당 70원부터 입찰가로 진행됩니다. 파워링크는 최대 10개, 비즈사이트는 5개로 정해져 있어 키워드 당 최대 15개 쇼핑몰이 노출될 수 있습니다.

클릭초이스플러스는 네이버 모바일 통합 검색 페이지의 해당 업종 영역에 최대 5개까지 '더보기' 링크를 통해 추가로 노출되는 광고 형태입니다. CPC 광고로 홈페이지 주소와 전화번호 등이 노출되는데, 사용자 검색 패턴에 따라 업종별로 최적화나 맞춤화된 광고 형태UI를 선보인다고 합니다. 또한, 사진과 함께 미리 보기 화면을 제공하여 더 많은 정보를 전달할 수 있다는 점이 특징입니다. 오프라인 매장과 연계된 키워드들로 클릭초이스플러스 광고를 합니다. 펜션, 포토스튜디오 등으로 키워드 광고 시스템에서 함께 설정하여 진행됩니다.

클릭초이스광고는 파워상품으로도 표현하는데요, 사이트 검색 광고와 구분되는 별도의 광고 상품으로 이미지와 함께 가격 정보가 노출됩니다. 네이버 모바일 통합 검색 페이지 위에 최대 9개, 네이버 PC 통합 검색 페이지 오른쪽 위에 최대 8개까지 노출되며 '더보기' 링크를 통해 추가로 노출할 수 있습니다.

패션/리빙, 생활용품/욕실/세제, 문구/악기/취미, 건강용품, 출산용품, 육아용품, 완구/장난감, 스포츠용품, 레저용품, 캠핑용품과 같은 상품군에 적용되므로 파워상품 노출을 원하면 신청할 수 있습니다.

7-52
네이버 클릭초이스플러스 광고

네이버 쇼핑 오픈마켓 검색 광고도 있습니다. 쇼핑검색 광고도 키워드 광고 시스템에서 운영하지만, 먼저 네이버 쇼핑에 입점해야 한다는 점이 다릅니다. 또한 키워드별로 광고를 등록하여 노출하는 사이트 검색 광고 파워링크 유형와 다르게 쇼핑검색 광고는 키워드를 선택하지 않고 네이버 쇼핑에 노출된 상품을 쇼핑 상위에 노출하는 광고입니다.

특이한 부분은 네이버페이와의 연결입니다. 네이버페이 가맹 광고주라면 쇼핑검색 광고를 클릭하고 구매한 고객에게 네이버가 네이버페이 포인트 적립 혜택을 제공합니다. 실제 쇼핑검색 광고에서도 네이버페이 적립 혜택 조건이 함께 노출되어 광고이지만 고객에게 혜택을 더 주는 것으로 느껴집니다.

노출 위치는 네이버 통합 검색의 네이버 쇼핑 영역에서 위에 2개 상품, 네이버 쇼핑검색 결과에서는 4개 상품이 표시됩니다. 네이버 광고 시스템에 광고주로 가입하면 로그인했을 때 다음과 같은 키워드 광고 화면을 볼 수 있습니다.

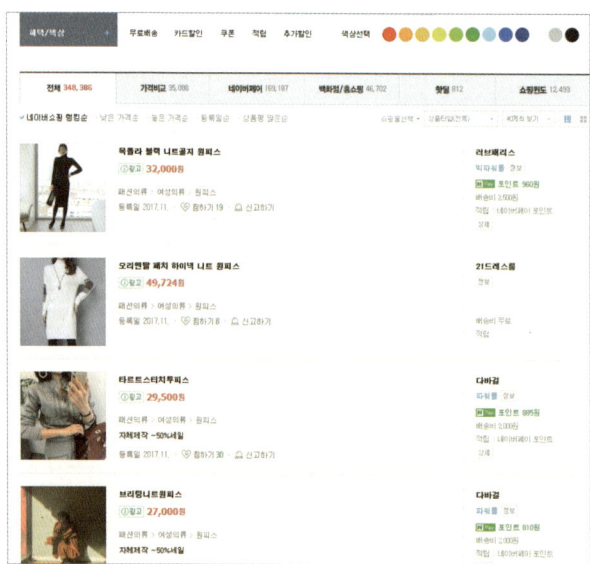

**7-53**
네이버 쇼핑 내 쇼핑검색 광고 – 맨 위 4개 노출

가장 먼저 광고할 키워드를 그룹별로 나눈다고 생각해야 합니다. 만약 의류몰이라면 카테고리의 상의$^{Top}$, 하의$^{Bottom}$, 원피스 등이고, 테마별로 키워드 그룹을 나누어 여름키워드, 겨울키워드, 선물키워드 등 다양한 키워드 그룹을 만들 수 있습니다. 이러한 그룹을 '캠페인'이라고 하며 제일 먼저 캠페인을 만드는 작업을 해야 합니다.

광고 만들기 → 캠페인 만들기 → 광고 그룹 만들기 → 광고 만들기(키워드/소재)

먼저 '광고 만들기'를 누르면 어떤 광고를 시작할 것인지 선택할 수 있습니다. 크게 네 가지 유형의 광고가 있는데 설명을 읽어보면 대략 알 수 있는 내용입니다. 일반적으로 창업 초기에는 '파워링크 광고'와 '쇼핑검색 광고'를 가장 많이 선택합니다.

쇼핑몰이 어느 정도 인지도가 생겼을 때 '브랜드 검색'이라는 광고를 시작하게 됩니다. 브랜드 검색은 기간에 따라 책정되는 CPM 방식이며 7일부터 90일까지 선택할 수 있고 단가는 50만 원에서 480만 원$^{vat\ 미포함}$으로 진행됩니다.

'파워링크 광고'를 선택하면 그룹 이름, 기본 입찰가, URL 주소, 예산 설정 등이 나오므로 기본 정보를 등록하여 진행합니다. 이어서 입찰에 들어갈 키워드를 선택하고 광고 소재를 만드는 화면으로 이동하여 키워드 노출 시 고객에게 보이는 제목과 설명을 입력해야 합니다. PC와 모바일에서 보이는 사이트 주소도 정확히 입력합니다. 이때 '쇼핑검색 유형'을 선택하면 네이버 쇼핑과 바로 연결되어 네이버 쇼핑에 입점된 상품으로 광고합니다.

여기서는 광고 키워드를 선정하는 단계와 제목, 설명을 작성하는 단계가 가장 중요합니다. 물론 나중에 얼마든지 수정할 수 있으므로 너무 고민하지 않아도 되지만, 미리 어떤 키워드들을 그룹화해서 광고를 관리할 것인지 결정하고 설명 문구들을 잘 어필하는 것이 중요합니다.

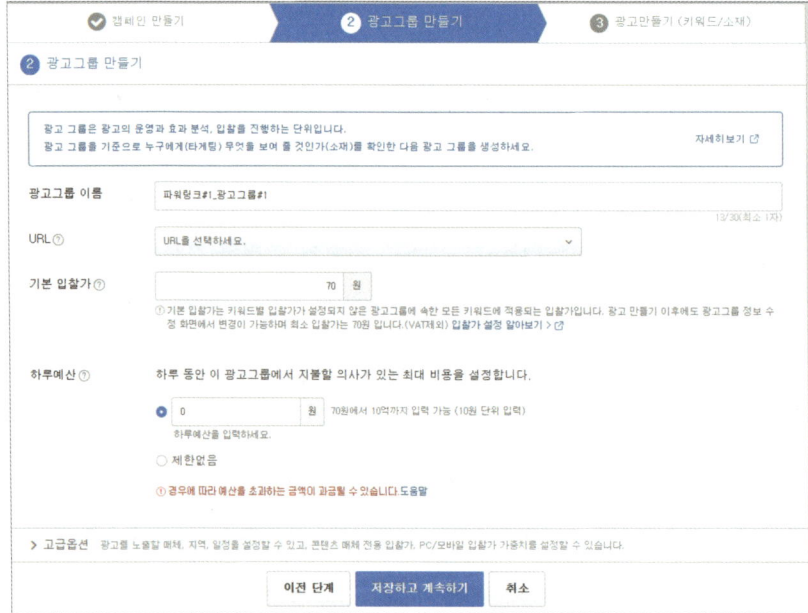

**7-54, 55, 56, 57**
네이버 광고 시스템 내 광고 설정 화면

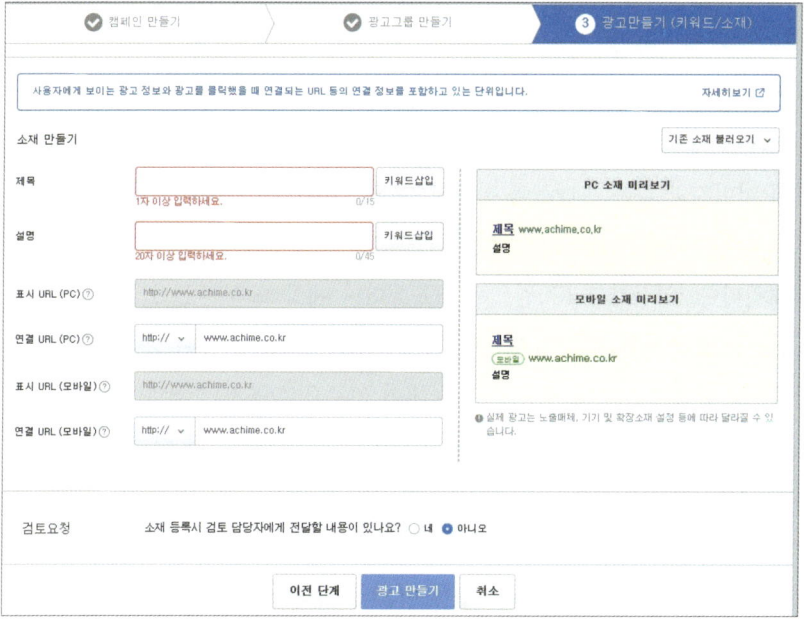

먼저 키워드를 선택할 때 가치 있는 키워드인 더욱 세분된 키워드를 찾는 것이 중요합니다. 예를 들어, 목걸이보다 14k 목걸이가 더 구체적인 키워드입니다. 원피스보다 니트원피스, 롱니트원피스, 결혼식원피스, 뷔스티에원피스처럼 소비자들은 매우 구체적으로 상품을 찾지요. 광고 시스템에는 키워드 도구가 있고 사전에 키워드를 검색해서 예상 입찰가를 선별할 수 있습니다. 또 클릭률이 높은 단어일수록 실제 구매 연관성이 높다는 점을 다시 한 번 체크하세요.

키워드 도구에서 키워드 검색 시 해당 키워드를 선택한 후 예상실적보기 기능을 이용해 평균적으로 예상되는 클릭 수와 클릭비용 등을 보여줍니다. 노출 가능한 최소 단가도 미리 고려할 수 있으므로 반드시 이용하기 바랍니다.

'니트원피스'라는 키워드로 가상 시뮬레이션을 해보겠습니다. 오른쪽 위 이미지의 니트원피스라는 키워드에는 'S' 표시가 있는데 이것은 계절$^{Season}$키워드라는 의미입니다. 모바일에서만 한 달 동안 20만 회 넘게 조회되어 인기 있는 키워드라는 것을 알 수 있지요. 클릭률은 1.6%이므로 약 3천 명 정도만 광고를 선택하고 있었습니다. 비교적 낮지만 원피스를 판매하는 쇼핑몰 입장에서는 광고할 만한 키워드입니다. 니트원피스의 예상 광고비를 한번 살펴볼까요? 키워드를 선택하고 오른쪽에 있는 '예상실적보기'를 선택하면 오른쪽 아래 이미지와 같은 그래프를 확인할 수 있습니다. 70원부터 파워링크가 시작되지만 70원부터는 아예 노출되지 않는 키워드이고, 최소 160원은 입찰가로 정해야 노출되는 상태입니다. 입찰가를 160원으로 조율했더니 예상 노출 수는 2,429회, 예상 클릭 수는 288회로 조사됩니다. 실제 클릭 비용은 130원으로 나오며 '288× 130원=37,459원'이 한 달 광고비로 나옵니다. 이것은 과거 기준으로 조사된 결과이므로 실제 광고를 진행하면 입찰 경쟁자의 가격으로 순위 변동이 있고 광고비가 더 나갈 수도 있는 상황입니다. 어찌 되었던 현재는 한 달 약 4만 원의 광고비로 288명 정도의 인원이 유입될 수 있으니 이중 2명이라도 구매를 결정한다면 이 광고를 진행할 것인지, 아닌지만 결정하면 됩니다. 여기서 구매율은 보통 방문자 대비 1% 미만이기 때문에 2명으로 예를 들었습니다.

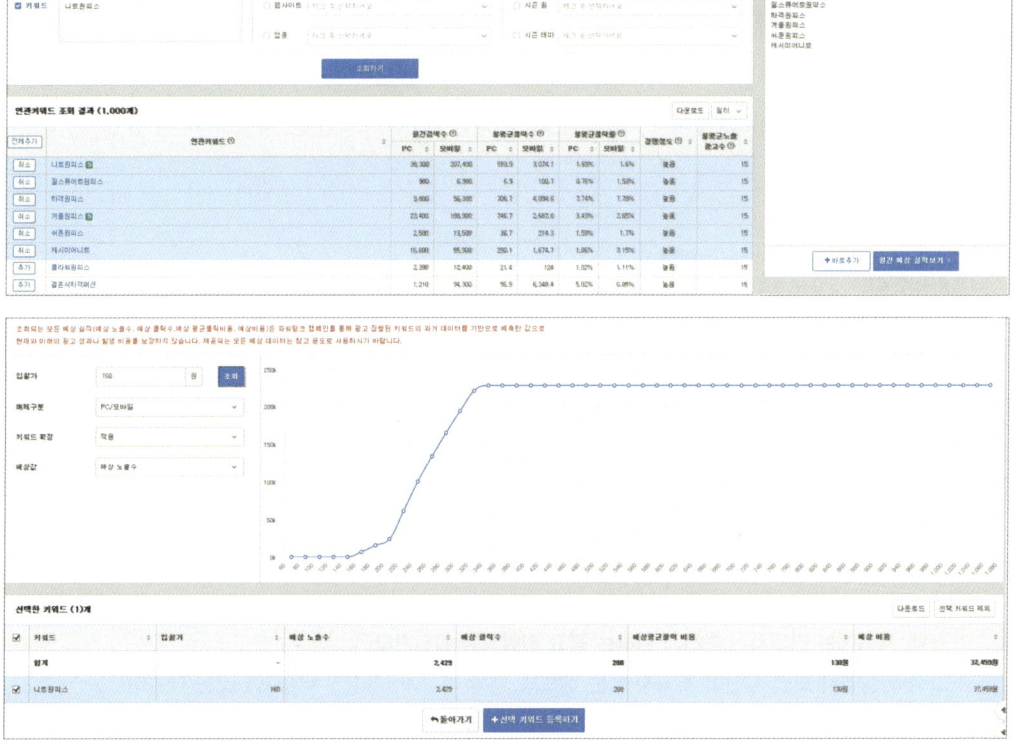

**7-58, 59**
키워드 도구에서의 예상 광고 실적 보기

제목과 설명을 입력하는 단계에서는 제목도 15자 이내로 적을 수 있어서 가장 핵심인 키워드를 제목과 함께 입력하는 것이 좋고 설명은 핵심 서비스를 홍보하는 개념으로써 45자 이내의 문구를 작성합니다. 파워링크에 노출된 10개 쇼핑몰 중 자신의 쇼핑몰로 클릭을 유도하는 개념이라 소비자가 가장 눈에 띄게 볼만한 서비스나 핵심 노하우 등을 적으면 유리합니다.

예를 들어, 니트원피스를 검색했을 때 파워링크 광고는 다음 페이지의 이미지와 같았습니다. 상위 5개 사이트 중 4개 사이트에서 검색한 니트원피스라는 단어를 제목에 사용했습니다. 이것도 '키워드+상호'로 입력하느냐, '상호+키워드'로 입력하느냐에 따라 약간의 차이가 있습니다. GS샵의 경우 대형 쇼핑몰이기 때문에 해당 상호를 더욱 강조하는 것으로 해석됩니다. 확실히 찾는 키워드가 보이는 광고와 안 보이는 광고에 대해 다르게 클릭할 확률이 높습니다. 제목과 설명 작성 시 참고할만한 내용을 다시 한번 살펴봅니다.

니트원피스 아뜨랑스 ATTRANGS.co.kr [N Pay]
내가 꿈꿔왔던 로맨틱 그 이상! 품격있는 **니트원피스**, 번개배송+럭키투데이45%

니트원피스 모니카룸 www.monicaroom.com
원피스 하나 바꿨을 뿐인데 예쁘다 예뻐, 자꾸만 손이 가는 예쁜원피스는 바로 여기

GS SHOP 니트원피스 www.gsshop.com [N Pay]
**니트원피스**, 코트, 패딩, 니트 등, 겨울맞이 특별할인! 행사카드 7% 즉시할인

니트원피스 어라운드101 around101.com
취향저격 겨울신상 5%할인까지, 과하지않은 트렌디 데일리룩 어라운드101

퀄리티로 승부하는 러브패리스 loveparis.net [N Pay]
원단좋고, 오래입는 원피스만 초이스, 대표가직접 깐깐하게 상품MD! 연예인 협찬!

**7-60**
키워드 제목과 설명 예

**첫째, 제목에는 반드시 노출하기 원하는 광고 키워드를 삽입한다**
고객 입장에서 보면 자신이 찾고자 하는 정보와 검색 결과에 나타난 사이트에 같은 내용이 있을 때 가장 먼저 클릭한다. 검색엔진에서는 같은 키워드가 있을 때 해당 키워드 부분이 굵게 표시되어 더욱 눈에 띄므로 설명 문구에도 키워드를 삽입하는 것이 좋다. 그러므로 제목 맨 앞에 키워드를 넣는 것을 추천한다.

**둘째, 사이트 설명에는 쇼핑몰의 강점을 부각시킬 수 있는 단어를 삽입한다**
설명글을 작성할 때에도 키워드와 연관 있는 문구를 넣어야 한다. 특히 쇼핑몰의 강점을 부각할 수 있는 차별화된 메시지가 필요하다. 반값세일, 사은품증정 이벤트, 특가판매, 100% 보증, A/S 무료와 같은 혜택을 전달하는 메시지이거나, 바로 행동을 촉진할 수 있게 하는 1:1 상담 무료, 무료 소식지 제공, 오늘까지 한정, 내일 마감 등 행동 촉진 문구 등을 넣으면 소비자의 클릭을 유도할 수 있다.

**셋째, URL도 키워드와 연관된 상품을 바로 볼 수 있도록 링크한다**
URL은 고객이 광고 제목과 문구를 클릭했을 때 접속하는 웹 주소를 말한다. 많은 쇼핑몰이 키워드 광고를 하면서 대체로 메인 페이지 주소를 링크하지만, 전문가라면 키워드별 세부 카테고리로 접속할 수 있도록 링크한다. 소비자들은 빠른 검색으로 원하는 상품을 빨리 찾고 싶어 하기 때문이다. 이때 상품을 바로 볼 수 있도록 링크해야 만족도가 높다. 즉, '체리'를 찾는 고객에

게는 광고 등록 시 체리 상품으로 바로 링크하는 것이 중요하다.

최근 SNS 홍보 비중이 커지면서 초기 창업자들에게는 키워드 광고 활용률이 적지만, 한 달에 일정 금액에서 키워드 광고를 활용하는 것은 매우 중요한 일이므로 광고를 진행하면서 경험도 쌓고 최적의 광고 효율을 찾아가야 한다.

## 창업 컨설팅 노트 | 광고주를 위한 네이버 무료 강의

직접 키워드 광고 시스템을 이용하고 설정하는 것이 어려운 광고주들을 위해 네이버에서는 무료 교육을 운영한다. 네이버 광고(searchad.naver.com)의 교육 메뉴에서 네이버 광고 시스템부터 다양한 활용 서비스에 대한 강의와 정보를 확인할 수 있다. 네이버 파트너스퀘어 (partners.naver.com)에서는 매월 광고주들을 위해 오프라인으로 무료 강의도 진행한다. 사전접수하면 광고 설명부터 스마트스토어 창업, 쇼핑몰 운영 전략에 이르기까지 다양한 강좌에 참여할 수 있다.

7-61
네이버 광고 섹션 내 교육 안내

7-62
네이버 파트너스퀘어 교육 안내

## 네이버의 다양한 채널과 접근

네이버는 최신 IT 기술을 바탕으로 광고주들에게 다양한 서비스를 제공합니다. 네이버 메인 페이지 아래의 회사소개에서 '비즈니스·광고' 메뉴를 통해 네이버의 비즈니스 활동 프로그램들을 확인할 수 있습니다.

네이버가 운영하는 IT 기술과 연계된 플랫폼 중에서 쇼핑몰들이 가장 많이 활용하는 기능은 네이버페이, 스마트플레이스, 네이버 톡톡, 네이버의 4가지입니다. 네이버 톡톡에 관해서는 Part 5-2를 참고합니다.

7-63
네이버 메인 페이지 하단
- 비즈니스·광고 메뉴

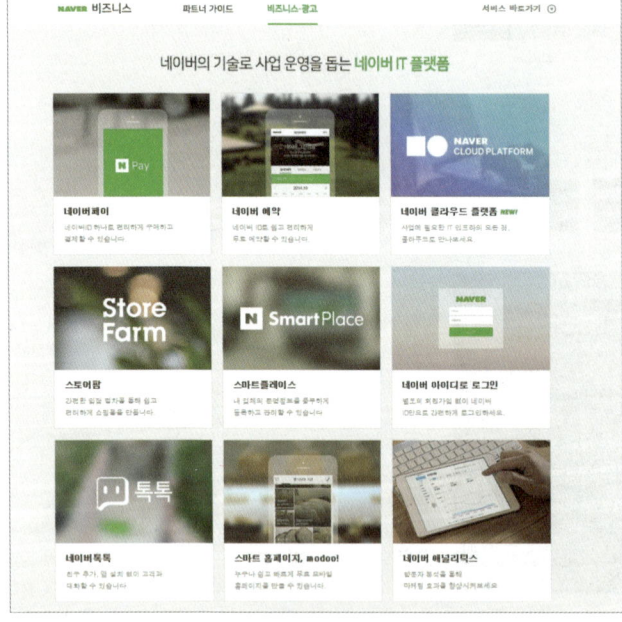

7-64
네이버 비즈니스
(business.naver.com/service.html)

## 네이버페이

네이버페이는 네이버가 만든 PG 지급 관리 시스템입니다. 쇼핑몰에 네이버페이를 추가하면 네이버 회원은 쇼핑몰에 가입하지 않아도 로그인만으로 쉽게 제품을 구매할 수 있어서 편리합니다. 쇼핑몰 입장에서는 회원 수가 줄어들 수 있지만 구매 편리성이 크기 때문에 네이버페이를 연결하는 경우가 많습니다. 특히 회원가입을 불편하게 여기는 비회원 구매자들이 네이버페이를 통해 상품을 구매하는 경우가 많다고 합니다. 벌써 네이버페이를 이용하는 가맹점 수도 10만이 넘는 상황입니다.

네이버 회원이라면 네이버페이에 바로 가입되는데요. 관리는 일반 PG 서비스와 같습니다. 먼저 쇼핑몰이 이용하는 PG사를 통해 인증 받아야 진행되며, 심사 기간은 1~2일 정도 소요되고 연동 테스트를 거친 다음 이용할 수 있습니다.

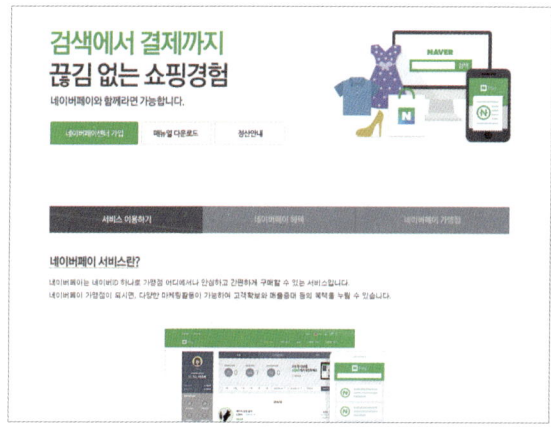

7-65
네이버페이 가입 센터
(admin.pay.naver.com/about)

## 네이버 스마트플레이스

오프라인 매장을 가지고 있다면 지도 검색에 업체를 등록할 수 있습니다. 네이버 스마트플레이스에 등록을 요청하면 2시간에서 최대 5일 이내에 검수 처리 후 등록됩니다. 등록 절차도 '약관동의-중복확인-등록신청정보입력<sup>대표전화번호, 업체명, 주소, 등록자정보</sup>-신청 완료' 순이어서 매우 간단합니다. 여러 개의 오프라인 매장을 가지고 있다면 아이디별로 최대 30개까지 등록할 수 있습니다.

네이버 PC 화면에서는 지도 영역에 위치와 주소, 전화번호 등이 노출되고 네이버 모바일 화면에서는 플레이스라는 영역에 노출됩니다.

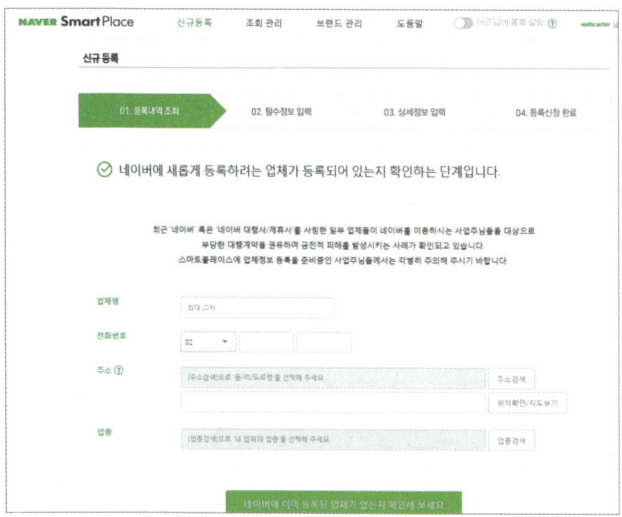

7-66
네이버 스마트플레이스 등록 절차

7-67
네이버 스마트플레이스 등록 후 지도 노출 화면 예

7-68
모바일에서의 노출 화면(플레이스)

스마트플레이스에는 비즈넘버 서비스도 지원되는데요, 비즈넘버는 네이버에서 제공하는 사업자 무료 전화번호입니다. 비즈넘버를 통해 통화가 연결되면 누가 어떤 매체를 통해 전화를 거는 것인지 보고 받아 마케팅에 이용할 수 있습니다.

스마트플레이스에 지도를 등록했다면 화면의 〈비즈넘버 신청하기〉 버튼만 눌러 신청하고 약관에 동의하면 바로 비즈넘버가 만들어집니다. 형식은 050 번호 형태입니다.

실제 부여되는 050 번호는 소비자들에게 보이지 않으며, 운영자 휴대폰이나 일반 매장 전화번호로 보입니다. 간단하게 비즈넘버를 신청하고 설정하면 지도, 플레이스, 지도 앱, 블로그, 포스트, 모두 등에 자동으로 연결됩니다. 비즈넘버를 신청하면 통화연결음도 홍보용 메시지로 바꿔 서비스할 수 있어 오프라인 매장이 있는 쇼핑몰은 적극적으로 활용할 필요성이 있습니다.

7-69
비즈넘버 설정 화면

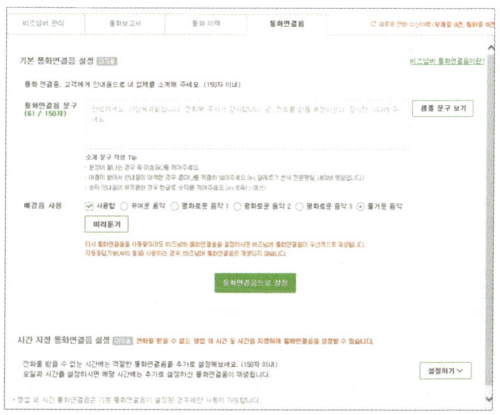

7-70
비즈넘버 관리자 화면에서의 통화연결음 설정

## 네이버 모두(modoo)

모두는 네이버가 제공하는 무료 모바일 홈페이지 서비스입니다. 크롬 브라우저에서 만들면 오류 없이 쉽게 제작할 수 있으며 페이지 템플릿이 정해져 있어 업종별 페이지 분류에 따라 작성하면 하루 만에도 쉽게 제작됩니다.

네이버 모두 서비스도 네이버 회원이라면 바로 제작할 수 있으며 동영상으로 가입 절차를 자세하게 설명합니다. 기본적인 회사 소개 페이지와 운영하는 SNS 채널을 연결하여 꾸미는 모바일 홈페이지이며, 사진 자료만 어느 정도 준비되어 있으면 제작이 더욱 편리합니다. 직접 모두를 이용해 모바일 홈페이지를 만들어봤는데요, 관리자모드에서 제공되는 템플릿 페이지를 하나씩 선택해 기본 내용을 채우면 금방 완성되었습니다. 네이버에서 제공하는 톡톡 메신저, 네이버예약, 스마트스토어 등을 모두 연결할 수 있으며 네이버 사이트 등록도 자동으로 연동되어 편리합니다. 국내 인터넷 사이트 중 국민의 70%가 매일 접속하는 네이버에서 쇼핑몰 노출과 홍보 방법을 여러모로 준비하고 지속적인 컨텐츠 개발로 고객과 소통할 준비를 하기 바랍니다.

7-71
네이버 모두(www.modoo.at/home)

7-72
업종별 템플릿 안내 화면

# 동영상 마케팅에 집중하라 ❼❸

## 유튜브를 이용한 동영상 홍보

메시지 전달 방식은 글에서 이미지로, 이미지에서 동영상으로 빠르게 움직이고 있습니다. 이미 10대에게는 그 어떤 정보 매체보다 동영상을 시청하는 것이 핵심인 생활이 이어지고 있지요. 1995년 이후 태어난 세대를 Z세대 혹은 디지털 원주민이라 부릅니다. 이미 태어났을 때부터 인터넷이 있었던 세대이지요. 그들은 텍스트보다 동영상으로 소통하는 방식이 익숙해 인기 크리에이터가 나타나고 그들의 방송을 보기 위해 수만 명이 시청하고 있습니다.

쇼핑몰을 이용하는 사람들은 아직 영상이 아닌 잘 찍은 사진만으로도 구매를 결정하고 있습니다. 그래서인지 아직 주변의 쇼핑몰 대표들은 동영상으로 상품을 소개하고 동영상 광고를 집행하는 부분에서는 소극적입니다. 하지만 점차 해를 더할수록 동영상으로 상품을 소개하고 유튜브와 같은 영상 채널을 이용해 동영상 광고를 진행하는 것이 일반화될 것입니다.

동영상을 서비스할 수 있는 여러 채널이 있지만 역시 대세는 '유튜브'입니다. 시장 조사 업체인 닐슨코리안클릭에 따르면 2017년 9월 기준 국내 모바일 동영상 앱 순 이용자 수는 유튜브가 2,302만 5,665명이었고, 2016년 9월의 2,105만 6,194명보다 9.4% 증가했다고 합니다. 압도적인 1위의 동영상 매체라는 것입니다.

쇼핑몰은 네이버 블로그, 페이스북, 인스타그램과 같은 채널도 관리해야 해서 동영상 채널은 가장 인기 있는 유튜브만 공략해도 좋습니다. 자, 그럼 지금부터 유튜브에 대해 알아보겠습니다.

## 유튜브 채널 개설하기

유튜브에 영상을 올리고 광고까지 진행하려면 먼저 채널을 등록해야 합니다. 구글 계정이 있다면 바로 유튜브에 로그인하고, 구글 계정이 없다면 회원으로 가입합니다. 로그인한 다음 개인 페이지 아래의 '새 채널 만들기' 메뉴에서 개인 계정의 유튜브 채널을 만들 수 있으며, 브랜드 계정으로 채널을 만들어 관리할 수도 있습니다. 쇼핑몰 브랜드를 알리고자 하는 유튜브 채널이라면 쇼핑몰 브랜드로 계정 이름을 만듭니다.

채널이 생성되면 화면 위에 화살표 모양의 업로드 아이콘을 눌러 원하는 영상 파일을 등록해 유튜브 채널을 개설합니다. 동영상 업로드는 모바일에서도 가능합니다. 이미 만들어둔 영상을 올려도 좋고, 바로 촬영한 다음 편집해서 업로드해도 좋습니다. 혹은 실시간 스트리밍이라고 해서 생방송으로 유튜브에 영상을 공개할 수도 있습니다.

동영상을 업로드할 때 영상에 대한 설명을 넣을 수 있고 키워드를 삽입할 수도 있습니다. 다른 채널로도 충분히 동영상을 공유할 수 있으므로 이제 여러분이 해야 할 일은 제대로 된 영상 컨텐츠 만들고 홍보 전략을 세우는 것입니다.

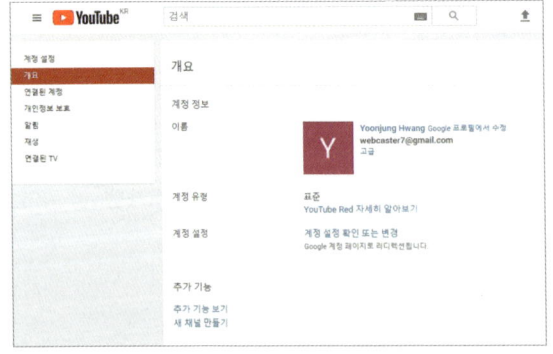

7-73, 74
유튜브 채널 만들기 화면

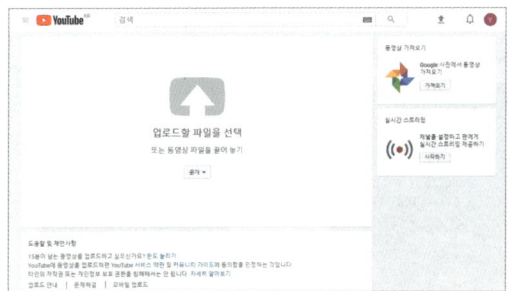

**7-75**
화살표 모양의 업로드 아이콘 클릭

**7-76**
영상 파일 업로드

**7-77**
업로드 영상에 추가 설명 입력 – 키워드 삽입

**7-78**
업로드 영상 링크 공유

## 영상 제작 프로그램 살펴보기

동영상을 잘 만들어야 유튜브에서의 홍보 효과가 클 텐데요. 사실 제대로 된 동영상을 직접 완성도 있게 제작하기는 어려워 전문가의 도움이 필요합니다. 유튜버들이 사용하는 대표적인 영상 편집 프로그램은 MAGIX 베가스$^{Vegas}$, Adobe 프리미어 프로$^{Premiere\ Pro}$입니다. 전문가에게 제작을 의뢰하는 것도 하나의 방법이지만, 비용이 부담된다면 일상 속 재미있는 이야기를 담아 스마트폰으로도 쉽게 제작할 수 있는 프로그램을 익히고 촬영하는 것도 좋습니다. 스마트폰으로 모바일 영상을 제작할 때 많이 사용하는 프로그램은 키네마스터와 퀵$^{Quick}$이라는 프로그램입니다.

MAGIX VEGAS Pro 15

**7-79, 80**
유명 동영상 편집 프로그램

**7-81**
키네마스터

**7-82**
퀵

Shoppingmall Founded for Note

키네마스터는 홈페이지에서 사용자 가이드를 제공합니다. 메뉴가 직관적이라서 혼자서도 충분히 동영상을 편집할 수 있습니다. 자막을 넣을 수 있고 음악도 삽입할 수 있으며, 샘플 템플릿 등을 이용할 수도 있어 초보자도 멋진 영상을 완성할 수 있습니다.

7-83, 84
키네마스터 앱(www.kinemaster.com)과 헬프 센터

퀵$^{Quik}$이라는 동영상 편집 프로그램도 인기가 많습니다. 자막을 삽입하거나 영상 속도 조절, 화면 필터, 전환 효과, 음악 추가 등의 기능을 지원하며, 다른 기기로 촬영한 영상을 더해 개성 있게 수정할 수 있습니다. 직관적인 인터페이스로 스마트폰의 사진을 이어서 영상을 만들고 바로 자막을 넣을 때 편리합니다.

쇼핑몰을 준비하면서 제품 및 모델을 촬영한다면 현장을 재미있게 담은 스토리 영상이나 브랜드 컨셉을 담은 멋진 영상도 제작할 수 있습니다. 고객과 소통하는 마음으로 영상 제작에 도전해 보세요.

# 성공하는 동영상 홍보 마케팅의 핵심

## 킬러 동영상의 제작 기법

유튜브에는 잘나가는 인기 크리에이터와 인기 구독 채널이 많기 때문에 벤치마킹하기에는 큰 어려움이 없어 보입니다. 자신의 채널에서 좋아요, 댓글, 구독자 수를 늘리기 위해서는 무엇보다 뛰어난 아이디어와 감각으로 재미있거나 유익해야 합니다.

### 유명 동영상의 공통점

- 빠른 화면 전환 – 지루한 영상을 볼 사람은 없다. 화면 전환이 지루하지 않도록 빠르게 자르고 바뀌는 것이 핵심이다.
- 자막 효과 – 국내 소비자들이 가장 좋아하는 기법은 자막을 활용한 것이다. 사진이나 영상뿐만 아닌, 화면마다 꾸준히 자막을 넣는 것이 좋다. 자막을 넣는 방법이나 디자인도 다양하게 접근하는 것이 좋다.
- 배경음악/다양한 효과음 – 영상에는 음악 혹은 소리가 빠질 수 없다. 저작권에 문제 없는 음악을 사용하거나 사운드 또는 동영상 편집 앱을 통해 제작할 수 있다.
- 다양한 영상 소스 – 같은 편집 느낌으로 오래 지속하는 것이 아니라 영상 안에서도 다른 편집 느낌을 살려 풍부하게 연출하는 것이 좋다. 장면 안에 장면을 삽입하거나 360° 회전 영상이 들어가거나 전체 혹은 부분으로 클로즈업하는 장면 등이 필요하다. 특히 방송 예능과 같은 영상 편집 능력이 있다면 금상첨화다.

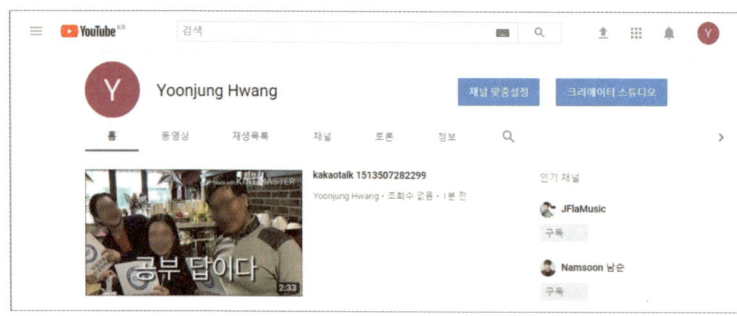

**7-85**
유튜브 채널 메뉴 중 크리에이터 스튜디오 기능

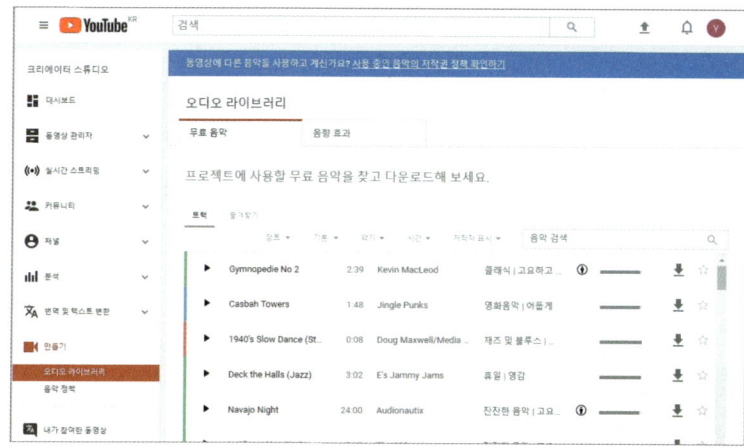

7-86
만들기 메뉴 내
무료 음악 소스 검색

## 동영상 노출의 핵심 전략

유튜브 동영상이 더욱 효과적으로 노출되는 데 필요한 영역을 알아두는 것이 중요합니다. 먼저 검색 결과에서 효과적으로 노출되어야 하며 검색 결과에 영향을 주는 요소는 다음과 같습니다.

- 영상 제목, 설명 문구, 태그
- 영상 시청 시간
- 영상 재생률
- 영상 조회 수
- 영상의 좋아요, 싫어요, 댓글, 공유 등
- 채널 구독자

위의 요소들을 제대로 충족했을 때 주요 키워드에 핵심 노출 컨텐츠로 동영상이 검색됩니다. 하지만 영상에 너무 많은 태그를 인위적으로 넣거나 관련 없는 태그를 넣으면 페널티가 있으며 조회 수를 높이기 위해 반복적으로 시청하거나 특정 프로그램을 사용하는 행위가 있다면 이 부분도 중지한다고 합니다.

## 기발한 아이디어와 감동, 독특한 영상

2015년에 가장 화제가 된 영상은 기발한 치킨 회사의 광고인 '너 어디서 반마리니?'였습니다. 이 영상은 업로드 사흘 만에 조회 수 100만을 넘겼다고 합니다. 당시 여배우들의 말싸움 영상이 화제였는데 기발한 치킨 회사에서 '어디서 반말이니?'라는 발언을 '어디서 반마리니?'라는 영상으로 패러디했지요. 정말 기발한 아이디어였습니다.

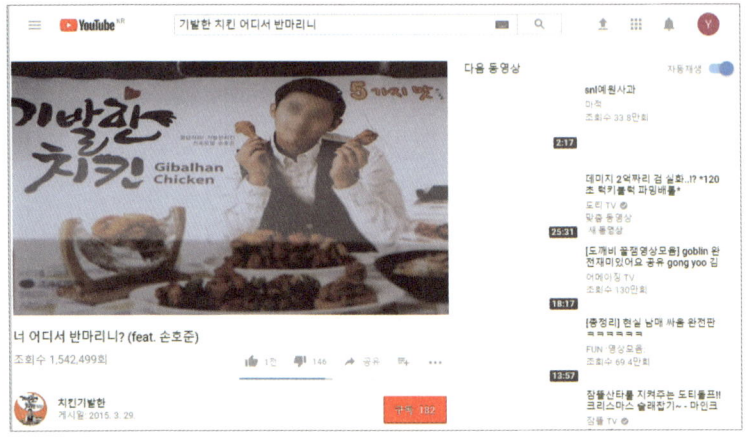

7-87
기발한 치킨 패러디 광고

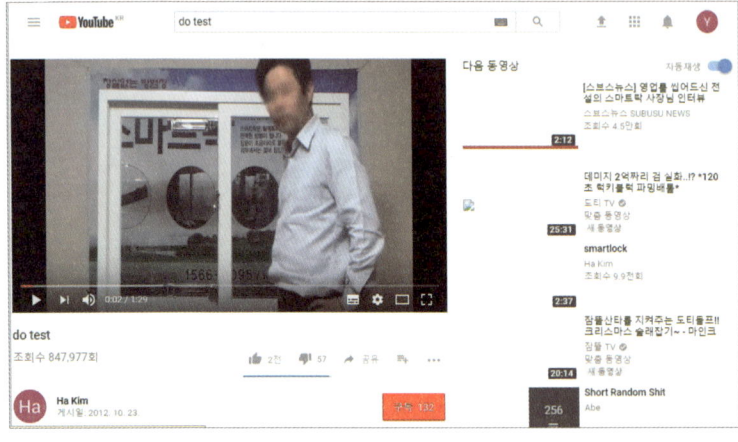

7-88
스마트락의 do test 영상
– 84만 이상 조회

감동을 주는 영상도 늘 인기가 많습니다. 유명인이 아니라도 일반인이 진솔한 모습으로 감동을 전하면 해당 영상은 빠르게 입소문 나기 마련입니다. 지난 영상이긴 하지만, 스마트락 회사의 한 부장님이 자사 제품의 안정성을 보여주기 위해 직접 제품 테스트를 시연하는 영상을 올려 엄청난 반응이 있었습니다. 부장님은 소비자들이 자신의 간절함을 알아준 것 같다는 인터뷰를 하기도 했습니다. 이처럼 진실한 영상은 그 어떤 기법보다 감동을 줍니다.

독특한 시도를 한 영상도 인기입니다. 360° VR로 제작된 좋은데이<sup>주류회사</sup>의 동영상은 여주인공과 시청자가 마치 1:1로 대화를 나누는 듯한 영상이었다는 평입니다. 또 인기 채널인 72초TV가 공개한 광고도 큰 인기를 끌었습니다. PPL의 문제를 꼬집는 뉴스를 영상으로 만들었는데 정작 해당 영상에는 웅진코웨이의 광고를 담았다고 합니다. 정말 뉴스처럼 만들어 전혀 눈치를 채기 힘든 광고 영상이라는 평입니다.

7-89
(주)무학의 좋은데이 한잔 광고

7-90
72초TV의 지능적인 간접 광고

## 유튜브 광고의 기본적인 흐름

유튜브를 통해 영상을 홍보하기 위해서는 먼저 광고를 위한 애드워즈 광고 계정을 만들어야 합니다. 애즈워드 광고 계정을 만들기 위해서는 역시 구글 계정을 통해 G메일 주소가 필요합니다.

 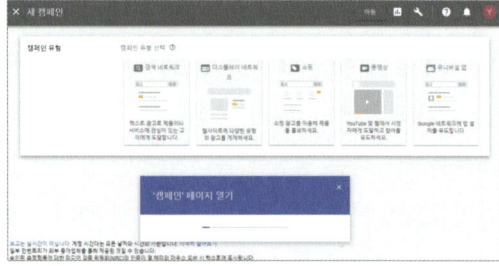

7-91, 92
구글 애드워즈(www.google.co.kr/adwords)

계정이 생성되면 광고관리자 화면이 나타납니다. 구글 광고는 캠페인을 설정하는 것부터 광고 유형과 형식, 광고 입찰가 세팅, 광고 예산 등을 설정하는 형태입니다. 애드워즈에서는 광고 기능 사용법을 매우 잘 만들어두었습니다.

유튜브 광고를 진행할 때는 기본적으로 다음과 같은 타깃팅을 설정해 집행해야 합니다.

- **위치 타깃팅** – 사용자의 IP 주소, 휴대폰 정보 등을 통한 위치 분석, 특정 지역 내 소비자 광고
- **언어 타깃팅** – 언어별 고객 타깃으로 광고
- **사용자 기기 타깃팅** – PC, 모바일(브랜드 선택 가능), 태블릿 PC 등 소비자의 기기별로 세분하여 광고
- **키워드 타깃팅** – 광고 키워드를 정하고 해당 키워드를 입력하는 소비자에게 집중적으로 노출되는 방식으로 광고 진행
- **채널 타깃팅** – 원하는 채널을 선택하여 광고 영상 진행
- **주제 타깃팅** – 원하는 카테고리 주제를 선택하여 광고 영상 노출 가능
- **관심사 및 인구 통계 기반 타깃팅** – 사용자 성향을 분석하여 광고 노출, 관심 분야, 나이 등 선택

정교한 광고 타깃팅 방법으로 쇼핑몰 아이템에 따라 특정 연령, 채널, 키워드를 선별하여 광고를 진행할 수 있습니다.

향후 동영상을 제작하고 실제 유튜브를 통해 광고를 진행할 때에는 미리 더욱 정교한 기능들을 학습한 다음 진행하기 바랍니다.

# 이벤트 전략으로
# 마케팅 효과를 높인다 ❼❹

## 쇼핑몰 이벤트의 7가지 유형

인터넷 쇼핑몰은 간접적으로 고객을 만나는 구조이기 때문에 더욱 적극적으로 판매 촉진 활동인 이벤트를 기획하고 진행해야 합니다. 쇼핑몰이 유기적으로 살아 움직이는 느낌을 전달해야 고객들은 자주 방문해서 관심 있게 상품을 살펴보고 주문할 수 있습니다.

쇼핑몰은 항상 이벤트가 진행되어야 성공적으로 잘 운영되는 곳이라는 이미지를 얻습니다. 많은 쇼핑몰이 대표적으로 시행하는 이벤트 유형을 7가지로 정리해봤습니다. 쇼핑몰 운영자가 제시하는 일반적인 이벤트 유형에서 더 발전된 자신만의 쇼핑몰 이벤트를 진행하도록 계속 고민해야 합니다.

### 신상품 출시 이벤트

고객은 항상 신제품에 관심을 가지므로 쇼핑몰에서는 일정 주기별로 지속적인 신제품 업데이트가 이루어져야 합니다. 하지만 신제품을 올리면서 '과연 이 제품이 소비자에게 사랑받을까?' 하는 염려도 따르는데요, 소비자 반응을 빠르게 유도하고 제품 반응에 따라 재고 수급 관리를 해야 하는 문제가 있습니다. 맞춤형 소량 생산을 하는 추세이기 때문에 출시 후 이른 시일 안에 고객 반응을 테스트하는 것이 필요합니다.

많은 쇼핑몰이 신상품 출시 기념 이벤트를 통해 다양한 인센티브를 제공하여 고객에게 신상품을 홍보하고 판매를 촉진합니다. 즉, 신상품에 대한 고객 반응을 얻기 위해서 특정 기간에 신상품 할인 이벤트를 진행하는 것입니다. 의류 쇼핑몰은 대부분 '오늘의 신상 5% 할인' 등과 같은 형식으로 이벤트를 합니다.

일반적으로 철 지난 상품을 판촉 상품으로 생각하지만 역발상으로 신제품을 이벤트에 내놓아 소비자 반응을 빠르게 알아채고 쇼핑몰 이미지를 트렌디한 몰로 인식하게 도와 신상품 출시 이벤트도 고객을 유인하는 좋은 예입니다.

7-93
신상품 7% 할인 행사 – 메이블루(www.mayblue.co.kr)

## 본 상품보다 더 시선이 가는 사은품 이벤트

최근 많은 쇼핑몰이 실제 판매되는 본 상품보다 더 눈길을 끄는 사은품으로 상품 판매를 촉진하고 있습니다. 한 홈쇼핑은 일정 기간에 홈쇼핑에서 주문하는 고객을 대상으로 추첨을 통해 명품 가방을 제공하는 사은품 행사를 진행해서 많은 여성 소비자의 구매를 촉진시킨 바 있습니다.

대부분 쇼핑몰에서는 계절별로 사은품 이벤트를 많이 진행합니다. 특정 제품을 구매하는 고객에게만 해당하는 사은품 행사가 있고, 구매 금액에 따라 사은품을 증정하는 행사도 많습니다.

점점 단순 구매 금액을 대상으로 사은품을 증정하는 것에서 나아가 착용 후기나 댓글을 얻기 위해 사은품을 제시하는 경우도 늘어나고 있습니다. 주문 고객의 컨텐츠가 첫 방문 고객에게 중요한 구매 결정 요소이므로 양질의 구매 후기를 얻기 위한 방법으로 사은품을 제시하는 것도 좋은 전략입니다.

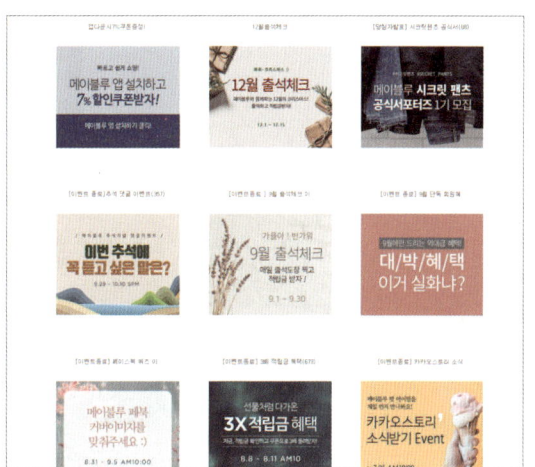

7-94
메이블루 쇼핑몰의 다양한 사은품 이벤트

## 가장 효과 빠른 대박 할인 이벤트

할인 이벤트는 판매 촉진 이벤트로 가장 대중적이며 쉽게 채택하고, 효과가 빠릅니다. 가격 부담이 줄어들기 때문에 할인 시즌을 기다리는 고객들도 많습니다.

일반적으로 상품 판매액에 직접 할인율을 적용해 판매하는 유형과 캐시백과 같은 포인트를 적립해 할인 효과를 제공하는 유형이 있습니다. 예를 들어, 인터넷 서점에서 책을 구매할 때 포인트를 지급해 할인 효과를 줍니다. 각 카드사들이 카드 매출 확보를 위해 별도의 추가 할인 정책을 펴기도 해 소비자 입장에서는 상품 할인도 받고 카드 할인도 받는 이중 할인 이벤트를 자주 만납니다.

이러한 할인 이벤트는 특별한 시기에 더욱 효과를 발휘할 수 있는데요, 어떤 인터넷 쇼핑몰에서는 평일보다 매출이 하락하는 주말에 매출을 유지하는 방편으로 주말 할인 등과 같은 특정 이벤트를 펼치기도 합니다.

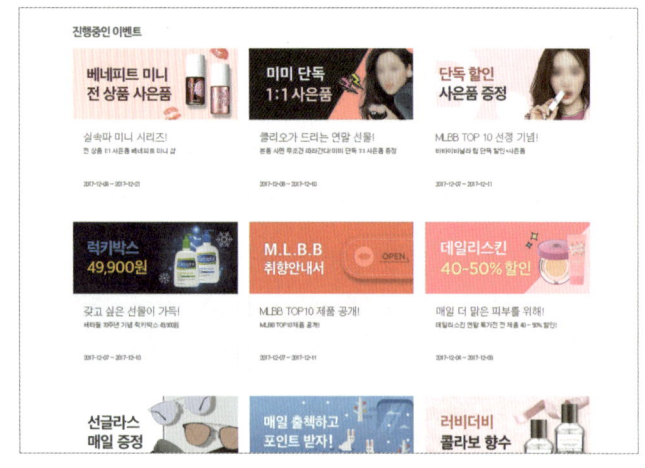

**7-95**
할인 및 사은품 이벤트 – 미미박스

## 열린 정기 이벤트

쇼핑몰은 멈춰 있어서는 안 되기 때문에 꾸준한 정기 이벤트를 기획하는 것도 하나의 방법입니다. 한 쇼핑몰은 매주 수요일 특가전을 진행해서 수요일만 되면 특정 상품을 할인하기도 하는데요. 고객들은 수요일 이벤트를 기억해두었다가 이벤트 당일에 구매하기 원했던 상품을 바로 주문하기도 합니다. CJ몰에서는 매일 저녁 8시부터 자정까지 할인 이벤트를 진행하여 저녁마다 해당 쇼핑몰을 찾게 되더군요. GS샵에서는 '매직딜 데이'라는 이벤트를 주기적으로 열어 특별 세일을 하고 적립금을 제공하기도 합니다. 롯데 홈쇼핑에서는 주기적으로 박싱데이라는 이벤트를 진행합니다.

성공한 쇼핑몰 중에는 매일 단 하루만 특가에 해당하는 상품을 판매하는 이벤트가 쇼핑몰 사업 모델로 자리 잡아 성공한 사례가 있어 유행처럼 '하루만 특가'라는 이벤트가 퍼지기도 했습니다.

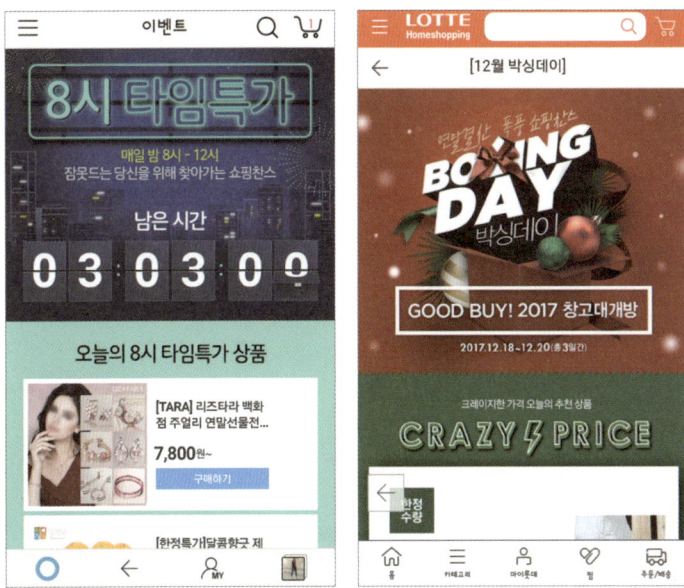

**7-96, 97**
CJ몰과 롯데 홈쇼핑에서 정기적으로 진행하는 이벤트

## 고객과의 공감대를 형성하는 생생한 체험 이벤트

인터넷 쇼핑몰이라고 해서 고객과의 커뮤니케이션을 늘 온라인에서만 진행한다고 생각하는 것은 오산입니다. 쇼핑몰을 운영하다보면 생각보다 많은 고객이 오프라인 매장에 직접 와서 상품을 보고 구매하고 싶어 합니다. 쇼핑몰 입장에서도 고객과 한 번이라도 대면해 커뮤니케이션하면 고객과의 관계가 굉장히 돈독해지고, 충성도가 강한 고객이 될 확률도 커집니다.

고객과의 오프라인 만남을 더욱 체계적으로 이벤트화하는 방법은 바로 체험 이벤트입니다. 아무래도 쇼핑몰 아이템을 체험할 수 있는 여지가 있으면 더욱 좋지요.

주말농장 이벤트가 가능한 쇼핑몰이거나 유아용품 쇼핑몰이라서 엄마들의 체험기가 매우 중요하다면 반드시 체험과 연계된 이벤트를 진행하는 것이 효과적입니다. 또한 공방 형태에서 만들어야 하는 핸드메이드 제품 쇼핑몰이라면 체험형 이벤트가 더욱 효과적입니다.

체험 이벤트가 반드시 오프라인으로 진행되는 것만은 아닙니다. 신제품이 출시되었을 때 해당 제품을 미리 체험해보고 후기를 받는 상품평 이벤트, SNS 홍보 이벤트를 함께 연결할 수 있으므로 체험을 통해 고객과의 적극적인 소통을 이어가기 바랍니다.

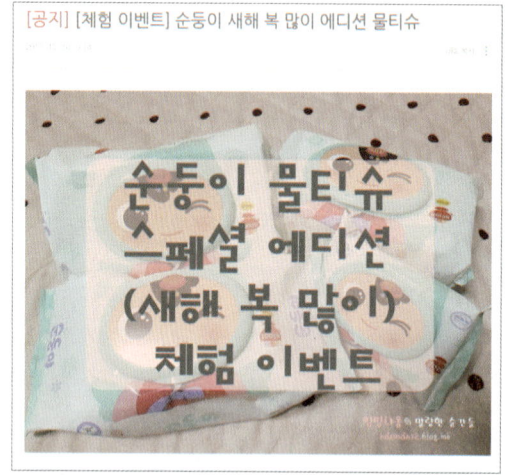 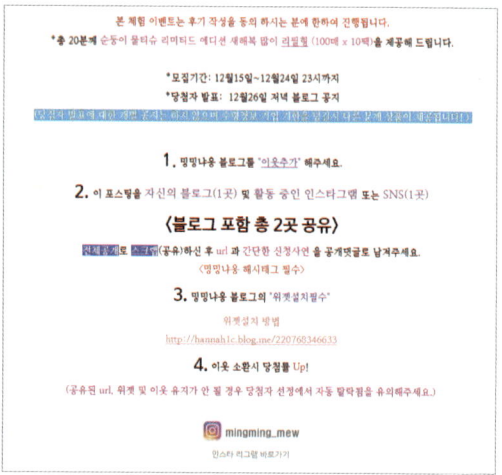

**7-98, 99**
순둥이 물티슈 체험 이벤트 – 밍밍나옹(hannah1c.blog.me)

## 알뜰 고객에게 매우 유용한 쿠폰 이벤트

효율적으로 소비하려는 고객에게 쿠폰처럼 유용하게 쓰이는 인센티브 이벤트도 없을 것입니다. 온라인에서도 많은 쇼핑몰이 회원들에게 등급별 쿠폰을 발행하거나 상품의 구매 금액순으로 다른 쿠폰을 발행하는 등 다양한 방식으로 쿠폰을 지원하고 있어 알뜰 소비자가 늘어날수록 쿠폰을 챙기는 고객도 많아질 것입니다. 쿠폰을 이용한 판매 촉진은 고객에게 직접적인 인센티브를 제공하여 반복 구매 등 다른 방법보다 효과가 높게 나타나는 편입니다.

쿠폰은 일반적으로 유통업체가 발행하는 쿠폰과 제조업체가 발행하는 쿠폰으로 나눌 수 있습니다. 즉, 쇼핑몰 매장에서 자체적으로 쿠폰을 발행할 수 있고, 도매업체나 제조업체에서 판촉을 위해 쿠폰을 지원할 수도 있지요. 협력업체와의 관계를 돈독히 하면서 공동으로 이벤트를 기획할 수도 있습니다.

쿠폰이 가장 큰 효과를 발휘하는 경우는 제품 간 브랜드 차이가 작고 상품 퀄리티도 구별하기 쉽지 않을 때 제품 선택 시 주요한 영향을 미칩니다. 쿠폰이 있으면 할인받을 수 있기 때문에 쿠폰이 있는 상품을 구매하는 것입니다.

한 대형 쇼핑몰에서는 고객들의 장바구니 분석을 통해 장바구니에 담긴 제품을 바로 구매하지 않고 담아만 둔 고객을 검색해서 해당 고객에게 특별 할인 쿠폰을 제공하는 이벤트를 진행했었습니다. 여러 쇼핑몰의 제품을 비교 검색하느라 최종적으로 구매 결정을 못하던 고객은 보너스 쿠폰을 받음으로써 곧바로 구매 결정을 하게 되는 셈입니다. 이처럼 다양한 고객 분석을 통해 적절하게 쿠폰을 활용하면 매우 효과적인 판매 촉진 방법으로 활용할 수 있습니다.

**7-100**
조아맘의 할인 쿠폰

## 어려운 사람들을 돕는 기부 이벤트

소비자들은 이제 기업의 사회적 책임을 묻고 있습니다. 기업의 제품을 구매하고 이익을 주는 대신에 기업이 사회를 위해 무엇을 하는지 물어보는 것입니다. 그러므로 쇼핑몰에서는 쇼핑몰만의 이익이 아니라 사회를 위해 공헌하는 이벤트를 하나의 컨셉으로 제시하는 것이 좋습니다. 기업의 이윤을 어려운 이웃과 함께 나눈다면 소비자들의 호감은 커지기 마련입니다.

기존에는 기업이 직접 비영리 단체에 현금을 기부하는 정도의 활동이 많았다면 점차 많은 쇼핑몰이 상품 판매와 연결해 판매액 일부를 자동으로 재단에 기부하는 형태이거나 회원들과 함께하는 기부 활동으로 변화되고 있습니다.

이러한 사회 기부 활동을 온라인에서 효과적으로 홍보해 성공한 모델이 있는데요, 대표적인 성공 모델이 바로 '탐스Toms'입니다. 탐스 신발 하나를 사면 어려운 이웃에게 또 한 켤레의 신발을 기부해주는 회사의 컨셉과 정체성은 많은 사람들의 공감을 얻고 자발적인 참여를 이끌어냈습니다. 처음 탐스 슈즈 사이트에 접속했을 때 신발을 파는 사이트로써 신발을 먼저 홍보하는 것이 아니라 어려운 이웃, 특히 아이들의 사진이 강하게 인상에 남아 어떤 기업인지 한 번에 느끼게 했습니다. 이처럼 쇼핑몰의 정체성을 나눔과 기부, 사회적 책임을 주제로 소비자와 함께 소통하는 것도 좋은 전략입니다.

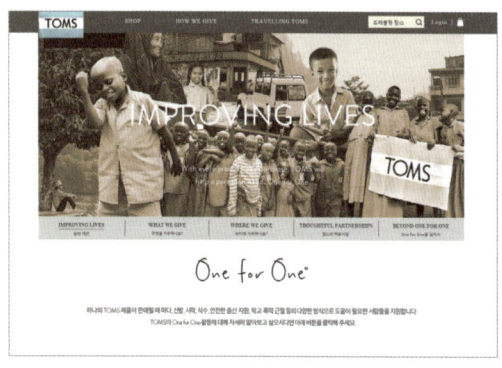 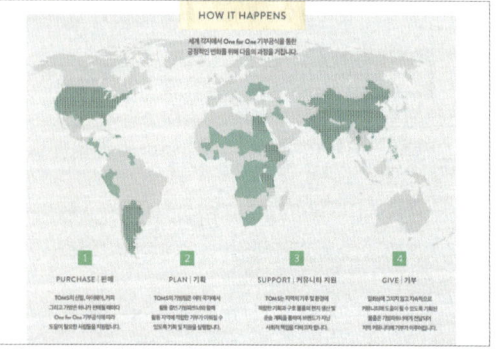

**7-101, 102**
탐스 슈즈 쇼핑몰(tomskorea.co.kr/giving/)의 나눔 이벤트

Shoppingmall Founded for Note

## 이벤트 기획-진행-분석의 3단계

쇼핑몰에서 이벤트를 실시하기 위해 어떤 준비 과정을 거쳐야 하는지 살펴보겠습니다. 쇼핑몰 이벤트는 크게 기획, 진행, 분석 단계로 이루어집니다.

- **기획 단계** – 시장 분석을 통해 영업 활동을 준비하고 구체적으로 기획안 작성
- **진행 단계** – 완성된 이벤트 기획안에 따라 이벤트 페이지를 제작하고 상품을 매입한 후 포장하는 등의 이벤트 진행 마무리 작업
- **분석 단계** – 이벤트를 통한 매출과 순이익, 이벤트 참여 고객에 대한 분석 시행

### 1단계 – 시장 분석 및 기획

먼저 기획 단계에서는 어떤 이벤트를 진행하는 것이 효과를 극대화할 수 있는지 시장 분석을 합니다. 첫째, 이벤트를 추진하는 시기는 어느 때가 적절한지, 아닌지를 판단합니다. 대부분 이벤트는 제품 가격을 할인하는 것이므로 세품 판매 주기 및 시장의 가격 동향을 살펴봐야 합니다. 즉, 겨울 의류를 언제쯤 할인하는 것이 좋을지는 시기를 저울질해서 잘 결정해야 한다는 의미입니다. 주얼리의 경우 매일 금 시세가 바뀌기 때문에 오름세가 있을 때 이벤트를 진행하는 것은 수익률이 하락될 수 있고, 과일의 경우도 매일 경매가가 결정되기 때문에 설이나 추석 선물 시즌을 앞두고 이벤트에 들어가는 것은 매우 조심스러운 결정이기도 합니다.

둘째, 매출 추이를 파악한 후 진행하는 것도 필요합니다. 사실 쇼핑몰에서 주말 이벤트를 진행하는 경우는 평일과 주말 매출이 확연하게 차이 나기 때문입니다. 저녁 시간에 할인 이벤트를 많이 하는 이유는 모바일 고객이 저녁 시간에 많이 주문하기 때문이기도 합니다.

셋째, 현재 유행하는 상품이나 앞으로 유행할 상품을 파악하여 가장 독창성 있고 시장 상황에 맞는 상품을 선택하는 것도 중요합니다. 할인 이벤트라고 해서 5년 전 재고를 판매하는 것은 매우 위험한 선택이지요. 고객들은 신뢰를 기반으로 구매하고 단골이

되기 때문에 값싼 물건을 할인해서 판매하면 오히려 반감을 사기 쉽다는 것도 유의해야 합니다.

넷째, 경쟁업체에서 진행 중이거나 추진하려는 이벤트를 파악하여 대처하는 것도 좋은 전략입니다. 비슷한 듯 다른 기획을 자주 만들어야 하지요. 경쟁업체와 같은 패턴으로 이벤트하는 것은 신선함이 없어서 인기를 끌기 어렵습니다.

다섯째, 자사의 쇼핑몰 고객도 상세하게 파악해야 합니다. 남녀 비율, 구매 수준 등을 자세히 살펴보고 어떤 상품을 얼마에, 어떻게 이벤트를 진행하는 것이 바람직한지를 최종 결정해야 합니다.

## 2단계 – 기획안 작성

다음으로는 이벤트를 실시할 상품을 선정합니다. 이벤트 기간 동안 판매할 제품을 공급자를 통해 매입하고 가격을 조정해야 하므로 제품 선정, 공급자 선정, 가격 결정을 해야 합니다. 물론 쇼핑몰에 따라서 직접 상품을 제조할 수 있다면 마진에 따른 가격 조율만 필요합니다. 제품을 선정할 때 도매업체나 제조업체에서 지원하는 상품을 선택하는 것도 하나의 방법입니다. 주력 상품으로 판매하기 원하는 상품이 있다면 제조업체를 통해 판촉비를 지원받거나 별도로 사은품을 지원할 수도 있기 때문에 거래처와 조율하는 과정도 필요합니다.

이때 기획안을 작성하는 것이 좋습니다. 이벤트 진행을 위한 기획안을 작성하여 시행 과정을 구체화하고 목표를 이루기 위한 판매 전략을 세우는 과정입니다. 이것은 이벤트 컨셉 설정–이벤트 프로모션–일정 계획 수립 과정으로 나눌 수 있습니다.

이벤트 컨셉은 무엇보다 이벤트를 시행하고자 하는 목적을 잘 표현하는 것입니다. 예를 들어, 신규 회원을 유치하기 위한 이벤트를 계획할 때 신규 회원에게 무조건 3천 원 할인 쿠폰을 제공한다거나 VIP 고객을 위해서 어떤 이벤트를 진행할지 등을 결정하는 것입니다. 만약 '한파 속에서도 스타일을 잃지 않는 패셔니스타 프로젝트' 이벤트를 계획한다면 이벤트 컨셉이 분명하게 전달되어야 합니다.

### 3단계 – 이벤트 페이지 제작, 상품 매입, 발송 그리고 분석

이제 완성된 이벤트 기획안에 따라 이벤트 페이지를 제작하고, 상품을 매입하고, 포장하는 등의 마무리 작업을 진행합니다. 이벤트 상품 준비가 미비하면 이벤트 기간 중 제품이 품절되는 상황이 발생할 수 있고, 배송에 차질이 생겨 고객의 불만을 살 수도 있으므로 철저히 준비해야 합니다. 또한, 여러 채널을 운영한다면 매체별로 이벤트 프로모션이 정확하게 이루어지는지를 파악하는 것도 중요한 일입니다.

이벤트가 끝난 후에는 이벤트를 통한 매출과 순이익, 이벤트 참여 고객에 대한 분석 작업도 이루어져야 합니다. 실제로 이벤트가 매출에도 긍정적이었는지, 반대라면 그 원인은 무엇인지 살펴야 합니다. 이벤트에 참여한 고객의 연령, 성별, 지역, 구입금액 등의 정보는 미래에 추진될 이벤트의 규모, 일정, 매출 추정 및 기타 이벤트 컨셉 및 타깃을 설정하는데 중요한 자료로 활용됩니다.

## 판매를 촉진하는 개성 있는 이벤트 전략

판매 촉진이란 소비자들에게 제품이나 서비스를 구매하도록 유도하기 위해 제품 정보를 제공하고, 제품을 구매할 경우 추가적인 인센티브를 제공하는 활동을 말합니다.

판매 촉진 활동은 매출 증가 도모가 목적이기 때문에 이를 위해 고객을 확보하고, 고객 충성도를 높이기 위한 여러 가지 장치를 마련하는 것이 중요합니다. 잘 짜인 판매 촉진 계획은 소비자의 제품 구매 행동에 직접적인 영향을 주고 즉시 수요를 발생시키며 경쟁업체 제품과 차별화를 만들 수 있고 지속적인 구매 유도를 통해 충성도 높은 고객을 확보할 수 있다는 것도 중요한 목적이 됩니다.

다만 판매 촉진 방법을 장기간에 걸쳐 진행했을 때 고객들이 습관적으로 인식하여 그 효과가 떨어지도 하므로 다양한 형태로의 변환도 고려해야 합니다.

전통적인 판매 촉진 유형을 탐색해보고 자신이 운영할 쇼핑몰 이벤트를 리뉴얼하며 쇼핑몰만의 컨셉을 완성하는 것이 효과를 배가시키는 방법입니다.

| 구분 | 설명 |
| --- | --- |
| 쿠폰 | 가격 할인을 받을 수 있는 증표 |
| 보너스 팩 | 정상 가격에 제품을 추가하는 것 |
| 특별 용기 | 재활용되거나 제품에 가치를 더하는 용기 |
| 연속 모으기 프로그램 | 복수 구매에 대한 보상 프로그램 |
| 경품 | 소비자가 상을 수여받을 기회를 부여하는 것 |
| 컨테스트 | 상을 받기 위한 소비자 경쟁을 유도하는 것 |
| 샘플링 | 소비자에게 제품을 무료로 제공하는 것 |
| 가격 할인 | 정상 가격보다 낮은 가격이라는 것을 소비자에게 알리는 제품의 포장 |
| 사회 운동 프로모션 | 자선 단체에 관한 기업의 판매 단위당 기부금 증정 |

표 7-04 전통적인 판매 촉진 유형

 쇼핑몰 이색 이벤트

쇼핑몰을 운영하면서, 여러 쇼핑몰의 이야기들을 들으면서 기억에 남는 이벤트들이 있다. 앞서 이벤트가 독특하고 색다를수록 소비자들에게 기억에 남는 이벤트가 될 것이라고 했는데 그야말로 상식의 틀을 깬 이벤트가 입소문 전략이 되기도 하므로 참고할만한 이벤트를 살펴본다.

### 1. 현금으로 페이백 해주는 이벤트

필자가 쇼핑몰을 운영하면서 유독 반응이 좋았던 이벤트이다. 쇼핑몰 이벤트로 어떤 이벤트를 할 것인가를 수시로 고민하는 것이 어려웠다. 사실 바쁘단 핑계로 공들인 이벤트를 기획하기도 쉽지 않았다. 그때 갑자기 떠오른 생각은 쇼핑몰 구매 금액의 10%를 현금으로 돌려주겠다는 이벤트였다. 예를 들어, 목걸이 구매 금액이 10만 원이라면 1만 원을 따지지 않고 현금으로 택배박스에 넣어 보내주는 이벤트였다.

현금 지폐 이미지를 구해서 이벤트 페이지를 만들고 무조건 구매 금액의 10%를 현금으로 돌려드리겠다고 설명했다. 소비자들은 어차피 할인받는 것이니 포인트나 적립금보다는 직접 혜택이 돌아가는 현금을 좋아하리라 판단했고 택배박스를 열었을 때 정말 현금이 있다면 어떨지 즐거운 상상을 하게 되었다. 한 달 동안 이벤트를 진행하면서 예상대로 반응이 뜨거웠다. 물론 운영자 입장에서는 현금 지폐를 마련해야 하는 불편함이 있었고 카드 결제라면 10% 할인이 아니었기 때문에 손해 아닌 손해일 수 있지만, 고객에게 즐거움을 주고 쇼핑몰을 더욱 기억하게 하며 나아가 운영자의 마음이 전달되는 이벤트였다고 생각한다.

## 2. 007 작전 같은 비밀 이벤트

'원어데이몰'이라는 쇼핑몰의 초창기 이벤트가 기억에 남는다. 하루에 한 가지만을 판매한다는 컨셉으로 쇼핑몰 시장에 돌풍을 일으켰었다. 입소문을 타고 어느 정도 자리를 잡아갈 무렵 쇼핑몰 대표는 '과연 우리 쇼핑몰 고객들의 충성도는 어느 정도일까?'를 테스트해보고 싶다는 생각을 하게 되었다고 한다. 그래서 생각해낸 이벤트는 다음과 같다.

박스만을 보여주고 무조건 천 원 판매 이벤트를 연 것이다. (오래전 기억이라… 만 원일지도 모르겠다. ㅠㅠ) 박스 안에는 무엇이 들어있는지 아무도 모르는 상태에서 천 원보다 더 큰 선물이 들어있다고만 설명했다. 소비자들에게 쇼핑몰을 믿고 구매해달라는 것이었고 선착순 1,004개 박스만 판매한다고 공지하였다. 쇼핑몰 대표는 직원들과 과연 고객들이 어떤 제품인지도 모르고 구매할 수 있는지, 이벤트 마감이 얼마나 걸릴지를 내기하였다고 한다. 그런데 단 몇 분 만에 주문이 완료되었다고 한다.

중요한 것은 이벤트 이후의 일이다. 기대를 하고 박스를 받아본 고객들이 각종 커뮤니티 게시판에 후기 글을 남긴 것이다. 최고 선물은 LCD 모니터였다고 한다. 고객들을 위한 사은 행사였지만 단순히 감사 선물을 전달한 것이 아니라 비밀리에 007 작전처럼 이벤트를 실시한 것이다. 운영자는 고객들의 호기심을 자극했고 그 대가는 달콤했다. 이벤트 하나로 고객의 호평이 이어졌고 저절로 쇼핑몰 홍보가 배가되었던 이벤트였다.

# 재구매를 부르는 고객 관리 노하우

# Part. 8

고객의 마음을 사로잡는 방법

고객을 위한 회원 관리 비법

신뢰도 있는 고객센터를 구축하라

# 고객의 마음을 사로잡는 방법 ❽❶

## 운영자의 인간미를 느끼게 하라

성공한 쇼핑몰들의 전략을 살펴보는 것은 성공의 지름길입니다. 직접 만나본 성공한 쇼핑몰의 공통점을 살펴보겠습니다.

먼저 쇼핑몰에서 운영자를 드러내는 전략이 중요합니다. 운영자를 드러낸다는 것은 운영자가 직접 고객들과 쇼핑몰 안에서 소통한다는 의미이고, 운영자의 심성, 즉 인간미가 많이 느껴진다는 의미이기도 합니다.

소호로 시작해 어느 정도 궤도에 오른 성공한 의류몰 사례를 보면 보통 쇼핑몰 대표가 모델을 겸하는 경우가 많습니다. 운영자의 미모와 패셔니스타로서의 면모가 소비자의 시선을 사로잡고 모델이 아닌 쇼핑몰 대표라는 이미지가 겹치면 호감은 더욱 커집니다. 예쁘지 않아도 자연스러운 사진과 포즈, 배경이 고객에게 호감으로 비칠 수 있고 대표 본인이 갖는 모델로서의 차별화는 그 어떤 쇼핑몰도 따라오지 못하는 전략이 됩니다.

패션 분야에서는 늘 연예인 따라잡기가 최대 유행 포인트이지만, 인터넷에서는 일반인도 얼마든지 연예인처럼 자신을 드러내고 유명해질 기회가 주어집니다. 인터넷 쇼핑몰 초창기에 이슈되었던 일명 4억 소녀나 100억대의 아줌마 모델로 유명해진 쇼핑몰 사례는 그에 관한 반증입니다.

남성 의류 쇼핑몰인 '이희은닷컴'이나 여성 의류 쇼핑몰인 '리본타이'의 경우도 모두 대표가 직접 쇼핑몰에서 활동하며 자연스럽게 브랜딩한 경우입니다.

어떤 쇼핑몰은 운영자가 직접 자신의 일상을 자연스럽게 일기 형식으로 올려 고객들과 소통하기도 합니다. 운영자가 어떤 사람인지를 직간접적으로 보여줌으로써 쇼핑몰이라는 디지털 세상에서 아날로그적인 관계를 갖게 합니다. 일기에서 느껴지는 운영자의 마음 씀씀이로 인해 고객과 직접 만나지 않아도 저절로 호감을 느낄 수 있습니다. 주문 시 고객에게 자필 편지를 동봉하여 마음을 나누거나 최근 유행하는 네이버 톡톡과 같은 실시간 채팅 서비스를 제공해 쇼핑에 관한 궁금증을 바로 해결해주는 서비스 등도 운영자의 감성이 전달되어 고객들이 신뢰하는 전략이 됩니다. 또 쇼핑몰 수익금을 어려운 이웃과 나누거나 고객 이름으로 기부하는 등 착한 소비와 나눔 이벤트도 소비자에게 쇼핑몰에 긍정적 이미지를 느끼게 하는 하나의 방법이 되기도 합니다.

오프라인 매장이 있다면 매장 사진을 올려서 유령 회사가 아님을 보여주는 것도 중요합니다. 농장이 있다면 농장 사진을 올려 실제로 어디서 어떻게 재배되는지에 관한 신뢰를 주어야 합니다.

사실 SNS 채널을 통해 고객에게 홍보하고 사람들을 만나는 배경에도 늘 자신에 대한 홍보와 관심사를 노출함으로써 관계를 형성하는 것이지요. 소비자들과 관계를 맺기 위해 자신과 매장의 정보를 보여주는 것에 소극적이지 말고 적극적으로 홍보하는 것이 좋습니다.

특히 소호몰은 쇼핑몰 운영자가 드러나지 않은 경우와 드러나 있는 경우의 소비자 신뢰도에 큰 차이를 보입니다. 대표가 자신의 얼굴을 내놓고 제품을 직접 소개한다는 것은 그만큼 믿어달라는 호소이기 때문에 소비자 반응이 달라질 수밖에 없습니다. 어떤 형태로든 운영자가 쇼핑몰에서 적극적인 대화를 시도할 때 고객들은 더 자연스러운 분위기에서 훨씬 강한 믿음을 가질 것입니다.

- 운영자가 제품 모델로 등장해 호감 상승
- 운영자의 일상 스토리를 올려 친근감 증대
- 오프라인 매장 사진, 농장 사진, 채취 사진 등 생생한 현장 사진 제시
- 자필 편지 동봉 및 실시간 채팅 상담 서비스
- 나눔 정신으로 훈훈한 감동 전달

## 입소문 내는 전략을 세워라

성공하는 쇼핑몰들의 공통점 중에 중요한 한 가지는 입소문이 날 수 있는 전략을 마련하고 있다는 것입니다. 사실 좋은 상품이나 합리적인 가격대라면 상품 자체만으로도 충분히 소비자의 마음을 사로잡을 수 있습니다. 상품이 좋을 때 가장 추천하고 싶은 마음이 들기 때문에 필요하며 재미있는 이벤트도 입소문을 낼 수 있는 방법입니다.

쇼핑몰에서 입소문을 낼 수 있는 전략이라고 하면 아마 SNS 채널부터 떠올릴 겁니다. 잘 나가는 쇼핑몰들은 네이버 블로그, 인스타그램, 페이스북과 같은 채널을 직접 운영하고 홍보하니까요. 쇼핑몰 입장에서 외부 커뮤니티를 적극적으로 활용하는 것은 매우 중요합니다. 다양한 잠재 고객을 만날 수 있고 무료로 홍보할 수 있는 자유로운 공간이며, 유명 SNS에는 이미 방문자 수가 많아 고객을 찾는 데 수월하기 때문입니다. 쇼핑몰에서 보여주지 못한 정보들을 올리고 실시간으로 소통할 수 있는 채널이기 때문에 더욱 중요합니다. 특히 어느 정도 인지도가 생긴 쇼핑몰이라면 SNS 채널을 운영했을 때 구독자 수를 빠르게 늘릴 수 있습니다.

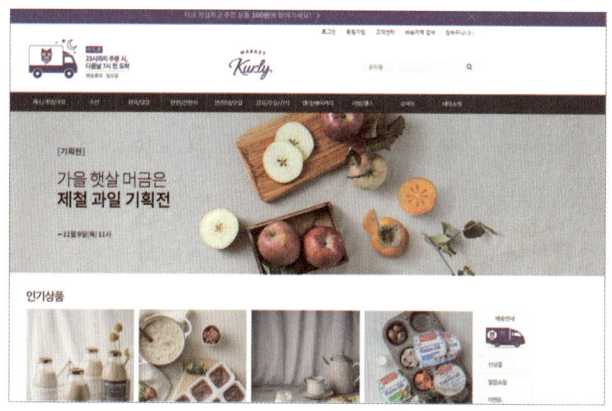

**8-01, 02**

마켓컬리(www.kurly.com)

차별화된 신선 식품과 유기농 식품으로 성공한 쇼핑몰입니다. 메인 페이지에 기획전과 이벤트들을 노출하며, 제품 사진도 감각적으로 꾸몄습니다. 최근에는 인스타그램에 장바구니 사진을 찍어 올리면 적립금을 주는 이벤트를 진행하고 있습니다.

**8-03**

마켓컬리 페이스북

'좋아요'가 4만 회를 넘고 메시지 응답률도 높습니다.

하지만 꼭 이 방법만 입소문이 나는 전략은 아니므로 세부적으로 살펴보겠습니다.

첫째, 쇼핑몰 고객 문의 게시판 응대에 따라 소문이 날 수 있습니다. 빠르고 친절한 대응이 기본이지만 말이 쉽지 결코 간단한 일은 아닙니다. 처음 쇼핑몰을 방문하는 사람들은 무엇보다 고객 게시판을 살펴봅니다. 게시판에 날마다 올라오는 글의 양이 얼마나 되는지, 고객 질문에 대응하는 관리자의 태도는 어떠한지, 얼마나 빨리 질문에 답변하는지, 주로 어떤 질문이 올라오는지 등 게시판의 활성화 정도를 살펴보는 것은 해당 쇼핑몰이 잘 운영되고 있는지, 앞으로 잘 운영될 것 같은 곳인지를 가늠할 수 있는 척도입니다. 그러므로 쇼핑몰에서는 반드시 게시판 활성화에 힘써야 합니다.

사실 쇼핑몰을 운영하다 보면 100명이 방문한다고 가정했을 때 단 1% 정도만 게시판에 글을 남길 정도로 잘 참여하지 않습니다. 주문이 들어와도 그만큼 게시판을 활성화하기 힘들다는 이야기지요. 처음부터 고객들의 반응만 기다리는 것으로는 부족하기 때문에 운영자는 '만약 질문이 없으면 만들어낸다'라는 마음가짐으로 게시판 활성화에 노력해야 합니다. 결국 게시판은 공짜 광고판이 되고 고객 중심의 운영이 무엇인지를 느낄 수 있는 공간이기 때문입니다.

둘째, 쇼핑몰의 컨텐츠를 입소문낼 수 있도록 기획하고 만들어야 합니다. 먼저 쇼핑몰에서는 훌륭한 컨텐츠를 제공하여 고객들이 데이터를 가져갈 수 있도록 마련합니다. 일반적으로 쇼핑몰은 멋진 사진, 제품 영상, 코디 웹진 등의 컨텐츠를 제공할 수 있는데요, 많은 고객이 좋아하는 컨텐츠의 기준은 크게 두 가지입니다. 바로 '정보'와 '재미'로, 정보를 담는 컨텐츠이자 재미있는 컨텐츠라면 성공입니다. 좋은 정보 혹은 재미를 얻어가고 싶어서 해당 컨텐츠를 자신이 운영하는 블로그나 카페, 밴드 등에 공유할 수 있습니다. 이 두 가지 핵심을 찌르는 컨텐츠를 만들 수 있다면 충분히 입소문 날 수 있습니다.

입소문이 나는 데에는 양질의 구매 후기가 매우 중요합니다. 구매 후기가 많으면 저절로 입소문 날 수 있기 때문입니다. 쇼핑몰에서 구매하는 고객 입장에서는 후기가 없으면 선뜻 구매를 망설이게 됩니다. 반대로 구매 후기가 많은 상품은 크게 고민하지 않고 괜찮은 상품으로 인식하여 주문하지요. 그만큼 구매 후기는 직접 매출로 연결하는 매우 중요한 촉진제입니다.

다만, 좋은 구매 후기를 얻기 위해서는 보상이 필요합니다. 좋은 후기 글이나 사진을 남기는 고객에게 쇼핑몰에서는 반드시 일정한 보상을 해야 합니다. 구매 후기를 얻는 것도 쇼핑몰 제도로 만들면 정기적인 이벤트가 되면서 고객과의 돈독한 관계가 만들어질 수 있다는 점을 기억하도록 합니다.

8-04, 05
샐러드 배달 서비스 – 포켓샐러드(www.pocketsalad.co.kr)
구매 후기를 남기면 적립금을 주는 제도를 운영하며, 베스트 후기가 눈에 잘 띕니다.

쇼핑몰은 입소문이 날 수 있게 도와주는 여러 장치, 좋은 상품, 잘 기획된 컨텐츠, 구매 후기, 외부 홍보 매체와의 연계 등이 모두 원활히 돌아가야 방문하는 고객들이 많아지고 만족도가 높아지며 성공하게 된다는 것을 기억하기 바랍니다.

- 활발한 게시판으로 공짜 광고 진행
- 공유 가능한 컨텐츠 기획 – 오락적이고 정보성(유용성)이 강한 컨텐츠 제작
- 블로그, 페이스북, 인스타그램 등 외부 SNS 채널 연계
- 양질의 구매 후기 – 참여자 보상

## 지속해서 고객과 커뮤니케이션하라

'한 번 고객은 영원한 고객이다'

쇼핑몰과 인연을 맺은 고객은 영원히 함께한다는 마인드를 갖는 것이 중요합니다. 한 명의 고객을 만나 구매하게 하는 과정은 결코 간단하지 않습니다. 고가의 광고비를 지불하고 쇼핑몰에서 상품 기획, 디자인, 고객 서비스가 모두 만족되었을 때 한 명의 고객이 만들어지기 때문입니다. 사실 새로운 고객을 유치하는 것보다 기존 고객을 잘 관리해서 재구매를 유도하는 것이 더 나은 전략이 될 수 있기 때문에 고객과 지속해서 소통해야 합니다.

고객과 꾸준히 대화하는 방법에는 무엇이 있을까요? 오래전부터 자주 사용해온 방법은 웹진 발간을 통한 이메일 발송을 매주 진행하는 것입니다. 한 주 동안 새롭게 업데이트된 상품과 새로운 이벤트 소식, 쇼핑몰 공지사항 등을 잡지 형식으로 묶어서 디자인한 다음 고객에게 정보지로 보내지요. 물론 최근에는 모바일이 활성화되면서 이메일보다 SNS 채널을 통해 꾸준히 쇼핑몰 동향과 새로운 소식 등을 전달합니다.

나아가 SMS 문자 혹은 카카오톡, 밴드, 개별 쇼핑몰 앱과 같은 모바일 소통 채널을 만들어 꾸준히 소통하는 것도 매우 중요합니다. 모바일의 강점은 실시간 확인이 가능하고 메시지 도달률이 매우 높다는 것입니다. 모바일 메시지는 언제 어디서든 반드시 확인할 수 있습니다. 제일 좋은 것은 모바일 앱을 만들어 고객들이 바로 주문하게 하는 방법입니다. 현재 모바일 주문이 PC 주문을 70% 이상 따라잡고 있으니까요. 별도의 비용이 수반되어 상황이 어렵다면 카카오톡과 같은 메신저를 활용해서라도 고객에게 자주 소식을 보내고 소통하는 것이 매우 중요합니다.

또 다른 방법은 구매 고객이 재구매할 수 있도록 더 큰 혜택의 서비스를 제공하는 것입니다. 즉, 회원 등급을 만들고 회원별 제품 판매 기여도에 따라 차등적인 서비스를 제공하는 것이에요. 쇼핑몰에 더 이바지한 고객에게 그만큼 차별화된 혜택을 준다고 생각할 수 있습니다. 더불어 소개 마케팅도 진행 가능합니다. 구매 고객이 다른 고객을 추천하는 경우 추천 고객이나 추천을 받고 구매한 고객에게 골고루 혜택이 돌아가면 구매 효과는 더욱 커질 것입니다. 쇼핑몰 메시지를 고객의 SNS 채널에 올리고 이를 확인하면 혜택을 주는 이벤트도 좋습니다. 고객의 지인들을 통해 빠른 속도로 쇼핑몰 홍보가 이루어질 수 있기 때문입니다.

| 회원아이콘 | 회원등급명 | 총 주문 금액(회원등급기준) | 등급별 혜택 |
|---|---|---|---|
|  | 일반회원 | 없음 | - |
|  | 새싹회원 | 1원 – 99,999원 | - |
|  | 입 문 | 10만원 이상 – 25만원 미만 | 1% 할인 |
|  | 클렌저 | 25만원 이상 – 50만원 미만 | 2% 할인 |
|  | 스 킨 | 50만원 이상 – 75만원 미만 | 3% 할인 |
|  | 에 센 스 | 75만원 이상 – 100만원 미만 | 4% 할인 |
|  | 크 림 | 100만원 이상 – 150만원 미만 | 5% 할인 |
|  | 앰 플 | 150만원 이상 – 200만원 미만 | 8% 할인 |
|  | 매 니 아 | 200만원 이상 – 400만원 미만 | 11% 할인 |
|  | 패 밀 리 | 400만원 이상 – 1,000만원 미만 | 12% 할인 |
|  | 패밀리+ | 1,000만원 이상 | 15% 할인 |
|  | 패밀리++ | 2,000만원 이상 | 18% 할인 |

**시드물 회원을 위한 8가지 특별한 혜택!**

1. 가입시 천원 할인쿠폰 증정
   신규가입시 즉시 사용 가능한 천원 할인쿠폰이 자동발급 됩니다.
2. 누적금액별 사은품 증정
   누적 구매금액 5만원,10만원 단위로 다양한 사은품이 증정됩니다.
3. 등급에 따른 할인적용
   등급에 따라 구매금액의 최대 18% 할인이 적용됩니다.
4. 텍스트/포토후기 적립금 지급
   포토후기를 남겨주시면 적립금을 지급해드리고 매월 텍스트/포토후기 우수후기자에게 할인쿠폰을 드립니다.
5. 생일축하 4% 할인쿠폰 증정
   생일 당일부터 30일간 사용가능한 4% 할인쿠폰이 자동발급 됩니다.
6. 목요이벤트 10%할인
   매주 목요일 선정된 제품의 10% 할인 쿠폰이 자동발급됩니다.
7. 출석체크시 할인쿠폰 지급
   한 달에 15번 출석을 달성하시면 2,000원 할인쿠폰을 드립니다.
8. 2만원 이상 구입시 무료배송
   전국 어디든 2만원 이상 구입시 무료배송 됩니다.

**8-06, 07**
천연화장품 시드물 회원등급 및 회원 혜택

- 주기적인 이메일/카톡 웹진 발송(앱 개발도 가능)
  개인화된 맞춤 정보라면 더 좋음
- 구매 고객에게 더 큰 혜택 부여
  VIP 마케팅, 소개 마케팅 등

# 고객을 위한 회원 관리 비법 ❽❷

## 우량 고객을 선별하라

고객 관리를 잘 하는 것은 쇼핑몰 성공의 첫 단추이며, 고객 평가에서 출발합니다.

많은 쇼핑몰이 쇼핑몰 구축과 마케팅에 대해서는 많이 신경 쓰지만, 정작 가장 중요한 고객 관리는 중요하게 여기지 않기도 합니다. 특히 소호 쇼핑몰들은 매출에 신경 쓰느라 고객 관리에 소홀해지기 쉽습니다. 우리 쇼핑몰의 최고 고객이 누구이고 어떤 사람인지, 그들이 쇼핑몰에 와서 어떤 쇼핑을 하고 있는지, 어떤 대우를 받고 있다고 생각하는지 등을 알아두는 것은 쇼핑몰이 성공하는 기반입니다.

쇼핑몰의 우량 고객을 확인하기 위해서는 고객을 평가하는 과정이 필요합니다. 고객 평가를 위해서는 먼저 고객 평가의 기준을 세우고 고객을 구분해야 합니다. 즉, 누가 우량 고객인가, 누가 불량 고객인가, 우량 고객은 몇 명인가, 불량 고객의 인적 특성은 무엇인가 등에 대한 해답을 찾는 과정으로 생각할 수 있습니다. 간단하게 고객 평가 관점/방향/시점이라는 기준으로 이론적인 부분을 설명하겠습니다.

## 고객 평가 관점

고객 평가에서는 주로 수익성, 보상 범위<sup>커버리지</sup>, RFM과 같은 기준을 두고 고객을 선정합니다.

- **수익성 점수** – 매출 기준으로 특정 고객이 일으키는 매출 점수 기준
- **커버리지 점수** – 한 명의 고객이 얼마나 많은 종류의 상품을 구매하는지 점수로 환산
- **RFM 점수** – 거래 발생의 최근성(Recency), 거래빈도(Frequency), 구매 금액(Monetary)으로 측정

먼저 수익성 점수는 그야말로 매출을 기준으로 점수화하는 것입니다. 대부분 쇼핑몰에서는 회원등급제를 가지고 있는데 이는 매출을 기준으로 한 수익성 평가 점수입니다. 일반 등급, 실버 등급, 골드 등급, 프리미엄 등급 등으로 회원 등급을 나누고 각 등급은 6개월 기준으로 매출액 50만 원 이하는 실버 등급, 50만 원 이상은 골드 등급 등으로 고객을 나누는 방식이지요. 반면 커버리지 점수는 매출보다 상품 수로 고객을 판단하는 개념입니다. 같은 100만 원의 매출이라도 몇 가지 상품을 구매한 것인지로 고객을 평가합니다.

RFM 점수의 기준은 세 가지 평가를 거칩니다. 수익성과 커버리지 점수도 모두 포함된 개념이지요. 최근 3개월 이내 30만 원 이상의 상품을 구매한 회원은 골드 등급으로, 3년 이내 10만 원 미만의 상품을 구매한 고객은 골드 등급에서 실버 등급으로 하향시키는 기준과 함께 설계하면 더욱 정교하고 세밀하게 회원 관리를 진행할 수 있습니다. 또한, 거래빈도도 추가하여 100만 원 매출을 단 1번 일으킨 고객과 30번에 걸쳐 일정 기간에 일으킨 고객과의 차이를 두면 회원 평가 방식을 구체적으로 만들 수 있으니 가장 진보된 방식이라고 볼 수 있습니다.

오픈마켓에서는 사업자 딜러의 등급을 산정하면서 불량 딜러, 일반 딜러, 우수 딜러, 파워딜러와 같은 기준을 두는데요. 평가 방식을 보면 거래 건수 기준으로 총 누적 점수가 400점이라는 일정 수준의 신용점수<sup>수익성/구매 금액</sup>를 쌓아야 하고, 최근 1개월 이내 10점

이상의 신용점수<sup>최근성/빈도</sup>를 쌓아야 하며, 고객 만족도 50% 이상 되어야 파워딜러가 될 수 있습니다.

고객 평가 방법은 여러 가지 기준으로 이루어질 수 있지만 일반 소호 쇼핑몰에서 가장 많이 사용하는 방법은 역시 수익성을 기준으로 매출 금액을 산정하는 것입니다. 소비자만이 아닌 공급자가 다수의 거래처가 있는 쇼핑몰이라면 좀 더 세분된 고객 평가 기준이 마련되어야 합니다.

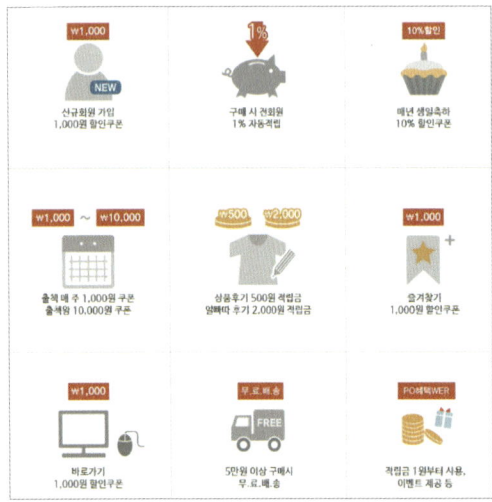 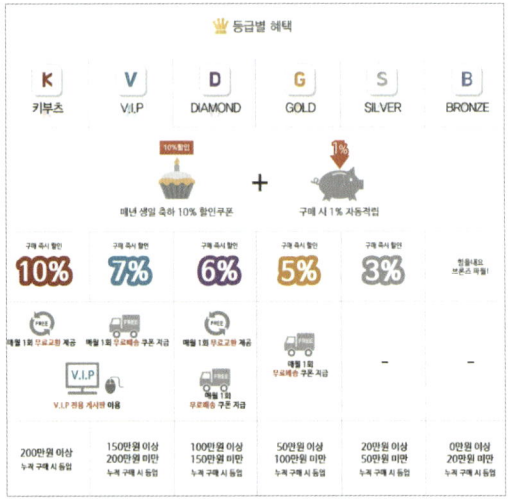

8-08, 09
남성 의류쇼핑몰 키작은남자 회원등급 및 회원 혜택 누적 금액을 기준으로 산정

## 고객 평가 방향

고객 평가 방향은 고객의 과거 주문 패턴을 기준으로 현재 고객을 평가하는 기술 평가 방식과 고객이 미래에 어떤 행동을 할 것인지 가능성을 평가하는 예측 평가로 나누어집니다. 이들 평가 방식은 고객의 충동구매를 유도하거나 모바일을 활용하여 상품 큐레이션 메시지를 보낼 때 매우 유용합니다.

기술 평가 방식은 고객의 주문 패턴을 분석하는 것입니다. 예를 들어, 과일 구매 고객 중 매일 1회 이상 로그인하는 단골이며 주당 1회의 주문을 하면서 평균 구매단가가 5만 원 정도라고 합시다. 고객의 주문 패턴을 파악하여 주문 시기와 시간대를 분석해서 언제쯤 추가 주문이 일어날 것인지 알면 제품을 추천할 수 있고 이를 바탕으로 예측 평가를 진행할 수 있습니다.

실제로 만나본 10대 의류 쇼핑몰의 경우 목표 고객인 10대들의 생활방식을 꿰고 있었습니다. 매출 주기를 잘 알고 대응하는 전략으로 감동을 주었지요. 고객 개개인은 아니었지만 10대들의 봄 소풍, 시험 기간, 방학 주기 등의 기간을 세심하게 체크하고 이에 대응하는 상품 위탁과 이벤트를 잘 설계했습니다. 갑자기 주문이 떨어지는 일이 생기면 시기에 따라 매출이 떨어질 수밖에 없는 시기로 여기고 쇼핑몰을 정비한다고 했습니다. 초보 창업자의 경우 장사가 잘 되다가 갑자기 주문 없는 날이 오면 심리적으로 불안해져서 당황할 것입니다. 매출이 저조하니 종국에는 추가적인 광고비용만 쓰고 효과는 없는 상황을 만들기 쉽습니다. 이처럼 고객의 주문 패턴을 파악하는 것은 매우 중요한 기술입니다.

한편으로 예측 평가에는 부정적인 부분도 있습니다. 예를 들어, 고객의 이탈 가능성 등을 추론하는 것입니다. 로그인 횟수가 줄어들고, 로그인하는 시기의 격차도 몇 개월 단위로 커지는 고객이라면 쇼핑몰에 방문하는 데 매력을 못 느낀다고 판단할 수 있습니다. 이러한 고객들이 왜 쇼핑몰에 방문하지 않는지를 짚어보고, 다시금 활발히 재방문하게 하는 방법은 무엇인지 고민하는 것도 고객 관리의 중요한 부분입니다. 이처럼 고객의 구매 패턴을 분석하고 고객의 상태를 인지하는 것은 사업 성장에 매우 중요한 기준입니다.

8-10, 11
지능형 마케팅 솔루션 지원 업체 넥스트웹
(www.nextweb.co.kr)
웹 로그 분석에서부터 초정밀 쇼핑 패턴 마케팅, 빅데이터에 기반을 둔 타깃 마케팅을 지원합니다.

## 고객 평가 시점

고객 평가 시점도 고객 평가에서 고려할 수 있는 요소입니다. 특정 시점에서 고객을 평가하는 정적 평가와 일정 기간 고객을 평가하는 동적 평가로 나누어집니다.

먼저 정적 평가의 특정 시점은 크리스마스와 같은 시즌에 고객의 구매 금액과 주문 상품을 비교하는 것입니다. 평일 매출액과 크리스마스 시즌의 매출액을 비교하고 시즌에는 어떤 상품이 더 잘 나가는지, 인기 있는 상품 리스트를 만들어 두는 작업과 같습니다. 매번 돌아오는 시즌에 이와 비슷한 상품들을 전략적으로 배치하면 유용합니다.

동적 평가는 특정 기간 동안 고객을 평가할 수 있습니다. 예를 들어, 의류몰에서 1월부터 2월까지 겨울옷을 판매하는 시기에 고객 평가를 하면 고객들은 이미 방한용 겨울옷은 구매를 마쳤을 테고, 그렇다고 봄옷을 사기에는 아직 춥기 때문에 간절기용 의류를 구매할 확률이 높은 시기라고 볼 수 있어요. 가장 비수기이므로 매출 보전을 위한 특별 조치가 필요한 시기이기 때문에 과거 고객 매출 분석을 통해 대비하는 전략이 필요하기도 합니다.

이처럼 고객 평가 시점을 두고 주기적으로 시행하고 계속 분석하는 마인드를 가지면 쇼핑몰 운영에 반드시 효과를 얻을 것입니다. 쇼핑몰 솔루션마다 자체적으로 제공하는 통계 기능이 있으므로 일반적인 조사 자료를 얻을 수 있습니다. 좀 더 세분되고 구체적인 고객 분석이 필요하다면 전문 로그 분석 회사를 통해 작업해야 합니다.

여기서 중요한 사항은 고객의 패턴을 아는 것이 쇼핑몰의 성패가 갈리는 요소라는 점입니다.

## 창업 컨설팅 노트 | 고객 패턴을 확인하는 로그 분석

쇼핑몰 고객들의 방문 패턴은 어떻게 알 수 있을까? 이것은 고객이 남긴 데이터로 분석할 수 있다. 서버에 접속한 고객이 어디에서 접속했고 쇼핑몰에서 얼마 동안 머물렀으며 주로 이용하는 컨텐츠는 어떤 것들인지 알 수 있는 데이터이다. 이것을 로그 파일이라고 하며, 해당 파일을 한눈에 보기 쉽게 정리해서 알려주는 것이 로그 분석 서비스다.

로그 분석은 실제로 고객을 볼 수 없는 쇼핑몰에서 고객을 가장 잘 알 수 있게 하는 기본 데이터이며 가장 효율적이고 간편한 고객 관리 방법이라고 볼 수 있다.

| | |
|---|---|
| Who visited? | 누가 방문하는가? |
| When visited? | 방문 시간과 주요 요일은 어느 때인가? |
| Where did they come from? | 어디를 통해서 방문하는가?<br>주요 검색엔진은 어디인가? |
| What is there interests? | 주로 방문하는 컨텐츠는 무엇인가?<br>어떤 메뉴가 인기 있는가? |
| Why visited or exit? | 검색엔진 방문 키워드는 무엇인가?<br>사이트 내부에서는 어떤 검색으로 무엇을 찾는가? |
| How did they navigate? | 어떤 페이지에서 빠져나가나?<br>방문객의 주된 이동 경로는 어디인가? |

표 8-01 로그 분석에서 추출할 수 있는 정보

전자상거래 전용 로그 분석 서비스도 많이 나오고 있는데, 방문자 분석뿐만 아니라 구매자 분석까지 그 영역을 확장하여 구매자들이 어떤 회원들인지 보여준다. 실제 장바구니에 담겼다가 구매하지 않은 거래 건수를 확인하여 결과를 보여주는 장바구니 분석 서비스도 제공한다. 매출 출처 분석, 제품 분석 등 쇼핑몰 거래에 초점이 맞춰진 고객 데이터를 정리해서 보여준다.

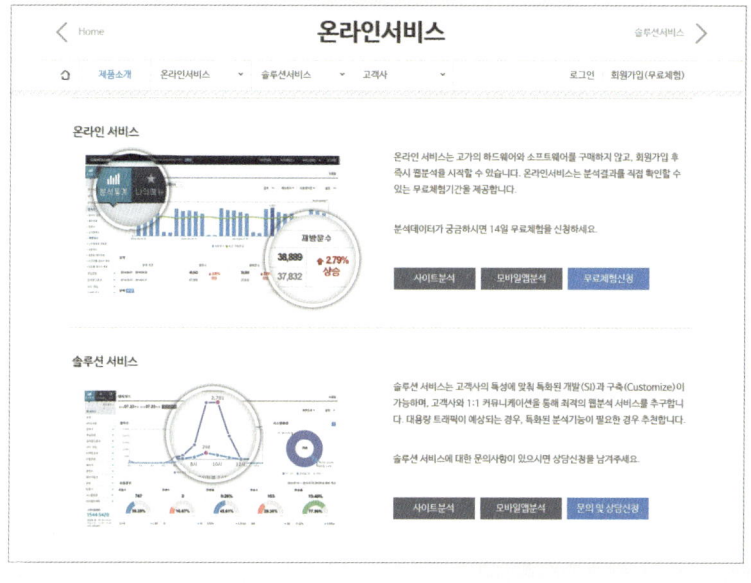

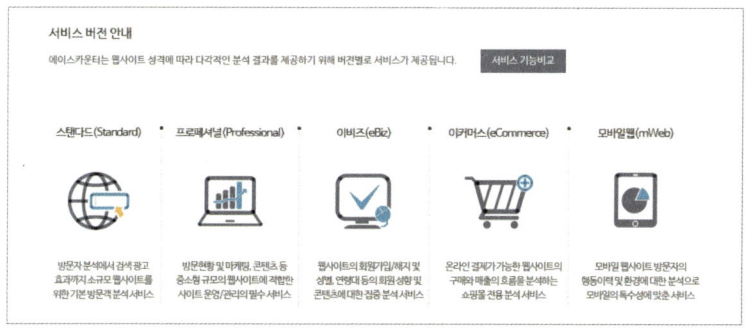

8-12, 13
로그분석서비스 에이스카운터(www.acecounter.com)

오픈마켓 전용 로그 분석 서비스도 있다. G마켓, 옥션, 11번가, 네이버 쇼핑 입점까지도 사업자 상품이 노출되면 실제로 고객이 얼마나 들어오는지, 어디에서 들어온 것인지 등 방문자에 관한 다양한 정보를 보여준다.

로그 분석을 제공하는 회사가 여러 곳이기 때문에 사전에 상담을 신청하고 체험하기 버전을 활용해 사용하는 것도 선택하는 데 도움을 준다. 이러한 로그 분석을 통해 고객의 기본 데이터를 얻어 더욱 효과적인 마케팅 전략을 세우고 적용해야 한다.

8-14, 15
오픈마켓로그분석서비스 샵로그(esellers.shoplog.co.kr)

8-16
샵로그의 서비스 기능

## 창업 컨설팅 노트 | 마케팅 믹스, 인적 특성, 사용 행태, 구매 행태로 고객 세분하기

쇼핑몰에 방문한 고객을 특징에 따라 세분하는 것도 중요하다. 고객 세분화는 어떤 기준을 적용하느냐에 따라 무수히 많은 집단으로 나눌 수 있다. 고객은 대표적으로 마케팅 믹스, 인적 특성, 사용 행태, 구매 행태에 대한 세분화를 고려할 수 있다.

'마케팅 믹스' 세분화는 바로 4P라고 볼 수 있는 제품, 가격, 장소, 프로모션에 대해서 각각의 고객들을 세분하는 것이다. 예를 들어, 청바지와 정장 바지 구매 고객을 구분하면 주로 정장 바지를 주문하는 고객은 어떤 고객일지 그들의 직업도 유추할 수 있다. 또는 고가, 저가로 나누어 일정 가격대 이상을 주로 주문하는 고객은 소득 수준이 높은 고객으로 파악할 수 있다. 쇼핑몰을 개인 쇼핑몰과 오픈마켓으로 나누어 판매하고 있다면 오픈마켓과 개인 쇼핑몰 고객을 따로 구분해 고객 평가를 진행할 수 있다. 특정 이벤트에 따라 혹은 어느 공간을 활용한 광고였는지에 따라서도 고객 반응을 나눠 세분화가 가능하다. 이벤트가 진행될 때에만 쇼핑몰에 들러 주문하는 고객도 있기 때문에 이벤트 선호도가 큰 고객은 별도로 이벤트 기간에 더욱 소식이 잘 전달되도록 홍보를 부가하는 것도 매출을 올리는 방안이다.

'인적 특성'인 나이, 성별, 지역 등의 기본적인 특성 자료를 가지고 세분할 수도 있다. 해당 연령대의 여성과 남성은 어떤 차이를 보이는지, 혹은 강북과 강남 지역의 고객 차이는 없는지 등을 살펴볼 수 있다. 쇼핑몰 방문자를 분석할 때 가장 쉽게 접근하는 고객 평가 기준이다.

'사용 행태'에 따라서도 고객을 세분할 수 있다. 고객이 해당 제품을 얼마나 많이 이용하는지를 기준으로 한 세분화이며, 많이 사는 고객과 적게 사는 고객으로도 나눌 수 있다. 예를 들어, 우유를 사는 소비자라면 우유를 얼마나 마시느냐에 따라 대량 사용자와 소량 사용자를 파악할 수 있고, 해당 브랜드 우유를 얼마나 자주 마시느냐를 알아보는 제품의 기여도 측면에서 로열티를 분석할 수도 있다. 또 '구매 행태'라 볼 수 있는 구매빈도와 구매량에 따른 기준으로 고객을 구분할 수 있을 것이다.

지금까지 살펴본 것처럼 쇼핑몰 운영자가 자사 고객을 어떤 기준에서 어떤 방향성을 가지고 평가하고 세분하느냐는 쇼핑몰 운영의 핵심이다. 1년 넘게 쇼핑몰을 운영하면서 어떤 고객이 단골인지, 그 단골은 한 달에 몇 번이나 로그인하는지, 주문까지 걸리는 시간은 얼마나 되는지 등을 한 번도 살펴보지 않는 운영자가 너무 많다. 온라인 쇼핑몰은 고객과 직접 대면하지 않고 거래가 성립되는 방식이기 때문에 고객을 파악하기 더욱 어려우므로 운영자는 고객을 분석하고 파악하는 데 노력해야 한다.

## VIP를 위한 파격 서비스를 제공하라

쇼핑몰에서는 회원 등급제를 운용하고 있습니다. 고객 중에서도 쇼핑몰의 최고 고객에게는 별도의 서비스를 제공하는 것이 중요하지요. 기여도가 있는 고객 입장에서는 자신에게 얼마나 나은 서비스를 제공하는지에 관해 더 관심을 가지고 기대하기 마련입니다.

실제 쇼핑몰들이 고객 등급을 구분할 때에는 일반 등급에서부터 최고 VIP 등급까지 설정하는데요, 대부분 고객의 구매 금액 및 구매 빈도를 기반으로 결정합니다. 몇 단계의 등급으로 나눌지, 등급에 따라 쇼핑몰에서 제공하는 혜택에 어떤 차이를 둘 것인지 등을 다른 쇼핑몰 기준을 참고하여 매깁니다.

유명 의류 쇼핑몰들을 보면 VIP를 위한 별도의 쇼핑 공간을 마련하기도 합니다. 일반 회원들을 위한 가격과 VIP 회원들을 위한 가격이 다른 것입니다. VIP 전용 카테고리를 통해 로그인하면 가격이 전혀 다르게 보이고 서비스도 차등으로 제공되는 경우가 많습니다. 종합 쇼핑몰에서 VIP로 등록된 적이 있었는데 1년간 약 20만 원의 부가 금액이 한 번에 지급되었습니다. 물론 결제 금액의 5% 정도만 사용할 수 있어서 5% 추가 할인을 받는 셈입니다. 또 무료 배송 서비스를 제공하거나 무료 반품 서비스를 제공하는 등 부가서비스를 제공해주었습니다.

일반 회원을 위한 서비스는 당연히 제공하는 것이지만 특히 VIP 회원을 위한 특별 서비스를 제공하는 부분도 매우 신중하게 고민해야 합니다.

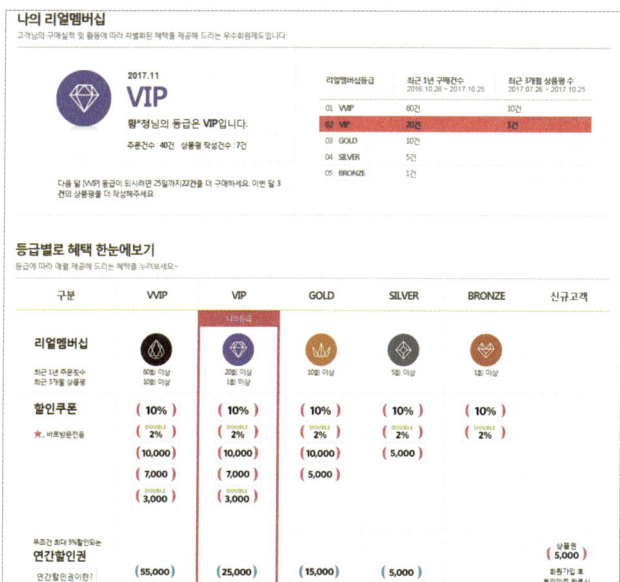

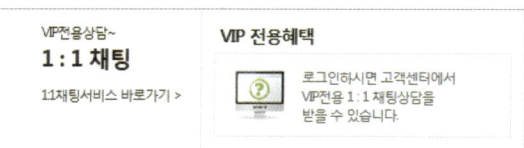

8-17, 18
GS샵의 VIP 회원과 서비스
연간 할인권을 비용으로 바로 제공합니다.
추가로 VIP 전용 채팅 서비스를 제공합니다.

8-19
조아맘의 회원등급혜택(VIP 포함)

## 차별화된 마일리지 제도를 구축하라

쇼핑몰에서 고객에게 기본적으로 제공하는 서비스 중 대표적인 것은 마일리지입니다. 일명 적립금으로 고객에게 지속적으로 쇼핑몰에서 소비 활동을 하도록 유도하는 데 효과적입니다. 물론 마일리지는 쇼핑몰 입장에서는 비용이지만, 고객의 재방문률을 높여 충성도를 향상할 수 있기 때문에 필요한 서비스입니다.

중요한 것은 고객에게 마일리지를 혜택이자 쇼핑몰의 강점으로 느낄 수 있게 만들어야 한다는 것입니다. 예를 들어, 쇼핑몰 초기 가입 시 천 원의 적립금을 주고 이 적립금은 구매 시 사용할 수 있으며 적립금 사용은 최소 5천 원이 되어야 쓸 수 있다는 단서가 있다고 합시다. 이 경우에는 회원 가입 시 받은 적립금의 효용성이 별로 없습니다. 적립금이 언제 5천 원이 될지 까마득하게 느껴지기 때문입니다. 적립금 사용이 어려워지면 고객 입장에서는 쇼핑몰이 생색만 내는 서비스라고 생각하기 쉽습니다.

쇼핑몰의 적립금 정책은 천 원 단위로 언제든지 사용할 수 있게 기준을 만들어두는 등 작은 단위로도 바로 사용할 수 있게 하는 것이 바람직합니다. 반복적인 방문과 구매횟수도 중요하지만 적립금이라는 제도를 마케팅 수단으로 제공하는 것이 더 효과적이지요. 어떤 쇼핑몰은 적립금을 제품 구매 시 가격 비율로 제공하지 않고, 특별 이벤트를 만들어 이벤트 참여자에게 특별히 적립금을 제공하거나 이벤트 상품을 구매할 때 2배의 적립금을 지급하는 등 재미를 더한 이벤트로 제공하기도 합니다.

마일리지나 적립금을 다른 쇼핑몰과 비교해 무난한 서비스로 사용하기보다는 자신의 쇼핑몰 고객들을 위한 특별한 서비스로 만드는 전략이 필요합니다. 그저 상품을 구매할 때마다 1% 정도 소액이 쌓이는 것은 소비자 입장에서는 큰 가치가 없는 서비스입니다. 작은 차이가 성공을 가늠하는 만큼 하나하나 전략적으로 고민하기 바랍니다.

# 신뢰도 있는 고객센터를 구축하라 ❽❸

## 고객 만족의 척도는 고객센터에 있다

고객으로부터 신뢰를 얻기 위해서는 할인이나 사은품 제공도 중요하지만 고객이 불편해하는 요소들을 원활하게 해결하는 것이 더욱 중요합니다. 바로 고객들의 클레임을 어떻게 효율적으로 처리할 것인지 생각해봐야 합니다.

클레임$^{Claim}$은 소비자가 품질에 대해 불평, 불만, 고충 등을 나타내는 것으로 쇼핑몰이 클레임에 어떻게 대응하느냐에 따라 실질적인 매출에도 영향을 미칩니다. 클레임을 신속하게 처리하지 못 하면 고객은 다시 구매하지 않을 수 있습니다. 그러면 매출 감소뿐 아니라 브랜드 이미지에도 타격이 생기며, 결국 쇼핑몰을 접어야 하기도 합니다.

쇼핑몰에서는 화면 속 이미지만 보고 상품을 구매하기 때문에 소비자 입장에서는 궁금한 점이 많고 불만도 더 생길 수 있습니다. 이를 막기 위해 쇼핑몰을 운영하면서 어떤 클레임 유형이 생기는지 간단하게 살펴보겠습니다.

## 클레임이 발생할 수 있는 네 가지 유형

고객들은 파트별로 클레임을 제기할 수 있습니다. 고객들이 제기할 수 있는 클레임의 유형을 네 가지로 정리해 살펴봅니다.

## 회원 가입 및 탈퇴

### 자주 발생할 수 있는 문제
- 회원 가입 및 탈퇴
- 회원 정보 변경
- 아이디 및 비밀번호 변경
- 이메일이나 SMS 수신 거부
- 회원 이용 약관 등 회원 가입 및 탈퇴

회원 가입 시 약관 내용 또는 형식이 불편하거나 과도한 정보를 취한다면 불만이 생깁니다. 반대로 탈퇴하려고 하는데 절차가 까다롭다면 클레임이 생길 수 있지요. 무엇보다 인터넷 이용 시 가장 빈번하게 일어나는 불편은 아이디와 비밀번호가 생각나지 않을 때이므로 쉽게 로그인하고 쉽게 비밀번호를 설정할 수 있도록 하는 것도 중요한 서비스입니다. 최근 회원 가입 단계에서 네이버 아이디 또는 페이스북 아이디로 로그인하는 서비스도 이 같은 불편을 해소하는 차원에서 만들어졌습니다.

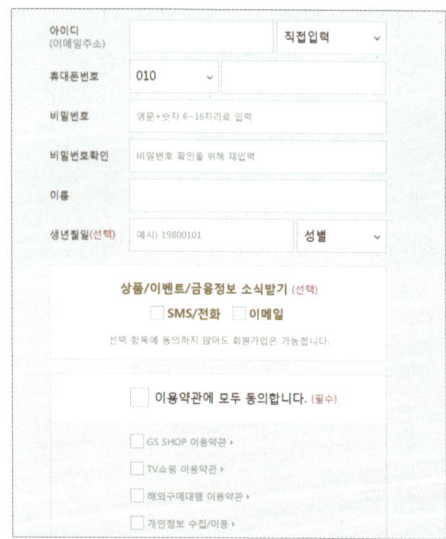

8-20
GS샵의 간소화된 회원 가입 메뉴(with.gsshop.com)

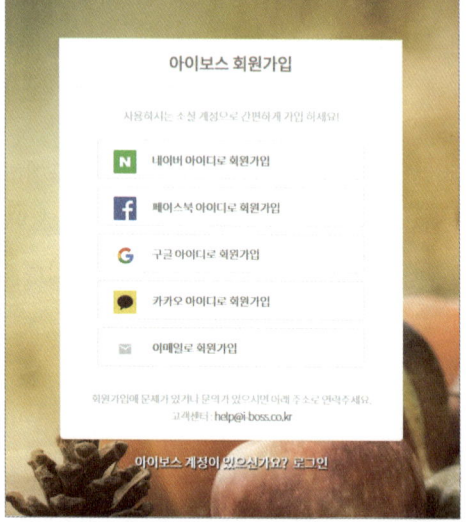

8-21
아이보스의 여러 SNS 채널과 연계된 회원 가입 유형
(www.i-boss.co.kr)

## 상품 구매

**자주 발생할 수 있는 문제**
- 상품 사이즈 문의
- 컬러나 재질에 관한 문의
- 복수 구매 시 혜택 문의
- 배송 및 교환 문의
- 환불 절차에 대한 문의
- 상품 A/S에 대한 문의
- 이벤트 진행 시 경품 지급 문의

상품을 구매하면서 다양한 클레임이 발생할 수 있습니다. 보통 상품 정보가 부족해서 사이즈, 컬러, 재질, 재고 여부 등에 관한 클레임으로 상품을 문의합니다. 어떤 쇼핑몰에는 모니터 해상도에 따라 색상 차이가 생길 수 있는데 이에 관해서는 반품이나 교환의 책임이 없다고 명시되어 있습니다. 상품 사진도 자세하게 여러 컷을 제공하고 모델 사이즈도 상세히 알려주어 고객의 궁금증을 해결하려는 노력이 필요합니다. 상품 구매 시 반품이나 환불 조건, 배송 문의 등의 질문도 자주 생기므로 상품 정보 하단에는 반드시 배송과 교환, 반품에 대한 절차와 기준을 명시해야 합니다.

구매 후에는 주문 취소, 환불 절차, 상품 A/S 등의 클레임이 발생하므로 온라인에서도 쉽게 주문을 취소할 수 있고, 환불도 명쾌하게 과정을 제시하는 것이 중요합니다. 사실 고객 입장에서는 주문 후 다시 취소하는 상황이 가장 불편한 일입니다. 택배박스를 다시 포장하고 주문 취소를 요청하고 배송비를 다시 소급해 돌려주는 것도 기분이 좋지 않기 때문입니다. 아마도 여러분이 소비자 입장에서 겪어봤을 불편함을 직접 쇼핑몰 운영자가 되었을 때 반영하면 될 것입니다.

고객 클레임은 이벤트 진행, 커뮤니티 운영 과정, 경품 지급 등 쇼핑몰에서 발생하는 모든 문의 사항이 대상이므로 고객의 질문에 성실히 답하고 불만이 있을 만한 부분에서는 적극적으로 해결하는 자세를 갖추는 것이 중요합니다.

## 주문 및 결제

**자주 발생할 수 있는 문제**
- 결제 오류에 대한 문의
- 주문 취소를 확인하는 문의
- 쿠폰 사용 방법에 대한 문의
- 현금영수증 발급 등에 대한 문의

쇼핑몰을 운영하면서 가장 많이 받는 고객 문의 전화는 주문과 결제에 관한 것입니다. 직접 쇼핑몰을 운영할 당시 카드 결제 오류와 같은 문의가 많았습니다. 컴퓨터 보안 등급 설정이나 윈도우 버전 차이 때문에 생기는 문제였지만, 모바일 결제에서는 이러한 문제들이 없어져서 편리해졌습니다. 또 결제 후 주문을 취소할 경우에 제대로 주문이 취소되었는지, 카드 결제는 언제 취소되는지 묻는 전화도 많았습니다. 보통 쇼핑몰에서 카드 결제를 취소해도 실제 고객에게는 2~3일 뒤에 통보되기 때문에 이 부분에 대한 사전 안내가 필요합니다.

이외에도 주문할 때 쿠폰 사용 방법을 문의한다든지, 현금영수증을 발급받고 싶은데 어떻게 해야 하는지 등 주문 및 결제와 관련된 클레임이 많습니다. 이러한 클레임은 금전적인 문제와 직결되어 있어 고객들이 민감하게 반응하기 때문에 신속한 대처가 필요합니다.

```
DELIVERY INFO  배송/결제 안내

- 무통장입금 시 기재한 입금자명과 실제 입금자명이 동일하여야 하며, 입금자명이 상이할 경우 입금확인이 불가합니다.
- 주문 후 4일 안에 입금확인이 되지 않을 경우, 주문은 자동 취소됩니다.

- 배송은 결제 확인일로 부터 2~5일정도(공휴일 제외)소요됩니다.
- 상품에 따라 주문제작 또는 입고지면 상품은 입고일에 따라 일주일 이상 지연 될 수 있습니다.
- 상품의 품절이나 재고부족으로 인한 배송지연의 경우, 조아맘에서 연락을 드립니다.
- 지정 택배사는 CJ 대한통운 택배(1588-1255)이며, 상품발송 후 SMS로 개별안내 드립니다.
- 배송료는 2,500원이며 결제금액 5만원 이상인 경우 무료배송 해드립니다.


EXCHANGE RETURN A/S  교환/반품/AS안내

- 교환&반품은 상품 수령일로부터 7일 이내에 고객센터 또는 게시판으로 신청해주셔야 합니다.
  (제품수령후 불량&오배송이 확인될 경우엔 30일 이내 교환&반품 처리가 가능합니다.)

[반품운임 안내]
- 전체상품 반품시 왕복운임 5,000원은 고객님 부담입니다.
- 일부상품 반품시 편도운임 2,500원은 고객님 부담입니다.(실결제액 5만원 이상일경우)
- 일부상품 반품시 5만원이상 결제후 부분반품으로 인하여 실결제액 5만원 미만일 경우 왕복운임 5,000원은 고객님 부담입니다.

[교환운임 안내]
- 제품 교환시 왕복운임 5,000원은 고객님 부담입니다.
- 제품 불량인 경우 조아맘에서 왕복 운임은 모두 부담합니다.
  (단,반드시 동일상품/동일사이즈의 교환만 가능해드립니다. 다른 상품으로의 교환운임비는 고객님 부담입니다.)

교환/반품이 불가한 경우
- 반품기한(상품 수령 후 7일)이 경과한 경우
- 공정거래, 표준약관 제 15조 2항에 의한 이용자의 사용 또는 일부 소비에 의하여 재화 가치가 현저히 감소한 경우 (착용흔적, 화장품, 탈취제냄새, 세탁, 수선, 택배끈 포함)
- 세탁을 하신 경우나 착용을 하신 후에는 불량이 발견되어도 교환/반품이 불가합니다.
- 의심면 종류의 제품은 워싱과정에서 실짝 못이 튀어가는 현상이 있을 수 있습니다.
- 피팅만 해보신 경우에도 상품 훼손된 경우(구김, 늘어남, 보풀)는 불가합니다.
```

8-22
조아맘의 배송 결제 및 반품 교환에 대한 정책

## 배송

### 자주 발생할 수 있는 문제

- 배송 오류에 대한 문의
- 배송 날짜와 시간에 대한 문의
- 배송료에 대한 문의
- 배송 지역에 대한 문의

배송에 관한 클레임도 많습니다. 배송 오류로 인해 제품을 받지 못한 경우 도착 소요 시간이나 배송료 문의, 제주도 및 도서 산간 지역에 배송할 수 있는지 등 구매한 제품의 배송과 관련된 모든 사항이 고객의 클레임으로 연결됩니다. 배송 책임은 보통 택배사에 있지만, 배송에 문제가 생겼을 경우 고객들은 쇼핑몰에 대해 평가하기 때문에 신속히 처리해야 합니다.

특히 특별한 날에 선물하려는 고객의 경우 배송 문제가 생기면 매우 난처한 상황이 발생합니다. 근거리일 경우 급히 퀵 서비스를 이용해서라도 문제없이 처리하는 것이 중요합니다.

어떤 쇼핑몰 운영자는 신선 식품을 취급하면서 토요일은 아예 배송하지 않기도 합니다. 토요일에 배송을 맡겨도 월요일에 배송되었을 때 제품 상태를 보증할 수 없기 때문입니다. 이렇듯 배송은 고객이 쇼핑몰에 주문하고 제품을 받는 최종 단계에서 고객과의 접점이므로 마지막까지 고객을 위한 서비스가 필요합니다.

대부분 쇼핑몰 솔루션에서는 고객센터 기능을 활용하도록 설정되어 있습니다. 고객들이 자주 묻는 질문을 FAQ로 만들어 미리 제공하고 주요 문의는 바로 클릭해 별도로 볼 수 있도록 배치합니다. VIP 회원을 위한 전용 게시판과 상담 서비스 등도 설계되어 있습니다.

8-23 조아맘 고객센터

Shoppingmall Founded for Note

## 고객 응대는 친절하고 상냥하게

고객 응대는 무조건 친절하게 하는 것이 상식입니다. 전화 문의에 답변할 때 제대로 설명이 안 되어 서로 언성을 높이는 일도 많지요. 잘못하면 상담이 아닌 싸움으로 번지기도 합니다. 그러므로 최대한 평정심을 유지하고 톤을 일정하게 하여 답변하는 것이 중요합니다. 감정을 섞지 않고 객관적으로 답변해야 하며 고객을 도우려는 입장에서 성심껏 응대해야 합니다. 상담자의 말투, 목소리, 배려 하나하나가 고객들이 바로 자신의 쇼핑몰을 인식하는 중요한 기준이라는 것을 잊지 말기 바랍니다.


## 채팅 로봇의 등장

대화형 커머스 혹은 챗봇이라는 말을 들어본 적 있나요? 쇼핑몰 업계를 중심으로 '대화를 하면 잘 팔린다'라는 소문이 돌고 있습니다.

최근 인터넷 소비자 조사를 살펴보면 스마트폰을 이용하는 목적 중 음성통화는 70.8%, 채팅 메신저 활용 비율은 79.4%라고 합니다. 이제 음성보다도 채팅이 대세인 시대가 되었습니다. 휴대폰을 사용하면서 전화보다 문자 혹은 카카오톡과 같은 메신저 사용이 훨씬 편하고 간단하게 업무를 처리할 수 있어서 편하다는 생각이 들곤 합니다.

특히 밀레니엄 세대인 10~30대에게는 통화보다 문자 대화가 더 익숙해 최근 국내 인터넷 커머스 시장의 이슈로 대화형 커머스가 화두이며, 채팅 로봇이 고객 문의를 대신하는 쇼핑몰도 늘고 있다고 합니다.

먼저 쇼핑몰에서 실시간 채팅 서비스를 쉽게 제공하는 방법은 다양한 채팅 솔루션을 이용하면 쉽게 해결됩니다. 가장 대표적인 무료 솔루션인 네이버 톡톡을 연동하는 방법에 관해 간단히 살펴봅니다.

8-24
황윤정교수 모두(moodo) 홈페이지에 톡톡 기능을 추가한 화면

8-25
톡톡 메신저를 이용한 실시간 메시지

8-26
'농가먹자' 쇼핑몰과 톡톡 친구를 맺었을 때의 인삿말

8-27
'러버나' 쇼핑몰 구매 후 톡톡 화면에서 받은 질의응답

톡톡 계정 만들기는 매우 간단해서 1분 정도면 끝납니다. 먼저 톡톡을 어떤 서비스에 연결할 것인지 선택합니다. 톡톡은 네이버 쇼핑이나 블로그, 네이버 모두로 만든 홈페이지, 네이버 예약 등 여러 네이버 서비스와 연결할 수 있습니다. 신청하면 1일 후에 톡톡이 설치되었다는 메시지를 받습니다.

8-28
해피톡(happytalk.io)
B2C 채팅 상담을 특화하여 상담 인력을 최소화하고 자동 응대를 통해 동시에 다수 고객을 응대할 수 있는 솔루션입니다. 카카오톡, 네이버, 페이스북과 같은 어떤 채널과도 연동되어 소비자는 별도 프로그램 설치 없이 쉽게 이용할 수 있습니다.

# 정부의 창업 지원 제도 활용

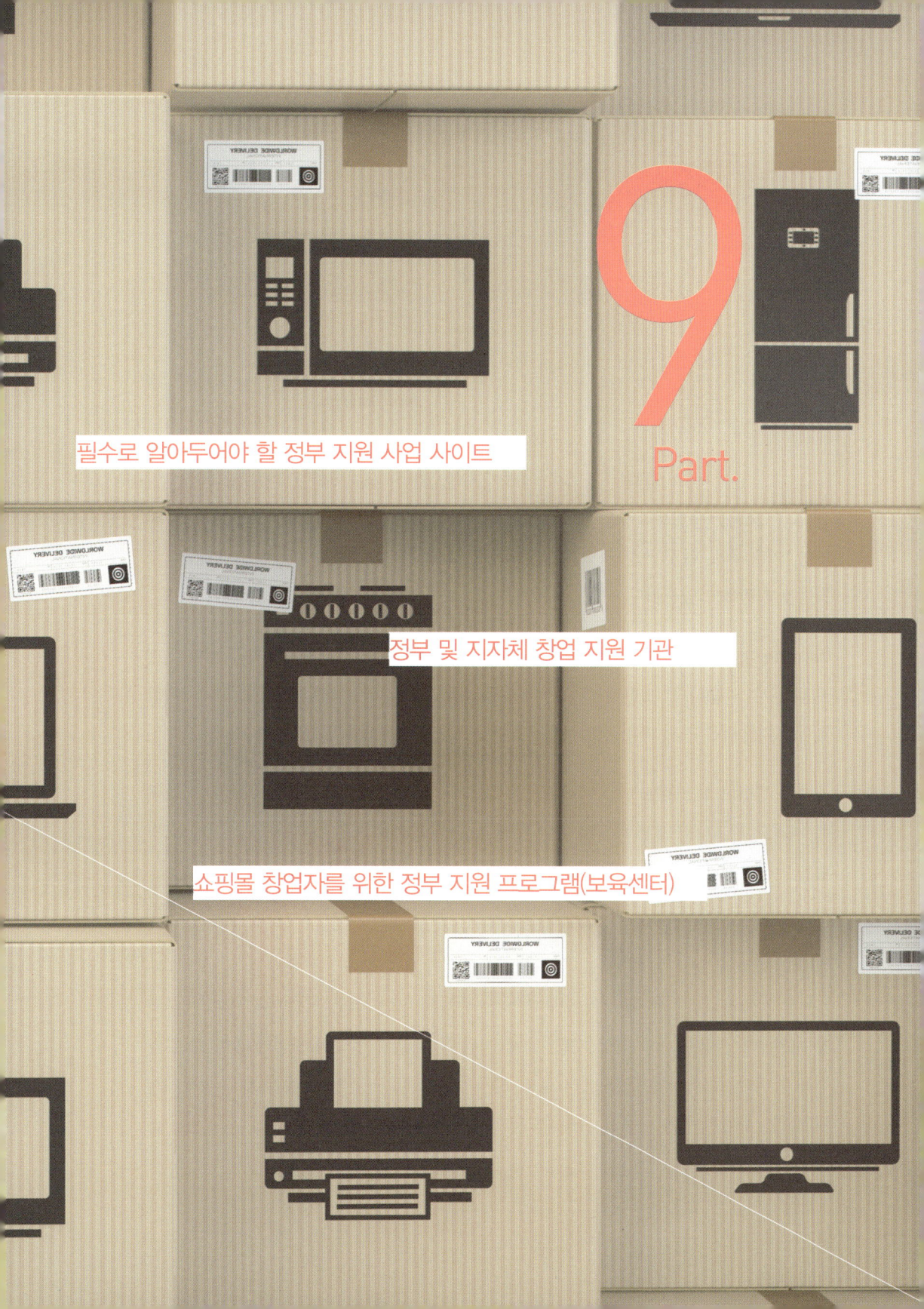

# Part. 9

- 필수로 알아두어야 할 정부 지원 사업 사이트
- 정부 및 지자체 창업 지원 기관
- 쇼핑몰 창업자를 위한 정부 지원 프로그램(보육센터)

# 필수로 알아두어야 할
# 정부 지원 사업 사이트 9①

우리나라는 창업이 미래이고 창업만이 살길이라는 가치를 내걸고 있습니다. 그래서 중고등학생을 대상으로 한 비즈쿨 사업부터 청년창업, 장년창업, 여성창업, 기술창업, 벤처창업, 사회적기업창업 등 여러 분야와 세대에 걸쳐 전방위적으로 창업을 지원하고 있습니다.

대부분의 정부 사업을 세분하면 창업 교육, 컨설팅, 시설 및 공간 제공, 자금 지원 등으로 나눌 수 있습니다. 또한 지원 대상자를 살펴보면 단순한 자영업 창업보다 미래지향적이고 기술력을 가진 예비 창업자를 지원하는 데 초점이 맞춰져 있습니다.

쇼핑몰 창업이라고 해도 단순히 유통업을 한다는 생각에서 벗어나 자신만의 아이디어를 가지고 비즈니스 모델을 구축하며 지적재산권 및 기술력을 가진 사업으로 창업 방향을 만들어나가야 합니다.

정부의 창업 지원 프로그램을 통해 사업화 및 사업 안정화를 기하는 데 도움을 얻을 수 있습니다. 먼저 정부 지원 사업을 한눈에 알 수 있도록 종합적으로 정보를 제공하는 사이트를 살펴봅니다. 중소벤처기업부 www.mss.go.kr 에서는 창업 지원, 소상공인 지원, 전통시장 지원, 여성 및 장애인 창업 지원, 수출 지원 등 세분된 영역의 창업에 관한 모든 지원을 합니다. 중소벤처기업부에서 운영하는 사이트 중 두 곳을 소개합니다. 정부에서 지원하는 사업의 주요 내용을 검색해보고 맞춤 지원 정보를 찾아 보세요.

Shoppingmall Founded for Note

9-01
중소벤처기업부 업무에 대한 전체 소개
– 네이버 제공

# K-스타트업

K-스타트업 www.k-startup.go.kr 은 중소기업 창업 포털사이트로 창업 교육, 시설 공간, 컨설팅 멘토링, 자금 등 창업에 관한 모든 정보를 한눈에 확인할 수 있습니다. 반드시 회원으로 가입해 카테고리별로 어떤 기관에서 어떤 정보를 제공하는지 찬찬히 살펴보기 바랍니다. 또한 연초마다 〈정부 창업 지원 사업 통합공고〉라고 하여 1년 동안 지원되는 창업 지원 사업들을 총정리해서 발표하므로 사이트에서 언제든지 확인할 수 있습니다.

9-02, 03
K-스타트업

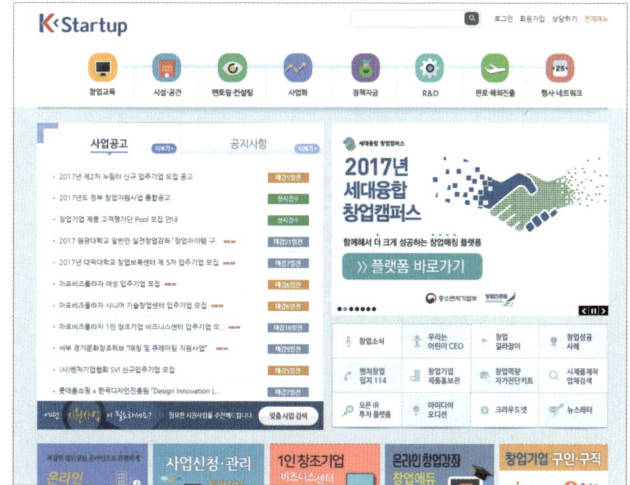

# 기업마당

기업마당www.bizinfo.go.kr 은 주요 4백 여 개 중소기업지원기관의 중소기업 지원 사업 정보를 한눈에 검색하고 파악할 수 있는 사이트입니다. 이외에도 최근 중소기업의 쟁점, 경영 정보와 행사 정보 등을 쉽고 빠르게 검색할 수 있는 중소기업 종합 정보 서비스라고 볼 수 있습니다. 금융, 기술, 인력, 수출, 내수, 창업, 경영, 제도, 동반성장의 9가지 파트로 나누어 정부 지원 사업과 교육 및 세미나, 전시회 정보를 회원별 맞춤 서비스로 제공합니다.

9-04, 05
기업마당

Shoppingmall Founded for Note

# 정부 및 지자체 창업 지원 기관

## 중소벤처기업부 산하 창업 지원 총괄(전국)

정부에서 예비 창업자를 위한, 혹은 초기 사업자를 위한 여러 지원 제도가 있음에도 대부분 창업자들은 어디에서 정보를 얻는지 모른다고 합니다. 기본적으로 창업 지원 제도를 기획하고 운영하는 총괄 기관을 알아두는 것이 유리하므로 전국을 총괄하는 정부기관과 지자체 중 서울과 경기도의 대표적인 창업 지원 기관을 간략히 소개합니다. 각 사이트에 접속해서 하나하나 찬찬히 살펴보기 바랍니다.

### 소상공인시장진흥공단

소상공인 및 전통시장 교육, 컨설팅, 자금, 방송 등 소상공인, 전통시장 정책을 수행하는 소상공인시장진흥공단 www.semas.or.kr 은 중소벤처기업부 산하 기관 중 소상공인 및 전통시장을 지원하는 기관입니다. 국내 사업자 중 70% 이상의 사업자는 바로 소상공인입니다. 소상공인이라 하면 일반 음식, 도소매업 등 사업장의 경우 5인 미만의 사업장을 일컫습니다. 제조업의 경우 10인 미만의 사업장이 소상공인에 해당합니다. 주변에서 보면 초기 창업 기업의 대부분은 1인 혹은 3인 이내이므로 모두 소상공인입니다. 이러한 작은 사업체를 대상으로 교육-컨설팅-자금까지 많은 부분을 전국적으로 포괄하며 지원합니다.

전국에는 지역별로 약 60여 개의 소상공인 지원센터가 있습니다. 공단 홈페이지에 자세하게 나와 있는데요, 급히 자금이 필요할 때, 전문 컨설턴트의 컨설팅을 받고 싶을 때, 창업 교육이나 다른 지원 사업을 문의하고 싶을 때 언제든지 연락하고 찾아가면 많은 도움이 됩니다.

9-06
소상공인시장진흥공단

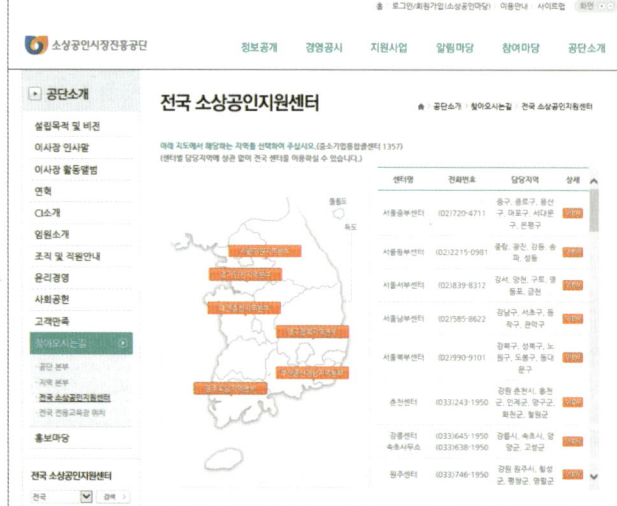

9-07
전국 소상공인지원센터 안내

Shoppingmall Founded for Note

## 창업진흥원

중소벤처기업부 산하에서 특히 기술 창업과 관련된 영역을 지원하는 전문 기관은 바로 창업진흥원www.kised.or.kr입니다. 기술 창업 활성화를 위한 창업 교육, 창업 인프라 구축, 수요자 맞춤형 창업을 지원하고 있습니다. 창업 교육으로는 청소년 비즈쿨, 창업 대학원, 시니어 기술 창업, 스마트 창작터와 같은 창업 전문 기관을 지정하고 운영하며, 대학과도 많이 연결된 기관이지요. 창업 인턴제, 창업선도대학, 선도 벤처 연계 기술 창업, 크리에이티브 팩토리 지원 사업, 세대 융합 창업 캠퍼스, 글로벌 창업 기업 발굴 사업, 1인 창조 기업 지원 사업 등도 모두 창업진흥원에서 담당합니다.

쇼핑몰 자체를 유통 사업이라고만 생각하면 정부 지원을 받는 데 한계가 있습니다. 자신만이 가진 아이디어를 상품화한다면 1인 제조형 사업이 되기 때문에 정부 지원을 받기 쉬워지고 플랫폼 창업으로 쇼핑몰 아이디어를 확장하면 기술형 창업이 될 수 있습니다. 여러 대학과도 연계하여 창업 교육이나 보육시설 제공, 컨설팅 제공 등이 가능해 사이트 메뉴들을 잘 살펴볼 필요가 있습니다.

9-08
창업진흥원

# 서울시

## 서울경제진흥원

서울시 중소기업에 대한 종합적이고 체계적인 지원 사업을 총괄하는 곳은 서울경제진흥원www.sba.seoul.kr입니다. 2016년에는 서울 마포구 공덕동에 '서울창업허브'를 만들어 서울시 창업의 컨트롤타워를 만들었습니다. 역량 있는 기업들을 선발하여 입주시설도 제공하고 투자까지 연결하며 각종 교육과 기술 인프라를 만들어 제공하고 있습니다. 스타트업과 인재를 연결하는 사업부터 새로운 직업 창출에 대한 교육도 지원합니다. 서울시민으로서 창업에 대한 지원을 받고자 할 때에는 꼭 들려봐야 하는 곳입니다.

9-09
서울경제진흥원

## 서울신용보증재단, 서울특별시 자영업지원센터

서울 중소기업 신용보증지원기관, 신용보증이용법, 신청서류, 지원 자금 안내를 하는 서울신용보증재단www.seoulshinbo.co.kr은 신용보증을 통해 자금을 지원합니다. 자금 지원뿐만 아니라 교육과 컨설팅도 제공합니다. 특히 서울시 자영업지원센터www.seoulsbdc.or.kr를 서울시로부터 위탁받아 재단에서 관리하기 때문에 서울시 자영업자 혹은 소상공인들은 꼭 알아두어야 할 지원 기관입니다.

9-10
서울신용보증재단

9-11
서울시 자영업지원센터

# 경기도

## 경기도 경제과학진흥원

경기도경제과학진흥원http://www.gbsa.or.kr은 경기중소기업종합지원센터와 경기과학기술진흥원이 통합되어 창업분야, 기술개발, 마케팅, 교육, 서민경제 등 다양한 지원 사업이 운영됩니다. 경기도 내 창업보육센터, 경기 중장년기술창업센터 등도 자세하게 안내하고 있으니 경기도민이라면 적극적으로 정보를 살펴볼 필요가 있습니다.

9-12
경기도 경제과학진흥원

## 경기도 내 중소기업지원정보 포털사이트

경기도 내 중소기업지원정보 포털사이트http://www.egbiz.or.kr는 경기도에서 중소기업들이 지원받을 수 있는 정부 지원과 정책들을 한 자리에 모아 안내하는 사이트입니다. 정부 창업 지원 포털사이트인 비즈인포와 유사하지만 경기도 지역으로 한정해서 정부 지원을 더욱 효과적으로 알립니다.

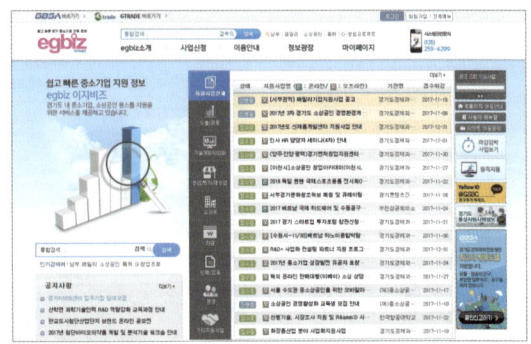

9-13
이지비즈

# 쇼핑몰 창업자를 위한
# 정부 지원 프로그램(보육센터) ❾❸

창업 시 무엇부터 시작해야 할지 막막할 때 도움 받을 수 있는 정부 창업 지원 프로그램들이 있습니다. 정부의 창업 지원 프로그램은 창업 시 사무실 제공, 교육 및 컨설팅 지원, 사업비 지원 등 다양한 영역에서 제공됩니다. 경험상 정부 및 지자체 혹은 대학의 창업보육센터를 이용해 사무실을 제공 받으면서 사업비, 판로, 마케팅, 교육, 컨설팅을 한 자리에서 원스톱으로 받는 경우가 가장 혜택이 큰 것으로 보입니다. 물론 창업자금만을 지원받는 공모전이 있고, 무료로 컨설팅받을 수 있는 서비스도 있습니다. 정부 지원에 대한 모든 것은 앞서 추천한 기관 사이트에 포함되어 있습니다. 이번에는 창업자에게 가장 필요한 모든 지원을 원스톱으로 제공하는 보육센터 위주로 정부 지원 프로그램을 알아보겠습니다.

정부 지원을 받기 위해서는 조건이 필요합니다. 지원 기관에서 요구하는 양식에 맞춰 사업계획서를 작성하고 발표 혹은 면접 과정을 거쳐서 선발되므로 평범한 사업계획이 아닌 차별되고 성장성 있는 아이템으로 신청서를 내야 한다는 점을 유념하기 바랍니다. 정부 및 지자체, 대학의 보육센터들은 입주기업이 성장해나갈 수 있도록 지원하는 것이 주요 역할이며 성공사례가 발굴되어야 더 나은 지원을 받을 수 있기 때문에 입주기업으로 선정되면 큰 도움을 받을 수 있습니다.

먼저 전국적으로 예비 창업자 누구나 입주 혜택을 볼 수 있는 곳들과 여성 특화 지원 기관으로 나누어 살펴봅니다.

# 공통

## 전국 대학 창업보육센터

대학마다 창업보육센터를 가지고 있습니다. 가까운 대학이나 학연이 있는 대학의 창업보육센터를 찾아보세요. 공실이 있다면 추가로 지원하여 사무실을 얻을 수 있습니다. 창업보육센터의 역량 강화를 위해 정부에서 여러 방면으로 지원하고 있어 입주만 할 수 있다면 사업화에 많은 도움을 받을 수 있습니다.

지역 센터를 자세히 검색해보고자 한다면 전국 창업보육센터 네트워크 시스템을 통해서 센터 검색이 가능합니다.

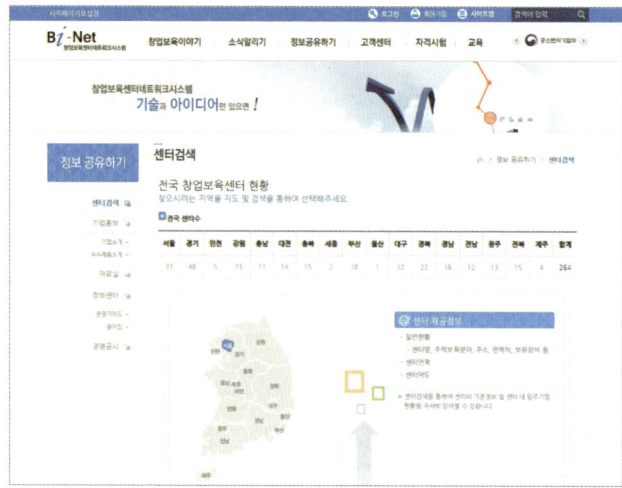

9-14
전국창업보육센터 네트워크 시스템
(www.bi.go.kr/incu/center/list.do)

## 창업선도대학 내 창업보육센터

대학의 창업보육센터 중에서도 추가 지원 혜택이 있는 창업선도대학의 창업보육센터를 눈여겨볼 필요가 있습니다. 현재 40개 대학에 총 922억 원이 지원되고 있습니다. 특별히 창업선도대학 내 보육센터에 입주한 기업들은 최대 1억 원 내에서 사업화 지원비를 별도로 받을 수 있습니다.

9-15
창업선도대학 육성사업 안내
(www.k-startup.go.kr)

### 지원 대상

- (창업 아이템 사업화) 제조 및 지식서비스 분야 예비 창업자 및 창업 후 3년 미만 기업
- (실전 창업 교육 및 자율·특화 프로그램) 창업에 관심이 있는 대학(원)생 및 일반인

### 지원 내용

- (창업 아이템 사업화) 시제품 개발, 지재권 출원·등록, 마케팅 활동 등 창업 사업화 자금 지원 (최대 1억 원)
  후속 지원 – 창업 아이템 사업화에 참여한 기업 중 우수 창업자를 대학으로 성능 개선, 홍보·마케팅 등 사업 고도화 자금 지원(최대 3천만 원)

- (실전 창업 교육 및 자율·특화 프로그램) 대학생 및 일반인 창업 교육, 창업한마당축제, 지역 창업 경진대회 등 대학별 자율·특화 프로그램 운영

**문의처**

중소벤처기업부 기술창업과(042-481-4462)
창업진흥원 대학창업부(042-480-4353~9)

## 청년창업사관학교

창업자 나이가 만 39세 이하라면 도전할 만한 창업 지원 프로그램이 있습니다. 바로 청년창업사관학교$^{start.sbc.or.kr}$ 프로그램입니다. 옛 중소기업연수원$^{경기도\ 안산}$에 대규모로 차려진 청년창업사관학교에 입주기업으로 신청하고 선발되면 정부 지원을 받으면서 사업화가 가능해집니다. 창업 공간 지원은 물론 교육 및 컨설팅, 기술화 지원, 자금 연계까지 원스톱으로 모든 지원이 만들어져 있습니다.

9-16
청년창업사관학교 종합 안내

## 사업 개요

- 기술성 및 사업성이 우수한 (예비) 창업자의 원활한 창업 활동과 지속적인 성장을 위해, 창업 계획 수립부터 사업화까지 창업 단계별 지원

## 지원 규모

- 500억 원(500팀 내외)

## 지원 대상

- '17. 1. 1 기준 만 39세 이하인 자로서, 창업을 준비 중인 예비 창업자 또는 창업 후 3년 이하 기업의 대표자
  신청 과제와 관련된 기술 경력 보유자는 정원의 10% 이내 만 49세 이하까지 지원
    ※ 기술 경력 보유자 기준
    ① 고등학교 졸업자로서 10년 이상 해당 분야 경력 소지자
    ② 전문대학 졸업자로서 7년 이상 해당 분야 경력 소지자
    ③ 학사학위 소지자로서 5년 이상 해당 분야 경력 소지자
    ④ 석사학위 소지자로서 3년 이상 해당 분야 경력 소지자
    ⑤ 기타 이와 동등한 경력이 있다고 인정되는 자(박사, 기술사, 기능장 등)

## 지원 내용

- 프리스쿨: 청년창업사관학교 입교 희망자 대상 창업 역량 강화를 위한 교육 및 코칭 등 지원
- 사업화 지원(청년창업사관학교)
    - 창업 공간: 사관학교(안산, 천안, 광주, 경산, 창원) 내 창업 준비 공간 제공
    - 창업 코칭: 전문 인력을 전담교수로 배치하여 진도 관리
    - 창업 교육: 기술 사업화 및 전문 지식 등 단계별 집중 교육 실시
        단계별 집중 교육 미 이수 및 교육 이수시간 부족 시 중간 탈락(퇴교)
    - 기술 지원: 제품 설계(CAE, 역설계 포함), 시제품 제작 등 제품 개발 과정의 기술 및 장비 지원
    - 자금 지원: 창업활동비 · 기술개발비 · 시제품제작비 등 사업비(연간 최대 1억 원) 지원

* 경기도 안산(입소 및 준 입소형) 및 지방 4개 권역(입소 및 준 입소형) 지원
  지방 4개 권역: 충남(천안), 호남(광주), 대구·경북(경북 경산), 부산·경남(경남 창원)
* 신청인은 총 사업비의 30% 이상 부담(현금 10% 이상, 현물 20% 이하)
- 후속 연계: 청년창업사관학교 졸업 기업의 성장 촉진을 위한 신속 지원 프로그램(Fast-track)
  – 보육·코칭, 기술 개발, 정책 자금, 마케팅·수출, 투자 유치 등

### 문의처

- 중소기업진흥공단 창업기술처(055-751-9838)

## 1인 창조기업비즈니스센터

전국적으로 중소벤처기업부에서 지원하는 1인 창조기업비즈니스센터<sup>www.k-startup.go.kr</sup>가 만들어져 있습니다. 홈페이지에는 약 63개소로 소개되어 있습니다. 1인 창조 기업에 사무 공간을 제공하고 세무·법률 등에 대한 전문가 자문, 교육 등 경영 지원, 비즈니스 창출 및 사업화를 지원하는 곳입니다. 당연히 지원 대상은 1인 창조 기업이어야 하며, 예비 창업자 단계에서도 지원할 수 있습니다.

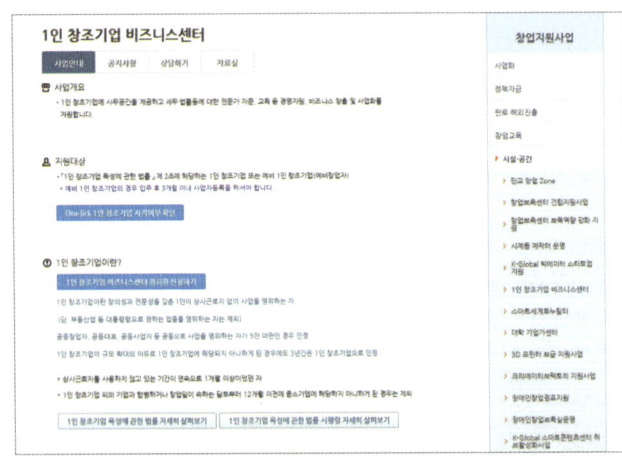

9-17
1인 창조기업 비즈니스센터

「1인 창조기업 육성에 관한 법률」 제2조를 보면 대상 업종이 나타나 있는데요, K-스타트업 사이트에서는 '1인 창조기업 확인해보기'라는 기능이 있어 산업분류코드를 검색할 수 있으며 많은 업종에서 지원할 수 있습니다. 쇼핑몰 창업과 같은 소매업 창업도 모두 포함됩니다.

**9-18**
1인 창조기업 확인하기(www.k-startup.go.kr/common/knProject/application/ac/coCheckPop.do)

지원 내용은 다음과 같습니다. 대부분의 1인 창조기업 비즈니스센터가 사무실 공간을 주고 각종 사업화 지원을 도우므로 지역을 찾아 입주 기업 문의를 합니다.

- **사무 공간** – 사무(작업) 공간 및 회의실, 상담실, 휴게실 등 비즈니스 공간 지원
- **경영 지원** – 세무·회계·법률·마케팅·창업 등 전문가 상담, 교육, 정보제공 등 경영지원 (무료)
- **사업화 지원** – 1인 창조기업과 외부기관(기업)간 프로젝트 연계 및 수행 기회 제공, 지식서비스 거래 및 사업화 지원
- **시설 이용** – 팩스, 프린터, PC 등 사무용 집기 이용 지원

## 중장년기술창업센터

만 40세 이상의 예비 창업자를 대상으로 한 창업 공간 지원도 있습니다. 대표적으로 중장년기술창업센터(www.k-startup.go.kr)를 들 수 있지요. 중·장년창업자가 경력, 네트워크, 전문성을 활용하여 성공적인 창업을 할 수 있도록 지원하는 곳입니다. 전국적으로 중장

년기술창업센터는 25개소 내외이며 K-스타트업 사이트를 통해 위치를 확인할 수 있습니다.

주로 일반 회원과 입주 회원으로 나누어 제공되는 서비스가 달라지는데요, 일반 회원은 만 40세 이상이면 누구나 가입할 수 있으며, 센터에 방문해서 창업·취업 상담, 창업 교육, 세미나 등 네트워킹 프로그램, 사무 공간자유석, 각종 시니어 경제 활동에 관련된 정보 안내 등을 받을 수 있습니다. 사무실 공간이 제공되는 입주 회원은 일반 회원 혜택과 전문가 자문, 센터별 선택형 프로그램 지원 등을 통해 사업화에 도움을 얻을 수 있습니다.

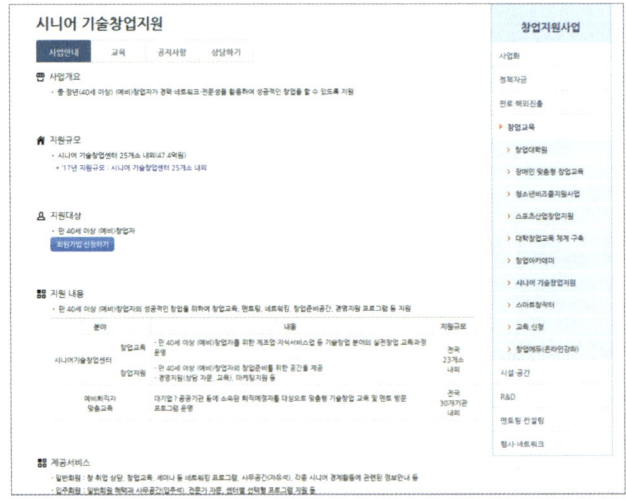

9-19
중장년기술창업센터 안내

## 장애인 기업종합지원센터

장애인 기업들을 대상으로 한 입주 지원 사업도 있습니다. 장애인종합지원센터www.debc.or.kr 사이트를 통해 전국적으로 운영되는 보육센터를 찾을 수 있습니다. 총 16개 지역센터가 있으며 예비 창업자 및 초기 기업을 대상으로 사무실 제공부터 교육, 컨설팅 제공, 사업비 지원 등 다양한 혜택을 받을 수 있습니다.

9-20
장애인기업종합지원센터 보육센터 안내

# 여성

## 서울시 여성능력개발원

서울시 산하 여성 교육 및 취업, 창업을 모두 지원하는 전문 기관입니다. 창업을 희망하는 여성이라면 한 번쯤 사무실 공간 및 각종 사업화 지원을 받기 쉬운 서울시 여성능력개발원<sup>www.seoulwomanup.or.kr</sup>의 창업보육센터를 알아보면 좋습니다. 창업 보육시설은 크게 여성창업플라자<sup>도곡동</sup>와 여성창업보육센터<sup>동부발전센터, 남부발전센터, 북부발전센터</sup> 세 군데가 있습니다. 거의 실비용만 들기 때문에 지역별로 문의하기 바랍니다.

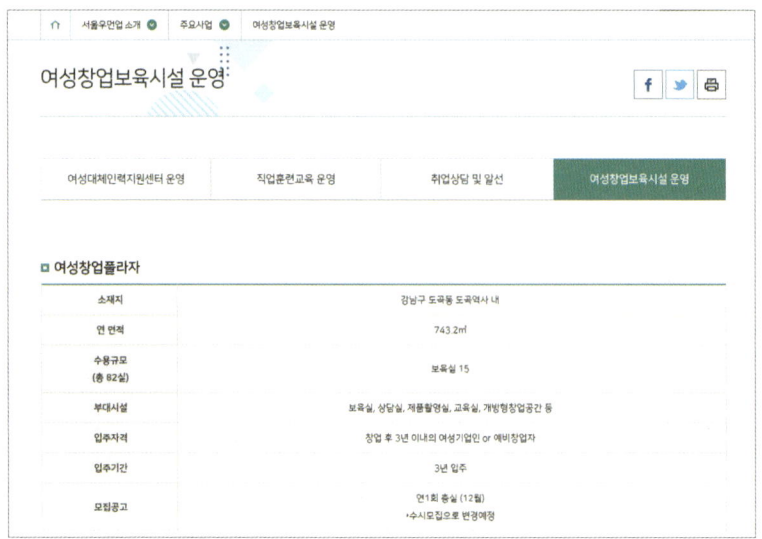

9-21, 22
서울시 여성창업보육시설 안내

## (재)여성기업종합지원센터

여성기업종합지원센터www.wbiz.or.kr는 여성의 창업과 여성 기업 경영 활동 촉진을 위하여 창업 보육, 여성 경제인에 대한 정보 및 자료 제공뿐만 아니라 입주 기업의 지원 역량 강화를 통한 입주 기업 보육성과 및 창업 성공률 제고를 실현하기 위해 설립된 기관입니다. 창업 2년 이내 여성 기업 및 예비 여성 창업자는 누구나 대상이 됩니다.

15개 광역시도에 여성기업종합지원센터의 지역센터가 있고 센터 내 여성창업보육실을 운영합니다. 약간의 실비가 들어갈 수 있지만 거의 무상지원에 가까우므로 자세한 지원 내용을 살펴보고 지역별 센터에 입주를 문의합니다.

### 지원 내용

- 창업보육실 입주 및 공동회의실, 사무기기(초고속 인터넷 및 보안 장비) 제공
- 경영, 세무 등 컨설팅, 산업재산권 등 전문가 컨설팅 제공
- 산업디자인 개발비, 산업지적재산권 및 각종 인증 획득 지원
- 국내 · 외 판로 지원(국내 · 외 박람회 참가 지원)
- 중소기업 지원시책 · 여성기업지원 사업 정보 제공

9-23
(재)여성기업종합지원센터의 창업보육센터 안내

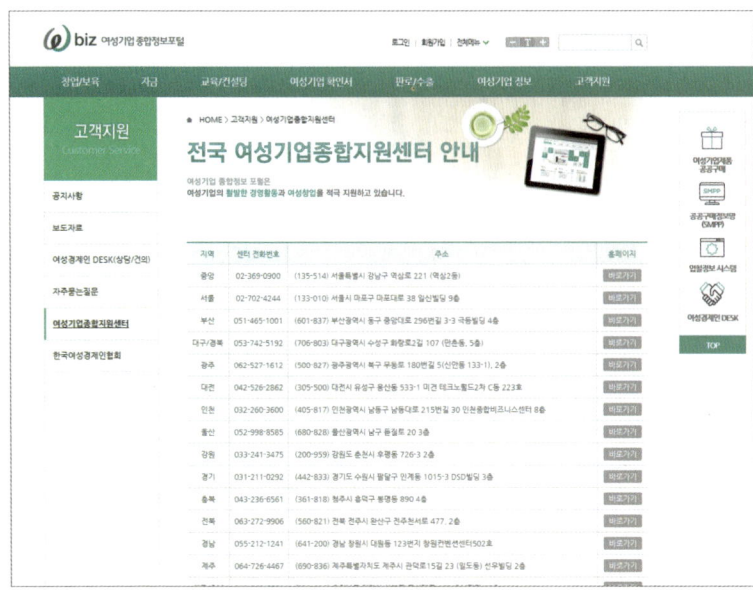

9-24
전국 여성기업종합지원센터
안내

## 경기도여성능력개발본부 꿈마루

경기남부여성능력개발센터www.womenpro.go.kr와 경기북부여성비전센터www.womenpro.go.kr가 경기도일자리재단으로 통합, 편입되어 경기도 내 여성 교육, 취업, 창업 전반에 이르는 종합 서비스를 제공하고 있습니다. 각각 경기도여성능력개발본부의 남부와 북부를 나누어 관장하며 각각 창업보육센터 기능을 제공하고 있으니 참고합니다.

경기도 여성능력개발원 남부 지역에는 여성 창업 플랫폼인 꿈마루와 여성에게 특화된 1인 창조기업비즈니스센터가 자리잡고 있습니다. 또한 창업보육실이 따로 만들어져서 다양한 규모의 자리를 지원받을 수 있으며 사업 개발 단계 및 마케팅 영역에서도 추가로 지원받을 수 있습니다. 북부에서도 창업 준비실과 창업 지원실로 나누어 입주 시설을 지원받을 수 있으므로 거주지에 따라서 각각 문의합니다.

9-25
경기도여성능력개발본부 남부지역 지원

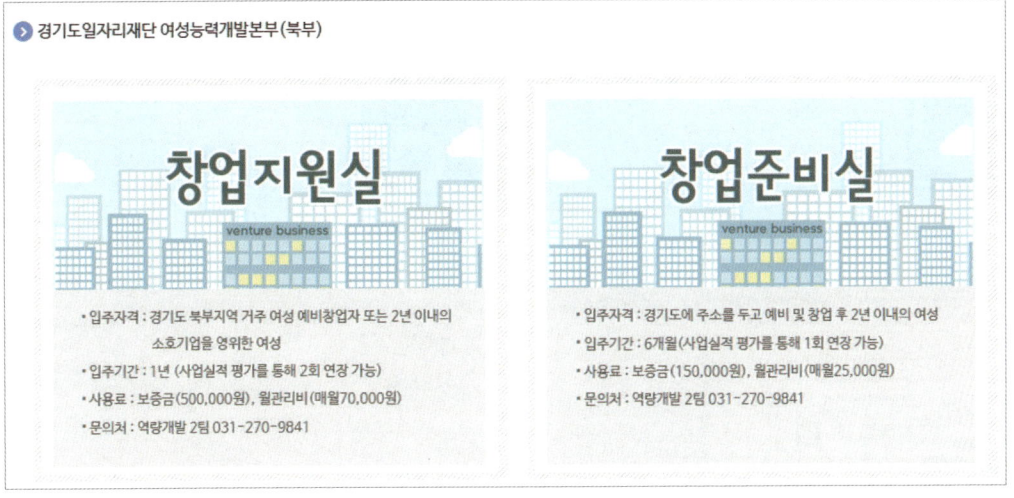

9-26
경기도여성능력개발본부 북부지역 지원

# 인터뷰

차별화된 제품으로 고객을 만족시키고 즐겁게 일하라

진짜 아이디어는 내 안에서 비롯된다

Find the best solution for solving the problem.

# 차별화된 제품으로 고객을 만족시키고 즐겁게 일하라

## 웹사이트 채널

유강열 _ 재미있는 한글 아이템 반8(ban8.co.kr) 대표

**Q 쇼핑몰에 관해 간략한 소개 부탁드려요.**

A '반8'은 한글과 유머를 결합한 제품 디자인을 제작, 판매하는 회사로써 반8 쇼핑몰은 반8에서 제작하는 제품을 판매하는 온라인 스토어입니다. 현재는 입점 판매하는 곳이 많고 특히 해외 바이어들이 늘어나 룩북, 카탈로그 역할을 합니다.

**Q 쇼핑몰 창업 스토리를 들려주세요.**

A 이전에는 게임 개발 회사였습니다. 어느날 디자이너 한 명이 '왜 한국에는 한글 티셔츠가 없나요?' '왜 재미있는 티셔츠가 없나요?'라는 질문을 던지면서 여기에 착안하여 다음 날부터 바로 '반8'을 설립하게 되었습니다.

**Q 쇼핑몰 아이템은 어떻게 선택하게 되었는지 궁금합니다.**

A 처음에는 티셔츠에서 시작하다가 아이디어를 접목할 수 있는 아이템이라면 무엇이든 해보자는 방침으로 바뀌었습니다.

**Q 쇼핑몰 대표로서 업무 범위에 대해 간략한 소개 부탁드립니다.**

A 총괄 기획, B2B 영업, 회계 파트를 담당하며 그중 가장 큰 비중을 차지하는 것은 아이디어 기획입니다.

Shoppingmall Founded for Note

**Q 쇼핑몰을 창업할 때 가장 중요하게 생각한 것은 무엇인가요?**

🅐 남들과 차별화되는 독특한 아이템이 1순위인 것 같습니다. 누구나 취급할 수 있는 제품은 결국 가격 싸움, 광고 싸움이라 오래 갈 수 없고 이익이 좋지도 않다고 생각합니다.

**Q 창업 계획부터 실제 창업하기까지 힘들었던 점은 무엇인가요?**

🅐 무(無)에서 시작하다 보니 하나부터 열까지 모두 어려웠습니다. 자금도 충분하지 않았고 사람들에게 제품을 홍보하는 부분도 녹록지 않았습니다. 그 외에는 일이 좋아서 함께하는 직원들의 사이가 좋아 잘 헤쳐나갈 수 있는 것 같습니다.

**Q 쇼핑몰 마케팅은 주로 어떤 방법을 사용했나요?**

🅐 일반적이지 않은 제품을 판매하기 때문에 주로 제품 자체로 이슈를 일으키는 방법을 선택했습니다. 재미있는 제품을 만들고 거기에 장난기를 보태서 유명 커뮤니티에 올리면 반응이 뜨거웠지요.

**Q 직접 시도한 쇼핑몰 마케팅 중 가장 효과적이었던 방법은 무엇인가요?**

🅐 디시인사이드, 네이버쁨 등 대형 커뮤니티에 반8 제품을 올리고 재미있는 마케팅을 시도했습니다. 흥미로운 컨텐츠에 대해서는 사람들이 자연스럽게 공유하기 때문에 그 방법이 가장 좋았던 것 같습니다.

**Q 반대로 쇼핑몰 마케팅 중 효과가 없었던 방법이 있다면 알려주세요.**

🅐 검색엔진의 검색 키워드 방식이 가장 효과가 없었습니다. 저희 제품은 일반적인 제품이 아니다 보니 저희 티셔츠를 가지고 포털사이트에 가족 티셔츠, 커플 티셔츠처럼 검색 마케팅을 해본 결과 유입량은 있으나 실제 구매로 이어지지 않는 경우가 많았습니다.

**Q 쇼핑몰 창업을 위해 따로 노력한 것이나 학습한 것은 무엇인가요?**

Ⓐ 쇼핑몰 창업을 위해 따로 노력한 것은 없습니다. 게임 개발팀원들이기 때문에 자체적으로 쇼핑몰 개발도 가능했고, 웹디자인이나 제품디자인도 그 당시 인원으로 해결했습니다. 제품 개발에만 집중했고 결국 제품 때문에 쇼핑몰이 흥했습니다.

**Q 성공하는 쇼핑몰의 조건은 무엇인가요?**

Ⓐ 제품에 대한 신뢰, 소비자와의 소통, 뛰어난 마케팅 등 여러 가지가 있지만 역시 차별화된 제품을 통해 고객을 만족시키는 게 가장 중요하지 않나 생각합니다.

**Q. 창업 후 보람을 느낀 순간은 언제였나요?**

Ⓐ 고객들이 제품을 보고 즐거워할 때 보람을 느낍니다. 고객이 즐거워하고 그 즐거움을 다른 사람에게 전달할 때 가장 큰 행복을 느낍니다.

**Q. 앞으로의 계획은 어떻게 되나요?**

Ⓐ 현재는 일본 진출에 많은 노력을 기울이고 있습니다. 2년 전부터 일본 진출을 준비해 왔으며 몇몇 바이어와 조율하고 있는 상태입니다.

**Q. 예비 창업자들에게 하고 싶은 말은 무엇인가요?**

Ⓐ 돈을 벌 생각으로 창업을 하면 몇 년 못가고 문을 닫습니다. 일이 재밌어야 아무리 힘들어도 버틸 수 있는 원동력이 됩니다.

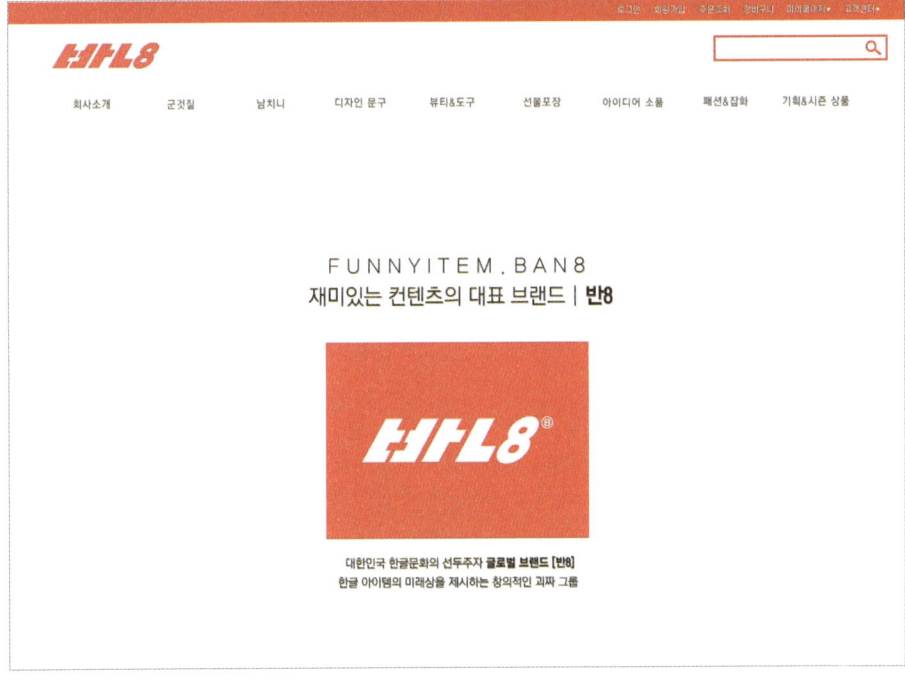

# 진실과 성의를 다해서
# 거짓 없이 대하라

## 카카오스토리 채널

안미경 _ 강원산삼초(www.강원산삼초.com) 대표

**Q. 쇼핑몰 창업 스토리를 들려주세요.**

Ⓐ 처음에는 막막했습니다. 장사를 어떻게 하는지도 겁이 났고, 저희 농장 말고 다른 곳들은 모두 저보다 잘 파는 거 같고, 모든 게 겁이 났습니다. 그런데 가만히 생각해 보니 진심으로 고객에게 다가가면 될 것 같다는 생각이 들더라고요. 친척들에게 말하듯이, 친구들에게 말하듯이 그렇게 진심과 성의를 다하면서 사진 한 컷도 직접 찍고, 스토리도 만들면서 그렇게 작은 이야기 마당을 펼치기로 했습니다. 하다 보니 차츰 이야깃거리도 저절로 눈에 보이더라고요. 거리를 걷다 좋은 정보나 예쁜 사진이 있으면 올리면서 시작하게 되었습니다.

**Q. 쇼핑몰 아이템은 어떻게 선택하게 되었는지 궁금합니다.**

Ⓐ 아이템은 우리 농장에서 재배하는 산양산삼, 새싹 삼, 더덕, 고로쇠, 각종 약초나 마을의 특용작물 등 강원도 지역에서만 나는 특산품들을 취급하게 되었습니다. 약초를 좋아하다 보니 그쪽으로 많이 내보내게 되더라고요.

**Q. 쇼핑몰 대표로서 업무 범위에 대해 간략한 소개 부탁드립니다.**

Ⓐ 산삼이나 새싹 삼 등 건강을 팔면서 고객에게 편안하게 다가가 친구처럼, 언니처럼, 동생처럼, 가족 같은 느낌으로 하나라도 더 챙겨주고 싶은 그런 마음으로 매일 판매 글을 올리고 정보도 올리면서 노력합니다.

Q. 쇼핑몰을 창업할 때 가장 중요하게 생각한 것은 무엇인가요?

Ⓐ 진실, 정직을 중요하게 생각합니다. 농작물이다 보니 이점을 가장 중요하게 생각하면서 지키려고 노력하고 있습니다.

Q. 쇼핑몰 창업을 위해 따로 노력한 것이나 학습한 것은 무엇인가요?

Ⓐ 주로 자료를 많이 저장하려고 노력합니다. 쇼핑몰 안에서 마케팅하는 것이라 주로 사진이나 산에서 농사짓는 모습, 산에서 자라는 산삼의 모습 등을 올리고 있습니다.

Q. 성공하는 쇼핑몰의 조건은 무엇이라고 생각하나요?

Ⓐ 고객에게 진실과 성의를 다해서 거짓 없이 대하는 것이 성공의 이별이라고 생각합니다. 거짓으로 대하면 스스로 부끄러워서 고객에게 말도 잘 안 나오더라고요.

Q. 쇼핑몰 마케팅은 주로 어떤 방법으로 하나요?

Ⓐ 주로 카카오스토리 채널을 이용합니다. 요즘에는 페이스북으로 공유도 해요. 주로 소식을 받는 분들이 주부이다 보니 이야기도 통하고 마음도 통하고, 전화로 수다도 떨고, 고민 상담도 하면서 공감대가 형성되어 차츰 친한 언니 같은 느낌이 들었습니다.

Q. 쇼핑몰 마케팅 중 가장 효과적이었던 방법은 무엇일까요?

Ⓐ 홈페이지, 블로그 등을 이용해도 카페 공동구매나 카카오스토리 채널이 마케팅에 효과적이었습니다.

Q. 반대로 쇼핑몰 마케팅 방법 중 효과가 없었던 방법이 있다면 조언 부탁드립니다.

Ⓐ 블로그는 효과를 못 본 듯합니다. 시간이 없다 보니 꾸준히 블로그 포스팅을 하는 게 힘들었습니다.

Q. 창업 후 보람을 느낀 순간은 언제였나요?

　　🅐 고객들의 몸이 매우 건강해지고, 그들의 부모님이나 어린 자녀들이 한겨울에도 감기 한 번 안 걸리고 무사히 겨울을 났다며 고맙다는 인사를 전하고, 남편의 건강이 좋아져서 피곤하지 않게 직장 생활을 하고 있다고 하고, 아기가 없던 부부들은 임신해서 아기 태명을 산삼이라고 지었다면서 연락이 올 때 건강을 파는 사람으로서 마치 제 일처럼 기쁩답니다.

Q. 앞으로의 계획은 어떻게 되나요?

　　🅐 지금처럼 꾸준히 고객에게 최선을 다해서 서비스하고, 좋은 산삼, 약성 좋은 산삼이나 새싹 삼, 각종 특용작물이나 약초 등을 공급하려고 합니다.

Q. 예비 창업자들에게 하고 싶은 말은 무엇인가요?

　　🅐 처음 시작할 때 실패할까 봐 겁내지 말고 자신이 가장 잘하는 방법으로 시작하세요. 다른 사람들이 성공했다고 해서 내 방법은 아니더라고요. 고객에게 다가갈 수 수 있는 자신만의 서비스나 마케팅 방법은 따로 있다고 생각합니다.

# 진짜 아이디어는 내 안에서 비롯된다

## 스마트스토어 채널

이하나 _ 베이비클로(smartstore.naver.com/babyclo) 대표

**Q. 쇼핑몰 아이템은 어떻게 선택하게 되었는지 궁금해요.**

A 아이템 선정은 정확히 기억이 나는데요. 2016년 1월 1일이었어요. 아침에 눈을 뜨고 방문 틈 사이로 거실에 아이들 식탁 의자가 보였는데 '왜 이유식 턱받이는 있는데 저 의자 커버는 없을까?'라고 생각했습니다. 아기 식탁 의자는 비위생적으로 관리되어 엄마들은 아이들은 꼭 닦아 앉히거든요. 그럴 바에는 '개인 휴대용 커버가 있으면 더 좋지 않나?' 하고 의문을 던졌다가 바로 만들었습니다. 그리고 직접 사용해 보았더니 너무 위생적이고 편리해서 바로 사업화하기 시작했답니다.

**Q. 쇼핑몰 대표로서 업무 범위에 대해 간략한 소개 부탁드립니다.**

A 제가 하는 업무는 아기를 키우는 육아 업무와 비슷해요. 아기가 건강하고 튼튼하게 성장하기 위해서 들이는 모든 공을 상품에 담고 있습니다. 제 손이 닿지 않는 곳이 없다는 의미에서 육아와 비슷하답니다. 구체적으로는 '기획-제작-촬영-상세페이지-업로드-판매-고객 응대'까지의 모든 업무를 담당하고 있습니다.

**Q. 쇼핑몰을 창업할 때 가장 중요하게 생각한 것은 무엇인가요?**

A 고객과의 진심이 담긴 소통을 중요하게 생각합니다. 어떤 방법으로 마케팅을 하든 늘 진심을 담아 글을 올리고, 답변을 달고, 전화 응대를 해야 고객이 제품에 믿음을 갖고 주변의 추천까지 연결되는 것 같아요. 제품을 사고 교환, 환불을 하려고 쇼핑몰에 전화했을 때 사무적인 태도를 보여서 좋았던 상품까지 별로이게 만들 필요는 없기 때문입니다.

**Q. 쇼핑몰 마케팅은 주로 어떤 방법을 사용하나요?**

Ⓐ 쇼핑몰 마케팅으로 딱 한 가지만 실행하고 있습니다. 바로 인스타그램입니다. 3~4년 전까지만 해도 블로그나 맘 카페가 주였다면 최근 육아 맘들은 대부분 인스타그램에서 육아 정보를 공유하고 있습니다. 그래서 뒤늦게 인스타그램을 시작하게 되었고, 초기에는 상업적으로 제품을 올리기보다 타깃, 육아 맘들의 피드에 일일이 댓글을 달고 소통하는 것부터 시작했어요. 그 시간이 쌓여서 브랜드 충성도가 높아지는 강점이 만들어졌습니다.

**Q. 쇼핑몰 마케팅 방법 중 가장 효과적이었던 방법은 무엇일까요?**

Ⓐ 인스타그램 바이럴 마케팅이 가장 효과적이었습니다. 특히 제품 사진 한 장을 올리고 본인의 계정으로 사진을 퍼가는(리그램) 형식의 이벤트를 열면 짧은 시간에도 이벤트에 참여하는 수백 명의 계정에 제품 사진이 올라가니 제품 홍보 초기에 큰 효과를 볼 수 있습니다.

**Q. 창업 후 보람을 느낀 순간은 언제였나요?**

Ⓐ 페어(박람회)에 참가했을 때 가끔 "사장님! 저 이거 사려고 여기까지 왔어요." 하며 반겨 주시는 경우가 있어요. 그러면 감사한 마음에 고객님과 손을 부여잡고 방방 뛰기도 하는데, 그럴 때 정말 큰 보람을 느낍니다. 힘들지만 그동안 열심히 해왔던 일들이 누군가에게 너무나 기다리고 필요했던 거였구나 하고 말이에요.

**Q. 예비 창업자들에게 하고 싶은 말은 무엇인가요?**

Ⓐ 고민은 하되 걱정은 하지 않았으면 좋겠어요. 그리고 고민은 최대한 짧게, 추진은 빠르게 하는 게 일이 뜻대로 안 됐을 때 서둘러 다른 결정을 할 수 있다고 말씀드리고 싶습니다. 시작하시고 도전하세요!

ABOUT
COVER
BIB
babyclo
ACC
SALE
COMMUNITY
babyclo
PLEASE, READ ME!
MD RECOMMEND

NAVER
네이버쇼핑
찜한 스토어
마이페이지
장바구니
프로필
베이비클로
babyclo
상품전체
출산/육아
유아가구
이유식용품
유아잡화
유아침구
패션잡화
패션소품
전체상품
홈
프리미엄 구매평
묻고 답하기
[베이비클로] 보송보송 두툼한 아기수면...
15,900원
베이비클로 식당 아기의자 위생걱정 끝 휴...
29,400원
[베이비클로] 식당 아기의자 위생걱정 끝!...
29,400원
[베이비클로]방수턱받이/맘마빕/아이주도...
12,900원
[베이비클로] 품절임박!!! 우리아기 간식은...
15,000원
23,500원
톡톡친구
22

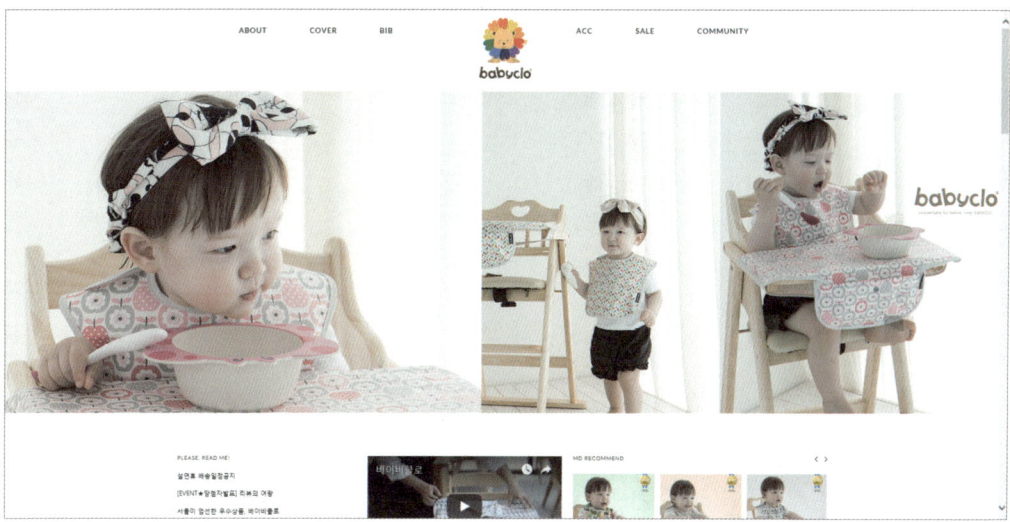

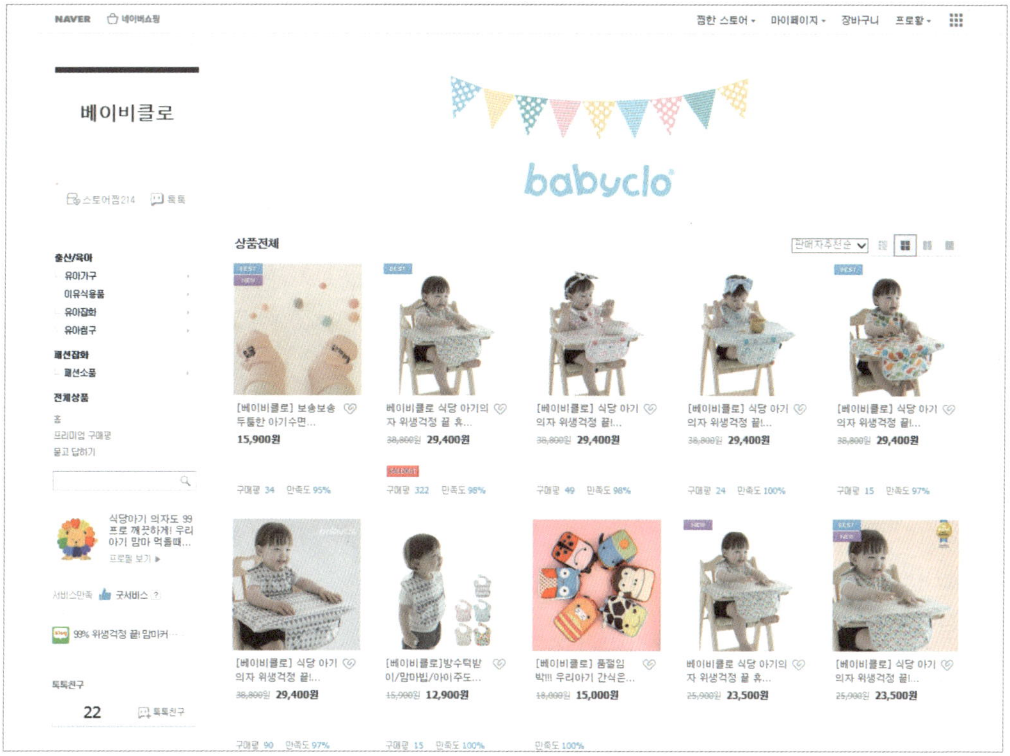

# Index

## 번호, 영문

| | |
|---|---|
| 4P | 99, 111 |
| 5C | 102 |
| Brand | 113 |
| Channel | 103 |
| Collaboration | 103 |
| Commerce | 57 |
| Commitment | 103 |
| Communication | 57, 103 |
| Community | 57 |
| Contents | 57 |
| Contentware | 103 |
| CPC | 340 |
| CPM | 340 |
| General | 113 |
| Header | 113 |
| K-스타트업 | 413 |
| O2O | 151 |
| OZ 인큐베이션 | 80 |
| PG | 253 |
| Place | 99 |
| Positioning | 97 |
| Price | 99 |
| Product | 99 |
| Promotion | 99 |
| RFM 점수 | 389 |
| Segmentation | 97 |
| SO 전략 | 96 |
| Specific | 113 |
| STP | 76, 99, 166 |
| ST 전략 | 96 |
| SWOT | 95 |
| Targeting | 97 |
| WO 전략 | 96 |
| WT 전략 | 96 |

## ㄱ

| | |
|---|---|
| 가격 | 169 |
| 가격 전략 수립 | 50 |
| 간이과세자 | 245 |
| 간접비 계획 수립 | 51 |
| 감성 | 172 |
| 강점(S) | 95 |
| 거시 환경 분석 | 50 |
| 경기도경제과학진흥원 | 420 |
| 경쟁력 분석 | 141 |
| 경쟁몰 분석 다이어리 | 56 |
| 경쟁 환경 분석 | 50 |
| 경제성 분석 | 52 |
| 계획 | 48 |
| 고객 관리 | 38 |
| 고객 수요 예측 | 50 |
| 고객 환경 분석 | 50 |
| 구매 | 70, 134 |
| 구매 단계 | 70 |
| 국세통계연보 | 46 |
| 기념일 키워드 | 115, 116 |
| 기술성 분석 | 50 |
| 기술성 평가 | 50 |
| 기술창업 | 412 |
| 기술 타당성 분석 | 51 |
| 기업마당 | 414 |
| 기타 비용 산출 | 53 |
| 기회(O) | 95 |

## ㄴ~ㄷ

| | |
|---|---|
| 내적 요소 | 95 |
| 노출 | 134 |
| 니즈 | 113 |
| 다의성 키워드 | 117 |
| 대안 비교 | 70 |
| 대표 키워드 | 115 |
| 도메인 | 179 |
| 도입기 | 78 |
| 디자인 제작비 | 138 |

## ㄹ~ㅁ

| | |
|---|---|
| 로그 파일 | 30 |
| 마진 | 90 |
| 마케팅 전략 | 141 |
| 매출 계획 수립 | 53 |
| 매출액 | 132 |
| 매출액 산출 | 48, 50 |
| 매출액 수준 검토 | 53 |
| 매출액 추정 | 53 |
| 메인 중앙 프레임 | 274 |
| 멘토 | 21 |
| 면세과세자 | 245 |
| 모바일 쇼핑 | 68 |
| 목표 매출액 산출 | 53 |
| 목표 판매량 추정 | 51 |

## ㅂ

| | |
|---|---|
| 방문 | 134 |
| 배송 | 70 |
| 벤처창업 | 412 |
| 벤치마킹 | 32 |
| 보유 기술 분석 | 50, 51 |
| 부가가치세 | 246 |
| 부가 검색어 | 119 |
| 브랜드 | 24 |
| 브랜드 가치 | 103 |
| 브랜드 로고 | 275 |
| 브랜드 키워드 | 115, 116 |
| 블로그 | 307 |
| 비용 계획 | 48 |
| 비용 산출 | 53 |
| 빅데이터 | 30 |

## ㅅ

| | |
|---|---|
| 사업 개요 | 141 |
| 사업자 신고비 | 138 |
| 사업 추진 계획 | 141 |
| 사회적기업창업 | 412 |
| 산업 환경 분석 | 50 |
| 상권 분석 프로세스 | 132 |
| 상점 관리 | 299 |
| 상품 개발 | 299 |
| 상품 관리 | 299 |
| 상품 매입 | 299 |
| 상품화 계획 | 141 |
| 상환 계획 | 53 |
| 색채 | 191 |

| | |
|---|---|
| 생산 원가 | 48 |
| 서브스크립션 커머스 | 74, 162 |
| 서비스 | 171 |
| 서울산업진흥원 | 418 |
| 서울시 여성능력개발원 | 429 |
| 서울시 자영업지원센터 | 418 |
| 서울신용보증재단 | 418 |
| 서처 | 129 |
| 서퍼 | 129 |
| 성숙기 | 78 |
| 성장기 | 78 |
| 세부 키워드 | 115 |
| 소상공인시장진흥공단 | 415 |
| 손익계산서 | 48 |
| 손익계산서 작성 | 53 |
| 손익분기점 분석 | 48, 53 |
| 손익분기점 산출 | 53 |
| 쇠퇴기 | 78 |
| 쇼루밍족 | 152, 155 |
| 쇼핑몰 구축비용 | 141 |
| 쇼핑몰 구축 전략 | 141 |
| 쇼핑몰 목표 설정 | 141 |
| 쇼핑몰 브랜드 선정 | 138 |
| 쇼핑성 키워드 | 116 |
| 수요 예측 | 48 |
| 수익성 분석 | 52 |
| 수익성 점수 | 389 |
| 수익성 평가 | 52 |
| 수지 | 48 |
| 중장년기술창업센터 | 427 |

| | |
|---|---|
| 시설 계획 | 48 |
| 시설 계획 수립 | 51 |
| 시스템화 | 174 |
| 시장 규모 분석 | 50 |
| 시장 내부 환경 분석 | 50 |
| 시장성 분석 | 48 |
| 시장성 평가 | 49 |
| 시장 외부 환경 분석 | 50 |
| 시장 점유율 추정 | 50 |
| 시장 환경 | 49 |
| 시장 환경 분석 | 50, 141 |
| 시즌 검색어 | 119 |
| 시즌 키워드 | 115, 116 |
| 신뢰 | 172 |

## ㅇ

| | |
|---|---|
| 아이템 특성 분석 | 51 |
| 약점(W) | 95 |
| 여성기업종합지원센터 | 430 |
| 여성창업 | 412 |
| 연관 검색어 | 119 |
| 영업 이익 분석 | 52, 53 |
| 예상 구매율 | 132 |
| 예상 매출액 산출 | 49 |
| 예상 클릭률과 방문자 수 | 132 |
| 오타 검색어 | 119 |
| 옴니 | 156 |
| 완전성 | 145 |
| 외적 요소 | 95 |
| 원츠 | 113 |
| 웹 호스팅 | 199 |

| | | | | | | |
|---|---|---|---|---|---|---|
| 위협(T) | 95 | 지급 임차료 산출 | 53 | 퇴장족 | 68 |
| 유통 전략 수립 | 50 | 지역 검색어 | 119 | 투자 금액 | 48 |
| 이동성 | 67 | 집중화 | 166 | 투자 금액 산출 | 51 |
| 이용 후기 및 피드백 | 70 | | | 투자 금액/원가 산출 | 50 |
| 이익 분석 | 48 | **ㅊ** | | | |
| 이익 추정 | 53 | 차별화 | 168 | **ㅍ** | |
| 이자비용 계획 | 53 | 창업보육센터 | 422 | 판매 가격 | 48 |
| 인건비 산출 | 53 | 창업자 | 21 | 판매 수량 | 48 |
| 인구 통계 환경 분석 | 50 | 창업진흥원 | 417 | 판매 전략 | 48 |
| 인스타그램 | 307 | 채널 | 106 | 판촉 활동 | 299 |
| 인터랙티브 | 105 | 청년창업 | 412 | 퍼스널 브랜드 | 23 |
| 일반과세자 | 245 | 청년창업사관학교 | 424 | 페이스북 | 307 |
| 입소문 | 173 | 초도 물품 구매비 | 138 | 포장 및 명함 제작비 | 138 |
| 입지 계획 수립 | 51 | 출장족 | 68 | 포지셔닝 | 76 |
| | | | | 포털 광고비 | 138 |
| **ㅈ** | | **ㅋ** | | | |
| 자금 | 48 | 카드 결제 시스템 세팅비 | 138 | **ㅎ** | |
| 자금 수지 계획 | 53 | 커뮤니케이션 | 105 | 핵심 키워드 | 115, 116 |
| 장년창업 | 412 | 커미트먼트 | 104 | 현금 흐름 | 48, 53 |
| 장애인종합지원센터 | 428 | 커버리지 점수 | 389 | 현실성 | 145 |
| 재구매율 | 90 | 컨텐츠 | 170 | 확장 키워드 | 115, 116 |
| 재료 계획 수립 | 51 | 컨텐츠웨어 | 104 | 회수 기간 분석 | 48, 53 |
| 재료비 산출 | 53 | 콜라보레이션 | 103 | | |
| 재무 계획 | 141 | 큐레이션 커머스 | 22 | | |
| 정보성 키워드 | 117 | 키워드 | 112 | | |
| 제품 | 168 | 키워드 도구 | 121 | | |
| 제품 원가 산출 | 51 | 키워드 월간 조회 수 | 132 | | |
| 제품 전략 수립 | 50 | | | | |
| 주변 키워드 | 115, 116 | **ㅌ** | | | |
| 중소벤처기업부 | 412 | 타깃팅 | 76 | | |
| 즉시성 | 67 | 타당성 | 145 | | |
| | | 테마 키워드 | 115 | | |